LUIGI BOSCOLO
e
PAOLO BERTRANDO

OS TEMPOS DO TEMPO

UMA NOVA PERSPECTIVA PARA A CONSULTA E A TERAPIA SISTÊMICA

ARTESÃ

CIP-BRASIL. CATALOGAÇÃO-NA-FONTE
SINDICATO NACIONAL DOS EDITORES DE LIVROS, RJ

B753t

Boscolo, Luigi, 1932-
Os tempos do tempo : uma nova perspectiva para a consulta e a terapia sistêmica / Luigi Boscolo, Paolo Bertrando ; tradução Carlos Arturo Molina-Loza. - Belo Horizonte, MG : ArteSã, 2009.

Tradução de: I tempi del tempo
Inclui bibliografia e índices
ISBN 978-85-88009-10-3

1. Psicoterapia familiar. 2. Tempo - Aspectos psicológicos. 3. Percepção temporal. 4. Psicoterapia. I. Bertrando, Paolo, 1956-. II. Título.

09-1771. CDD: 616.89156
CDU: 615.851-055.5/.7

15.04.09 24.04.09 012178

LUIGI BOSCOLO
PAOLO BERTRANDO

OS TEMPOS DO TEMPO

UMA NOVA PERSPECTIVA PARA A CONSULTA E A TERAPIA SISTÊMICA

Tradução
Carlos Arturo Molina-Loza

2009

ArteSã

Belo Horizonte

ArteSã

Editor
Carlos Arturo Molina-Loza

Secretaria e administração
Lourdes María Molina Muñoz

Tradução
Carlos Arturo Molina-Loza

Revisão
Catarina Guerra dos Santos

Capa
Marcelo Bicalho

ArteSã

Rua do Ouro, 136 sala 1006
Belo Horizonte, Minas Gerais
30220-000- BRASIL
Fone-fax [55] [31] 3227 14 53
molina_l@uol.com.br

Impresso no Brasil

A Jacqueline
A Paola

Sumário

Prefácio à edição brasileira

Se tivéssemos de falar das lembranças mais fortes do período no qual escrevíamos *Os tempos do tempo* mencionaríamos o gosto, o prazer e a diversão de redigi-lo. Foram uns cinco anos de encontros semanais, em sua maioria noturnos, durante os quais muitas vezes fomos quase surpreendidos pelos pensamentos que surgiam e se formavam rapidamente, com entusiasmo. Outras vezes faziam-no mais lentamente, com dificuldade e era como se tivéssemos de abrir caminho em ambientes desconhecidos. Podemos facilmente lembrar-nos de noites inteiras passadas em claro para decidir a forma definitiva de um único parágrafo, e não por causa de algum escrúpulo obsessivo, mas por necessidade de exprimir reflexões para nós completamente inéditas.

O fato é que *Os tempos do tempo* (para nós, durante a sua complicada gestação, simplesmente "o livro") transportou-nos a um território parcialmente familiar (a teoria e a terapia sistêmica), mas, por outro lado, em sua maior parte inexplorado (os pensamentos e as especulações sobre o tempo). Quase quinze anos depois da conclusão deste trabalho, no momento em que aparece sua tradução brasileira, fazemo-nos uma série de perguntas: O que nos parece superado ao relermos o livro? O que faz ainda parte da prática hodierna? O que revemos e ampliamos daquilo que foi apenas esboçado? E o que falta por desenvolver?

As respostas que podemos dar não são óbvias nem simples. Em primeiro lugar, e não apenas retoricamente, a releitura de *Os tempos do tempo* nos mostra pouca coisa desatualizada. Algumas seções, que na época eram para nós absolutamente inovadoras, como aquela sobre a narrativa e sobre a lógica modal, agora nos parecem óbvias: ninguém hoje pode desinteressar-se das histórias aportadas pelos clientes. A perspectiva narrativa está tão enraizada na terapia, incluídas aquelas de matriz não sistêmica, que já perdeu aquele sentido de absoluta novidade que ainda tinha quando começamos a escrever sobre o assunto. A visão da narrativa do ponto de vista do tempo, sem embargo, confere àquelas nossas páginas um viés especial, que ainda pode, segundo nós, acrescentar algo às visões narrativas comumente aceitas por todos os terapeutas.

Mas, geralmente, concentrar-se naquilo que definimos como "ótica do tempo" não é um exercício fácil. Por exemplo, a idéia do anel reflexivo presente-passado-futuro, que nos permitiu ver com novos olhos a relação nunca resolvida entre a terapia sistêmica e o passado, continua sendo para nós um conceito guia. O mesmo diríamos de algumas técnicas que neste livro tivemos a possibilidade de explorar a fundo: as perguntas hipotéticas e aquelas sobre o futuro, bem como os rituais, que aqui pudemos considerar de maneira inédita.

A propósito daquilo que desenvolvemos melhor nos anos subseqüentes, ao contrário, provavelmente a contribuição que ainda faltava ao livro (tínhamos na verdade esboçado um capítulo, o décimo primeiro, que ficou incompleto porque sentimos a necessidade de chegar a uma conclusão), diz respeito à coordenação dos tempos nas instituições e nos sistemas humanos complexos. Esse tema, presente aqui e acolá nestas páginas, teve de ser enfrentado, sobretudo depois, por exemplo, ao escutar na consulta as questões colocadas por colegas que trabalham nos Serviços de saúde mental (e não somente), amiúde envolvidos com problemas não alheios à coordenação temporal. E também há sugestões (pensamos na idéia de horizonte temporal ou naquela de padronização cultural do tempo), que ainda não aprofundamos o quanto — para nós — teriam merecido.

No conjunto, percebemos que o vasto e complexo continente do tempo, se deixou de ser tão inexplorado por nossos colegas quanto o era quando começamos a nossa viagem, ainda permanece pouco freqüentado. Nosso desejo é que a leitura desta nova edição estimule outros a interessarem-se, como nós, por este tão evasivo como fascinante tema, e a encontrar em seu trabalho novos pontos de contato entre as idéias ligadas ao tempo e à prática. Porque o propósito final de um livro de terapia é contribuir para que a terapia seja vista com novos olhos. Esperamos que outros encontrem no tempo o mesmo interesse e o mesmo gosto que nós, ao seu devido tempo, encontramos.

Luigi Boscolo
Paolo Bertrando
Milão, maio de 2007

Prefácio

A idéia de escrever este livro surgiu em 1988, quando começamos a dar-nos conta da importância da relação entre tempo e mudança nas expectativas de clientes e terapeutas. A constatação de que a idéia de tempo era importante para a mudança, tanto na terapia como na vida quotidiana, provocou e aguçou nossa curiosidade a seu propósito. A revisão da literatura no campo da terapia e da consultoria não foi esclarecedora nesse sentido. Por isso nos voltamos para outro tipo de texto: procuramos primeiro na filosofia, passamos pela física para, finalmente, abranger muitas outras disciplinas. Cada vez nos sentíamos mais envolvidos nessa viagem fascinante que nos levaria até esse objeto misterioso e esquivo: o tempo. Um pensamento de Santo Agostinho — um dos autores que líamos com mais interesse — pode explicar bem o sentido da viagem: "O que é então o tempo? Se ninguém mo pergunta, eu sei, se quero explicá-lo a quem pergunta, não sei." Isto estimulou nossa *hybris* e provocou o desejo de compreender, de explicar — primeiro a nós e depois aos outros — o que é o tempo. Progressivamente embarcamos em uma viagem cada vez mais interessante, plena de boas surpresas, mas também de desilusões. Como quando estamos em Veneza e nos extraviamos nas suas labirínticas ruelas, perdemo-nos, mas sempre conservamos a forte sensação de que, mais cedo ou mais tarde, sairemos da escuridão das tortuosas ruelas e chegaremos à majestosa Praça São Marcos: a meta.

Acreditamos — *a posteriori* — que nossa viagem teve sucesso. Porque nos levou, neste último período, a ver as relações humanas, e em particular as relações no contexto da terapia e da consultoria, através de uma nova ótica: a ótica do tempo. Parece-nos que nossa forma atual de "enxergamos" nossos clientes e nós mesmos nos atos de ver e agir, enriqueceram-se consideravelmente, ao ponto de levar-nos a propor uma nova perspectiva para a consulta e a terapia sistêmicas.

A ótica do tempo — a privilegiada neste livro — coloca-se ao lado das outras óticas surgidas em épocas recentes no campo da terapia e da consultoria familiar: a ótica das premissas, a da linguagem[1], a da narrativa, a pós-modernista. Muitos destes modelos surgiram como alternativas ao paradigma sistêmico, que se baseia na metáfora cibernética (pensemos, por exemplo, nas críticas feitas por Lynn Hoffman ou Harry Goolishian à cibernética). Nós, sem embargo, encontramo-nos ainda comodamente instalados no interior do paradigma sistêmico, baseado na cibernética de primeira e segunda ordem. A ótica do tempo é um complemento, não uma alternativa, à da sistêmica. Na segunda parte do livro, dedicada à casuística, o leitor poderá verificar como, ao mesmo tempo, nossa atitude no transcurso da terapia permaneceu, nas suas linhas gerais, fiel ao método de Milão, e se enriqueceu e se tornou mais complexa.

O leitor encontrará no livro referências às diversas fases do método de Milão. Também poderá observar como, ao adotar de maneira progressivamente mais acentuada e consciente a ótica do tempo, modificamo-lo. Encontrará também, por outro lado, técnicas e intervenções que não fazem parte daquele método, mas de outras concepções terapêuticas. Esses momentos não-ortodoxos foram voluntários e conscientes: acreditamos que o terapeuta pode sair da ortodoxia para usar elementos de outras teorias, desde que o faça conscientemente e possa voltar, quando o considerar oportuno, à própria ortodoxia. O seu trabalho torna-se, assim, mais flexível e lapidado.

Voltando a nossa pesquisa, primeiro seguimos o itinerário tortuoso já em parte descrito: perguntamo-nos o que era o tempo para os filósofos, os físicos, os historiadores, os antropólogos e os sociólogos. As respostas foram as mais variadas. Deparamos com uma pluralidade de tempos: tempo objetivo e tempos subjetivos, tempo familiar, tempo institucional, tempo cultural. Esta multi-temporalidade fez surgir uma idéia: a importância da coordenação entre os diversos tempos, entre tempos individuais, coletivos, sociais, culturais. Seu corolário seria que a falta de tal coordenação pode estar na origem de muitos problemas, sofrimentos e patologias.

Além do mais, nossos clientes nos apresentam problemas que podem ser interpretados como problemas de coordenação entre tempos cujo resultado pode ser: o tempo que pára, que não evolui, do deprimido; o fragmentado do esquizofrênico ou, então, aquele caótico da organização que passa por dificuldades. Os diferentes horizontes e perspectivas temporais das diversas pessoas, culturas, organizações e entidades sociais tornam, pois, a análise mais complexa.

A terapia também tem as suas perspectivas temporais. Certos modelos de terapia se ocupam mais do presente, alguns do passado e outros preferencial ou exclusivamente do futuro. Nós temos uma visão que tenta

---

[1] Cuja investigação realizamos atualmente. Ver Boscolo, *et alii*, 1991.

relacionar presente, passado e futuro: interessa-nos a interação entre as três "dimensões" do tempo e levamos em consideração a variável horizonte temporal do cliente e as possibilidades de evolução. Fazemos questão de coordenar nossos tempos com os tempos dos clientes. O tempo sói ser visto por eles de modo linear-causal: o passado impõe vínculos deterministas ao presente e o presente ao futuro. O terapeuta intervém para introduzir uma relação de tipo reflexivo entre as três dimensões do tempo, aquilo que chamamos de anel auto-reflexivo presente, passado e futuro, e para criar passados e futuros hipotéticos no presente.

Estes não são senão alguns dos diversos aspectos do tempo cuja importância para as relações humanas é inegável. A nossa foi a viagem de exploração de dois clínicos em territórios diferentes ao deles: a filosofia, a física, a geologia ou a sociologia, por isso pedimos desculpas antecipadas ao leitor caso nossa versão resulte, às vezes, ingênua. Entretanto, gostaríamos de sublinhar que voltamos da viagem por terras estrangeiras com algumas metáforas (em particular da física e da filosofia) que serão extremamente úteis para ver o processo da consulta e da terapia com novos olhos. Naturalmente são metáforas que não devem ser tomadas ao pé da letra, mas consideradas por aquilo que são.

O livro é estruturado em dez capítulos, que se ocupam primeiramente da teoria e, a seguir, da prática clínica. O primeiro capítulo está dedicado às metáforas do tempo oferecidas pela filosofia, história, geologia e física. O segundo refere-se aos três domínios principais do tempo: o individual, o cultural e o social, e às suas interações. No terceiro a pesquisa se desloca para os diversos modelos da interação familiar, vistos através da ótica do tempo. O quarto capítulo se ocupa especificamente do nosso modelo de terapia sistêmica e da sua evolução devido ao contato com as idéias originais das pesquisas do tempo. O quinto trata da técnica de condução das sessões de terapia e de consulta segundo estas novas idéias. Este capítulo introduz diretamente a dimensão clínica, com o relato e as análises de uma sessão inteira. Os capítulos sexto e sétimo, através das narrações e transcrições dos casos clínicos, falam da criação tanto de passados como de futuros na terapia. O capítulo oitavo aborda, por meio de breves relatos de numerosos casos, o aspecto temporal dos rituais terapêuticos, enquanto o nono se centra em três casos narrados em todo seu desenvolvimento no tempo. O capítulo décimo, o conclusivo, analisa uma sessão inteira através de um diálogo entre os dois autores. Sabemos que os primeiros capítulos deste livro podem parecer muito teóricos, abstratos e às vezes um pouco chatos. Portanto, aconselhamos dois itinerários possíveis de leitura: ou fazer uma leitura direta do início ao fim (na nossa linguagem, do passado ao presente ao futuro) ou, então, partir do capítulo cinco, que é centrado em uma sessão terapêutica, e passar pelos últimos cinco capítulos dedicados à clínica, para em seguida voltar aos primeiros quatro capítulos teóricos e depois, eventualmente, voltar à parte clínica com um maior conhecimento da teoria. Desta forma o leitor poderá realizar um processo circular: do presente ao futuro, para depois retornar ao passado e de lá ainda a um novo presente.

Perguntamo-nos que proveito poderia tirar deste livro um leitor que realiza um trabalho como o nosso: pensamos que — como ocorreu conosco — o interesse pela dimensão tempo pode abrir-lhes novas perspectivas, de modo a ampliar sua visão teórica e clínica e a favorecer uma maior versatilidade no seu trabalho. Temos consciência, naturalmente, de que nosso modelo baseado na perspectiva temporal está ainda no início, e de que necessitará, no futuro, de um trabalho de revisão. Mas esperamos que suscite nos seus leitores a mesma curiosidade que suscitou em nós, ao ponto de levá-los a propor, também, novos desenvolvimentos para aperfeiçoar uma ótica tão útil para nós.

Luigi Boscolo
Paolo Bertrando

Apresentação da edição brasileira

Meu primeiro contato direto com o trabalho do grupo de Milão se deu no inicio dos anos 90, quando recebi a incumbência de fazer a tradução de *A terapia sistêmica de Milão.* A partir desse momento houve muitos outros. Alguns aqui no Brasil, nos diversos eventos científicos que contaram com a participação de Gian Franco Cecchin e, mais recentemente, de Luigi Boscolo. Outro, muito especial, em 2002, em Milão, durante minha visita ao *Centro milanês de terapia da família*. Nessa ocasião fizemos vários planos de cooperação. Falamos da possibilidade de traduzir e publicar, no Brasil, parte das contribuições do Centro à terapia familiar sistêmica. Na época, porém, não chegamos a concretizar nenhum projeto específico.

A idéia fazia eco ao desejo, manifestado por inúmeros colegas brasileiros, de contar com traduções dos livros que veiculam suas originais reflexões e propostas.

Hoje, dezoito anos depois de ter realizado o primeiro trabalho, tenho o prazer de entregar ao nosso público a tradução de *Os tempos do tempo*. Sua leitura, com certeza, aumentará a vontade de conhecer e aprofundar o estudo das idéias do grupo de Milão.

Está em nossos planos não esperar muitos anos para contar com a publicação de outras obras dos autores, em breve lançaremos: *Terapia sistêmica individual*.

Para concluir esta breve apresentação quero dizer que nas páginas deste livro se encontra uma chave. Ela serve para abrir a porta do túnel do tempo. Quem se aventurar por seus caminhos deverá estar disposto a vivenciar fortes emoções, a experimentar novas formas de ver a prática da terapia familiar e, por que não, a mudar sua maneira de intervir.

Uma boa viagem e uma frutífera leitura,

Carlos Arturo Molina-Loza
Belo Horizonte, maio de 2009

Capítulo 1

Metáforas do tempo

> Seria conveniente, em *ouverture*, compreender por realidade o campo de aplicação do verbo conhecer. Começamos, de repente, a utilizar metáforas e cada uma de elas se camufla como agente provocador de concessões estáticas ou dinâmicas, projetivas ou introspectivas, realistas ou relativistas, naturalistas ou convencionais. [...] Algumas vezes o conhecimento é representado como espelhamento, outras como assimilação, viagem ou exploração. Cada uma das imagens subentende um marco de crenças e um sistema de valores. Cada época privilegia inevitavelmente certas metáforas.
>
> Piattelli Palmarini, 1984b:15

Alguns paradoxos

O tema do tempo tem dado origem a uma rica literatura cheia de paradoxos. Vejamos alguns deles. Zenão de Eléia propôs, no século VI a.C., seus célebres paradoxos sobre tempo e movimento. De acordo com ele, por exemplo, Aquiles nunca poderia alcançar a tartaruga. Quando ele chegasse ao lugar onde a tartaruga se encontrava no momento da sua partida, aquela já haveria se deslocado um pouco. Quando Aquiles tivesse percorrido aquele trecho, a tartaruga já haveria se deslocado ainda um pouco mais e assim por diante, *ad infinitum*. A flecha tampouco poderia alcançar o alvo, porque antes deveria completar a metade do percurso, mas antes ainda a metade da metade e assim por diante, mais uma vez *ad infinitum*.

Um milênio depois, o bispo de Hipona, Agostinho, argumenta assim a propósito do tempo:

> O que, por conseguinte, é o tempo? Se ninguém mo perguntar, eu sei, se o quiser explicar a quem me fizer a pergunta, já não sei. Porém, atrevo-me a

> declarar, sem receio de contestação, que, se nada sobreviesse, não haveria tempo futuro, e se agora nada houvesse, não existiria o tempo presente.
>
> De que modo existem aqueles dois tempos — o passado e o futuro—, se o passado já não existe e o futuro ainda não veio? Quanto ao presente, se fosse sempre presente, e não passasse para o pretérito, já não seria tempo, mas eternidade. Mas se o presente para ser tempo, tem necessariamente de passar para o pretérito, como podemos afirmar que ele existe, se a causa da sua existência é a mesma pela qual deixará de existir? Para que digamos que o tempo verdadeiramente existe, porque tende a não ser? (*As confissões*, livro XI, seção 14.)

Vários séculos mais tarde, McTaggart (1927) postula a existência de duas séries temporais. Na série A os eventos estão situados primeiro no futuro, depois em movimento através do presente, até chegar ao passado. Na série B os eventos estão colocados um depois do outro, em uma sucessão estática. O sentido dos eventos nas duas séries é bastante diferente. Na série A os eventos estão em constante movimento. Antes do nascimento de César, o evento do seu nascimento estava no futuro, no momento do nascimento transitou pelo presente para, finalmente, estabilizar-se no passado. Mas na série B o evento do nascimento de César sempre esteve colocado na mesma "sede" temporal, por exemplo, antes do nascimento de Newton, e este fato é imutável (o que leva McTaggart a descartar ambas as séries e a negar o tempo).

Poucos anos depois Jorge Luis Borges (1947), no ensaio "Nueva refutación del tiempo", leva ao extremo as argumentações do antigo idealismo inglês: o mundo sensível, como afirmou Berkeley, só existe se for percebido. E mais ainda, não se pode conceber um sujeito que seja mais do que uma simples soma de percepções, como sustenta Hume. A aceitação destas premissas também torna discutível o próprio tempo, entendido como seqüência de momentos sempre diferentes. Se, de fato, dois momentos têm características idênticas, seria pura ilusão afirmar que um se verificou antes do outro. Na falta de uma referência externa, o tempo, como acreditamos que o vivemos, não existe.

As teses do filósofo grego, do bispo africano, do pensador escocês e do escritor argentino conduzem todas, por vias distintas, à negação da noção comum de tempo. Partimos voluntariamente de enunciados paradoxais porque são estes os que melhor evidenciam o caráter assumido pelo tempo quando atrai a atenção: transforma-se em matéria fugidia, elusiva, pois foge da tranqüila segurança do sentido comum. O tempo é, sem dúvida, um objeto difícil. Mas entre as razões de tanta dificuldade uma nos interessa particularmente: o tempo *não é somente um*. O tempo que na vida quotidiana "não é suficiente" não se pode sobrepor àquele medido pelos relógios a precisão nuclear. A duração inexorável de nossa existência não participa do mesmo tempo que o horário de trabalho. O tempo de Agostinho não é o de Newton.

Afirmar que não existe um tempo único não significa sustentar que exista uma realidade continente de muitos tempos. Significa que cada coletividade de sujeitos abstrai e ordena os dados do mundo externo através de esquemas cognitivos consensualmente aceitos, por um lado, e que constrói uma multiplicidade de realidades, cada uma com o próprio tempo, ou com os próprios tempos, pelo outro. O tempo da realidade externa (tempo objetivo) é diferente do tempo — ou melhor, dos tempos — das múltiplas realidades internas.

Os paradoxos do tempo nascem e vivem na linguagem. O paradoxo de Zenão se cria assimilando a duração, na qual não é possível discernir um instante do outro, à fragmentação sempre arbitrária do tempo em instantes. O de Santo Agostinho nasce quando se passa da experiência do tempo (que é clara, mas não transmissível) à descrição do tempo (que se faz obscura, porque é problemático sair do tempo para descrevê-lo). O de McTaggart se produz quando as duas séries temporais não são consideradas como duas modalidades de descrição, alternativas e compatíveis, mas como duas realidades entre as quais se deve escolher.[1] Para dizê-lo com Bateson (1972b) são as palavras, não as coisas em si, as que acabam desordenadas (*in a muddle*). É na linguagem que malinterpretamos o tempo. Além do mais, somente aquilo que é dito pode ser mal interpretado.

A seguir tentaremos abordar brevemente, porque esta é somente uma introdução da nossa pesquisa, alguns aspectos do conceito de tempo na história do pensamento ocidental. Assim poder-se-á esclarecer, pelo menos em parte, a causa de tanta complexidade terminológica.

O tempo dos filósofos

Nosso ponto de partida será o pensamento grego, porque os gregos foram os fundadores do pensamento ocidental. Essa não é a nossa única dívida com eles. Além de uma série de conceitos básicos devemos-lhes um rico vocabulário temporal, no qual "tempo" (palavra tão confusa para nós) pode ser dito de pelo menos três maneiras diferentes: *aion, chronos* e *kairos*.

Para os gregos, *aion* é o "sempre", a duração sem limites, sem passado nem futuro (Curi, 1987b). *Chronos* é, ao contrário, o tempo entendido como realidade mensurável e numerável, que passa constantemente do futuro ao passado. Aqui podemos identificar uma primeira dicotomia do pensamento ocidental: entre o ser e o devir. Mas a distinção entre *chronos* e *kairos* tem outras conseqüências: *chronos* é um devir que pode ser medido, *kairos* é o tempo dotado de um significado, o tempo constituído de episódios que têm início e fim, o tempo da ação humana (Kermode, 1967). Neste caso a dicotomia é entre tempo objetivo e tempo vivido.[2]

As três categorias dos gregos antigos correspondem a três domínios temporais bem distintos. Se o *aion*, a eternidade, manteve através dos séculos sua importância, sobretudo no pensamento religioso, bem mais presente é, entretanto, a dicotomia entre *chronos* e *kairos*. Ao primeiro corresponde um tempo objetivado, distinguível, fragmentável e manipulável: o tempo da ciência e da técnica, que tornará possível o relógio e a sincronização coletiva. Este é o tempo de Aristóteles, Newton, Kant, Whitehead e Popper. Ao segundo corresponde um tempo da experiência interior, único e irredutível: o tempo da filosofia da existência, o tempo de Agostinho, Kierkegaard, Bergson, Husserl, Heidegger e Sartre. Os dois termos da dicotomia estão na raiz de nossas idéias sobre o tempo. Cada um de nós os utiliza quotidianamente na vida, mesmo sem ter a mínima noção da discussão filosófica que, há vinte e cinco séculos, gira em torno destes conceitos.

Aion e chronos

A filosofia grega discute, desde suas origens, sobre o ser e o devir. Anaximandro coloca toda a sua cosmologia "na ordem do tempo" (*Chronos*) (Heinemann, 1987). Mas foram os filósofos do século VI a.C. que traçaram, definitivamente, as coordenadas da grande polêmica sobre o tempo. Para Parmênides de Eléia o ser é uma substância eterna e imutável, situada, portanto, fora da sucessão temporal e da deslocação espacial, que não passam de formas de um equívoco (*doxa*). Zenão, a partir da metafísica de Parmênides, concebe os seus paradoxos que reduzem ao absurdo tanto o tempo como o espaço.[3] Heráclito, ao contrário, baseia sua filosofia no devir, na mudança: não é possível banhar-se duas vezes no mesmo rio.[4] No decorrer do tempo as coisas mudam constantemente. Cada qualidade se transforma no seu oposto, em um movimento incessante.

Platão, que parte da metafísica do ser de Parmênides, concilia, de certo modo, o ser com o devir, colocando o *aion* na eternidade e, por tanto, na realidade última, enquanto o *chronos* não passa de uma imitação do ser, o tempo das coisas destinadas à destruição e a morte:

> [A natureza da alma] era eterna e esta propriedade não podia ser conferida plenamente a quem tivesse sido gerado. [O pai] pensa, porém, em criar uma imagem móvel da eternidade e, ordenando o céu, cria da eternidade, que permanece na unidade, uma imagem eterna que procede segundo o número, aquela que chamamos tempo [...] [e] o "era" e o "será" são formas geradas de tempo (*chronos*), que nós, de maneira inconsciente e errada referimos à essência eterna (*aionos*). Ou então dizemos que era, que é, que será, quando somente o "é" é verdadeiramente conveniente e o "era" e o "será" se devem dizer da geração que procede no tempo (*chronos*): porque são movimentos, enquanto aquele que permanece imutável, imóvel, não convém que com o tempo se faça mais velho nem mais jovem (Timeo, 37 d-38 a).[5]

Aristóteles, o filósofo do imanente, talvez seja o primeiro a ligar estreitamente tempo e movimento, assimilando assim o tempo ao espaço: "O tempo é o número do movimento segundo o antes e o depois" (*Física*, 229 b I). O tempo não se identifica com o movimento, mas é uma de suas qualidades. Para Aristóteles, não obstante, tempo e espaço geométrico têm mais de uma característica comum. O tempo é contínuo, mas é um contínuo feito de instantes. O instante é, assim, assimilável ao ponto, que constitui a continuidade da linha, apesar de ser uma entidade discreta. Aristóteles torna o tempo numerável e quantificável.

Plotino também aceita, nas *Enéadas*, a dicotomia entre *aion* e *chronos*. Influenciado pelo pensamento agnóstico, Plotino igualmente adere ao conceito do tempo cíclico e à tese do eterno retorno. Como observa Borges (1936), não sem perplexidade, no quinto livro das *Enéadas*, Plotino sustenta que para estudar o tempo é necessário ter antes uma noção da eternidade, que é o arquétipo do tempo:

> Os objetos da alma são sucessivos, antes Sócrates e depois um cavalo, sempre se concebe uma coisa isolada e milhares de outras se perdem, mas a inteligência divina abrange todas as coisas. O passado está no seu presente, bem como o futuro (Citado em Borges, 1936: 525).

Nas épocas sucessivas perdem a noção de *aion*, pelo menos em uma forma tão direta.

Chronos e kairos

A cultura cristã, ao ampliar e acentuar as concepções do judaísmo, submerge definitivamente o homem no fluxo da história: o tempo se torna, para sempre, linear e irreversível. Agostinho, um dos Pais da Igreja, é justamente o responsável pela primeira teoria realmente introspectiva do tempo. Santo Agostinho estuda o tempo da interioridade mais que o do movimento e dos objetos.

Quispel (1957) adverte: não se deve ler Agostinho como um "precursor" das idéias sobre o tempo que surgirão séculos depois. O bispo de Hipona, como veremos a seguir, participava de uma polêmica totalmente teológica sobre a criação e sobre a história. Daí nasceu o seu interesse pelo tempo. Algumas das intuições de Agostinho continuam sendo, não obstante, fundamentais para todos os pensadores que, depois dele, têm estudado o problema. Agostinho, ao resolver os famosos paradoxos dos quais falamos nas páginas anteriores, delineia uma teoria psicológica do tempo.[6]

> É impróprio afirmar que os tempos são três: pretérito, presente e futuro. Mas talvez fosse próprio dizer que os tempos são três: presente das coisas passadas, presente das presentes e presente das futuras. Existem, pois, es-

tes três tempos na minha mente que não vejo em outra parte: lembrança presente das coisas passadas, visão presente das coisas presentes e esperança presente das coisas futuras. Se me é lícito empregar tais expressões, vejo então três tempos e confesso que são três.

> Mas como diminui ou se consome o futuro, se ainda não existe? Ou como cresce o pretérito, que já não existe, a não ser pelo motivo de três coisas se nos depararem no espírito onde isto se realiza: expectação, atenção e memória? Aquilo que o espírito espera passa através do domínio da atenção para o domínio da memória. (*As Confissões*, livro XI, 20, 28.)

O tempo é, pois, colocado na alma (na psique), tornando-se, assim, o mais parecido ao *kairos* dos gregos que tenham concebido os filósofos cristãos. Ao tratar da medição do tempo, Santo Agostinho exemplifica com a diferente extensão das palavras e das sílabas, excluindo a referência ao movimento dos corpos ou à abóboda celeste. O tempo é, pois, subtraído da relação com os objetos em movimento e se torna uma *distentio animi* real enquanto experimentado por um sujeito.

Apesar do exemplo de Santo Agostinho, no pensamento ocidental prevalecerá o *chronos*: primeiro na própria escolástica, que aceita plenamente a física de Aristóteles, depois com o nascimento da física moderna.[7] Como afirma Elias (1984), Galileu confere ao tempo um papel absolutamente inédito na física. E a nova doutrina será definitivamente sancionada nos *Principi matematici della filosofia naturale* (1687) (Princípios matemáticos da filosofia natural) por Newton, cujo conceito de tempo permanecerá na ciência durante mais de dois séculos. E no sentido comum ainda por mais tempo:

> O tempo absoluto, verdadeiro e matemático, em si e pela sua própria natureza e sem relação a nada externo, flui ininterruptamente e, com outro nome, chama-se duração (pp. 101 sg.)

O tempo se torna, desta forma, um *continuum* uniforme e universal, independente do movimento e da existência dos objetos. Fazendo uso da navalha de Ockham[*], Newton condena durante décadas qualquer idéia subjetivista do tempo. Será somente graças à polêmica do idealismo inglês de Berkeley e Hume que Kant fará emergir um conceito diferente do tempo.

Borges (1947), como refutador do tempo, recorda com certa desilusão que nem Berkeley (que afirmava a impossibilidade de uma realidade indepen-

---

[*] NDT: Princípio estabelecido pelo filósofo e teólogo William de Ockham no século XII, segundo o qual deve descartar-se toda suposição desnecessária e aceitar a primeira explicação ou causa suficiente. "Tudo que se explica afirmando algo diferente do ato de compreender pode ser explicado sem afirmar essa coisa diferente", nas palavras do próprio Ockham, citado por Hitchens, C. (2007).

dente de um sujeito que a percebesse), nem Hume (que, enfim, havia dissolvido a noção de sujeito em uma simples soma de percepções e sensações) chegaram a negar o tempo. Para Berkeley o tempo é "a sucessão de idéias que fluem uniformemente e das quais todos os seres participam" (*Tratado sobre os princípios do conhecimento humano*, 98), enquanto para Hume é "uma sucessão de momentos indivisíveis" (*A treatise of Human Nature*, I, 2, 2).

Kant aceita a natureza absoluta e independente de conteúdos do tempo newtoniano, mas o subtrai, juntamente com o espaço, do universo da *Ding an sich*, para colocá-lo na base da consciência. Espaço e tempo são, para Kant, as duas condições *a priori* da experiência, condições que não derivam da experiência, mas que necessitam da experiência para agir. O fato de ser uma condição do intelecto humano, e não do universo em si, não impede que o tempo seja menos absoluto e universal, tanto é que é justamente sobre o tempo e sobre a sucessão que são construídas as verdades, válidas por excelência, da aritmética.

Está fora do nosso escopo um tratamento analítico do tempo nos diversos sistemas filosóficos do século XIX. Faremos alusão, apenas de passagem, à ambigüidade da noção de tempo em Hegel, a negação do devir por Schopenhauer e a sua afirmação (como história) por Marx, ao eterno retorno por Nietzsche. Houve, porém, um filósofo que, no inicio do século XX, colocou o tempo no centro da própria especulação: Henri Bergson.

Enquanto o positivismo havia aceito plenamente o ponto de vista da física newtoniana, Bergson parte de uma crítica ao tempo "espacializado" da física, visto como mera sucessão analítica de instantes idênticos, em uma ordem retilínea: passado-presente-futuro. Para Bergson o tempo é "duração" (*durée*), fluxo ininterrupto, no qual os momentos sucessivos se compenetram um no outro, são inseparáveis. Se se fala de duração não se fala de momentos ou de instantes, os quais, para Bergson, são somente "as extremidades de um intervalo":

> Formamo-nos, de modo natural, à idéia de instante e também de instantes simultâneos, porque temos o hábito de converter o tempo em espaço [...] o instante é aquilo que poderia por fim a uma duração se esta parasse: mas a duração não pára (Bergson, 1922).

O tempo objetivo da ciência é artificial e mensurável. A duração é *qualitativamente* múltipla (todo o passado penetra no presente e o presente "colore" o passado) e, simultaneamente, unitária, não analisável.

Os fatos da consciência não são "replicáveis", porque o decorrer do tempo põe a consciência em constante movimento, tornando-a sempre diferente de como era no passado. A memória de *Matière et mémoire* (1896) conserva todo o passado e permite o enriquecimento da consciência:

> O que sentimos, pensamos e quisemos desde a infância está contido no presente, este mesmo presente que o passado, que chama insistentemente à porta da consciência, está prestes a absorver em si.

Assim, na contraposição entre positivistas e Bergson reaparece a antiga discussão entre *chronos* e *kairos*, que se torna oposição entre o tempo dos objetos e o tempo da intuição. No início do século XX, Whitehead (1920: 168) exprime de modo mais maduro e conciso a idéia de um tempo objetivo:

> Ao referir-me ao espaço e ao tempo como abstrações não pretendo dizer que não exprimem para nós fatos reais da natureza. Quero dizer que não existem para nós realidades espaciais ou temporais independentemente da natureza física, isto é, que espaço e tempo são simplesmente modos de exprimir certas verdades nas relações entre os eventos.

Existe um único tempo?

O pensamento contemporâneo, inclusive o referente ao tempo, produz mais dúvidas que certezas. A solidez do tempo newtoniano (e também a do tempo de kantiano) é danificada e, por último, despedaçada, tanto no âmbito físico quanto no psicológico. Mais adiante faremos uma breve referência à relatividade de Einstein, que questiona definitivamente a univocidade do tempo da física.

Os pensadores que mais incisivamente se preocupam com a temporalidade humana são fenomenólogos, sociólogos e antropólogos. Os existencialistas, que se interessam pelo homem na sua existência concreta e real, pelo seu destino como pessoa, preocupam-se, sobretudo, com a existência *no tempo*. Husserl dedica longas análises à fenomenologia do tempo, à consciência interna do tempo, ao sentido do tempo evidenciado pela busca introspectiva quando se suspende o juízo de qualquer construto "científico". Se o tempo existe somente no presente, é também verdade que o passado e o futuro são essenciais à consciência do tempo, mesmo que sejam assumidos somente no presente. Husserl recria, em certo sentido, as categorias do tempo de Santo Agostinho. Ele as denomina *retentio, praesentatio e protentio.*

Heidegger, por sua vez, identifica quatro dimensões do tempo: passado, presente e futuro, mais uma quarta, que consiste no passar de uma dimensão para a outra e que, justamente por ter esta natureza móvel, é, de certa forma, "a primeira" dimensão, na qual realmente experimentamos o tempo. Na sua obra fundamental *Ser e tempo* (1927) Heidegger vai além da simples análise da experiência do tempo e estuda o sentido da temporalidade para o homem.

Como recorda Steiner (1978: 77):

O título é um manifesto. Tradicionalmente, o *Sein* (ser) não tinha tempo. Na metafísica, depois de Platão, a investigação do ser, da essência dentro ou além das aparências, é exatamente uma busca daquilo que é constante, do que permanece eterno no fluxo do tempo e da mudança. O título de Heidegger proclama, ao contrário: *Sein und Zeit*. O ser é temporal por si (Zeitlich) (*Ser e tempo*). Não vivemos "no tempo", como se este fosse um fluxo independente, abstrato, externo ao nosso ser. "Vivemos o tempo"; os dois termos são inseparáveis.

Para Heidegger o pensamento metafísico erra ao conceber o ser como uma espécie do eterno presente, como algo que se "vê" (a *concupiscentia oculorum* já estigmatizada por Agostinho). Dessa forma o ser termina por ser imaginado, metaforizado e transformado em uma abstração. A ontologia dos fundamentos de Heidegger quer, ao contrário, restituir o ser à experiência, como parte da "faticidade" e da historicidade da existência humana.

Nesta perspectiva a temporalidade do ser (*Dasein*) pode ser vivida de modo anônimo e impessoal, como um contínuo passar de uma coisa a outra. Ou então como um sair de si, como um projetar-se nas próprias possibilidades (tornar-se futuro), aceitando o encontro com o nada. Com o existencialismo de Heidegger o tempo se carrega de valores éticos e se torna não a manifestação de um mundo objetivo, nem uma função psicológica, mas uma dimensão de existência de cada um.

O pensamento sociológico, por outro lado, aborda o tempo de um ponto de vista interativo: o tempo é uma abstração que dá forma às instituições sociais. Questiona-se, assim, a natureza universal das noções temporais, a partir do *a priori* kantiano, lido por Norbert Elias (1984) como um *a posteriori*, um derivado das experiências socioculturais do sujeito. Kant via o tempo como uma função inata, que "precede" a experiência. Elias o concebe, ao contrário, como resultado de um processo de aprendizagem: aprende-se a ser no tempo, como se aprende a se mover no espaço. O tempo deriva de uma aprendizagem individual dentro de uma série de coerções coletivas, determinadas pela história de uma sociedade, que somente depois de ser interiorizado adquire a aparência de algo não humano, de um fato natural. Nesta perspectiva, o tempo é um símbolo tão forte que assume a função de um "fato da natureza", como ocorre com as três dimensões do espaço. Para sondar o mistério do tempo, Elias concebe uma visão "pentadimensional" da experiência humana, onde a quarta dimensão é obviamente o tempo e a quinta a cultura humana:

> Existem alguns fenômenos que podem ser percebidos como eventos que se dão na corrente do devir, isto é, no tempo e no espaço, sem que quem os percebe tenha noção do caráter simbólico do tempo e do espaço [...]. Todavia é possível subir ainda mais na escala da consciência. Então, no campo de

visão do observador, junto ao devir quadridimensional surge, no mesmo instante, a quinta dimensão, ou seja, os homens que percebem e elaboram o devir no espaço e no tempo. Quando isto ocorre, tais observadores se vêem a si mesmos como observadores do devir quadridimensional colocados no degrau imediatamente inferior da escala. Assim se torna visível para eles não somente o devir quadridimensional enquanto tal, mas contemporaneamente também o caráter simbólico das quatro dimensões como meios de orientação dos homens (Elias, 1984: 44 seg.)

De posições análogas parte o construtivismo de Foerster (1981), Glasersfeld (1987), Watzlawick (1984) e Ceruti (1985). Se a realidade é "inventada" por um observador (ou melhor, por uma comunidade de observadores) e não é um dado de fato, objetivo e incontestável, o tempo também pode ser considerado um constructo fruto de um consenso.

O próprio Heinz von Foerster (1981) formulou um tema básico de extrema importância para o pensamento construtivista: a experiência do tempo é uma construção, não a aquisição de uma realidade externa. O tempo é, pois, gerado na construção da realidade. Cada observador, ao construir as próprias representações, enfrenta ao mesmo tempo o invariável e a mudança. Os objetos (ou melhor, suas representações) são perceptíveis como duradouros, invariáveis, mas os eventos (suas representações) mudam, são mutáveis. O observador constrói então uma "grelha" computacional, com um eixo de simultaneidade que contém todos os eventos contemporâneos, e um eixo de duração que contém o mesmo objeto em momentos diferentes. Deste modo, o tempo deriva da própria construção da realidade: ele pode ser concebido como uma representação das relações e não como uma entidade que existe no ambiente e que nós "aprendemos": "O ambiente não contém informações. O ambiente é aquilo que é." (Foerster, 1981: 167.)

Outras disciplinas também reforçam a tese segundo a qual certas categorias lógicas, como o tempo, por exemplo, nascem da interação com o ambiente. A epistemologia genética de Piaget (1937, 1946) constrói uma teoria mais complexa da aquisição da noção de tempo na criança e sempre coloca em primeiro plano a atividade de exploração, através da qual a criança se relaciona com o ambiente. Piaget concentra sua atenção no tempo objetivo e mensurável e desdenha o nebuloso conceito de tempo subjetivo, que para ele é mera ilusão. Paul Fraisse (1957), outro psicólogo evolutivo que se dedicou ao estudo do tempo, afirma, em uma polêmica parcial com Piaget, que a noção abstrata de tempo não se desenvolve antes dos quinze anos. Ele dirige sua atenção justamente ao tempo subjetivo: Fraisse coloca na raiz da compreensão do tempo mensurável aquilo que Piaget considera um erro.

Por fim, a antropologia enfatiza a dimensão cultural do tempo: a observação dos esquemas temporais de interação e dos conceitos de tempo dos "primitivos" demonstra que a validade universal da temporalidade do sujeito urbano euro-americano não está ao abrigo da discussão. As pesquisas históricas sobre a concepção do tempo revelam também quão diferente é o "sentido do tempo" das civilizações passadas em relação ao prevalente no século XX.

Não queremos traçar aqui um panorama de todo o pensamento contemporâneo sobre o tempo, isto extrapolaria o escopo de nosso trabalho, nem nos adentrar muito na psicologia do tempo, tema que será discutido, em parte, mais adiante.[8]

A história entre o tempo linear e o tempo cíclico

A história é uma característica essencial da nossa cultura: nossa relação com o passado, e com a influência do passado sobre o presente, está construída segundo uma metáfora histórica. Parte integrante desta última é a idéia de que é possível ordenar qualquer acontecimento, desde a vida de uma pessoa até a história universal, segundo um esquema linear que parte de um antes para chegar a um depois ou, então, segundo uma narração.

> Os gregos, os primeiros a escrever a história, realizaram um extraordinário descobrimento. Por que o fizeram? Aquilo que foi não é mais, de que maneira pode interessar-nos? Esta pergunta tem sido formulada durante séculos [...] A história talvez seja uma rebelião frente à labilidade de tudo que existe, daquilo que somos, do que fazemos. É a vontade de apropriar-se do instante fugitivo e convertê-lo, como diz Tucídedes, em um *Ktema eis aiei*, em uma aquisição válida para sempre. Uma sucessão de eventos não é nada que foge e se perde como as ondas do mar. Convertendo-a em uma cadeia verbal, fixamo-la e lhe conferimos uma realidade: uma realidade *para nós*. E quando a palavra se torna escrita atinge a condição ideal para quem sente esta ânsia de realidade (Toraldo di Francia, 1990: 32).

Mas a metáfora da história é ainda mais rica. Admite pelo menos duas leituras opostas. De acordo com a primeira — vitoriosa no ocidente— a história segue um movimento linear e irreversível. Conforme a segunda — derrotada, mas não eliminada por nós, e vitoriosa alhures — o processo da história é cíclico, é um contínuo retorno, não tem a forma de uma linha, mas sim de uma espiral, como imaginou Yeats. O conflito entre as duas leituras tem sido mais longo e incerto do que é possível imaginar hoje, seus vestígios ainda permanecem em algum lugar de nossa consciência.

Tempo sagrado, tempo profano

Os povos que nós definimos como "arcaicos" ou "primitivos" têm uma tendência comum a rejeitar a história, entendida como seqüência irreversível de mudanças.

> Estas sociedades existem na temporalidade como todas as outras, mas, diferentemente do que ocorre entre nós, elas rejeitam a história e se esforçam por extirpar do seu seio tudo que poderia constituir o esboço de um devir histórico. [...] Nossas sociedades ocidentais são feitas para mudar: este é o principio de sua estrutura e de sua organização (Lévi-Strauss, 1973: 364).

Para o homem arcaico o devir, a mudança contínua, identifica-se com a instabilidade e, em última análise, com a irrealidade. Segundo Mircea Eliade (1949) para o homem arcaico o tempo profano é algo ilusório. O que é real não pode existir no devir, deve existir em um tempo imutável, um tempo que é, sem nunca evoluir. Assim, a realidade das coisas ou das ações humanas deve ser estabelecida através de uma espécie de suspensão do tempo profano. E esta suspensão se realiza no *rito,* que cria um tempo diferente, o tempo do sagrado:

> Por isto, o *sagrado* é o real por excelência, porque somente o sagrado *é* de uma maneira absoluta, age eficazmente, cria e faz durar as coisas. Os inúmeros gestos de consagração — dos espaços, dos objetos, dos homens, etc. — revelam a obsessão pelo real, a sede do primitivo pelo *ser* (Eliade, 1949: 25).

É provável que um dos motivos (se não o único) deste sistema de pensamento seja a necessidade de dar um *sentido* aos acontecimentos da vida, inclusive o sofrimento. Até o sofrimento será "sensato" se for a repetição do que já ocorreu ao deus, se for causado por motivos divinos e transcendentes.

A abolição do devir encontra seu lógico complemento na observação de que na natureza o tempo não parece correr linearmente. Ele gira em torno de si mesmo, na alternância entre dia e noite, no ciclo das estações e das fases lunares. A observação destas últimas (a lua que cada mês se consome e morre, mas no mês seguinte ressuscita) parece ter conduzido à criação dos primeiros calendários e, ao mesmo tempo, servido de base às doutrinas cíclicas do "eterno retorno". (Eliade, 1949.)

Esta idéia de um tempo não estático senão continuamente repetido sobrevive, com notáveis variações, mas também consistentes paralelismos, em diversas culturas. A doutrina do eterno retorno faz parte do pitagorismo helênico primitivo. O próprio Platão a retoma, pelo menos em parte, no *Timeo* (ver Eliade, 1949), associada ao mito helênico da idade de ouro, da qual as eras posteriores são réplicas cíclicas, mas degradadas. A tese, ainda elitista e esotérica no século V a.C., conhece uma grande divulgação, quatrocentos anos depois, com o neo-estoicismo romano.

O pensamento indiano elabora, com abundância de detalhes, o mito do eterno retorno, tornando-o cada vez mais complexo (Eliade, 1957). Um ciclo do universo recebe o nome de *yuga* ("idade"). Quatro *yuga*, de duração decrescente (segundo o esquema que recorda as "idades" dos gregos), formam um *mahayuga*, que dura 12.000 anos. Mas segundo alguns comentaristas estes são "anos divinos", que duram 360 dos nossos. Em tal caso, cada *muhayuga* dura 4.320.000 anos. Mil *muhayuga* constituem uma *halpa*, ou seja, um dia da vida de Brahma. Cem anos de Brahma (311.000 bilhões de anos) são a vida do deus. Mas, como dizia Visnu, nem mesmo Brahma é eterno, até sua vida se repete!

As duas grandes heresias indianas, o budismo e o jainismo, possuem em comum uma visão semelhante à "roda" de reencarnações (o *samsara*). Esse também é o tema fundamental da gnose ocidental, que se desenvolve paralelamente ao cristianismo (e não simplesmente como uma das suas ramificações) nos primeiros séculos depois de Cristo. Para os gnósticos, bem como para os pitagóricos, o tempo é uma seqüência de metempsicoses. A novidade aqui é que a seqüência das sucessivas reencarnações é vista com autêntico horror, como uma caída da atemporalidade do Ser (Puech, 1957). Um horror compartido pelos fiéis de todas as grandes religiões da Índia e também pelos devotos das grandes religiões iranianas, o masdeísmo e o ismaelismo (Corbin, 1957).[9]

O tempo, e o universo que vive no tempo, devem ser, segundo estas visões do mundo, transcendidos. Os gnósticos buscam transcendê-los através do conhecimento e da fé, os iogues indianos com práticas corporais. A salvação, no entanto, estará sempre na eliminação do tempo que é, afinal, a sede de todo sofrimento.

Tempo linear e tempo histórico

A idéia de um tempo histórico, isto é, de um devir linear e irreversível, mas não por isto menos real, abre-se caminho com a religião hebraica. Segundo Eliade (1949) a religião monoteísta teria favorecido a idéia de que todo acontecimento histórico é uma manifestação divina. Não a atualização de um arquétipo, mas uma manifestação sempre diferente, sempre nova. A salvação da história já não estaria, pois, no retorno a um passado imutável, mas na chegada do Messias, isto é, no futuro: *in illo tempore* já não é um passado fora do tempo, é um *futuro* além do tempo.

A mudança está carregada de conseqüências. A sucessão temporal adquire um sentido e um valor, a história (como teofania) é história sagrada, portanto real. O futuro assume um papel central e, com ele, a catástrofe futura, da qual surgirá um mundo novo. O tema do "tempo último", apocalíptico, é bastante antigo. Van der Leeuw (1957) apresenta alguns exemplos egípcios, babilônicos e maias. Mas com o judaísmo, e com o cristianismo dele derivado, a criação e o apocalipse se tornam únicos, como única é a aparição de Cristo, tanto que a data concreta do seu nascimento torna-se o "centro" do tempo ocidental, que se divide em anos antes e depois de Cristo. E todas as religiões que entraram em contato com o cristianismo devem aceitar a idéia de que os fatos acontecem uma única vez. O islamismo também vê o tempo em função do futuro (Massignon, 1957), enquanto a gnose e mazdeísmo se empenham na difícil tarefa de colocar a salvação tanto no tempo quanto fora dele.

Por último, o tempo da cristandade se torna o tempo de todo o Ocidente. A concepção ocidental do tempo está estreitamente ligada à idéia de progresso, de avanço em um tempo irreversível. E esta idéia deriva, em grande parte, do desenvolvimento cristão da tese judaica segundo a qual o tempo progride rumo à salvação, à Nova Jerusalém. Afirma Quispel (1957: 88)

> Um estudo dos Padres da Igreja esclarece que o *pathos* do progresso é uma secularização das antigas concepções cristãs. Esta visão histórica da cristandade antiga derivou do *epaphax*, do "uma vez por todas".[10]

Em um mundo permeado pelo sagrado, no qual o tempo profano é "insensato", carece de sentido se escrever uma "história". Mas, conforme o tempo profano da quotidianidade passa a ser o verdadeiro tempo vivido, o estudo do passado e a organização do presente adquirem uma crescente importância. Assim que uma civilização se organiza na complexidade começa a produzir cronologia. O caso do Egito antigo, com seu elenco de faraós é um bom exemplo. Entende-se que, para quem a estabelece, a dimensão mítica de tais cronologias é tão importante quanto o elenco realístico dos fatos e das datas. Com os gregos, entretanto, a história evolui para a autonomia. Heródoto, no século V a.C., foi o primeiro historiador grego. Quatro séculos mais tarde os romanos já podem afirmar *historia magistra vitae*. Com o cristianismo o estudo da história adquirirá uma nova relevância: a história se identifica com a história sagrada, porque o sagrado encontra sua realização no devir linear que parte da Criação, passa através do Dilúvio universal e o Êxodo, para chegar ao nascimento de Cristo, o *epaphax* de Quispel (1957).

É interessante como nas culturas em que predomina a concepção cíclica do tempo não dão importância nem à história nem à precisão das cronologias. É o caso da cultura indiana, cujas referências históricas permaneceram aproximativas e imprecisas até uma época relativamente recente.

"Tempo profundo": entre a geologia e a história

Para os ocidentais, apesar da sua obsessão cronológica, a descoberta da "profundidade do tempo" também é algo recente. No início do século XVII as cronologias concordavam em situar a origem do mundo no tempo da Criação bíblica, fixado — dependendo das versões da Bíblia — por volta de 4000 ou de 5400 a.C.[11] Nos dois séculos subseqüentes mudam tanto as concepções da história natural quanto da história humana, ao ponto de lançar a humanidade em um "abismo" de milhões e de bilhões de anos e de dissolver a "reconfortante" leitura das sagradas escrituras em centenas de milhares de anos de uma nebulosa pré-história. É estranho pensar que semelhante mudança de pensamento tenha surgido de observações aparentemente marginais: as observações dos fósseis, das conchas e dos peixes fósseis encontrados nas montanhas. Foi esse o ponto de partida da crise da idéia de uma Terra estática e imutável. Das discussões sobre a natureza dos fósseis surgiram as novas teorias da Terra.

Quando Robert Hooke publicou, em 1668, seu *Discurso sobre os terremotos*, a história natural não passava de uma descrição da natureza tal qual ela é, sem a idéia de um devir interno da própria natureza. As investigações geológicas (e cronológicas) de Hooke, Agostinho Silla, Thomas Burnet, Newton, até Georges Louis Buffon e Thomas Hutton, ao fim de século XVIII, desagregam progressivamente a idéia de estaticidade da natureza e do mundo. A Terra, que havia sido vista como exemplo de harmonia e perfeição, torna-se para Burnet um conjunto de desastres, sobrevivência degradada do Dilúvio universal, destinada, por sua vez, ao desaparecimento. Mares e montanhas desaparecerão. Aquilo que hoje constitui o cenário da nossa vida será um dia, segundo Moro, uma relíquia do passado, um dos diversos extratos geológicos: a estabilidade das coisas torna-se, assim, um *fluxo*.

A dificuldade fundamental que enfrentaram os primeiros crono-geólogos, e que deu origem a uma série interminável de disputas, foi sempre a mesma: como conciliar o cálculo dos anos que se deve atribuir ao planeta (e ao universo) com a limitadíssima cronologia do Gênese? Os primeiros autores consideram o Dilúvio como a catástrofe primária, responsável pela maior parte das mudanças geológicas e orográficas. Buffon, no entanto, observa que as explicações dos fenômenos geológicos podem muito bem ser encontradas nos eventos quotidianos: a maré alta e baixa, a erosão provocada pela chuva e assim por diante. Só é necessário que estas causas ajam por períodos de tempo adequadamente longos, incompatíveis com os 5.617 anos admitidos pela história tradicional.

Aqui confluem, e em certos aspectos sobrepõem-se às dos historiadores, as dificuldades dos geólogos em conciliar-se com o sentido comum. Isto não deve causar surpresa a quem lembre que se tratava de uma época de pouca especialização, na qual Newton pode ocupar-se, além da física e da matemática, da história (escreveu uma *Cronologia dos reinos antigos*, editada em 1757).

Durante dois séculos inteiros permaneceram acesas as disputas sobre a relação entre a história sagrada do Gênese, que cada vez parece menos conciliável com as novas descobertas, e a história profana dos gregos e romanos e, sobretudo, dos egípcios e chineses. A aceitação das cronologias destes últimos povos significaria recuar a mais de quatro mil anos antes de Cristo. A polêmica entre Isacc Voss e Greorg Horn, realizada no século XVIII, constitui um bom exemplo a este respeito.[12]

Tudo isto não passaria de uma curiosidade digna de eruditos se não fosse porque inúmeras disputas deste tipo se repetiram muitas vezes no decorrer dos séculos XVII e XVIII, prova disso é a grandiosa proliferação de tratados e exegeses bíblicas da época. Giambattista Vico não fica à margem do debate. Para conciliar suas próprias teorias históricas com o relato bíblico ele se vê obrigado a comprimir, em poucas centenas de anos, o período "animal" da humanidade e em cerca de duzentos anos a época heróica dos historiadores gregos. A contagem bíblica não admitia, de fato, a idéia de uma *pré-história* da qual tivesse emergido uma humanidade "primitiva". Era necessário postular uma regressão da humanidade ao estado primitivo depois do Dilúvio e, por conseguinte, restringir enormemente os tempos da evolução social.

Paolo Rossi, pesquisador dos mínimos detalhes da descoberta do tempo profundo, escreve:

> A conquista ou a descoberta do tempo foi uma operação muito lenta. Em 1659 o homem e a natureza (que saíram *juntos* das mãos de Deus) têm um passado de um pouco mais de 7.000 anos para Vossius e de quase 5.700 para Horn. A diferença entre a idade do mundo segundo Vossius e segundo Horn é exatamente de 1.353 anos. Para justificar esta diferença, ou para demonstrar sua ilegitimidade, desfilam *adi mis fundamentis* todos os grandes problemas da cronologia. Discutem-se as características das grandes civilizações antigas; examinam-se e avaliam-se as fontes; enfrentam-se os problemas da filologia bíblica (1979: 180).

As resistências às novas cronologias provêm, em sua grande maioria, dos defensores das tradições religiosas (apesar de que as tramas são mais complexas e amiúde os tradicionalistas resultam ser defensores das teses cientificamente corretas e vice-versa). Mas talvez eles também estivessem em jogo problemas mais profundos. Buffon, ao publicar *Les époques de la nature* (1778), adota uma cronologia para a qual a Terra tem cerca de setenta mil anos. Como documenta Jacques Roger (1962), Buffon, nos seus manuscritos, havia ido além e postulava uma Terra de três milhões de anos. Ele, apesar de que nessa época as grandes polêmicas teológicas já tinham terminado, não estava decidido a publicar esses resultados. Provavelmente temesse que seus contemporâneos não estivessem em condições de conceber durações dessa magnitude:

> Apresentei um quadro resumido da duração dos tempos. Precisei desta escala menor para conservar a ordem e a clareza das idéias, que se teriam perdido nos espaços obscuros se, de improviso, tivesse apresentado o plano de duração dos tempos baseado na escala que emprego atualmente e que é quarenta vezes mais longa que a do meu primeiro quadro.[13]

A revolução de Galileu, Kepler e Copérnico havia relegado a humanidade a um ponto periférico de um espaço infinito. A revolução dos tempos geológicos a reduz a um fragmento de eternidade. Os poucos milhares de anos da história transformam-se em um lapso de tempo ínfimo quando comparado aos quatro bilhões de anos da Terra, ou inclusive aos milhões de anos transcorridos desde o aparecimento dos primeiros hominídeos. O que assusta os contemporâneos de Buffon é encontrar-se em uma eternidade que já não é a divina (*fora* do tempo), mas que se identifica com uma *duração infinita*.

Flecha e ciclo do tempo

Stephen Jay Gould (1988) ilustra magnificamente como, até no pensamento científico ocidental, continuam a coexistir — mesmo que escondidas atrás de uma cortina de univocidade — duas visões contrapostas e complementares do tempo. O tempo linear, a "flecha do tempo", e o tempo recorrente, o "ciclo do tempo", vivem ambos na ciência. A linearidade é somente a metáfora mais evidente e mais aceita.

Elegantemente, Gould encontra a contraposição e a complexidade das duas concepções no momento da descoberta do "tempo profundo". Examinando a obra dos três pais da geologia britânica, Thomas Burnet, James Hutton e Charles Lyell, Gould demonstra com cuidado como a descoberta do tempo profundo põe os geólogos diante de um dilema. Se aderirem a uma visão fisicista da sua ciência (como Hutton), segundo a qual a geologia se baseia exclusivamente nas repetições regulares da natureza, isto é, no tempo cíclico, negarão o devir irreversível e, com isto, a base mesma da geologia em si, que estuda o constituir-se do ambiente na história: "Se os momentos não têm distinção, então não têm interesse" (Gould, 1988: 80). A geologia tem um sentido somente se estuda a sucessão de contingências históricas que conduziram o ambiente a ser assim como é: tem sentido somente na linearidade do tempo (a flecha do tempo). Mas, por outro lado, não pode menosprezar a regular repetição cíclica dos fenômenos segundo as leis naturais.

Esta irresolúvel dicotomia indica também a Gould a necessidade da existência de diversas concepções do tempo. Desde que seja claro que tanto a flecha quanto o ciclo do tempo são metáforas de um constructo humano e não de uma realidade objetiva.

> Algo profundo na nossa tradição requer, para tornar possível a inteligibilidade, seja a flecha da unicidade histórica, seja o ciclo da imanência atemporal; e a natureza diz sim a ambos. Vejamos esta tensão [...] expressada pictoricamente na iconografia de qualquer catedral medieval da Europa, onde a flecha da história progressiva passa da narração do Antigo Testamento, no obscuro lado norte, à ressurreição e ao esplendor futuro no ensolarado sul. Portanto vemos também o ciclo dentro da flecha. Uma série de correspondências [...] mostra-nos que cada um dos acontecimentos da vida de Cristo repete um acontecimento do ciclo precedente da história do Velho Testamento (*ibid*: 200).

Determinismo e irreversibilidade: o tempo da física

Para o Ocidente, desde a época de Aristóteles, a física é a ciência por excelência. Talvez por isto sempre tenha fornecido metáforas essenciais ao nosso modo de pensar o mundo. E as metáforas físicas do tempo não são exceção. As metáforas tiradas da física parecem iluminar o nosso relacionamento com o futuro. O sentido comum oscila entre a idéia de um futuro previsível e programável e a de um futuro completamente aleatório. A física, na sua evolução, tem tocado ambos os extremos: do futuro previsível em todas as suas articulações, segundo a hipótese da mecânica clássica, ao imprevisível da teoria quântica. E, além desta, a física oferece outras duas dicotomias temporais: tempo absoluto newtoniano contra tempo relativo einsteiniano; tempo reversível (o da mecânica de Laplace) contra tempo irreversível (o da termodinâmica, desde Boltzmann até Prigogine).

A nossa visão do tempo ficaria incompleta se não considerássemos o tempo dos físicos. Neste momento, entretanto, é preciso lembrar duas questões: em primeiro lugar, que a concepção do tempo da física nos serve como analogia, mais do que as outras concepções que examinamos. Seria um equívoco tomar idéias cujo sentido depende do contexto da física e tentar transferi-las diretamente ao da psicologia e, depois, ao da psicoterapia. Em segundo lugar, que a forma como tratamos o tema é bastante aproximativa. Por isso pedimos desculpas a quem tenha uma formação matemática ou física mais profunda do que a nossa.[14]

Cosmologia e cosmogonia científica

Dado que a estatística é, por definição, uma ciência atemporal, o tempo entra na física quando a mecânica se torna dinâmica, isto é, quando se introduz o movimento. Retornamos assim à famosa definição de Aristóteles: o tempo é o número do movimento segundo o antes e o depois. Desde os primeiros passos da física o tempo está inextrincavelmente vinculado ao espaço. O antes e o depois têm sentido em relação ao aqui e ao ali. Na concepção aristotélica, a posição de um evento no tempo e no espaço é uma posição absoluta e determinável independentemente do observador.

A publicação dos *Principia Mathematica* de Newton (1678) coincide com o abandono do conceito de espaço absoluto. A posição de um evento no espaço depende do observador. Por exemplo, uma pessoa sentada no compartimento de um trem parece imóvel a um observador que se encontra no mesmo trem, mas para um observador que está fora ela se desloca a oitenta quilômetros por hora. Para Newton, entretanto, o tempo continua sendo um absoluto. Independendo da posição do observador, qualquer outro observador munido de um relógio poderá medir com precisão o lapso de tempo que transcorre entre dois eventos. O relógio se torna assim o símbolo do tempo absoluto da ciência. A metáfora do relógio é geralmente usada para expressar a concepção newtoniana do universo.

A publicação, em 1905, da teoria da relatividade restrita de Einstein submete a dura prova o caráter absoluto do relógio. Segundo a teoria da relatividade a velocidade da luz é uma constante universal. Portanto, diversos observadores que vêem passar um raio de luz de um ponto a outro se encontrarão em condições diferentes em relação aos hipotéticos observadores de Newton. Estes últimos afirmariam que como o espaço não é absoluto, mas o tempo sim, o raio teria percorrido diferentes espaços no mesmo tempo; portanto lhe atribuiriam velocidades diversas. Mas se a velocidade da luz é constante, então o que varia deve ser o tempo: a luz pode percorrer diferentes espaços em tempos diferentes, e os relógios usados pelos vários observadores estabelecerão tempos também diferentes. O tempo de Einstein torna-se assim, como observam Prigogine e Stengers (1979), um tempo local, associado ao observador. O relógio cósmico de Newton se divide em miríades de relógios, cada um com um tempo próprio, real *per se* e dentro das próprias coordenadas.

A ordem dos eventos já não é nem fixa nem absoluta. Se examinarmos três eventos sucessivos A, B, C, não ligados causalmente, poderíamos afirmar que B ocorreu antes de A, ou então depois de C, segundo as coordenadas espaço-temporais que adotemos. Um ponto essencial do ensaio sobre a relatividade restrita é que não existe nenhum sistema absoluto de referência (a única constante absoluta é a velocidade da luz), mas somente variados pontos de vista. Imaginamos dois viajantes que se movem no sentido oposto um em relação a outro, mas cada um dos dois se considera parado (o que é lícito segundo Einstein). No momento em que se cruzam as palavras "passado" e "futuro" têm para eles significados diferentes: "Porque ambos estão secionando o *continuum* espaço-temporal segundo ângulos diversos. Aquilo que é passado para um observador pode ser futuro para outro e vice-versa" (Flood e Lockwood, 1986: 4).[15]

O espaço e o tempo, privados ambos da própria característica absoluta, ficam, portanto, inextricavelmente unidos em um *continuum* espaço-temporal:

> Assim, no lugar do espaço absoluto tridimensional e do tempo absoluto unidimensional descritos por Newton, Einstein formulou, para assombro dos seus colegas que defendiam a física clássica, a hipótese de um *continuum* espaço-temporal quadridimensional de tipo relativista, no qual as coordenadas do espaço e do tempo devem ser submetidas a constantes correções para levar em consideração qualquer ponto de vista individual (Zohar, 1982: 38).

A teoria geral da relatividade, enunciada em 1914, ocupa-se dos efeitos da força gravitacional universal: os corpos estão submetidos a acelerações e seguem trajetórias curvilíneas (a relatividade restrita se limitava aos corpos que se deslocam de modo retilíneo uniforme). A mais importante descoberta da relatividade geral refere-se à curvatura do espaço: qualquer massa pode "curvar" o espaço que se encontra nas suas imediações em uma medida proporcional ao seu próprio campo gravitacional. Por exemplo, os raios de luz curvam sua trajetória na presença de um corpo de grande massa, como o sol, mas são menos influenciadas pela menor massa da Terra. Uma conseqüência de ambas as teorias é que "a passagem do tempo, medido por um relógio de precisão absoluta, depende de modo crucial da velocidade do relógio e da força do campo gravitacional local" (Flood e Lockwood, 1986: 3).

Segundo a relatividade geral, o tempo também se "curva" e decorre mais lentamente na vizinhança de corpos de massa considerável. Este estado de coisas é expresso pelo conhecido "paradoxo dos gêmeos". Se um dos dois gêmeos faz uma viagem em uma astronave que viaja a uma velocidade próxima a da luz, enquanto o segundo permanece no solo, quando ambos se reencontrarem o primeiro será mais velho que o segundo.[16] A relatividade, com efeito, constitui o exemplo extremo de "espacialização" do tempo: o tempo se tornou a quarta coordenada do espaço.

Neste sentido resulta interessante o modelo cosmológico formulado pelo matemático Kurt Gödel, em 1949, a partir das equações relativistas: a massa do universo é tão grande que produz uma curvatura completa do espaço circunvizinho. De tal forma que o universo pode ser representado como uma esfera fechada que gira em torno de si mesma, na qual espaço e tempo têm uma configuração circular. Nesta versão da relatividade geral já não é possível falar de "antes" e "depois". Mesmo que sua aceitação pelo sentido comum resulte difícil, as noções de antes e depois, de passado e futuro, perdem seu sentido:

> Se todos os eventos são considerados no contexto da relatividade geral, estes se apresentam como fenômenos que se manifestam fora do tempo, no espaço-tempo quadridimensional, estendido sobre o contorno curvo da nossa existência esférica como um todo estável e imóvel. Disto se deduz que todo evento futuro é, ao mesmo tempo, presente, isto é, que o futuro está tão escrito e imutável como o passado (Zohar, 1982: 141).

Enquanto Einstein, com sua relatividade, não foi além do "paradoxo dos gêmeos", Gödel chega a considerar plausível "um deslocamento para frente ou para trás no passado, presente e futuro cosmológicos", na condição de alcançar uma velocidade próxima a pelo menos 70 por cento da velocidade da luz. O próprio Einstein, inicialmente perplexo frente à hipótese de "viagens" no tempo, chegou ao final a admitir a possibilidade de uma reversibilidade do tempo.

O espaço tempo da relatividade, um espaço-tempo recurvo sobre si mesmo, tem também a aplicação (evidenciada anos depois) de que o universo deve ser finito, tanto no espaço quanto no tempo. O universo deve ter um início e um fim. Desta forma, a física do século XX chega a formular sua própria cosmogonia. O universo de Newton era estático e anistórico, implacável no seu movimento: o relógio preparado, de uma vez por todas, pelo Relojoeiro divino. O universo pós-einsteiniano teve origem em uma explosão, uma "singularidade" segundo a terminologia de Hawking (1988), conhecida com o nome de Big Bang, que atualmente está em expansão e é presumível que, em um dado momento, se contrairá em um "Big Crunch".[17]

Se para Newton o tempo, feito de regras iterativas e repetições, ocupa uma posição central e é absoluto, para os físicos como Einstein o tempo não é nada mais que uma dimensão como as outras, cuja aparente irreversibilidade é devida a uma imperfeição dos seres humanos. Nas suas palavras,

> Para nós, físicos convictos, a distinção entre passado, presente e futuro não passa de uma ilusão, mesmo que esta seja tenaz (cit. em Prigogine e Stengers, 1979, p. 273).

Termodinâmica: a flecha do tempo

O exame da evolução das concepções do tempo na física exige que se realize outro passo importante: da estática/dinâmica à termodinâmica. Se, de fato, na dinâmica qualquer acontecimento no mundo físico é reversível, na termodinâmica a sucessão dos acontecimentos é irreversível. O segundo princípio da termodinâmica implica em um devir irreversível: a energia do mundo é uma constante e, com o passar do tempo, transforma-se, por degradação, em um calor que tende para o zero absoluto. Esta degradação de energia se expressa por meio de uma dimensão definida como "entropia", diretamente proporcional à desordem, ao caos. Com a termodinâmica se introduz na física a flecha do tempo.

A termodinâmica clássica tem estudado amplamente os sistemas próximos ao equilíbrio e negligenciado os estados longe do equilíbrio. Nos sistemas isolados próximos ao equilíbrio as flutuações, espontâneas ou provocadas, atenuam-se progressivamente, até deter-se, de forma que o sistema retorna ao seu estado inicial. Ilya Prigogine tem se ocupado, de maneira muito criativa, dos sistemas dissipadores longe do equilíbrio, que, como sistemas abertos, recebem do exterior energia que se traduz em um aumento de organização (negentropia). Neles o tempo linear, a flecha do tempo, assume uma posição central. À diferença dos sistemas próximos ao equilíbrio, nos sistemas dissipativos mesmo uma pequena flutuação pode ampliar-se e superar os parâmetros do sistema, até fazê-lo assumir uma condição macroscópica nova, que é tão imprevisível quão imprevisível é a flutuação inicial. Por isso pode dizer-se que a ordem nasce do caos.

Segundo Prigogine, os sistemas macroscópicos — inclusive nós mesmos — existem em uma sucessão de estados que podem ser mais ou menos estáveis. Na sua terminologia cada sistema deverá perfazer durante sua existência um caminho "histórico", que

> se caracteriza por uma sucessão de regiões estáveis, nas quais dominam as leis deterministas, e de regiões instáveis, próximas aos pontos de bifurcação, nas quais o sistema pode "escolher" mais de um futuro possível. O caráter determinista das equações cinéticas, com o qual se pode calcular o conjunto dos estados possíveis e sua respectiva estabilidade, está inextricavelmente ligado às flutuações causais que "escolhem" entre os vários estados em torno dos pontos de bifurcação. Esta mistura de acaso e necessidade constitui a história do sistema (em Prigogine e Stengers, 1979: 164).

Prigogine reinterpreta a segunda lei da termodinâmica demonstrando que o aumento da entropia não leva somente a uma degradação da energia, e com isto a uma evolução para à indiferenciação e à morte do universo — uma visão pessimista do futuro — mas em certas situações, isto é, nos sistemas dissipativos, a mesma entropia torna-se a fonte da organização e da ordem. Disto nasce o paradoxo do tempo: assim como o universo caminha irreversivelmente para a degradação e a morte, ao mesmo tempo uma parte dele caminha para graus ulteriores de complexidade e auto-organização.

Esta posição a propósito do tempo se contrapõe claramente à de Einstein e à daqueles que se inspiram em suas teorias (incluso Hawking, de quem falaremos em breve). Prigogine e seus colaboradores afirmam que o tempo, longe de ser um simples produto da mente humana, é uma realidade e, mais ainda, é a realidade que torna possível a existência da vida e do homem: o homem emerge do tempo e não o contrário (Prigogine, 1988).

Com esta versão da termodinâmica, a física ganha uma dimensão histórica, mas não no sentido de uma concatenação determinista, na qual o estado de cada instante determina o do instante subseqüente. O futuro é concebível somente como probabilidade e o acaso adquire um papel decisivo.[18] Assim, o futuro se encontra desvinculado de qualquer predição determinista.

A evolução do pensamento de Prigogine denota um constante aumento das perspectivas. Ele chega a considerar a própria superfície terrestre como um sistema dissipativo que recebe energia do sol. Giuliano Toraldo di Francia, no prefácio da tradução italiana do livro *La nouvelle alliance* de Prigogine e Stengefrs, escreve:

> Como não dar o grande passo e não supor que o fenômeno da vida seja verdadeiramente devido a uma ordem que surge por flutuação em um sistema aberto, como o da superfície terrestre, que recebe continuamente energia do sol? [...] Prigogine dá este passo [...] A vida sobre a Terra se torna um fenômeno imprevisível, mas necessário [...] Mesmo que a vida fosse um acidente necessário sobre a Terra, não se poderia deduzir dali que fossem necessários às plantas, os gatos, os homens, tal qual nós os conhecemos! Assim como são imprevisíveis as flutuações, também, uma vez atingido um ponto de instabilidade e de ramificação, não é previsível qual dos vários caminhos disponíveis para a ordem seguirá uma estrutura dissipativa (Toraldo di Francia, 1981: X sg.)

Este pensamento sobre a superfície terrestre nos lembra, por associação, uma citação do mesmo Prigogine sobre a abóboda celeste que, romanticamente, introduz o tempo com sua irreversibilidade:

> Ali onde a ciência clássica enfatizava estaticidade e a permanência, agora se impõem os conceitos de mudança e evolução. Já não vemos nos céus as trajetórias que preencheram o coração de Kant da mesma admiração para a lei moral que neles residia. Agora vemos estranhos objetos, quasares, pulsares, galáxias que explodem, estrelas que, segundo dizem, vão parar nos "buracos negros" que devoram irreversivelmente tudo que conseguem capturar [...] O tempo não tem penetrado somente na biologia, na geologia e nas ciências sociais, mas também nos dois níveis dos quais fora tradicionalmente excluído, o microscópico e o cósmico (em Prigogine e Stengers, 1984: 214 seg.)

Quanta e probabilidade

No mesmo período no qual a relatividade questiona a unicidade do tempo, outra certeza do mecanicismo começa a oscilar: a previsibilidade. O mundo da mecânica clássica era concebido segundo o mais rígido determinismo. Se cada acontecimento tivesse uma causa determinável, e um efeito igualmente determinável, quem possuísse a totalidade de informações sobre o sistema-universo em um dado momento poderia prever com absoluta certeza o seu futuro.[19]

Werner Heisenberg demonstrou que é impossível determinar com precisão a posição e a velocidade das partículas subatômicas: para observar as partículas é necessário iluminá-las, isto é, bombardeá-las com fótons (quanta de luz), que, por sua vez, mudariam seu estado energético e modificariam sua trajetória e sua velocidade.[20] A medição pode ser somente aproximativa e, em base ao cálculo das probabilidades, poderemos chegar a estabelecer uma tendência estatística mais que uma exata descrição do movimento de uma partícula.

O princípio de indeterminação de Heisenberg (1962) substitui a concepção determinística por uma concepção probabilística. Não é possível predizer com exatidão o resultado de certa medição (em dimensões subatômicas), somente se pode predizer uma distribuição de probabilidade, mas sem nunca saber com certeza se determinada partícula seguirá um ou outro percurso (Jauch, 1973). Assim, enquanto Einstein torna relativos os presentes, Heisenberg torna aleatórios tanto os presentes como os futuros, que anteriormente pareciam sujeitos a predições infalíveis. A essência do princípio da indeterminação é que, no mundo microscópico, além de certo nível de realidade, não é possível executar medições exatas nem, portanto, conhecer o comportamento das partículas elementares. Isto, naturalmente, não significa que as leis da física macroscópica sejam agora inutilizáveis: continuam a ser mais ou menos válidas para o domínio macroscópico, que não se beneficiaria da utilização das equações quânticas.

A teoria quântica fez outra descoberta fundamental: as partículas elementares podem assumir a configuração tanto de partículas como de ondas. Não é possível, por exemplo, estabelecer em quais circunstâncias um elétron se comportará como uma onda ou como uma partícula, tanto que os físicos preferem falar simplesmente de "ondas de matéria", ou de "ondas de probabilidade".

Um dos resultados mais notáveis da teoria quântica, que põe a prova a lógica do bom senso, é a crítica do conceito de unidirecionalidade do tempo e do princípio da causalidade. Cada vez que um átomo é submetido a uma perturbação, a mudança de posição dos elétrons ocorre com saltos de uma órbita a outra, de modo totalmente aleatório. Portanto é impossível falar, como se faria de acordo com o princípio da causalidade, de sucessão de eventos concatenados, somente se pode afirmar que os eventos são *correlacionados* entre eles. Como? Um elétron atingido por um fóton colocar-se-á, *simultânea e temporariamente*, em todas as possíveis órbitas que possa ocupar, até o momento em que se situará em uma órbita definitiva. Em outros termos, um elétron excitado se comportará como se ocupasse um espaço muito extenso. Na teoria quântica as sedes "temporárias" são definidas como "transições virtuais", enquanto a órbita definitiva é chamada de "transição real".

As transições virtuais, no entanto, têm uma relação com a "realidade".

> Se levássemos às suas últimas conseqüências o princípio de indeterminação de Heisenberg, poderíamos afirmar que, segundo a teoria quântica, a realidade no seu último nível não consiste em dados de fato (que *possamos* conhecer), mas consiste em todas as probabilidades das várias realidades fixas que *poderíamos* conhecer[21] (Zohar, 1982: 150).

Hawking, no seu livro *Uma breve história do tempo: do Big Bang aos buracos negros* (1988), tentou resolver as contradições entre a teoria da relatividade e a mecânica quântica. Tentativa na qual, por sinal, também se empenhara infrutuosamente Einstein. Nos últimos anos de sua vida ele construiu um modelo do espaço-tempo para liberar-se da fastidiosa "singularidade" (ver Elkaim, 1985) do Big Bang (e do eventual Big Crunch), situados ambos, por definição, fora de nosso tempo. Nesta teoria, a "história" de cada partícula do espaço-tempo resulta da soma de todas suas histórias possíveis. O espaço-tempo assim obtido é um espaço-tempo que pode ser percorrido (conceitualmente) em qualquer direção. O tempo imaginário[22] de Hawking carece de limites e de direções, nega as propriedades atribuídas ao tempo pelo sentido comum: direção, irreversibilidade, duração. Mas o próprio Hawking (1099: 139) afirma:

> Talvez aquilo que chamamos de tempo imaginário seja, em realidade, mais fundamental, e o que chamamos de real seja somente uma idéia que inventamos para ajudar-nos a descrever o universo como acreditamos que é.[23]

Multi-temporalidade

As diversas concepções do tempo adotadas pelos físicos podem encontrar uma analogia com os tempos vividos por cada um de nós no quotidiano. O do determinismo clássico, entretanto, é o tempo do sentido comum: os eventos estão ordenados causalmente em um único tempo, comum a todos. O passado determina o presente que determina o futuro. A vida é governada pela necessidade. O da relatividade é o tempo subjetivo: eu, observador, tenho meu tempo, verdadeiro para mim, e devo considerar que qualquer outro tem o seu tempo, que pode não coincidir com o meu. O tempo da mecânica quântica é o tempo da indeterminação e da casualidade: o "real" tem uma relação não determinística com o "virtual". O tempo da termodinâmica dos sistemas dissipativos, por fim, está irreversivelmente direcionado para o futuro.

Lembremos uma vez mais, no entanto, que para os terapeutas a física é uma boa metáfora, mas não mais do que isso, uma metáfora. Poincaré (1913) distinguiu com exatidão a "relatividade" dos tempos subjetivos da teoria da relatividade na física: entre as duas relatividades existe apenas uma homogeneidade lingüística, não uma identidade conceitual. E o mesmo vale para o princípio de indeterminação de Heisenberg ou as estruturas dissipativas de Prigogine. É estimulante, sem dúvida, encontrar na física conceitos como o de irreversibilidade ou de centralidade do observador, que já fazem parte da teoria sistêmica. Mas não se deve pretender que a indeterminação do terapeuta que dialoga com uma paciente seja a *mesma* que a do físico que busca determinar a posição e a velocidade de uma partícula.

Mas, em nosso trabalho quotidiano, é muito útil saber adotar pontos de vista diferentes e, em certos casos, opostos. É interessante notar como a relatividade geral, que se ocupa dos corpos de grandes dimensões e a mecânica quântica, que diz respeito às partículas microscópicas, oferecem descrições contraditórias do mundo. "Mas os físicos não estão dispostos a renunciar a nenhuma das duas e as aplicam, cada uma no seu âmbito, com confiança" (Toraldo di Francia, 1990: 31). A este propósito, Elkana (1984) sustenta que convém adotar um comportamento realístico dentro de uma teoria, mas relativista no confronto entre diversas teorias.

Em nossa opinião, o conhecimento das diversas metáforas do tempo é útil para enriquecer não apenas a cultura, mas também a capacidade de agir circulando entre os diferentes universos discursivos. Nossa posição é coerente com a "epistemologia complexa" (ver Bocchi e Ceruti, 1985): o conhecimento pode ser considerado como o conjunto das relações entre universos discursivos diferentes, dotados de lógicas diferentes, irredutíveis uns aos outros, sem que possa emergir um universo discursivo superior aos outros ou mais fundamental que os outros. O "conhecimento perfeito" é impossível (Morin, 1985). O conhecimento do tempo é, portanto, múltiplo. Cada universo discursivo tem seu tempo.

As palavras com que o psicólogo experimental Robert Ornstein sintetiza o próprio trabalho sobre a experiência do tempo constituem um testemunho da complexidade que representa o estudo deste fascinante tema:

> Retornando à pergunta inicial, "que é o tempo?", temos feito todo este percurso para descobrir que não podemos responder. O tempo é um conceito demasiado diversificado para ser suscetível de ser abarcado por uma única resposta. O tempo é muitas coisas, muitos processos, muitos tipos de experiência [...] Os diversos tempos da experiência exigirão diversos tipos de explicações (Ornstein, 1969: 109).

Capítulo 2

Tempo e relações

Nossas tentativas de observar as relações através da ótica do tempo fizeram-nos, muitas vezes, ficar presos em um novelo de contradições, incongruências e até paradoxos. É provável que isto se deva tanto à auto-reflexividade do tempo (porque quando falamos do tempo permanecemos nele), como à presença de uma pluralidade de "tempos" relacionados com diversos níveis de realidade. Neste contexto parecia impossível conciliar tempo subjetivo e objetivo, medição e duração e assim por diante. Mas, se levarmos em consideração a advertência de Elias (1984), a dificuldade passa a ser superável: o tempo não é um objeto, mas uma abstração derivada de nossa experiência de sucessão e mudança, por um lado, e de constância dos objetos que mudam, por outro.

O tempo pode ser concebido de maneira diferente por diversas pessoas, grupos de pessoas ou, também, pela mesma pessoa em momentos diversos. Seria um erro considerar um tempo "mais verdadeiro" do que o outro. A distância entre os fenomenólogos, que consideram o tempo subjetivo verdadeiro porque "realmente vivido", e os físicos, que consideram verdadeiro o tempo do relógio porque é "objetivamente mensurável", é facilmente superada quando se leva em consideração que os diferentes "tempos" não passam de descrições feitas por diversos observadores. Cada descrição é verdadeira no respectivo domínio descritivo e somente nele. Quando toda uma comunidade concorda sobre certas descrições estas adquirem o *status* de "realidade". Assim emergiram diversas descrições do tempo que se distinguem pelo grau de consenso recebido. No Ocidente a concepção do tempo físico goza do maior grau de consenso. A do tempo interior individual de cada um de nós tem o menor grau de consenso. As teorias de Newton só foram corrigidas pelas rigorosas demonstrações da teoria da relatividade. A percepção temporal de uma pessoa deprimida, cuja sensação é de que o tempo nunca passa, ao contrário, quase não pode ser "corrigida".

Agora abordaremos os três domínios temporais mais presentes no nosso trabalho. Podemos partir, sem esquecer que se trata de um ponto de partida arbitrário, da situação individual. Consideraremos, pois, o tempo que cada indivíduo distingue quando assume a posição de observador de si mesmo. Definimo-lo como tempo individual, ou *tempo fenomenológico*, porque esta forma de perceber e de conceber o tempo tem sido estudada mais sistematicamente pelos fenomenólogos.

No pólo oposto encontramos o tempo resultante das interações entre os indivíduos constituintes de uma cultura, que emerge consensualmente. Definimo-lo como tempo cultural, ou *tempo antropológico*, porque antropólogos foram os responsáveis pela definição dos seus contornos.

Na posição intermediária colocamos, finalmente, as várias concepções, subdivisões e articulações do tempo que caracterizam os sistemas interativos (instituições estatais, laborais, escolares e outras) nos quais os indivíduos agem concretamente. Definimos o tempo criado dentro destes sistemas como tempo social, ou *tempo sociológico.* Ele é estudado pela sociologia.

Deve-se lembrar, entretanto, duas coisas: cada um dos três domínios só pode ser concebido em seu contexto e cada um constitui o contexto do outro. A seguir esclareceremos melhor o significado desta recursividade.

Tempo individual

Iniciamos o nosso estudo pelo indivíduo: não por um indivíduo abstrato, mas por uma pessoa inserida na nossa cultura ocidental. Delimitado o campo de pesquisa, partiremos da experiência imediata mais problemática: a percepção do tempo.

A experiência do tempo

O nosso sentido de tempo baseia-se, sobretudo, na experiência do presente imediato, do qual vários autores têm-se esforçado por determinar a duração.[1] Como observou Bergson (1889), porém, o presente imediato não pode ser isolado. Imediatamente depois de ser isolado, este presente deixa de ser presente, já é passado. A experiência do presente imediato pertence, por diversas razões, à área do inexprimível, do inefável, tanto que Jaques (1982) a inclui entre as atividades do inconsciente.

A percepção do tempo presente está estreitamente ligada à percepção da duração, ou seja, àquilo que sói ser definido como "sentido do tempo". Os estudos de cronobiologia humana (Luce, 1971; Fraisse, 1974) têm evidenciado a presença de uma pluralidade de ritmos internos, com ciclos mais ou menos longos[2] que nos oferecem diversas possibilidades de experimentar o tempo e influenciam nosso sentido do tempo individual.

Dossey (1982) lista uma série de fatores capazes de alterar o sentido do tempo: fatores pessoais, sociais, motivacionais, certas drogas, distúrbios psíquicos e até mudanças de luz e temperatura. Não há dúvida de que os alucinógenos, por exemplo, provocam amplas modificações do sentido do tempo. Alguns sujeitos, sob os efeitos da mescalina, têm a sensação de passar por séculos e milênios sem, no entanto, perder a percepção de si mesmos. Estas pessoas não tinham a sensação de que o tempo decorresse "mais rápido", como em um filme em câmera lenta, mas tinham a impressão de viverem no tempo natural. Somente ao concluir a experiência percebiam que o relógio indicava apenas três minutos a mais (Sonnemann, 1987).

Edlund (1987) cita um sugestivo experimento que mostra até que ponto o sentido do tempo pode ser influenciado pelo sentido do espaço: a experiência subjetiva do tempo pareceria diretamente proporcional à escala das dimensões espaciais do ambiente. O experimento colocou alguns sujeitos em salas construídas e equipadas segundo uma escala perfeita, de 1/6, 1/12 e 1/24 das dimensões normais. Depois pediu-se-lhes que assinalassem quando tivessem a sensação de que havia transcorrido meia hora. Nos ambientes de 1/24 a sinalização chegou depois de um minuto e meio, nos de 1/12 depois de três minutos e nos de 1/6 depois de cinco minutos. O resultado foi confirmado porque os mesmos sujeitos, colocados em um ambiente de proporções normais, sentiram que meia hora havia passado depois de mais ou menos trinta minutos.

Mas o sentido do tempo também pode ser alterado sem a necessidade de experiências extremas. Quando um sujeito está em perigo, ou em uma situação de alarme, assume uma postura de vigilância máxima: percebe mais detalhes e realiza mais ações na unidade do tempo "objetivo" medida pelo relógio. Esta reação encontra um correspondente no estado fisiológico e neuroquímico do organismo e constitui uma adaptação à situação de perigo: secreção de adrenalina por parte das glândulas supra-renais, aumento da pressão sanguínea e aceleração do batimento cardíaco, esvaziamento das vísceras com aumento do fluxo de sangue ao encéfalo, ativação do sistema reticular ascendente. A conseqüência desta ativação emotiva e humoral é que o sujeito tem a sensação de que o tempo flui mais lentamente. Quem já vivenciou os poucos segundos do terror de um terremoto sabe que esses instantes parecem nunca acabar. Por outro lado, as técnicas orientais de meditação (as do zen budismo, por exemplo) — graças a um completo esvaziamento da psique — permitem uma meditação de várias horas, com a sensação de que se passaram poucos segundos ou, até mesmo, de que de fato o tempo não passou.

A idade também exerce uma grande influência na percepção do tempo. As crianças de menos de um ano carecem do sentido do tempo. O uso do termo "hoje" aparece com dois anos, o do termo "amanhã" com dois e meio e o de "ontem" com três. A palavra "dias" surgirá só aos cinco anos. A concepção adulta do tempo é atingida, segundo Dossey (1982), aos dezesseis anos. Com o passar dos anos as pessoas terão a sensação de que o tempo transcorre mais rapidamente. Isto se deve ao fato de cada indivíduo viver os diferentes ciclos temporais como percentuais da sua própria vida: um mês é um tempo muito longo para um jovem de quinze anos e irrisório para um homem de setenta.[3]

Jean Piaget (1946) estudou como se desenvolvia a noção de tempo "objetivo" na criança, relacionando-a com a velocidade: "O tempo é uma coordenação de velocidades, ou melhor, de movimentos com as suas respectivas velocidades." Até uns seis anos as crianças possuem o que Piaget define como "intuição da velocidade", mas não têm condições de conceber a sucessão. Neste estádio do desenvolvimento, ("estádio 1") não conseguem fazer uma ligação entre o "adiante" e o "atrás", conceitos que, para Piaget, dão origem ao "antes" e ao "depois". Elas são capazes de desenhar as fases de um processo, mas não de organizar, momentos depois, uma seqüência dos seus próprios desenhos.

Entre seis e oito anos ("estádio 2") as crianças desenvolvem os conceitos de sucessão e de simultaneidade: os objetos podem percorrer ao mesmo tempo diversos espaços. Nesta idade já adquiriram as idéias de antes e depois, simultaneidade, sucessão e duração. Além dos oito anos as crianças alcançam, enfim, o que Piaget define como "estádio 3", o período critico para a compreensão e medição do tempo. Ao vincular entre si duração e sucessão a criança adquire a capacidade conceitual de percorrer o tempo no sentido inverso. Isto ocorre, por exemplo, quando duas crianças de diferentes idades compreendem qual das duas nasceu primeiro: "aprenderam a reversibilidade".

> A reversibilidade do tempo é tão significativa para Piaget porque, com a capacidade humana de percorrer o tempo, seja para frente ou para trás, surgem a memória e, o seu derivado, a identidade. A capacidade de ver os eventos no tempo, de percorrê-los para adiante ou para trás, é um construto básico da forma de pensamento lógico-racional, a suprema realização da espécie humana (Edlund, 1987:48).

Robert Ornstein (1969) é o autor que, do ponto de vista da psicologia experimental, melhor tem trabalhado o problema da experiência do tempo em geral, e da duração, em particular. Segundo Ornstein, falar de "sentido do tempo" implica que, na realidade objetiva, existe um objeto chamado "tempo", que pode ser percebido, de maneira mais ou menos exata, por algum "órgão" de sentido. A experiência do tempo é determinada não por um sentido do tempo, mas pela quantidade de informação armazenada em um dado intervalo: quando se faz uma tentativa de aumentar a quota de informações elaboradas em um dado intervalo aumenta a experiência de tal intervalo (Ornstein, 1969:103).

A série de experimentos de Ornstein não demonstra somente que a duração (entendida como "magnitude" do tempo experimentado) aumenta com o incremento dos estímulos: a duração aumenta também quando se incrementa a complexidade dos estímulos e, sobretudo, depende de como o sujeito organiza esses mesmos estímulos. Se o sujeito aprende a organizar uma série de estímulos em uma unidade maior (por exemplo, aprende a ver uma seqüência de movimentos aparentemente desconexos como um único passo de dança) a duração se reduz. E a redução pode dar-se também retrospectivamente: se o sujeito aprende a reunir os estímulos *depois* de ter percebido a seqüência, a lembrança da duração será abreviada.

> A variável importante é, pois, o *input* registrado e armazenado, não apenas o estímulo fornecido. Um incremento do *input* registrado e armazenado aumenta tanto a quantidade de concentração do intervalo[4] como a experiência de duração do mesmo intervalo (*ibid*: 82).

A teoria explica muito bem porque, quando estamos chateados, o tempo passa lentamente e a duração parece interminável. Nestes casos, o sujeito é obrigado a prestar atenção a uma série de eventos desinteressantes, o que aumenta sua experiência de duração. Os experimentos de Ornstein também explicam porque as situações agradáveis são percebidas como "breves" ao ocorrerem, e "longas" na memória: os fatos agradáveis são recordados mais detalhadamente. A maior quantidade de lembranças aumenta retrospectivamente a experiência da duração.

No estado de emergência, pelo contrário, somos obrigados a elaborar uma quantidade maior de informações, os intervalos aumentam e o tempo nos parece mais lento. É importante notar a distinção: quando a duração é *incrementada* o tempo parece *mais lento* e vice-versa.

Não devemos, finalmente, negligenciar um último fato: o "tempo interior" varia de um indivíduo para outro, devido a diversos fatores: genéticos, educativos, culturais, sociais. Parece-nos oportuno, deste ponto de vista, adotar o conceito de Orme (1969:166) de "unidades internas" de tempo. As unidades internas de tempo são as modalidades individuais de organização dos dados temporais. Cada indivíduo pode dispor de unidades de tempo mais ou menos diferentes das dos outros. As unidades internas podem, pois, ser influenciadas por fatores externos como observamos acima. A interação pressupõe a capacidade de reconhecimento da diversidade das unidades internas de tempo. Se duas pessoas reconhecem a temporalidade de cada uma, elas podem estabelecer um diálogo. Isto seria impossível se elas pensarem que existe uma única maneira — a própria — de experimentar o tempo. As conseqüências, inclusive no plano clínico, podem ser bastante graves. A partir do capítulo 5 analisaremos detalhadamente alguns casos que ilustram a dificuldade de negociação do tempo.

Presente, passado, futuro

A sucessão temporal pode ser estudada e quantificada no contexto do tempo da física e inclusive da relatividade. Já no tempo fenomenológico a distinção das sucessões resulta mais complexa, inapreensível. Ninguém poderia, no entanto, prescindir dos conceitos que ordenam a sucessão: o presente, o passado e o futuro. Isto apesar de que, segundo a fundamental intuição de Santo Agostinho, o passado e o futuro só existem no presente.[5] Muitos estudiosos de diversas correntes, particularmente os fenomenólogos, ocuparam-se, durante séculos, deste paradoxo do tempo.

Merleau-Ponty (1945) retoma a concepção de Husserl, segundo a qual a consciência vive o tempo como duração relacionada com um "horizonte" específico, constantemente mutável. Todos os "agora" estão abertos tanto para o passado quanto para o futuro.

Segundo esta perspectiva, cada instante cria, no presente, seus futuros e seus passados. O instante é, porém, uma abstração esquemática e todo o processo é fluído e contínuo:

> Na realidade não existem um passado, um presente, um futuro, não existem instantes discretos A, B, C, não existem *abschattungen* (retenções) A', A", B' realmente distintas. [...] O surgimento de um novo presente não *provoca* um aumento do passado nem uma sacudida do futuro. O novo presente é a passagem de um futuro a um presente e do velho presente ao passado. O tempo se desdobra como um movimento único (Merleau-Ponty, 1945: 536).

Os instantes se sucedem um ao outro, continuamente, no fluxo da experiência. Podem ser evidenciados e analisados através de uma operação de distinção. O tempo é experimentável justamente porque o presente é vivido como uma continuidade que é, ao mesmo tempo, contraposta a um passado e a um futuro, sem os quais haveria apenas uma indistinta contemporaneidade.

Para realizar uma distinção entre as duas dimensões temporais seria útil — e até necessário — sair da temporalidade para entrar em uma metáfora espacial, como, por exemplo, na representação gestáltica de figura e fundo: algumas vezes duração e sucessão de "unidades" temporais são vistas como uma figura contraposta ao fundo. Como já observamos, o próprio presente que descrevemos já constitui, quando o observador tentar fixar-se nele, um passado.

Jaques (1982) fala, neste sentido, de "eixo da intenção", que completaria o "eixo da sucessão" do tempo do relógio. No campo da atenção do observador estão presentes, a cada instante, um passado (memória) e um futuro (intencionalidade), que o orientam em sua atividade presente.

Heidegger, quando afirmava que "a temporalização consiste em levar o tempo à maturidade", exprimia, de maneira muito mais profunda, o mesmo conceito. Através de uma consciência superior pode-se chegar a uma revalorização da "tríade trivial" passado-presente-futuro, o tempo no qual, sem pensar, conduzimos nossa vida quotidiana:

> A auto-projeção do *Dasein* rumo à própria realização (a morte) postula o futuro. O futuro é o significado primário da existência [...] O *Dasein* é antecipatório, precede-se sempre a si mesmo. A futuridade é a mais imediata e a mais presente das dimensões da temporalidade. [...] Presente significa estar à espera, aguardar a chegada da morte. A passaidade, enfim, não é inerte, como vulgarmente se supõe, é o agente essencial da futuridade, desta projeção para o ser autêntico que é o escopo essencial do *Dasein.* [...] A antecipação das próprias possibilidades é um retorno ao próprio ser mais profundo: "somente como futuro o *Dasein* pode verdadeiramente ser um ter-sido". O caráter do "ter-sido" surge, de certo modo, do futuro: "Torna-te aquilo que és!", exigia Nietzsche
>
> Com certa ingenuidade, Heidegger utiliza o truísmo psicológico segundo o qual os eventos passados são alterados, e recebem significado, pelo que ocorre agora e ocorrerá amanhã. O passado é significativo ou vazio em relação ao que ocorrerá amanhã. Só o amadurecimento confere ao ocorrido antes uma lógica e um movimento. Heidegger nos lembra as circularidades reciprocamente geradoras e reinterpretativas do passado-presente-futuro. O paradoxo, latente na imagem da serpente que morde a própria cauda ou na faixa de Moebius, já era familiar aos pré-socráticos, e constitui a base das meditações entre os místicos. O poeta nos diz que "no nosso fim está nosso princípio" (Steiner, 1978:106 seg.)

Sem forçar a busca de uma autenticidade da experiência do tempo, e sem o misticismo laico que amiúde Heidegger parece seguir — para nós a "tríade banal" não é de fato banal — nós vemos na seqüência passado, presente e futuro um anel auto-reflexivo em sentido cibernético, como explicaremos a seguir.

A adoção desta perspectiva permite-nos conceber como, segundo as circunstâncias, o campo da atenção pode concentrar-se no passado, na recordação, ou no futuro, na projeção. Passado e futuro se tornam, assim, especificações do domínio do presente e permitem a construção do "presente ativo", fornecendo-lhe as coordenadas indispensáveis. O presente ativo, na definição de Jaques (1982), é o horizonte das atividades do indivíduo, portanto oscila entre os programas de ação limitados a poucos instantes e aqueles que podem requerer dias, meses ou anos. O presente ativo é móvel e variável. Dependendo do "objetivo visado", colocaremos no presente somente ações de alcance instantâneo, como acender um fósforo, ou ações mais vastas, como completar um longo projeto de trabalho.

Indivíduo e horizonte temporal

Deslocamo-nos da pura e simples percepção do tempo para a mais complexa noção individual do tempo. A noção do tempo varia de um indivíduo para o outro. Cada um de nós, dentro dos limites da natureza humana, desenvolve uma parcela de todas suas potencialidades. Desenvolvemos, por exemplo, um repertório individual de movimentos, que se torna um vínculo essencial nas nossas interações com o ambiente.[6] O mesmo ocorre com os estilos cognitivos e expressivos: é possível utilizar preferencialmente um estilo visual, um estilo auditivo ou um estilo cinestésico (Bandler e Grinder, 1975). Assim cada indivíduo tem uma temporalidade resultante da complexa interação entre suas potencialidades biológicas e as relações — amadurecidas no tempo — com seu ambiente. Cada indivíduo adquire um estilo individual na sua temporalidade, um estilo que tende a exprimir-se inclusive na linguagem. A expressão "horizonte temporal", que tomamos de Fraisse (1957), serve-nos para definir a peculiar modalidade cognitivo-emotiva com a qual cada um de nós se vê e se sente a si mesmo no tempo. Como veremos mais adiante, o horizonte temporal não é apenas característico de cada indivíduo, também é dinâmico: a temporalidade do indivíduo varia de acordo com a variação do contexto. Mais adiante, quando falarmos do horizonte temporal do cliente, do terapeuta e da equipe de supervisão, daremos alguns exemplos.

A variabilidade do horizonte temporal é enorme. A criança tem um horizonte existencial inclinado para o futuro, o velho inclinado para o passado, na recordação. Os fatores culturais, e até psicopatológicos, também podem alterar o equilíbrio passado/futuro no domínio existencial: a sociedade norte-americana enfatiza a dimensão do futuro, o deprimido é dominado pelo passado.

Basta ter viajado para compreender a importância do fenômeno cultural na determinação do horizonte temporal. Uma cidade como Viena vive da lembrança do passado, perdida na contemplação dos esplendores imperiais, fisicamente concentrada na custódia da memória. É evidente que o eixo do horizonte temporal dos vienenses está direcionado para o passado; e isto deve condicionar também aqueles que não compartilham totalmente as escolhas daquela cultura. Los Angeles, no extremo oposto, é uma cidade continuamente recriada, instável, em ebulição urbanística. É uma cidade em movimento para o futuro, na qual de verdade, segundo o mais amado provérbio norte-americano, *tomorrow is the first day of the rest of your life*. À escrupulosa conservação urbanística de Viena, Los Angeles contrapõe uma irrefreável atividade de demolição e reconstrução, que torna difícil a localização dos lugares guardados na memória. E os poucos que restam parecem condenados a uma rápida desaparição. Obviamente, ambas as atitudes têm suas vantagens e desvantagens. Se o horizonte fechado no passado impede projetos e mudanças, aquele todo aberto ao futuro obstaculiza a aprendizagem pela experiência e facilita a repetição dos erros. Algo semelhante, para manter a analogia arquitetônica, ocorre aos nômades, que não conservam vestígios do passado, nem constroem edifícios legados ao futuro. Não surpreende que os nômades contemporâneos tenham uma noção assaz menos desenvolvida da nossa noção de punições e recompensas futuras.

Em terapia, prestamos particular atenção à propensão de um indivíduo ou uma família para uma das três "dimensões" do tempo: passado, presente ou futuro. Os clientes podem inclinar-se para o futuro ("faça algo!") ou para o passado ("é tudo inútil!"). Esta propensão temporal, como por sinal todas as variáveis temporais observadas até agora, é influenciada, segundo cada pessoa, por diferentes fatores: idade, cultura, *status* social, fatores contingentes. Tais fatores podem ter efeitos relevantes sobre o horizonte temporal, ao ponto de provocar síndromes clínicas. As depressões, por exemplo, nas quais o horizonte se restringe ao passado; as síndromes maníacas, nas quais a restrição ocorre no presente; ou a esquizofrenia, na qual o horizonte temporal se fragmenta.

O tempo na interação dual

Já fizemos referência ao desenvolvimento da concepção do tempo na criança. Este desenvolvimento está relacionado tanto com a maturação do aparato senso-motor, como com a interação com o "outro". Diversos autores afirmaram que o indivíduo chega à noção madura do tempo em uma idade que vai dos oito (Piaget) aos dezesseis anos (Fraisse).

Também nos referimos à diferença entre o sentido do tempo objetivo e o sentido do tempo subjetivo individual. Duas características do tempo subjetivo nos interessam particularmente: o horizonte temporal e o "setor" do horizonte temporal (presente, passado ou futuro) para qual o indivíduo costuma orientar-se. Estas distinções podem ser percebidas e descritas por um observador externo. Esta operação tem uma utilidade prática que pode enriquecer nossa experiência e eficácia na terapia e na consultoria.

Para elaborar uma idéia do tempo subjetivo individual de alguém, o observador precisa avaliar as "unidades internas" de tempo (Orme) na comunicação, em particular a analógica,[7] através do ritmo e das suas modulações. Poderá também avaliar, sobretudo através da capacidade do sujeito de "mover-se no espaço", a amplitude predominante do horizonte temporal, do passado ao futuro e vice-versa. (Observe-se que, uma vez mais, quando queremos falar do tempo vemo-nos obrigados a utilizar metáforas espaciais.) A propensão para o presente, passado ou futuro pode ser observada concentrando a atenção, além do conteúdo, nas formas do discurso: a escolha dos tempos verbais passados ou futuros, o uso do indicativo ao invés do condicional e assim por diante. Naturalmente, o tempo subjetivo observável depende do contexto e da relação observador-observado. Não é possível ter uma consciência objetiva dos ritmos e do horizonte temporal: sua expressão depende da interação observador-observado e, portanto, também da temporalidade do observador. Para compreender melhor o fenômeno dos tempos subjetivos dirigiremos nossa atenção ao tempo da interação entre dois indivíduos.

Quando duas pessoas se encontram entrelaçam seus tempos individuais, criam uma área de "tempo compartilhado". Para simplificar a descrição não levaremos em consideração seus contextos sociais e culturais.

O indivíduo A encontra o indivíduo B. As interações entre A e B podem assumir duas formas principais.[8] A e B podem ser indiferentes um ao outro, como sói ocorrer nos contatos ocasionais da vida laboral quotidiana. Nós, por exemplo, qualificamos a pessoa que nos vende um vestido com o estereótipo de "o vendedor". Conhecer esse estereótipo é mais que suficiente para nossos fins: sobre ele (para o que nos interessa) sabemos "tudo". Da mesma forma, se dirigimos pela cidade, o motorista do carro à nossa direita fica plenamente contido na expressão "motorista do carro à minha direita". Não precisamos saber nada mais sobre ele. Nossa temporalidade, naturalmente, não será afetada por este tipo de interação: não se cria um tempo compartilhado.

Não ocorre o mesmo com as interações que podem ser definidas como "face a face". Vejamos como Reiss (1981: 61) descreve este tipo de interação:

> "Face a face" quer dizer encontros entre dois ou mais indivíduos nos quais existe uma relativa liberdade na experiência recíproca das pessoas: liberdade perante as convenções, liberdade perante os estereótipos, liberdade perante as concepções muito simplificadas. Em um encontro face a face cada indivíduo tem um sentido imediato, carregado emocionalmente, da unicidade do outro. O ingrediente mais importante de um genuíno encontro face a face é que cada indivíduo reconheça no outro a capacidade de emitir uma opinião independente.

Em uma interação deste tipo, os sujeitos A e B têm duas possibilidades: *concordância* e *discordância* dos próprios tempos. Quando os tempos de ambos concordam as premissas temporais de ambos se reforçam reciprocamente. Mas quando os tempos discordam cada um deles percebe o desafio às próprias premissas. Neste ponto, A e B tentarão buscar uma concordância. Não se deve esquecer que os encontros face a face constituem experiências que suscitam emoções dificilmente evitáveis: o único modo de evitá-las é sair do contexto interativo. O encontro face a face permite, portanto, verificar as seguintes situações:

1. Tanto A quanto B tentam fazer prevalecer seu respectivo tempo individual. A reafirmação de cada um reforça o tempo do outro.

2. A e B criam, através de um tipo de mediação (mais ou menos consciente) entre os tempos individuais, um tempo consensual.
3. A e B passam ciclicamente de períodos de não-aceitação a períodos de aceitação recíproca de seus tempos.

Se analisarmos mais detalhadamente a relação podemos encontrar, sobretudo, uma discordância de ritmo: A, por exemplo, é mais veloz que B. Suas unidades de tempo são mais breves, seus ritmos mais rápidos. Trata-se de uma discordância facilmente perceptível por um observador externo que analise a comunicação, sobretudo a analógica. Nos casos extremos a discordância torna impossível a relação.

Na relação de um sujeito A com uma pessoa B profundamente deprimida ou maníaca, o tempo extremamente desacelerado ou acelerado de B cria um evidente desconforto em A. A, para manter a relação, deverá submeter-se a um difícil processo de adaptação. Se o tempo de B for o tempo fragmentado e descontínuo da esquizofrenia a ruptura entre eles será ainda mais profunda e o processo de adaptação mais problemático.

Ao refletirmos sobre a relação de duas pessoas fizemos artificialmente abstração do contexto social e cultural, que obviamente tem uma notável influência nos tempos individuais. Cada indivíduo pode viver em muitos contextos temporais separados. Na sua vida quotidiana vê-se obrigado a adaptar-se a diversas relações e situações que o induzem a adotar tempos diferenciados. Um observador pode, todavia, distinguir, na base desta multiplicidade, um tempo característico de cada indivíduo: distintos sujeitos hipoativos, fleumáticos, hiperativos. A psicanálise e a psicologia do desenvolvimento têm descrito a constituição deste ritmo básico durante as experiências dos primeiros anos de vida. Um grupo social, uma família, por exemplo, também tem seu tempo característico, que emerge e se estabelece, no decorrer de sua história, da interação entre os tempos individuais de seus membros.

Tempo cultural

Quando nos ocupamos do tempo do ponto de vista cultural precisamos conhecer as premissas relativas ao tempo. "Premissa", como diz Gregory Bateson (1958: 219), é "uma afirmação ou implicação reconhecível em certo número de detalhes de comportamento cultural".[9] Estudar as premissas relativas ao tempo significa compreender como diversas culturas concebem o tempo. A noção de tempo pode, de fato, variar enormemente de cultura a cultura. Whorf (1956), ao estudar a língua dos indígenas hopi, notou que esta não contém referências a um fluxo temporal, na nossa acepção de termo. Os verbos hopi não diferenciam os tempos nem distinguem presente, passado e futuro. Os hopi são, no entanto, sujeitos perfeitamente eficientes dentro do próprio contexto.

Padronização do tempo

> Geralmente quem visita países estrangeiros tem a impressão de que os nativos são mais velozes ou mais lentos, mais brilhantes ou mais lerdos nas suas reações, em relação aos membros da comunidade do observador. Esta impressão é devida, sem dúvida, a certa forma de padronização cultural das personalidades consideradas.
>
> Bateson, 1958: 255

Os indivíduos nascem com uma gama de potencialidades diversas. A cultura seleciona positivamente algumas delas, outras são relegadas a um segundo plano ou suprimidas. Todo mundo dispõe da capacidade de viver o tempo como irreversível ou como cíclico, mas o europeu tenderá a vivê-lo como linear enquanto o indiano (tradicional) como circular. Isto é condizente com a idéia de Bateson (1958) de que a cultura realiza uma padronização da forma de conceber o tempo. Esta padronização varia, pois, de cultura para cultura.[10] Isto traz conseqüências significativas para a vida quotidiana de todos os membros de determinada cultura.

A cultura constitui, através de um processo de aprendizagem, as premissas dos indivíduos que a compõem. Esta afirmação é, sem embargo, perfeitamente reversível: as premissas de todos os indivíduos que compõem uma dada sociedade constituem a cultura daquela sociedade. A relação entre a cultura de uma sociedade e as premissas individuais é de natureza recursiva.

No tocante ao tempo característico de uma cultura, podemos notar que os encontros entre culturas diferentes — portanto também tempos diferentes — podem provocar dificuldades relacionais. Um norte-americano ou um europeu, inclinados a projetar-se para o futuro, poderão ter dificuldades para entender-se com um asiático, mais ligado às tradições do passado. No caso dos contatos trans-culturais, quem se encontra em um país estrangeiro deverá, claro, adaptar-se aos tempos da cultura anfitriã. Não poderia esperar que fossem os anfitriões que se adaptassem ao seu tempo. Os imigrantes, justamente para superar tais dificuldades, soem assumir uma tendência inicial a reunir-se e a formar pequenas comunidades, como “Little Italy” e “Chinatown”, em Nova Iorque, por exemplo. Desta forma podem assimilar, aos poucos, os ritmos do novo ambiente. É notório, por outro lado, que os matrimônios entre pessoas provenientes de culturas diferentes tendem a serem dos mais frágeis: um dos motivos é justamente a discrepância dos tempos.

Quando falamos de padronização do tempo dentro de uma cultura referimo-nos, evidentemente, a um índice de valor genérico. No interior de uma cultura podemos, obviamente, identificar toda uma gama de tempos. Lévi Strauss (1958), por exemplo, ao estudar a concepção do tempo em sociedades menos complexas do que a nossa, entre os indígenas americanos, chegou a delinear quatro categorias temporais dentro de uma mesma cultura:

a) tempo progressivo, irreversível, composto de seqüências ordenadas, semelhante ao nosso tempo linear;
b) tempo estático, reversível, no qual termos idênticos se repetem no decorrer das gerações; esta repetição neutraliza o tempo, que se torna "vazio";
c) tempo ondulatório, cíclico, reversível, caracterizado pela alternância contínua de dois termos, dia e noite, por exemplo;
d) tempo circular, por anel, fechado, no qual os termos que se seguem são mais de dois, as estações do ano, por exemplo.

Já havíamos dito no capítulo 1 que nas culturas "primitivas" o seqüenciamento fundamental do tempo é fornecido pelos rituais. Na vida moderna dominada pelo relógio, isto é, por uma concepção linear do tempo, os rituais, apesar de serem menos enfatizados que no passado, ainda marcam nosso ingresso em cada nova fase da vida: a cerimônia nupcial, o funeral, as festas dos conscritos para o serviço militar ou das matrículas universitárias são ritos de passagem, por exemplo. O *réveillon*, os aniversários, algumas festas como o Natal, são ritos de continuidade que nos remetem a um tempo circular.[11] O *Groupe Mu* (1977), um grupo de semiólogos franceses, tem sublinhado a existência de estruturas temporais cíclicas inclusive nas formas poéticas, assim como na física contemporânea o conceito de espaço-tempo se distanciou da linearidade de Newton.

Kluckholn (1949-50: 383) mostrou que o fato de ser possível descrever, com certa precisão, a cultura dominante na sociedade norte-americana "não significa que todos os norte-americanos a sigam em todas as situações. A busca de uma representação da integração cultural em termos unidimensionais é um erro".

Em geral opina-se que a cultura norte-americana em seu conjunto está "orientada para o futuro". Mas nos Estados Unidos existem grupos sociais, como certas famílias do sul, por exemplo, cujo apego ao passado anula o interesse pelo futuro e, portanto, pelo presente (Davis *et alii* 1941). Coser e Coser (1963) elaboraram, referindo-se precisamente à sociedade norte-americana, uma tabela de perspectivas temporais desviantes em relação à orientação generalizada para o futuro.

As premissas históricas de cada um de nós estão estratificadas e costumam conter resíduos silenciosos de concepções precedentes, aparentemente extintas desde tempos imemoriais. Assim, uma pessoa de uma cultura camponesa, mesmo "modernizada", que passe a viver em um ambiente urbano, terá grandes possibilidades de conservar "ilhas" de concepções cíclicas do tempo.

O importante é que as premissas de nosso hipotético indivíduo poderão ser duplas: cíclicas e lineares. A emergência de concepções temporais de signos contrários aos presentes na cultura na qual se vive produzirá facilmente mal-entendidos e confusões. Neste atual período histórico os mal-entendidos são freqüentes: hoje em dia resulta muito difícil estabelecer em que idade um rapaz se torna um adulto, por exemplo.[12] As "ilhas" de premissas não-conformes à cultura dominante entram em jogo nas interações entre indivíduos ou grupos e tendem a criar incongruências na leitura do tempo.[13]

O tempo estático de Bali

Foi Gregory Bateson (1949) quem cunhou o termo "estado estacionário" (*steady state*) em referência à cultura de Bali. Clifford Geertz, em seu livro *Person, Time and Conduct in Bali* (1973b), aprofundou as idéias, às vezes desorganizadas, de Bateson. Sua análise sobre a sociedade tradicional balinesa é um bom exemplo de como a concepção do tempo constitui um fio fundamental na trama de um sistema cultural e de como seu significado está estreitamente ligado ao de outras padronizações culturais, concretamente o conceito de pessoa e as modalidades de conduta interpessoal.

Nós contamos com diversas possibilidades de considerar nossos semelhantes. Segundo a terminologia adotada por Geertz, podemos vivê-las como "associadas", pessoas com as quais temos uma relação "face a face" significativa; "contemporâneas" com as quais temos relações superficiais e convencionais; "predecessoras" e "sucessoras", pessoas pertencentes ao passado ou ao futuro e com as quais as relações são indiretas. O balinês considera todos os outros como contemporâneos, isto é, como sujeitos com os quais tem relações de contigüidade presente, mas nunca íntimas. Não possui os conceitos de ancestral e nem de descendente, porque sua percepção dos outros não vai além da terceira geração precedente ou sucessiva à própria, ou seja daqueles com quem pode ter um contato pessoal direto, os nossos "avós" e "netos". Isto é testemunhado também pelas formas lingüísticas relativas às relações de parentesco: não existem vocábulos para indicar figuras como nossos "trisavós" ou "trinetos". A vida social do balinês é, ao mesmo tempo, fortemente ritualizada. Os outros são caracterizados por atributos não pessoais, mas sociais: são despersonalizados.

A esta concepção social corresponde um tempo de certa forma destemporalizado. O balinês não o vive como uma duração contínua. O complicadíssimo calendário balinês é uma sucessão de eventos pontuais, geralmente rituais, que se repetem constantemente, sem evolução. Não se percebe nem um devir irreversível, nem um verdadeiro ciclo. O calendário delimita uma série de episódios desvinculados entre si.

> Os ciclos e super-ciclos são infincáveis, desunidos, não podem ser contados e, como sua ordem interna não tem significado algum, carecem de um ápice. Não se acumulam, não constroem, nem se consomem. Não dizem que dia é, dizem que tipo de dia é (*Ibid*: 393).

Enfim, cada evento social — das interações quotidianas aos mais solenes rituais — é não apenas anônimo e episódico, mas também carente de desenvolvimento e ápice. Nada em Bali alcança um ponto culminante nem uma resolução. As obras de arte, as danças e a música, por exemplo, podem ser executadas por horas a fio sem mudar, suscitando um interesse variável, para depois cessar sem uma conclusão, na nossa acepção de termo. E o mesmo vale para o conjunto da vida dos indivíduos ou da sociedade.

O efeito atingido por este tipo de estrutura é, segundo Eliade, semelhante ao do rito. Anula o sentido da consumação e da morte, submergindo os homens em um mundo de eternidade, no qual nada muda porque não existe duração:

> Como o tempo é pontual, assim também é a vida. Não desordenada, mas ordenada qualitativamente, como os dias, em um número limitado de tipos determinados. A vida social balinesa não tem um ápice porque se desenvolve em um presente imóvel, em um "agora" sem vetores. Ou então, e seria igualmente verdadeiro, o tempo balinês não se move porque a vida social de Bali carece de um ápice. As duas concepções implicam-se mutuamente. E ambas implicam e estão implicadas pela contemporanização balinesa das pessoas. A percepção dos outros, a experiência da história e o clima da vida coletiva — aquilo que tem sido chamado de *ethos* — estão unidos por uma lógica bem definida. Mas essa lógica não é silogística: é social (*Ibid*: 404).

Geertz demonstra, em outros termos, que a cultura padroniza a noção de tempo, mas que, por sua vez, a noção de tempo contribui de forma determinante para os padrões culturais. Nem em Bali, porém, a cultura se limita à cultura dominante. Em todas as culturas, além do aspecto dominante, existe paralelamente um sentido contrário, que pode inclusive ser embrionário e escondido. São ilhas de diferença, essenciais para a adaptação de todos os sistemas complexos,[14] sejam estes indivíduos ou sociedades. É possível que estas ilhas de diferença conduzam a um desvio incompatível com o contexto, àquilo que nós chamamos de patologia: basta pensar em quanto à noção de tempo dos balineses tradicionais de Geertz é similar à dos esquizofrênicos ou à dos maníacos de Minkowski (1933). Sem esquecer que os balineses, à diferença destes últimos, vivem em perfeita sintonia com o próprio ambiente. Mas também essas ilhas de diferenças podem ser utilizadas em um contexto terapêutico. Elas podem servir para causar uma confusão criativa que ofereça novos esboços e novas soluções. Trataremos desses temas mais adiante.

Tempo social

> Estavam preocupados por não ter tempo e não sabiam que ter tempo significa precisamente não ter tempo para tudo.
>
> Robert Musil

Falamos de tempo social ou "tempo sociológico" quando queremos referir-nos ao tempo como expressão de coordenação social. Nesta perspectiva, atribuímos ao tempo um valor fundamentalmente instrumental e político. Vivemos em uma sociedade complexa, estruturada segundo um sistema hierárquico que requer certo grau de regularidade. Zerubavel (1981) observou a mesma regularidade na ordem temporal que damos ao mundo: nosso tempo social é suficientemente regular e, portanto, previsível. Sem esta previsibilidade dos tempos a vida social ter-se-ia desorganizado rapidamente.[15]

Segundo Merleau-Ponty (1945) o homem percebe os objetos somente como figuras destacadas de um fundo. As rotinas e as expectativas da vida social podem ser colocadas entre os "fundos". O tempo e a regularidade do tempo são uns dos mais importantes fundos para a normalidade quotidiana do ambiente social. Todavia, a coordenação, a regularidade e a flexibilidade dos tempos sociais variam notavelmente de país para país, inclusive entre os pertencentes ao mesmo grupo produtivo, como os países ocidentais. Por exemplo, pontualidade, organização e coordenação são muito mais acentuados na Suíça, pátria dos relógios, ou nos países escandinavos, que na Itália ou na Espanha. Na Alemanha pode-se regular o relógio com a chegada de um trem, enquanto na Itália as pessoas se assustam quando o trem chega na hora. Em certos países, por exemplo, alguns setores caracterizam-se por uma perfeita coordenação dos tempos: o exército (basta lembrar a cronométrica condução da guerra do golfo por parte dos Estados Unidos), ou as empresas, especialmente privadas, que devem coordenar de maneira precisa, mas flexível, seus tempos internos e externos para enfrentar a forte concorrência. Para certos países, como o Japão, a gestão dos tempos sociais parece ser um dos mais importantes fatores do seu espetacular desenvolvimento, mesmo que não se possa afirmar que, paralelamente, tenha havido uma melhora da qualidade de vida.

Dentro de uma mesma cultura podemos distinguir, pois, vários tempos sociais. Um dos mais importantes é o tempo do trabalho. As atividades laborais são caracterizadas por ritmos típicos. Com freqüência, ao passar de um trabalho a outro, uma pessoa deve adaptar o próprio tempo à nova atividade. O tempo do camponês, por exemplo, é caracterizado por um ritmo ainda mais lento que o do operário industrial. Isto tem provocado, inúmeras vezes, graves problemas de adaptação na passagem do campo para a cidade.

Regularidade e "horarium"

Eviatar Zerubavel (1981: 21) deline a, a propósito dos tempos sociais, quatro "parâmetros" relativos à regularidade e à previsibilidade:

> O primeiro, um parâmetro fundamental de situação e eventos, é sua *estrutura de sucessão*, que nos informa em que ordem estes ocorrem. Um segundo parâmetro importante, sua *duração*, informa-nos, ao contrário, quanto tempo duram. O terceiro, a *colocação temporal,* aponta quando acontecem. O quarto, por fim, a *freqüência da recorrência*, indica quão freqüentemente ocorrem.

Para que esta regularidade seja possível é necessário não somente que o tempo social seja linear e irreversível, mas também que seja mensurável e subdivisível em unidades fixas; que as atividades e os seres humanos estejam sincronizados e coordenados e que os tempos dedicados às várias atividades estejam compartimentados. Nas páginas subseqüentes tentaremos refletir a respeito de como o tempo social tem assumido tais características e que conseqüências isto provocará.

As sociedades primitivas desconhecem a medição sistemática do tempo (Sorokin, 1934). Nelas, o tempo não é visto como um *continuum* que decorre uniformemente, mas como uma dimensão descontínua cujos efeitos significativos, os rituais, por exemplo, estão separados por verdadeiros "vazios temporais": se o intervalo não for significativo, "inexiste" (Nilsson, 1920).

As indicações de tempo são criadas a partir de termos tirados da vida quotidiana. Como lembra Nilsson, em Madagascar "cozinhar arroz" significava um período de mais ou menos meia hora. Em tais sociedades os eventos naturais, como o transcorrer do dia ou das estações, bastam para subdividir o tempo e sincronizar as atividades da população. Neste sentido, as referências temporais são essencialmente operativas: nas populações agrícolas o ano é subdividido em função da colheita; a população de caçadores ou pastores nômades desconhece os dias de repouso e assim por diante (Sorokin e Merton, 1937).

Esta maneira de indicar o tempo, e de operar no tempo, é suficiente para sociedades relativamente simples. Quando a sociedade começa a desenvolver uma organização mais complexa, com suas conseqüentes diferenciações em subgrupos e novas atividades,

> o sistema local e concreto de tempo sociocultural cessa de realizar satisfatoriamente sua função de coordenação e sincronização das atividades. Daí a necessidade urgente de estabelecer um sistema padronizado de medição do tempo que seja igualmente compreensível a todos os grupos interessados e que seja igualmente útil a todos os grupos como ponto de referência tempo-

ral uniforme para coordenar e sincronizar suas atividades (Sorokin, 1934: 57).

Historicamente, os primeiros marcadores de tempo foram feitos de acordo com o movimento regular dos astros. Este interesse pela astronomia conduziu ao estabelecimento do primeiro sistema temporal totalmente artificial: o calendário. Este último, mesmo quando se apóia em elementos "objetivos", como o curso das estações do ano, está subdividido, de forma totalmente arbitrária, em meses, razão pela qual todas as revoluções, religiosas ou laicas, tentaram modificá-lo de alguma maneira. Os cristãos, para distinguirem-se dos judeus, mudaram o dia sagrado do Sabbath para o domingo. Os muçulmanos, por sua vez, transferiram-no para a sexta-feira. A Revolução Francesa realizou diversas tentativas políticas de reorganizar o calendário. O fascismo italiano fazia iniciar a "era fascista" no ano da marcha sobre Roma, em 1922.

O dia, o mês e o ano têm uma direta correspondência em fenômenos naturais, como a alternância entre dia e noite, as fases lunares e as estações, mas a semana, ao contrário, é uma criação totalmente humana. Os muiscas peruanos tinham uma semana de três dias, enquanto a semana de algumas tribos da África ocidental era de quatro dias. A dos antigos assírios era de cinco. A semana dos romanos tinha oito dias. A dos maias, enfim, chegava a dez (Sorokin e Merton, 1937). A semana de sete dias teve origem na cultura hebraica e, depois de ser adotada pelo cristianismo, foi aceita por muitos povos. A partir da revolução industrial disseminou-se por grande parte do mundo.[16]

Zerubavel, que em sua obra *Hidden Rhythms* (1981) desenvolveu uma extensa análise do tempo social, vê no horário, não no calendário, o autêntico fundamento da regularidade temporal. O horário, a tabela das horas, é justamente o regulador e integrador das diversas atividades, ele torna possível a complexa sincronização de nossas jornadas.

O respeito aos horários é uma das duas formas básicas da disciplina, como mostra a regra beneditina: *omnia horis competentibus compleantur*, cada coisa será feita no seu devido tempo (Landes, 1983). Foucault, em *Suveiller et punir* (1975), define a disciplina como "a arte de ordenar os corpos", e oferece esplêndidos exemplos de como quartel, clínica, manicômio, cárcere e colégio ordenam os corpos no espaço. Mas, por outro lado, a disciplina também exige um ordenamento dos corpos no tempo. Não surpreende, então, que sejam justamente as "instituições totais" (Goffman, 1961), cárcere, quartel, hospital, as que desenvolvem ao máximo as rigorosas qualidades coercitivas e constritivas do horário, como bem sabe quem já foi soldado ou simplesmente quem passou algum tempo internado em uma clínica qualquer.

O *horarium*, entretanto, nasceu em outra instituição total, uma instituição que por diversos motivos poderia ser considerada de "vanguarda" na sua época: o mosteiro medieval. A vida inspirada na *Regra de São Bento*[17] caracterizava-se por um ritmo rígido e implacável. Segundo Landes (1983) a transição da mensuração natural do tempo (dia-noite, biorritmos circadianos) à interiorização da pontualidade e dos horários, engrenados uns nos outros, passou primeiro pela pontualidade coletiva. O *horarium* ritmava a vida do monge beneditino, sujeitando-o a uma série interminável, obsessiva, de rotinas: a pontualidade, conceito até então inexistente, torna-se para o monge uma obrigação. Era necessário levantar-se sempre à mesma hora, rezar, comer, trabalhar em horários predeterminados.

As horas dedicadas a cada atividade eram, por outro lado, estabelecidas de modo completamente convencional, deixaram de estar sujeitas à variabilidade das estações do ano: os monges *deviam* acordar todos os dias a uma e meia da madrugada do nosso horário atual, um tempo "não-natural", sempre noturno. Também *deviam* sempre realizar tarefas de uma mesma duração e na mesma sucessão (Zerubavel, 1981). Observe-se que foi justamente no mosteiro que se determinaram os parâmetros de duração fixa, sucessão rígida, colocação e freqüência que fundam a regularidade temporal. Mas para que dita regularidade passasse do mosteiro ao conjunto da sociedade era necessário que o horário saísse da vida monástica e tivesse como referência um tempo mais preciso que o marcado pelo surgimento do sol. Precisava-se de um marcador do tempo, de um *horologium*.

O tempo do relógio

Norbert Elias (1984) diz que o acordo entre o relógio e o homem é de natureza "decepcionantemente simples": ambos mudam constantemente com o passar do tempo: o relógio com o movimento dos ponteiros, o homem com o inexorável processo de envelhecimento. Nossa relação com o relógio é, no entanto, menos superficial do que parece. O relógio mecânico é a primeira verdadeira máquina digital da história: divide a seqüência do tempo em instantes, em cifras (*digit*) discretas, enquanto os velhos relógios de sol e areia trabalhavam em fluxo contínuo. Eram, pois, máquinas analógicas. É obvio que o uso do relógio nos condicionou a conceber o tempo de forma cada vez mais digital e medível, obrigando-nos assim a inventar relógios cada vez mais aperfeiçoados.

Como bem ilustra David Landes (1983), a delimitação dos tempos sociais em que vivemos não teria sido possível sem essa fundamental inovação técnica: a criação do relógio mecânico. A própria história dessa invenção tem para nós um grande interesse. De fato, é aparentemente ilógico que o relógio tenha nascido, por volta do ano de 1200, justamente na Europa, enquanto as civilizações chinesa ou islâmica, por exemplo, eram tecnicamente mais avançadas e, provavelmente, contavam com condições de produzir os necessários aperfeiçoamentos técnicos antes que os europeus.

O paradoxo ilustra muito bem o parentesco entre inovação e necessidade: os europeus fabricavam os relógios porque somente eles precisavam medir e dividir o tempo sem levar em conta os ciclos naturais. Ao homem chinês, pertencente a uma sociedade fundamentalmente rural, bastavam-lhe os sinais naturais e biológicos do decorrer do tempo. Não precisava de relógio. Este só poderia ter alguma utilidade para o próprio Imperador. Mas o sistema autocrático chinês permitia que o Imperador promulgasse horários e calendários sem nenhuma necessidade de acordo com outras pessoas ou sistemas. O tempo era medido pela autoridade, sem necessidade da imparcial precisão de um verdadeiro "cronômetro".[18]

A necessidade de um *horologium* só poderia surgir a partir do momento em que um determinado grupo social tivesse necessidade de libertar-se dos medidores naturais do tempo. E foi isto justamente o ocorrido nos mosteiros. Neles dominava o *horarium* beneditino, que tornava necessário um mecanismo que determinasse o tempo de cada atividade coletiva. Os primeiros exemplos deste tipo de instrumento foram os sinos dos mosteiros medievais e as cornetas dos acampamentos militares. Ambos os sistemas determinam os movimentos coletivos realizados conjuntamente: acordar, encontrar-se, diversas tarefas, almoçar, repousar e assim por diante. A pontualidade coletiva baseia-se em duas premissas. Em primeiro lugar, o tempo não é uma propriedade privada, pertence à comunidade e à autoridade. Em segundo lugar, as atividades são simultâneas e públicas, sem espaços nem tempos "privados" e discricionais.

As incipientes manufaturas também seguiram o exemplo das abadias, os primeiros lugares em que se estudou com precisão a organização do trabalho e cujos sinos foram utilizados para regular o tempo dos operários. Foi nas cidades — em organizações, como os mosteiros, cada vez mais independentes dos ciclos da natureza — que o relógio mecânico se desenvolveu como instrumento, primeiro municipal e coletivo, depois individual. A cidade tornou necessária a "compartimentação" do indivíduo em tempos separados: se o camponês medieval era camponês em todos os momentos de sua vida, o cidadão podia ser ora artesão, ora membro de uma assembléia e assim por diante. Leon Battista Alberti notava, já em 1433: "De manhã, ao levantar-me, digo para os meus botões: que tenho de fazer hoje? Muitas coisas: enumero-as, penso nelas e designo um tempo para cada uma."[19]

A compartimentação e medição do tempo, unida à exortação para "não perder tempo", passa rapidamente a ser uma característica da Europa protestante e calvinista. A Genebra de Calvino tornou-se a pátria do relógio. As realizações científicas e técnicas da Europa protestante tornaram inevitável a construção de relógios cada vez mais precisos que, por sua vez, aumentaram a subdivisão e fragmentação dos tempos sociais. Estamos, assim, diante de um clássico processo de retroação positiva, com uma amplificação progressiva, que explica o aumento da organização do tempo que culmina com os instrumentos de alta precisão de quartzo de nossos dias.

Por isso Landes (1983: 135), falando dos relógios de pêndulo, pode concluir que, ao final do século XVII, a margem de erro dos relógios reduziu-se entre um ou dois minutos ao dia: "O relógio de pêndulo sentou, pois, as bases materiais do que hoje chamamos de pontualidade." Mas a pontualidade, por sua vez, está inserida em uma rede de relações extremamente complexa: os tempo sociais estão tão diferenciados que permitem a distinção de uma grande diversidade de âmbitos temporais que, no entanto, deverão ser ocupados por indivíduos biologicamente idênticos àqueles que viviam nos mais simples e unívocos tempos tribais.

Tempo individual, tempos coletivos e qualidade de vida

O tempo constitui, na nossa vida social, um bem precioso, mas escasso. A angústia provocada pela falta de tempo tem-se tornado uma experiência das mais comuns. Charlie Chaplin, em *Tempos modernos*, retratou a relação entre o homem e o tempo na era do taylorismo: seu personagem mostra muito bem toda a ansiedade do homem obrigado a adaptar-se a ritmos rígidos e alienantes. A falta de tempo é um produto da alta velocidade dos ritmos e da multiplicidade de tempos da sociedade contemporânea.[20]

A situação do primitivo era totalmente diferente. Ele, cujo contexto dividia claramente o tempo sagrado e o tempo profano, permanecia imerso em ritmos mais lentos e naturais, prescritos e transmitidos pela tradição.[21] O homem contemporâneo encontra-se desprovido de tradições, rituais e mestres: habita um mundo que perdeu suas raízes naturais e que o aprisiona em uma rede de relações cada vez mais complexas e articuladas. Vive em uma realidade em que tanto os tempos como os ritmos são mutáveis e complexos. Existe o tempo do trabalho, que pode ser chato e repetitivo, ou frenético e sem sossego; o tempo dos contatos sociais com várias instituições, com amigos e conhecidos; o tempo da família. Existe, enfim, o tempo da solidão, ou tempo para si mesmo, para a divagação e a reflexão.

Freqüentemente lê-se que a vida contemporânea, devido aos seus ritmos excessivos, é fonte de ansiedade, estresse e neurose. Em relação a esta contraposição entre sociedade moderna e sociedade primitiva, Laura Balbo, em seu livro *Tempi di vita: studi e proposte per cambiarli*, parece manifestar-se a favor da organização dos tempos sociais da sociedade contemporânea, que permite ao cidadão gerir, pelo menos em parte, o próprio tempo e lhe confere um maior grau de autonomia, de auto-organização e de escolha:

> Não era assim na sociedade industrial em seu pleno desenvolvimento, marcada por processos que propuseram — e impuseram — os tempos de uma

> modalidade predominante, os tempos da produção segundo o "modelo industrial" [...] Não é correto idealizar a sociedade pré-industrial, quase como se fosse uma idade de ouro caracterizada pela preservação dos ritmos naturais, dos ritos coletivos, por uma atitude não coercitiva do indivíduo e respeitosa dos valores coletivos. A grande maioria das pessoas vivia sem possibilidade de autonomia, liberdade e projeção (Balbo, 1991: 13).

Isto aparentemente contradiria nossas afirmações anteriores. Este tipo de pontuação é similar às conhecidas: "O mundo era bem melhor antes...", "não, o mundo está muito melhor hoje..." A qualidade da vida provavelmente seria bem mais aceitável hoje se houvesse uma melhor coordenação dos tempos sociais, isto é, dos tempos dos indivíduos, das famílias e das instituições.

Neste sentido, citaremos alguns exemplos dados por Balbo (1991), relativos aos efeitos da não-coordenação dos tempos sociais. Uma pesquisa com pessoas que esperavam uma consulta com um especialista em Milão, Roma e Nápoles mostrou que cerca de um terço aguarda até dez dias, um terço entre onze e trinta dias, um terço além de um mês (Censo, 1987).

Calcula-se que em Milão circulam cerca de oitocentos mil veículos, seiscentos mil dos quais provêm das cidades vizinhas. Em média, quem mora na cidade e vai de um lugar a outro permanece no carro entre meia hora e quarenta e cinco minutos. Quem vem de fora passa uma hora. Em dez anos gasta-se cinco meses de vida somente com o transporte, cinco meses que devem ser multiplicados por quase um milhão de pessoas. Haveria muitos outros exemplos. Balbo conclui:

> Quero chamar a atenção sobre estes tempos mortos de nossas vidas, tempos não previsíveis, tempos que não controlamos, governados pelo acaso, amiúde pela indiferença ou até pela arrogância dos outros (*Ibid*: 28 seg.).

Viver na cidade hoje comporta "estresse, fatiga, exasperação, tédio [...] perda de tempo, nunca ter tempo ou, então, ao contrário, para alguns o tempo vazio, um tempo que nunca passa" (*ibid*).

Estes são os fatores negativos da vida contemporânea. Mas nossa sociedade também possui uma grande riqueza de aspectos positivos relativos ao tempo. Na sociedade industrial os tempos da vida eram rigidamente institucionalizados e determinavam a passividade do cidadão: estavam organizados fundamentalmente em torno de um único tempo de trabalho. No pós-guerra, com o progressivo emergir da sociedade pós-industrial e o incrível desenvolvimento do setor terciário, os tempos individuais e coletivos tornaram-se mais complexos. Passou a existir, em certa medida, uma maior possibilidade de escolha e de auto-gestão dos tempos por parte do indivíduo.

Atualmente vemos perfilar-se uma importante mudança em relação aos tempos masculino e feminino. No passado, a maior parte da população tinha seus tempos diferenciados e rigidamente programados em relação ao sexo: os homens deviam dedicar-se ao trabalho, as mulheres à procriação e à casa e os adolescentes à formação. Hoje assistimos a uma revolução dos tempos: a flexibilidade substituiu a rigidez. Cada um, independentemente do sexo ou da idade, pode dedicar parte de seu tempo ao trabalho, à formação, ao cuidado das necessidades alheias, ao repouso. Esta redistribuição dos tempos sociais deve-se, em primeiro lugar, à emergência de novos métodos de produção e distribuição e ao surgimento de novas tecnologias. Mas não se deve esquecer o importante papel desempenhado, nesse sentido, pelos movimentos feministas que, além de lutarem contra o confinamento da mulher ao papel da procriação e satisfação das necessidades primárias dos outros, também defendem seu direito a dispor de um tempo próprio.

Recentemente na Itália os legisladores, que acolheram as sugestões de uma proposta de lei sobre os tempos da cidade, reconheceram a importância da coordenação dos tempos sociais:

> O artigo 36 da lei 142 de 1990 ("Ordenamento das autonomias locais") diz que o prefeito tem o poder de coordenar os horários da cidade [...] Trata-se de uma importante conquista, que deve transformar-se imediatamente em um instrumento de governo, e permitirá que cada cidade tenha um(a) conselheiro(a) ou um(a) assessor(a) a quem o prefeito possa delegar a responsabilidade pela realização deste projeto (Balbo, 1991: 87).

Em algumas cidades já se instituíram *assessorias para as políticas dos horários e dos tempos*. Elas têm o dever de estudar os tempos e horários individuais, empresariais e institucionais, captar as complexas interdependências e os efeitos negativos que podem comportar graves custos econômicos e sociais. Da fase de estudo e hipotetização se passará à elaboração de planos estratégicos cujo propósito seria flexibilizar os tempos e os horários e coordená-los de formas mais funcionais. A qualidade de vida em seu conjunto poderá beneficiar-se desta espécie de "terapia social".

A empresa, para sobreviver e desenvolver-se em um contexto competitivo, deve prestar uma particular atenção ao fator tempo e alcançar um alto grau de coordenação dos tempos entre os vários níveis organizacionais. Hubert Lander, em seu livro *L'entreprise polycellulaire* (1987), escreve (p. 208):

> Cada um dos níveis de organização do sistema possui um ritmo próprio: a engrenagem dos diferentes níveis, em sua relação mútua, corresponde à hierarquização de seus diferentes ritmos. Por exemplo, o breve, o breve-médio, o médio-longo, o longo. O respeito a cada um destes ritmos é essencial para

a harmonização do conjunto, como sistema que se desenvolve no tempo. A harmonização entre um ritmo e outro (entre o breve e o médio, por exemplo) é assegurada pelos quadros dirigentes e faz parte da sua missão de intermediários entre dois ou mais grupos de trabalho. Estes quadros dirigentes devem, portanto, situarem-se simultaneamente em duas escalas temporais. Sua intervenção será, assim, interpretada como a conquista da coerência funcional, mas igualmente temporal, dos diferentes níveis do hiper-complexo sistema constituído pela empresa.

Temos percorrido um trajeto que partiu dos tempos individuais, passou pelos sociais e chegou aos da empresa. Agora queremos voltar ao tempo individual e observá-lo mais profundamente. O indivíduo é um ser social e a sua "realidade" interna é a resultante de relações estabelecidas, no tempo, com o mundo externo, o mundo do Outro. A harmonização, a conquista da coerência, como diria Lander, ou, no sentido diacrônico, a co-evolução dos tempos internos e dos tempos externos são necessárias para o desenvolvimento das potencialidades individuais e para a conquista de um equilíbrio compatível com uma vida "normal".[22] Nossa experiência clínica quotidiana com os clientes nos há permitido constatar que o processo acima descrito pode sofrer alterações de conseqüências amiúde trágicas. (Ver o capítulo 5.)

O indivíduo, dentro do próprio contexto social e cultural, deve continuamente coordenar seu tempo interno tanto com o dos outros indivíduos como com os vários tempos institucionais. Deve adaptar-se à inevitável diversidade dos tempos do sistema de transportes, do lugar de trabalho, da escola, da família e assim por diante. É obvio que dificuldades nesta área podem conduzir a problemas não apenas para o indivíduo, mas também para aqueles com quem ele mantém relações. A relação entre um obsessivo-compulsivo e as pessoas que o rodeiam constitui um eloqüente exemplo clínico disso: o tempo individual rígido do obsessivo torna difícil a harmonização com os outros e vice-versa. Precisamos, neste ponto, sublinhar a relação dialética entre "tempo individual" e "tempos individuais". O tempo individual representa a gama (*range*) dos tempos em que o indivíduo pode ligar-se aos tempos externos. Quanto mais ampla for esta gama, mais adaptável será o indivíduo.[23]

Os membros de uma família, ou de uma instituição, terão tanto mais possibilidades de coordenar-se entre eles, e com pessoas ou coisas externas, quanto maior for a gama de tempos internos ao seu dispor. A amplitude da gama de possíveis conexões temporais, portanto, assume uma posição central na interação recíproca indivíduo-ambiente. Por exemplo, uma pessoa pode ter dificuldades, inclusive insuperáveis, de adaptar-se aos tempos externos rígidos como os da vida militar ou, ao contrário, aos tempos indefinidos em um lugar de trabalho que lhe permite gerir o próprio tempo.

Jaques (1982) faz uma análise interessante dos tempos individuais internos. Ele fala de "episódio direto a um objetivo" para definir uma atividade humana intencional, que pode ser colocada tanto nas coordenadas de um tempo "objetivo" quanto nas de um tempo "subjetivo" ou intencional. Cada episódio tem uma perspectiva temporal (o tempo no qual se pensa completar o episódio), com um desenvolvimento, um início e um fim. Mas o homem é evidentemente uma criatura multi-episódica: em cada instante o indivíduo viverá diversos episódios.

Em relação à percepção, horizonte e prevalência temporal *cada episódio tem seu tempo separado*. Determinado indivíduo, por exemplo, poderá ter a impressão de que o tempo do trabalho é mais lento, enquanto seu tempo livre lhe parece mais veloz. E não é só isso. Como cada episódio pode ser composto por momentos separados no tempo, o indivíduo tende a viver os momentos que compõem um dado episódio como contínuos, ligados uns aos outros. Naturalmente isto só se verificará quando o indivíduo se encontrar no tempo reservado àquele episódio determinado.

Uma situação familiar, tomada da psicoterapia, servirá para esclarecer a idéia. Para os clientes as sessões terapêuticas parecem estar menos distanciadas no tempo do que de fato estão: às vezes a sessão de terapia precedente pode ser vivida como se fosse "ontem" e, com freqüência, é assim que se fala quando se faz referência a uma sessão do mês anterior.

Se para cada episódio existem tempos separados, o tempo da terapia não é um momento contido por um único *continuum* temporal, mas um tempo separado de todos os outros. Um exemplo clínico pode ilustrar este conceito. Um cliente diz: "Quando estou aqui creio na terapia. Mas há momentos em que não acredito nela." No seu caso existe um tempo de crença na terapia e outro, bem separado, no qual sua maneira de ser não aceita a terapia. E provavelmente haverá um tempo de trabalho que não deixa lugar nem para a terapia, nem para a recusa da terapia e, quem sabe, nem para os sintomas. Este fenômeno, como já vimos, relembra a organização social do tempo. A idéia de Minsky (1985), de que a mente é uma "sociedade da mente", cujos diversos setores agem sobre operações diferentes, pode ser utilizada como analogia. Da mesma forma, poder-se-ia dizer que o tempo individual é uma "sociedade dos tempos", que requer um tempo distinto para cada esfera de atividade.

A extrema complexidade desta série de interações temporais, no entanto, torna legítimo pensar que o indivíduo existe em diversos horizontes temporais no mesmo momento, ainda que somente um por vez possa ter a atenção da sua consciência. Cada sujeito vive em celas temporais diferentes, cujas durações subjetivas e percepções de continuidade são diferentes. O sujeito tende a unir entre si os segmentos de duração pertinentes a determinadas atividades ou a certo estado de ânimo. Isto ocorre porque as celas temporais sociais tendem a ser independentes. Assim os tempos do trabalho constituem no horizonte temporal um *continuum*, os tempos da família um segundo e diferente *continuum* e assim por diante: pode-se dizer que existe uma cela temporal para cada um dos contextos de vida de um indivíduo. Uma mesma pessoa pode, portanto, demonstrar traços de caráter diferentes dependendo do contexto. Para dar um único exemplo, Schafer (1983) observa que muitos psicanalistas apresentam em privado uma personalidade aparentemente incompatível com a atividade psicoterapêutica, uma atividade que desempenham com excelência: isto se deve, em sua opinião, à existência de um "eu de serviço" que o analista reserva para a atividade clínica.

Co-evolução e tempo

Esperamos, neste momento, já ter esclarecido nosso ponto de vista geral. As distinções entre tempo "individual", "social" e "cultural" são operações metodológicas resultantes da atividade de inumeráveis observadores em diversos pontos do sistema global: indivíduos, instituições, cultura. Não existe um tempo cultural "em si" que determinaria o do indivíduo, como tampouco existe a determinação contrária. Existe somente um contínuo processo de co-evolução. Este é, aliás, o mesmo processo observado por Elias (1984) na sua descrição das interações temporais: da inicial coordenação, necessária até nas sociedades mais simples, deriva-se um conjunto de regras cada vez mais complexas e coercitivas, que tornou indispensável o recurso a calendários, horários e relógios. O processo de aumento da complexidade conduziu, por um lado, a uma crescente generalização do conceito abstrato de "tempo" (em filosofia ou em física, por exemplo), e, por outro, a uma cada vez maior operacionalidade e constrição do tempo das organizações (do tempo social). Nesse contexto emergiu um "tempo vivido" interior, diferente do tempo do relógio.

Nossa descrição partiu das modalidades individuais de experimentação do tempo, depois observamos como as analogias mais amplas de todos os indivíduos dentro de uma cultura se unem nas modalidades antropológicas de enfrentamento do tempo, e como os sistemas sociais determinam diferentes organizações do tempo. Pode-se também fazer o percurso inverso: o tempo individual é padronizado pela cultura e pela identidade social. Estamos, pois, diante de um anel recursivo:

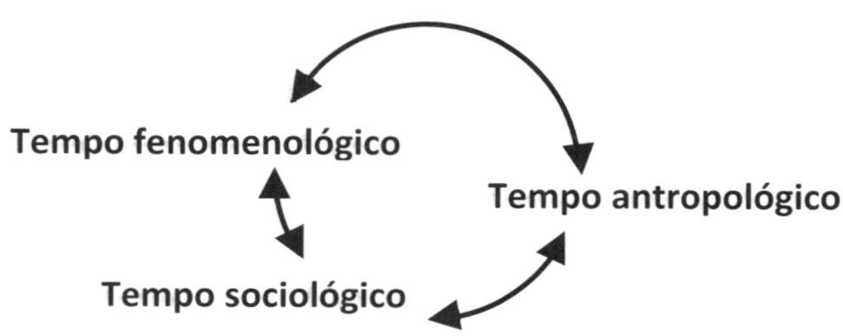

Cada termo deste anel existe somente no contexto constituído pelos outros dois e, por sua vez, constitui o contexto dos outros dois. Trata-se de um processo auto-referencial que não se manifesta somente neste campo. Pearce (1989) o evidenciou no domínio da linguagem, Bateson (1958) na constituição do *ethos* cultural. Também é possível pensar que esta forma de circularidade entra em jogo em qualquer interação humana. Nós identificamos um anel recursivo semelhante que une passado, presente e futuro. Podemos, assim, apresentar a hipótese de dois anéis recursivos do tempo: um diacrônico, passado-presente-futuro, e um sincrônico, individual-social-cultural.

Todas as distinções do conceito de tempo são, pois, consideráveis como resultado da co-evolução que modificou o tempo na sua totalidade. Todas as oposições encontradas pela nossa pesquisa são visíveis e consideráveis como um processo de co-criação coletiva do tempo. O conceito é expresso com a conhecida eficácia de Gregory Bateson (1972b): seria totalmente arbitrário tentar reconstruir a evolução do cavalo como uma adaptação do gênero *eohippus* à estrutura das pradarias nas quais pastava. O que realmente evoluiu foi o ecossistema composto por cavalos e por prados, naturalmente sob a influência de todos os outros elementos do ecossistema geral.

Capítulo 3

Modelos do tempo interativo
O tempo da família

Ferdinand de Saussure é um dos autores mais sugestivos que encontramos no curso de nossa pesquisa. O seu nome, celebrado entre os lingüistas, é quase desconhecido pelos psicoterapeutas. No entanto é justamente a Saussure que devemos uma série de idéias essenciais relacionadas com o tempo e com a linguagem. No seu *Cours de lingüistique générale* (1922: 99 e seg.), escreveu:

> Todas as ciências teriam interesse em trabalhar mais escrupulosamente as bases que sustentam as coisas das quais se ocupam; mas para isso precisariam distinguir [...]: 1) *o eixo da simultaneidade*, concernente às relações entre coisas existentes, do qual está excluída qualquer intervenção do tempo; 2) *o eixo das sucessões*, no qual, por um lado, só é possível considerar uma coisa de cada vez, mas, por outro, estão situadas todas as coisas do primeiro eixo com suas mudanças. [...] Para sublinhar mais intensamente esta oposição e este entrecruzamento de duas ordens de fenômenos relativos ao mesmo objeto optamos por falar de lingüística *sincrônica* e de lingüística *diacrônica*. Sincrônico é tudo aquilo que se refere ao aspecto estático de nossa ciência e diacrônico tudo o que está relacionado com as evoluções.

Hoje temos melhores condições de entender a intuição de Saussure. Basta que consideremos a dicotomia não tanto entre diversos fenômenos relativos ao mesmo objeto, mas entre diversas descrições realizadas por observadores. Para todas as possíveis descrições existirá, pois, um eixo da sincronia e um eixo da diacronia. Esta dicotomia encontra-se na base de uma importante virada na evolução de nosso modelo.

No início dos anos setenta, nosso grupo trabalhava, de fato, segundo um modelo essencialmente sincrônico: o terapeuta devia observar as relações no presente. Em determinado momento, porém, percebemos os limites deste modelo e o substituímos pelo modelo diacrônico. Se lermos as publicações de terapia familiar dos últimos vinte anos detectaremos duas grandes fontes de inovações: a abertura da "caixa preta", isto é a introdução da semântica e da pragmática da comunicação, por um lado, e a introdução da visão diacrônica junto à sincrônica, pelo outro. Do ponto de vista do vocabulário teríamos o uso do termo *feedforward* junto com o *feedback;* a ênfase no conceito de "causalidade em espiral" junto a "causalidade circular"; e, por fim, a preferência conferida ao conceito de "história" mais que ao de *"pattern"*. Todos estes exemplos testemunham a importância cada vez maior assumida pelo tempo no nosso campo.

Concentraremos agora nossa atenção no estudo da família, o sistema com o qual nossa atividade clínica nos faz interagir com maior freqüência. Se observarmos a família através do eixo sincrônico, descreveremos o sistema de elementos, e de relações entre eles, que caracteriza aquilo que definimos como "família": uma observação sincrônica define o pertencimento à classe das famílias ou, se enfocarmos uma família real, uma família tal qual ela é no momento da observação.

Se, ao contrário, observarmos a mesma família através do eixo diacrônico, a descreveremos segundo dois marcos temporais distintos: como expressão da *estabilidade* do sistema familiar (o ciclo temporal), mantida por eventos recursivos geracionais e transgeracionais; ou como expressão da mudança (a flecha do tempo), feita de mudanças irreversíveis que constantemente tornam a família diferente daquilo que era. Estes dois pontos de vista, estático e dinâmico, não são inconciliáveis. Estabilidade e mudança, ciclo e flecha do tempo, são aspectos complementares do tempo da família.[1]

Cada vez que, da observação de um indivíduo, passamos à observação de sistemas compostos por mais indivíduos, atingimos um novo nível lógico, o da entidade mais complexa constituída pelos indivíduos e pelas suas interações. O sistema é mais que a soma de suas partes.[2] Assim, uma descrição do tempo familiar não pode limitar-se à consideração dos tempos de cada um dos seus membros e da forma em que estes se compenetram, mas deve também referir-se ao tempo da família como sistema. Uma relação similar pode ser encontrada entre o tempo familiar e o tempo cultural.

As descrições variarão, pois, segundo o aspecto que se deseje examinar. Cada indivíduo mostra um conjunto de traços constantes, mas, ao mesmo tempo, mostra-se diferente de acordo com as pessoas com as quais entra em contato e com os contextos em que está imerso. Quanto mais prolongado e importante do ponto de vista emotivo for o contato, mais importantes serão as características supra-individuais. A família talvez seja o sistema social em que a característica da qual nos ocuparemos (a temporalidade) age de modo mais sutil e complexo. Para usar a terminologia de Elias: em uma família a coordenação das séries de eventos está submetida a uma calibração mais delicada; a família sói operar como um todo harmônico. Neste contexto, escolher o nível de descrição holístico ou analítico tem conseqüências notáveis.

Jerome Bruner, em seu livro *Actual Minds, Possible Worlds* (1986), descreve dois tipos de pensamento, denominados "pensamento paradigmático" e "pensamento narrativo". O pensamento paradigmático é característico da argumentação lógica, recorre à categorização e à conceitualização para atingir o máximo grau de coerência. Neste pensamento se baseia o discurso científico. O pensamento narrativo, pelo contrário, não aspira à máxima coerência, mas "se ocupa das vicissitudes das intenções humanas" (p.21). O discurso narrativo, pois, opera sobretudo mantendo abertos os significados, oferecendo a quem o seguir não o esquema de uma realidade reproduzível seguindo parâmetros rigorosos, mas um relato desenvolvido no tempo, uma imagem diacrônica de uma realidade provável.

Embora, durante muito tempo, o modo paradigmático tenha sido considerado como o único capaz de permitir a fundamentação "científica" de uma disciplina, grande parte das ciências humanas — pensemos na história — sempre seguiu, pelo menos em parte, o modo narrativo. E qualquer cientista, inclusive os irrepreensíveis teóricos físicos, reconhece que o modo narrativo é indispensável na formulação inicial — mesmo que não o seja na formulação matemática — de uma teoria.

A seguir realizaremos uma sumária recapitulação de algumas das teorias da família que encontramos durante nosso percurso. Para isto nos guiaremos com o uso do pensamento paradigmático ou do narrativo, a consideração do tempo particular ou dos tempos coletivos e a perspectiva sincrônica e diacrônica.

Tempo e família

Descrever o tempo na família ou a família no tempo pode parecer uma tarefa simples. Retomemos por um instante o exemplo de dois indivíduos A e B. Admitamos que A e B são dois sujeitos do sexo oposto que decidem manter uma relação estável sob o mesmo teto. Neste caso, as premissas para uma coordenação entre os tempos respectivos já foi decidida. É possível, no entanto, — e talvez inevitável — que persistam algumas diferenças de certa importância entre os tempos de A e de B.

A pode, por exemplo, ser uma mulher que faz projetos para um futuro distante, enquanto B pode ser um homem habituado a viver no dia-a-dia e cujos projetos não vão além de alguns meses. A pode também ser uma mulher de ritmos velozes, B um homem de ritmos lentos. Como constatamos no capítulo 2, este tipo de diferença, mesmo que no período pré-matrimonial seja mascarada pelo amor nascente, pode criar-lhes dificuldades. Estas podem surgir inclusive quando dois indivíduos tendem, rigida e utopicamente, a ter tempos idênticos. Isto aparece claramente, por exemplo, nos casais simbióticos que reagem dramaticamente às inevitáveis flutuações temporais às quais não estão adaptados.

A co-evolução harmônica dos tempos de um casal exige um amplo espectro, uma vasta gama (*range*) de tempos possíveis. O mesmo vale para os movimentos do corpo: quanto menor for a gama de movimentos à sua disposição, menor será sua capacidade de adaptação. O jovem, por exemplo, tem uma gama de movimentos mais ampla que o velho. O exemplo do casal poderia ser aplicado ao conjunto dos membros de uma família, de uma instituição ou de qualquer organização social.

Em uma perspectiva diacrônica, depois de iniciar um processo de mútua influência,[3] A e B desenvolverão um conjunto próprio de premissas compartilhadas, um *ethos*, e, naturalmente, um tempo também próprio. Assim como o tempo de A e B na época de solteiros, também o tempo da família AB se caracteriza por um ritmo, um horizonte e uma perspectiva singulares. As crises de adaptação, produzidas pela constituição de cada nova família, revelam a necessidade de harmonizar os ritmos aprendidos em cada uma das famílias de origem com os do cônjuge e de buscar uma perspectiva e um horizonte temporal comuns. Uma série de crises posteriores de adaptação ocorrerá nos momentos críticos da vida familiar: o nascimento, a adolescência, a separação e a morte.

Quando nasce um filho a família passa por uma complexa série de mudanças. O recém-chegado não pode ser considerado uma *tabula rasa*, ele é um personagem dotado de um sentido do tempo potencial. O recém-nascido — por comodidade chamemo-lo C — induz os outros membros da família a realizar uma nova regulação recíproca, uma "re-calibração", como dizia Bateson. Inicialmente, os ritmos dependem das exigências do recém-chegado. Ele, ao mesmo tempo em que assimila as coordenadas temporais da família, aporta sua novidade e individualidade próprias. Com o tempo consolidar-se-á um novo marco temporal.

A contribuição de fatores biológicos, genéticos e ambientais aos comportamentos nos primeiros períodos da vida da criança tem sido amplamente discutida pela psicologia do desenvolvimento. Temos tanto teorias que privilegiam os fatores ambientais como teorias que enfatizam a importância dos fatores biológicos. Os recém-nascidos submetidos, logo depois do corte do cordão umbilical, a um estímulo padrão, tátil ou elétrico, mostraram reações muito diferentes. Estas reações, relativas à resistência elétrica cutânea, ao ritmo cardíaco, à pressão arterial, à resposta psicomotora podem ser distribuídas segundo a curva de Gauss e são observáveis através da visão dos fotogramas de uma filmagem cinematográfica. Isto demonstra a existência de uma enorme variabilidade de respostas anteriores à interferência de fatores ambientais externos. Este tipo de resultado nos leva a formular a hipótese de que o bebê é, desde o nascimento, um ator ativo nas relações com os pais. Para estes será muito diferente lidar com um bebê hipoativo e dócil do que com outro hiperativo. Por exemplo, uma criança que chora todas as noites pode submeter a vida familiar a dura prova e provocar nos pais reações emotivas muito diferentes das suscitadas por outro irmão ou irmã. As conseqüências poderão tornar-se sintomáticas em um futuro distante.

A família, assim modificada, comportar-se-á de outra maneira. Neste sentido C, com sua presença, influencia os tempos de pessoas e organizações, inclusive bastante longínquas, que não entram em contato direto com ele.

Tempo e modelos de família

As teorias da família podem ser divididas segundo os três eixos citados. Cada modelo deverá situar-se mais ou menos perto dos extremos de cada eixo: sincrônico ou diacrônico, centrado nos indivíduos ou no sistema, fundado no modo paradigmático ou no narrativo. Aqui limitar-nos-emos a inserir no eixo sincrônico-diacrônico alguns dos mais relevantes modelos de terapia familiar ou de consultoria. Em uma relação — terapêutica ou não — prolongada no tempo não se pode, obviamente, ignorar nem as instâncias relativas ao "aqui e agora" nem as vinculadas aos horizontes temporais mais vastos. Algumas teorias privilegiam a dimensão diacrônica. A visão sincrônica baseia-se na distinção, a diacrônica na continuidade, no fluxo.

Dentro do eixo sincrônico-diacrônico, o modelo estrutural proposto por Minuchin (1974) se aproxima do pólo sincrônico. O observador busca, no sistema observado, a estrutura, isto é, a posição recíproca dos diferentes componentes da família e suas relações em um momento dado. Essa estrutura será correlacionada com uma norma. Minuchin, apesar de não ser insensível ao aspecto evolutivo da família — como demonstram algumas das suas profundas indagações sobre a constituição e o desenvolvimento da família "sem problemas" — descreve as famílias mediante metáforas espaciais: fronteiras, subsistemas, etc. Neste espaço metafórico se movem indivíduos que se triangulam, aliam e opõem, passam de um lado para o outro das fronteiras. O todo assume a forma de uma teoria micro-sociológica.

O modelo estratégico do Mental Research Institute, inicialmente sistematizado por Jackson (1957) com a definição de "homeostase familiar", é fundamentalmente sincrônico. Neste caso o observador descreve o sintoma e sua função no contexto das relações familiares no "aqui e agora". Trata-se de mudar os *pattern* relacionais para que surjam outros mais funcionais. Outros terapeutas, como Haley (1963), utilizam o modelo estratégico a partir de uma perspectiva sincrônica. Ferreira (1963), ao introduzir o conceito de "mito familiar" e relacioná-lo com a própria homeostase, cria a versão narrativa desta mesma teoria.

Entre os modelos basicamente diacrônicos temos: o multi-geracional de Murray Bowen (1978), que sublinha a complexidade das relações entre gerações e indivíduos e seu amadurecimento no tempo; a teoria do paradigma familiar de David Reiss (1981), na qual o elemento diacrônico tem uma posição central; e as mais recentes teorias narrativas, baseadas nos sistemas lingüísticos de significado e nas histórias, que atualmente despertam um grande interesse (Anderson e Goolishian, 1988; White e Epston, 1989).

Tempo e cibernética

Grande parte das terapias sistêmicas, e a nossa não é uma exceção à regra, fundamenta-se no paradigma cibernético, cuja base é o conceito de auto-regulação. Os primeiros terapeutas familiares foram os responsáveis pela adoção desse modelo. Norbert Wiener (1948), fundador da cibernética, define-a como "teoria do controle e da comunicação tanto na máquina como nos animas" (p.35). A atenção estava centrada nos processos que permitiam aos sistemas auto-regulados minimizar as perturbações provocadas neles pelo ambiente. O exemplo clássico utilizado pelos primeiros cibernéticos era o termostato. Este instrumento serve para manter as condições térmicas do ambiente no ponto desejado e reduzir ao mínimo as variações de temperatura. Tal regulação era obtida através da retroalimentação negativa, idéia cardinal daquilo que, anos mais tarde, seria definido como primeira cibernética.

A teoria cibernética foi desenvolvida durante a Segunda Guerra Mundial. Seus fins eram fundamentalmente bélicos: as máquinas auto-reguladoras eram herdeiras diretas dos sistemas de pontaria dos canhões antiaéreos. Estes, por meio de retroalimentações negativas, deviam reduzir ao mínimo os erros de mira. A contribuição dos teóricos provenientes de outras áreas se centrou automaticamente nos fenômenos que minimizavam a diferença. Cannon (1932), por exemplo, foi o criador do conceito de homeostase. Este termo passou imediatamente a denotar o conjunto de fenômenos mediante os quais um organismo minimiza as variações do próprio ambiente interno e mantém sempre dentro de um raio limitado as variáveis principais, como o Ph e a temperatura.

Outro ponto fundamental que interessava aos primeiros teóricos da cibernética, além da retroalimentação negativa, era a possibilidade de prever o futuro com a máxima precisão: o sistema de pontaria antiaéreo, para ser eficaz, devia ser capaz de predizer com certa exatidão onde se encontraria um alvo móvel, veloz, guiado por um ser inteligente e capaz de tentar escapar (Wiener, 1948).

O tempo, em um mundo de retroalimentações negativas, é essencialmente cíclico: a função do termostato é minimizar a passagem do tempo. Nenhum dos retornos às condições iniciais aporta qualquer novidade. O tempo, nas descrições da primeira cibernética, é, pois, concebível como um ciclo perfeito, no qual é possível inverter cada mudança e retornar ao equilíbrio. Os teóricos da cibernética, por outro lado, conheciam muito bem a termodinâmica e o seu postulado de irreversibilidade, portanto sabiam que o ciclo perfeito não passa de uma ilusão (*ibid*). Daí deriva uma característica particular do tempo nesta teoria: um tempo real e irreversível no qual se põe o maior cuidado na previsão de como determinado sistema se *oporá* à mudança e de quais são as probabilidades de que ela seja anulada. O tempo da primeira cibernética assume, assim, um caráter de tempo aleatório, probabilístico, substancialmente previsível.

A família, de acordo com a leitura da primeira cibernética, era um sistema que ao ser submetido a uma perturbação tentava, mediante um conjunto de retroalimentações negativas, voltar a uma condição semelhante à inicial. As novas condições da família eram interpretadas como sinais de uma possível mudança, diante da qual a família reagia, minimizando-a. Um sintoma em um membro da família evitava uma mudança maior no sistema familiar.

As teorias baseadas na "homeostase familiar" (Jackson, 1957) ocupavam-se, como já dissemos, do tempo presente. Se a família tende a evitar as variações, convém que a observação e a terapia sejam sincrônicas e não se ocupem da história, de perspectivas ou do desenvolvimento diacrônico. Era assim que raciocinavam Watzlawick, Beavin e Jackson, (1967), em *Pragmatica da comunicação humana*, durante anos um dos textos mais respeitados sobre teoria e terapia sistêmica.

Os terapeutas que baseavam suas teorias na primeira cibernética não podiam ser insensíveis ao tempo. Mas a teoria que lhes servia de base não lhes permitia conceber a mudança como um *continuum*, um devir. Antes os obrigava a vê-la como a passagem de um fotograma a outro em um filme cinematográfico. Ao invés de um fluxo via-se uma sucessão de *pattern* estáticos repetitivos. Isto se devia principalmente a duas razões. A primeira era a centralidade das retroalimentações negativas. A segunda era analogia com as máquinas calculadoras de Wiener, cujos circuitos têm sempre a possibilidade de partir novamente do zero, isto é, de zerar o tempo transcorrido para transforma-se em uma *tabula rasa*.

> Note-se, de passagem, que uma importante diferença entre a forma como usamos a máquina e como nos servimos do cérebro é que a máquina funciona por ciclos sucessivos — privados de relações recíprocas ou com relações mínimas, limitadas — e pode partir novamente de zero a cada ciclo, enquanto o cérebro, por sua natureza, nunca pode, nem de forma aproximativa, apagar seus registros anteriores (Wiener, 1948: 165).

Um sistema humano, como a família, não pode obviamente corresponder plenamente ao modelo da máquina que recomeça de um tempo zero completamente vazio. Necessariamente conservará sua memória e sua capacidade de aprendizagem. A importância da distinção entre sistemas mecânicos e sistemas vivos surge de considerações deste tipo.

Lynn Hoffman, em seu artigo "Deviation-Amplifying Process in Normal Groups" (1971), trouxe para o campo da terapia familiar a segunda cibernética de Magoroh Maruyama e introduziu a dimensão diacrônica. Maruyama (1968) havia enfatizado, no contexto da cibernética, a diferença entre sistemas vivos e não-vivos. Se nos segundos prevalece a morfostase, produzida por meio de retroalimentações negativas, nos primeiros prevalece a morfogênese, produzida por uma prevalência das retroalimentações positivas sobre as negativas. Ele descreve dois tipos de processos cibernéticos: processos de redução da diferença (prevalência das retroalimentações negativas) e processos de amplificação do desvio (prevalência das retroalimentações positivas). Os processos de amplificação do desvio podem ser descritos somente dentro dos modelos diacrônicos e evolutivos. Se antes o observador conferia maior importância às retroalimentações negativas, agora tenta captar a interação entre as retroalimentações negativas e as positivas, e as tendências do sistema para a morfostase ou a morfogênese. Um mesmo evento, em um mesmo sistema, terá conseqüências diversas se ocorre em um período de maior retroalimentação negativa (máxima estabilidade) ou em outro em que é maior a retroalimentação positiva (máxima instabilidade). Com uma linguagem diferente, Prigogine, fervoroso defensor da irreversibilidade do tempo nos sistemas biológicos, enfatizava o processo de mudança, que está relacionado com o afastamento dos sistemas do equilíbrio. Os terapeutas, por conseguinte, tornaram-se mais atentos ao ritmo das intervenções e à perspectiva em que deveriam inscrevê-las.

Os processos postulados por Maruyama são tais que os efeitos de um evento inicial de alcance mínimo (*kick*) podem ser reduzidos ou anulados. Mas também podem ser amplificados pela prevalência das retroalimentações positivas e conduzir a uma crescente divergência das condições iniciais. Uma pequena ou insignificante diferença entre dois membros de uma família, entre duas crianças, por exemplo, pode representar o início, o *kick,* de uma amplificação da diferença no tempo que pode conduzir ao desenvolvimento de duas histórias, de dois destinos, completamente divergentes. Nosso trabalho clínico nos permite observar, com certa freqüência, os efeitos deste processo, isto é, a co-criação de uma condição de paciente psiquiátrico. A teoria do "bode expiatório" pode ser compreendida no contexto deste processo. A relação entre desvio e norma também pode ser vista, sociologicamente, através da mesma lente.

No início dos anos oitenta entraram no campo da terapia familiar as idéias de Heinz von Foerster. A mais importante delas se refere ao papel do observador no processo de conhecimento. Ele propõe uma "cibernética de segunda ordem" ou "cibernética da cibernética". Isto é, a cibernética do sistema observante, na qual toda descrição feita por um observador inclui os preconceitos, teorias e características do próprio observador. Esta se diferencia da "cibernética de primeira ordem", ou cibernética do sistema observado, que separa observador de observado. Dela fazem parte a primeira e a segunda cibernéticas, das quais acabamos de ocupar-nos.

A centralidade do observador conduz a uma perspectiva construtivista, isto é, a uma perspectiva que coloca no centro o processo "conhecer" em relação ao objeto "conhecido". Entre os autores pertencentes ao paradigma construtivista, que tiveram e têm uma influência importante no campo da teoria e da praxe sistêmico-relacional, podemos citar os nomes de Ernst von Glasersfeld, Humberto Maturana e Francisco Varela. Seu pensamento enfatiza os conceitos de "co-criação da realidade" e "co-evolução" das relações humanas. Ambos os conceitos aludem ao fluir do tempo e conduzem a uma perspectiva histórica. O pensamento deles está a um pequeno passo das recentes teorias sobre a narrativa.

Tempo e paradoxo

Agora abordaremos a parte da nossa história relacionada com a luta que travamos com o problema Tempo. No início dos anos setenta os paradoxos jogavam um papel tão importante na teoria e na prática do grupo de Milão que chegaram a inspirar o título do livro publicado em 1975, *Paradosso e controparadosso*. Nosso interesse pelos paradoxos fora suscitado pela leitura do livro *Pragmatica da comunicação humana* e, sobretudo, do clássico artigo "Toward a Theory of Schizophrenia" de Bateson, Jackson, Haley e Weakland, centrado no conceito de duplo vínculo. O duplo vínculo era definido como um paradoxo pragmático no qual uma injunção se afirmava e se negava em dois níveis lógicos diferentes, sem que houvesse a possibilidade de comentá-la ou de sair do campo. Assim, o duplo vínculo, quando repetido no contexto de uma relação significativa de dependência afetiva, era visto como gerador de patologia.[4]

Os anos seguintes viram surgir toda uma série de críticas às idéias de duplo vínculo e de paradoxo. Algumas das mais notáveis foram as feitas por Dell (1981) e por Cronen, Johnson e Lannamann (1982). A crítica referia-se especificamente ao conceito de níveis lógicos russellianos, que havia servido a Bateson para fundamentar a teoria do paradoxo. Como bem lembram Cronen e colaboradores, o duplo vínculo baseia-se em uma filosofia que considerava a linguagem um reflexo da realidade externa, alheia à auto-reflexividade. A teoria dos tipos lógicos de Whitehead e Russell, segundo a qual uma classe não pode ser membro de si mesma, conduzia esta filosofia às suas últimas conseqüências. Spencer Brown fez a Bertrand Russell, e à teoria dos tipos lógicos, uma crítica decisiva: a teoria dos níveis lógicos era adequada para um sistema lógico como o dos *Principia Mathematica*, um mundo ordenado e atemporal, cuja coerência lógica exige que sejam suprimidos os paradoxos. Na linguagem natural, que não é tão ordenada e coerente e, pelo contrário, está cheia de conceitos mal definidos, de *fuzzy concepts*, o paradoxo não é apenas inevitável, mas também contribui para a riqueza das línguas e a criatividade.

Bertrand Russell, ao final, concordou com as críticas de Spencer Brown. Estas também tiveram conseqüências para a obra de Bateson. Seus últimos trabalhos discutem o papel da teoria dos níveis lógicos nos sistemas humanos de interação. Em *Mind and Nature* Bateson exemplifica assim sua mudança de atitude (1979: 170):

> Acredito que a tentativa de enfrentar a vida em termos lógicos, assim como a natureza coercitiva de tal tentativa, provoca nosso terror diante da mínima possibilidade de destruição desta construção lógica.

Pode-se afirmar que o paradoxo existe na lógica, que é atemporal, mas não na vida real, posto que a vida real se desenvolve em seqüências temporais. No domínio da lógica, as contradições entre níveis criam paradoxos. Na vida, onde há seqüência e sucessão, os paradoxos aparecem quando se suprimem, na linguagem, as conseqüências temporais.[5] (Não esquecer, no entanto, que já em 1948 Norbert Wiener levava em conta a possibilidade da resolução dos paradoxos através da consideração do tempo.)[6]

Um exemplo clássico, citado também por Watzlawick, Beavin e Jackson (1967), é o paradoxo de Epimênides: "Eu, Epimênedes de Creta, digo que todos os cretenses são mentirosos." Esta afirmação é, no mundo da lógica, paradoxal: o valor da verdade da afirmação de Epimênides é indeterminável. O próprio Bateson, que o havia proposto como exemplo de uma situação que não permite uma decisão, apontou sua solução recorrendo ao tempo:

> A verdade da questão é que a lógica não pode reproduzir todas as operações dos sistemas causais que atuam no tempo. A lógica afunda quando confrontada com os paradoxos da abstração: o mentiroso cretense ou a versão mais sofisticada, de Russell, a classe das classes que não são membros de si mesmas, que é membro de si mesma. Os lógicos têm-se dedicado a estes paradoxos durante 3.000 anos, mas se propusermos um destes paradoxos a um computador, simplesmente responderá: "sim, não, sim, não, sim..." até quebrar ou acabar a tinta da impressora.
>
> O computador opera por causa e efeito; de onde deriva que quando os eventos internos do computador são usados para produzir o "se... então" da lógica, o "então" torna-se temporal. "Se abaixo este interruptor, então (quase simultaneamente) a luz se acenderá." Mas o "se... então" da lógica não contém o tempo. "Se os três lados deste triângulo são iguais aos três la-

> dos daquele outro, então os triângulos são iguais." Não há tempo nesse "então".
>
> Por isto, quando reproduzidos no mundo da causalidade, os paradoxos russellianos acabam por funcionar assim: "Se no tempo 1 a declaração do cretense for verdadeira, então no tempo 2 não o será. Se não for verdadeira no tempo 2, então será verdadeira no tempo 3; e assim por diante..." Não há contradição, e o velho "se... então" da lógica é obsoleto (Bateson, 1978a: 55).

Os paradoxos nascem, pois, quando a introdução da simultaneidade de dois ou mais eventos ou comportamentos separados em seqüências temporais suprime o tempo. A situação é paradoxal, no contexto das relações humanas, quando uma significação verbal ou não-verbal cria uma situação que exige a presença simultânea de comportamentos contraditórios. O paradoxo, dito em outros termos, nasce e vive na linguagem. É na linguagem (verbal ou não) que podemos ter a ilusão de viver na lógica atemporal. É na linguagem que, amiúde, para citar uma última vez Bateson (1972b), *things end up in a muddle*: as coisas acabam na confusão, na desordem.[7]

As revisões do conceito de paradoxo realizadas pelos autores acima citados foram, naturalmente, muito importantes para orientar-nos no contexto das complexas relações entre tempo e linguagem. A mencionada evolução do conceito de paradoxo ao final dos anos setenta fez diminuir nosso interesse pelos paradoxos e, progressivamente, aumentar nosso interesse pelo tempo e a linguagem.

Neste sentido foram determinantes duas idéias: o paradoxo não existe na vida real, ali o tempo o anula; e, na linguagem, só existem na medida em que, nela, o tempo pode ser suprimido. Na época de *Paradosso e controparadosso* pensava-se que os sintomas estavam relacionados com os duplos vínculos, isto é, com paradoxos que podiam ser desfeitos com intervenções *ad hoc*: os contraparadoxos. A própria relação terapêutica era considerada como uma relação paradoxal: o terapeuta, o agente da mudança, conotava positivamente, estabelecia relações entre os comportamentos de todos os membros da família e, simultaneamente, aliava-se com a homeostase. Se, como fizera Bateson ao analisar o paradoxo de Epimênides, introduzirmos o tempo nas intervenções, retiramos-lhes o caráter paradoxal. Uma conotação positiva de todos os comportamentos, *agora*, pode levar a uma mudança, *depois*. O "agora" e o "depois" permanecem na mente do terapeuta, mas não são comunicados na intervenção terapêutica no "aqui e agora". Isto cria uma situação que pode ser descrita como paradoxal: "Tudo bem se mudarem, tudo bem se não mudarem." Um clássico "duplo vínculo terapêutico". Em outras partes do livro descreveremos casos em que as perguntas circulares, em particular as hipotéticas, e alguns rituais têm como efeito mais importante a introdução de seqüências temporais nas relações ali onde a supressão do tempo havia produzido mal-estar, desapontamento, loucura.

Não podemos esquecer, entretanto, outro fato: a supressão do tempo é em outros momentos (deveríamos dizer, paradoxalmente) fonte de criatividade, de arte, de poesia.

Tempo e paradigma

Neste livro utilizaremos com certa freqüência termos que, em distintos momentos, receberam diferentes significados: "pattern", "mito", "explicação", "paradigma". Pareceu-nos interessante a descrição de John Mince que relaciona estes termos como uma série de transformações lingüísticas. A partir da "primeira lei da forma" de G. Spencer Brown (1972) até chegar ao conceito de paradigma de Kuhn (1962), ele tenta evidenciar a concatenação dos processos cognitivos e lingüísticos. Para isto constrói uma escala de distinções feitas por um observador. Eis as primeiras sete das dez propostas:

Primeira lei da forma: "estabeleça-se uma distinção"

1) A *unidade* evocada recebe um *nome* (palavra). (Exatamente neste ponto começa a biolingüística.)
2) A unidade recebe *animação ou ação* através do verbo ativo/passivo.
3) Gera-se uma *descrição*.
4) Gera-se uma descrição da descrição, isto é, uma *explicação.*
5) Se a explicação é aceita por quem fala e quem escuta, gera-se uma *convicção (belief*).
6) Várias convicções confluem na interação com os outros em um *mito* que permanece no tempo.
7) Vários mitos confluem na interação com os outros, no decorrer do tempo, em um *paradigma* (Mince, 1991, comunicação pessoal).

Dentre os trabalhos dos muitos autores que se basearam nas descrições das interações familiares em relação ao tempo escolhemos o de David Reiss (1981), um dos mais prestigiosos pesquisadores no campo da terapia da família. Trata-se de um exemplo interessante de como, a partir de modelos estáticos, chegou-se a conceber a família de maneira dinâmica. Em seus primeiros escritos Reiss se dedicou a descrever o que definiu como "constructos compartilhados" (*shares constructs*) da família. Estes eram necessariamente construções estáticas, um tipo de "instantâneas" das famílias em um determinado momento. O desenvolvimento da teoria levou-o, mais tarde, a relacionar entre eles os "constructos compartilhados" em uma dimensão temporal. Finalmente, formulou o conceito de "paradigma familiar" (conceito derivado de Kuhn). Sua pesquisa passou, pois, de uma perspectiva sincrônica para uma perspectiva diacrônica. O paradigma familiar está situado em um meta-nível em relação aos conceitos construídos por uma família a partir de acontecimentos específicos, ou seja, os "constructos compartilhados".

Um paradigma é para Reiss um conjunto de premissas e regras, construído e estabilizado a partir de fatos contingentes, mas refinado através de um processo de abstração que o leva a perder todas as características que o ligavam aos acontecimentos concretos e, finalmente, a ser um conjunto tão geral de premissas que serve para orientar os familiares nas mais variadas situações. É interessante notar que o paradigma familiar não deve ser buscado na memória, mas no modo específico em que cada família se organiza:

> Acreditamos que a memória, na sua acepção convencional derivada da psicologia do indivíduo, *não* é o meio nem o "depósito" para a conservação do paradigma familiar. Ao contrário, é a própria estrutura do comportamento interativo familiar e constitui o fator primário de depósito e de conservação (Reiss, 1981: 203).

Aquilo que constitui o sistema de significados da família, ou se se preferir o pensamento ou as premissas da família, muda constantemente com o tempo. O paradigma é concebível como a forma básica das relações dos membros da família entre eles e com o mundo circunstante, forma que Mary Catherine Bateson (1984: 81) tem relacionado com "o gênero de coerência temática que meu pai chamava *ethos*, a adequação e congruência de estilo em um sistema que torna qualquer cultura algo mais que uma lista de características e instituições".

Tempo e rituais familiares

Como consegue um paradigma manter-se relativamente estável no tempo? Por meio dos rituais ou acontecimentos solenes, claramente distintos e pouco freqüentes no tempo e por meio de uma série de acontecimentos mínimos e rotineiros que ritmam o tempo do quotidiano.

Para David Reiss (1981) os "cerimoniais" são um gênero particular de ritual, são acontecimentos de grande impacto emotivo e portadores de fortes conotações simbólicas. São episódicos, realizam-se em poucas ocasiões significativas e requerem a presença de todos os membros da família. Nós temos uma visão mais ampla do ritual, que inclui também alguns acontecimentos definidos por Reiss como reguladores e que se desenvolvem na vida quotidiana e caracterizam seu desenvolvimento.

Os rituais estão entre os mais importantes fatores de continuidade temporal da família. Citaremos um dos exemplos de Reiss. Trata-se de uma família cujos valores guia eram a agressividade e a autonomia dos membros de sexo masculino. O ritual que perpetuava este sistema de valores era realizado sempre que o pai voltava para casa depois de uma de suas longas ausências por motivo de trabalho: o pai se envolvia em um breve corpo a corpo com cada um dos filhos, enquanto a mãe os incitava de longe. Um rito tão simples está carregado de um conjunto de significados surpreendentemente ricos. Em primeiro lugar, o paradigma familiar — agressividade controlada e bem direcionada — é representado com grande carga emotiva. Em segundo lugar, a relação pai-filhos é fortalecida. É preciso observar, também, que durante a infância e a adolescência dos filhos o pai controlava sua força para não os machucar. Mais tarde os filhos adultos controlariam sua força para não machucar seu septuagenário pai: o rito marcava, com a sua continuidade, a irreversível evolução biológica da família.

Por meio deste rito, o passado da família (a tradição de força, independência e autonomia masculina) entra no presente de todos os familiares e lhe dá forma:

> Através de cada repetição, a família experimentava de novo um aspecto crucial do próprio passado, como se o passado estivesse presente: a dureza e o sucesso na competição, próprios do passado remoto da família, e o passado mais recente, quando os filhos adultos ainda eram crianças. Com efeito, a fusão do passado e do presente se cristaliza em torno à experiência de paternidade: os filhos, um dos quais agora é pai, experimentam-se como pais do próprio pai, em um ritual cujo significado especial deriva das recordações de quando eram filhos pequenos do pai. Pode-se conceber a experiência de fusão do tempo, percebida nos poucos e fugazes acontecimentos deste rito, como uma des-diferenciação do passado e do presente, que permite que o passado viva no presente e o guie e o configure (Reiss, 1981: 238).

Estes rituais "de celebração", que presentificam o passado, protegem a continuidade da família. Os rituais chamados por Goffman (1961) de "rituais de degradação" são aqueles que, pelo contrário, ofuscam ou apagam o passado. O exemplo típico é o surgimento de um bode expiatório na família. Seus comportamentos e os dos familiares que o circundam se repetem, reforçam-se ciclicamente e assumem a natureza regular e inexorável do rito. Seu efeito sobre a família é o oposto ao do rito de celebração: ao invés de proteger a continuidade entre passado e presente, provoca uma parada, um bloqueio. No presente ocorre uma polarização entre os valores negativos, atribuídos ao bode expiatório, e os valores positivos, atribuídos aos demais. Esta polarização se contrapõe a uma situação precedente, muito diferente, cujos traços se perdem no passado: antigamente cada membro da família tinha sua parte positiva e sua parte negativa, sua parte de "cavalheiro branco" e de "ovelha negra", agora uma pessoa é a "ovelha negra" e os demais são os "cavalheiros brancos". O esquecimento isolou totalmente esta realidade da realidade passada.[8] Nestes casos, é como se os participantes excluíssem a possibilidade de presentificar o passado. A família adota um rígido *pattern* repetitivo que tolhe seus movimentos ao longo da espiral do tempo.

Os eventos mínimos, os "reguladores", agem no tempo e sobre o tempo de maneira mais contínua e sutil. São aqueles atos repetidos que conferem uma regularidade quotidiana à vida familiar. Os reguladores *orientam* a família no tempo, permitem que cada um dos seus membros constitua seu próprio horizonte temporal e o sincronize com os dos outros membros da família. O grau de sincronização dos tempos individuais dos componentes da família é percebido por meio da maior ou menor rigidez ou flexibilidade, harmonia ou desarmonia e dos maiores ou menores conflitos observáveis na unidade familiar. Sabe-se que existem famílias "lentas" ou "velozes", famílias cujos membros são bem sincronizados e outras cujos membros têm seus próprios horários e hábitos. A falta de sincronia também pode ser um regulador como qualquer outro. Neste caso os membros da família — como qualquer sistema humano no tempo — também encontrarão sua própria coerência. Minuchin e seu grupo descrevem, em *Families of the slums* (Minuchin *et alii*, 1969), casos de famílias não-sincronizadas desta maneira. Seria possível, inclusive, propor uma tipologia familiar baseada no parâmetro da sincronização. Esta iria da família "sincrônica" até a família "a-sincrônica". O que, além do mais, sugeriria uma analogia com a conhecida tipologia de Minuchin que situa as famílias em um eixo que vai das famílias "emaranhadas" até as famílias "desligadas".

A sincronização tem, em diferentes níveis, um papel fundamental no processo da evolução familiar. A ausência de uma suficiente sincronização lingüística, comportamental, afetiva e cognitiva, isto é, de uma significativa experiência de intimidade, aumentaria os riscos de futuras disfunções.

Mary Catherine Bateson apresenta em seu livro *With a Daughter's Eye* (1984) um belo exemplo da complementaridade entre intimidade e individualização. Ela conta como sua mãe, dividida por exigências contraditórias, trabalho e maternidade, desejo de inovação e apego à tradição, tentava criar para sua filha um ambiente que lhe desse ao mesmo tempo o sentido de continuidade e a possibilidade de crescer em um meio flexível e adaptável. Justamente por este motivo lhe proporcionou uma casa estável e uma dedicada governanta — "ninguém que haja tido uma governanta inglesa poderia crescer sem um sentido de continuidade" (p. 29) — e, ao mesmo tempo, levou-a a viver com uma família de amigos com muitos filhos de diversas idades. Assim Catherine pôde crescer junto com os outros na estabilidade, mas sem perder a possibilidade de escolher estabelecer-se por conta própria.

A constituição de uma família exige uma continuidade afetiva, uma recíproca "confiança básica" (Bowlby, 1982) e a certeza de todos de que os outros estarão disponíveis em caso de necessidade. Esta continuidade afetiva constitui a base da segurança que nos permite separar-nos dos demais e concentrar-nos em nós mesmos. Segundo Eliot Chapple (1970) possuímos um ritmo interno que determina nossas possibilidades de interação com os outros e com nós próprios, isto é, a capacidade de viver em um “tempo público” e em um “tempo privado”. Onde a família é a primeira instituição social, ela constitui o contexto de aprendizagem da capacidade de regular a interação com os outros, de passar do afastamento à intimidade e vice-versa. A necessidade de intimidade é universal e está no centro da vida familiar,[9] onde experimentamos e desenvolvemos diversas intimidades: com os genitores, com os irmãos, com o cônjuge, com os filhos e, enfim, conosco mesmos. Para Lynn Hoffman (1981) esta dança da intimidade permite que, apesar das mudanças culturais, a instituição familiar ainda exista e persista. O desenvolvimento harmonioso das experiências de intimidade dentro da família favorece o processo de individuação e separação, e permite que se viva não somente o tempo coletivo da família, mas também o próprio tempo individual.

No livro de Mary Catherine Bateson citado anteriormente há um belo exemplo da transmissão de uma experiência original de intimidade mãe-filha de uma geração à outra. A autora narra como sua mãe, Margaret Mead, tentava adequar os ritmos do seu trabalho com os da mamadeira da filha, a fim de criar uma regularidade nova, um sistema mãe-criança cuja coerência não estava pré-determinada.

> Quando Margaret planificou a forma de cuidar-me e de nutrir-me tentou combinar a generosidade das mães mais primitivas, que atendem as crianças cada vez que choram e permanecem constantemente com elas, com os recursos da civilização, o relógio. Isto para ela significava anotar. Ela anotava as horas em que eu pedia comida. Depois de analisar estes tempos estabelecia o horário da organização própria dos ritmos de meu corpo. Isto tornava o processo bastante previsível e lhe dava a oportunidade de programar suas aulas e reuniões e saber quando precisava estar em casa para cuidar de mim. Ainda conservo o caderninho com aqueles horários e observações, como também aquele em que minha avó havia anotado as observações de quando Margaret era criança, e aquele outro onde anotei minhas observações sobre minha filha Vanni, enquanto eu saía, entre uma mamadeira e outra, para comparecer a um seminário ou para analisar filmes de interações de outras mães com os seus filhos. (M.C. Bateson, 1984: 22 seg.)

Uns anos atrás, um dos autores deste livro se encontrava em Tel Aviv, em Israel, com Mary Catherine Bateson e sua filha Vanni para tomar um café da manhã. Mary Catherine contou que estava em Israel com a filha de dezesseis anos para mostrar-lhe o Oriente Médio, assim como sua mãe, Margaret, havia feito com ela na mesma idade. O mínimo que se pode dizer é que naquela família nunca faltaram nem a intimidade nem a continuidade!

Tempo e narração

Os primeiros esboços do uso da narração como metáfora para descrever as relações familiares e, sobretudo, sua evolução no tempo, foram traçados nos escritos de Ferreira (1963) sobre o "mito familiar", mas seu desenvolvimento é relativamente recente.

Nossas narrações constroem nossa realidade e, inclusive, podem transformar-se na realidade. Este é o tema central das teorias narrativas da família. A partir deste ponto de vista, a família é a história narrada pelos seus próprios autores. Todas as pessoas, reais e hipotéticas (uma criança que ainda não nasceu, por exemplo), passadas e presentes, que no decorrer do tempo tornaram-se significativas para aquele grupo humano, participam desta história. Como nas antigas tradições orais, cada um conta, recriando-a cada vez, sua versão pessoal, sua história. A maneira em que essas várias histórias se intercalam constitui a vida da família. A concordância ou discordância das histórias gera concórdia ou conflitos entre os seus componentes.

Carlos Sluzki escreve:

> Nossa realidade social é feita e se desenvolve através das narrações, elas dão vida aos contextos, aos âmbitos, nos quais nos tornamos conscientes de nós mesmos e dos outros [...] ordenam os acontecimentos no tempo. [...]
>
> O que chamamos de realidade consiste e, reflexivamente, se exprime nas descrições que as pessoas dão de acontecimentos, pessoas, idéias, sentimentos, histórias e experiências. [...] Estas descrições, por sua vez, desenvolvem-se através das interações sociais para cuja definição contribuem. (Sluzki, 1991: 5 seg.)

A atualidade do modelo narrativo pode ser explicada de diversas formas. Uma das mais plausíveis seria a limitação dos modelos paradigmáticos. Todos estes, mais cedo ou mais tarde, revelam inegáveis carências.[10] Bruner (1986: 54 seg.) observa como, quando as teorias fracassam, os economistas costumam recorrer a contos sobre o gerenciamento japonês, ou a outras contingências do mundo econômico, para explicar os acontecimentos:

> A partir do momento em que tomam forma, estas narrações "fazem" os acontecimentos e "fazem" a história. Pertencem à realidade dos sujeitos da história. Se um economista (ou um historiador da economia) as ignorasse, argumentando que o mundo da economia está condicionado pelas "forças econômicas gerais", seria como se fechasse os olhos.

O já citado "mito familiar" de Ferreira (1963) foi uma das primeiras metáforas narrativas das interações familiares. O termo "mito" refere-se a uma série de convicções compartilhadas por todos os membros de determinada família que atingem sua própria identidade. O mito também se refere a uma "história" que lhes indica o modo de viver e adaptar-se à realidade interna e externa da família. O mito familiar é concebido como um constructo supra-individual, como uma construção estática alheia ao decorrer do tempo. O mito familiar era considerado uma história que plasma as interações da família e, coerentemente com o paradigma da homeostase familiar, predominante naqueles anos, passava a ser uma espécie de estabilizador das interações.

Como os mitos gregos clássicos, os mitos familiares também são histórias com uma evolução temporal interna, não coordenada com a externa. A família que vive no mito percebe sua vida como um processo em evolução. Um observador externo, no entanto, pode ter a impressão de que ela gira em torno de si mesma, sem realmente evoluir. Pode parecer-lhe parada em relação ao tempo da cultura no qual ele está imerso. Quando a discrepância com o exterior chega a ser excessiva podem surgir graves problemas. A "família Casanti" descrita em *Paradosso e controparadosso* (Selvini *et alii*, 1975), por exemplo, encontrava-se imobilizada em um marco temporal estranho ao contexto da cultura circunstante. No capitulo 8 voltaremos a falar mais detalhadamente sobre mitos.

Os anos oitenta foram o palco do renascimento do interesse pela metáfora narrativa. Entre outros autores citaremos White e Epston (1989). Eles propõem uma concepção narrativa nitidamente diacrônica, na qual as histórias pessoais desempenham a função principal: as opções futuras de uma pessoa de quem só se pode contar uma história estão dramaticamente reduzidas. Michael White (1984) oferece um brilhante exemplo desta concepção ao descrever um caso de encoprese infantil. As famílias das crianças encopréticas só conseguiam contar histórias de vergonha e sujeira, que continuamente confirmavam a incapacidade das crianças de controlar os esfíncteres e a desilusão dos pais, que não conseguiam induzir as crianças a controlar-se. A identificação, dentro da história da família, dos raros episódios em que a criança não havia reforçado as desconsoladoras premissas familiares permitia uma consolidação de novas histórias que conduziam à eliminação do sintoma. No caso destas crianças, sua encoprese determinava tanto sua percepção de si mesmas como a percepção dos seus pais. Assim, o percurso das crianças só podia ser uma série de fracassos. Para interrompê-la era necessário, pois, encontrar um elemento de descontinuidade, um "sucesso único", que servisse de ponto de partida para a construção de uma nova história, uma história feita de sucessos. Uns anos antes Milton Erickson (1980) havia feito algo semelhante. Um dos elementos centrais do método ericksoniano era sua tendência a enfatizar a positividade dos relatos dos seus pacientes.

White e Epston (1989) citam um exemplo histórico de como a inserção do passado em uma história e não em outra pode mudar o sentido do presente e do futuro e ter importantes efeitos pragmáticos. Até os anos quarenta, a história dos indígenas dos Estados Unidos era narrada por todos (nativos e antropólogos) como uma história com um passado glorioso e um futuro de assimilação no *melting pot* da cultura norte-americana. O presente, por outro lado, reduzia-se a uma descrição de desespero e destruição. Nos anos cinqüenta começou a abrir-se espaço para uma leitura diferente daquela história. Nesta o passado era visto como exploração por parte dos brancos e o futuro como ressurgimento. Apesar da ausência de grandes transformações no quotidiano dos povos indígenas, podia constatar-se uma mudança completa no sentido que lhes era atribuído: a vida miserável e marginal já não era lida através da lente da desagregação e da inferioridade racial, mas como um exemplo da dignidade de um povo explorado cuja única escolha é a resistência passiva.

Traduzida em termos mais gerais, a teoria, que deve muito aos trabalhos de Michael Foucault (1966), implica que uma família é formada por um conjunto de histórias diversamente entrelaçadas. Estas histórias soem ter profundas raízes em tempos remotos e não apenas configuram o passado e o presente, mas impõem a todos os membros da família vínculos no processo de construção ou de imaginação de um futuro.

Uma maior capacidade do sistema familiar de aceitação de uma diversidade de histórias, inclusive quando estas são contraditórias, significa uma maior capacidade dos seus membros de enriquecer-se emotiva e intelectualmente, de tornarem-se autônomos, de individuar-se e separar-se no decorrer do tempo. Uma família que aceita poucas histórias, ou é dominada ou concentrada em um mito, poderá entrar em crise, e desenvolver sintomas, devido ao confronto com histórias incompatíveis com as suas. Certos períodos da vida de uma família, a adolescência, sobretudo, exigem dos seus membros um grau de flexibilidade e tolerância que permita o surgimento de novas histórias. Caso contrário poderão nascer histórias clínicas. O já citado exemplo da família Casanti pertencia justamente a esta categoria.

Tanto o indivíduo com sua família vivem, hoje em dia, naturalmente imersos em uma cultura que evolui com muita rapidez. A cultura fornece um vasto repertório de possíveis temas narrativos, de modelos, que também podem colidir com os mitos ou as histórias transmitidas pela família através das gerações. Neste contexto, uma família "normal" — com todas as reservas que o termo exige — seria uma família na qual é possível mediar e resolver os conflitos que inevitavelmente surgem no seu seio e na sua relação com a cultura circundante. Isto significa que o entrelaçamento das histórias provenientes das gerações passadas com as oferecidas pela cultura presente pode ser tanto fonte de criatividade e de crescimento, como de sintomas e angústias. As famílias do primeiro tipo soem ser descritas na literatura como flexíveis, as do segundo como rígidas.

Às vezes, algumas pessoas começam uma terapia para superar um sofrimento ou uma angústia e para encontrar um equilíbrio entre suas histórias pessoais e as histórias culturais. No encontro terapêutico ocorre

> uma transformação da história narrada que abre espaço a novas experiências, significados e (inter)ações livres das definições sintomáticas e vivências patológicas [...] A pergunta circular talvez seja o instrumento mais eficaz da conversação transformadora. (Sluzki, 1991: 6 seg.)

Às vezes, na terapia, familiares que vivem em estreito contato contam histórias, derivadas de um passado remoto, bastante diferentes e divergentes. Vejamos o exemplo da garota, de dezoito anos, a segunda de três filhas, que padecia de anorexia. Na terceira sessão, ela contou que havia sido negligenciada e descuidada por sua mãe na infância. Havia ficado tão só e isolada que havia chagado ao ponto de escolher como mãe a mãe de uma amiga. Atônita, a mãe contou que sua filha lhe parecia tão forte e auto-suficiente que sempre lhe deu toda a liberdade possível. Nunca havia entendido porque a filha lhe retribuía com tanta hostilidade. Durante anos mãe e filha haviam-se contado histórias diferentes, inconciliáveis, que progressivamente as haviam distanciado uma da outra. Cada uma interpretava os comportamentos da outra em base à própria história, reforçando-a cada vez mais. Outro exemplo é o de Jim, um jovem adulto que fez um relato da sua vida muito diferente de relato feito por sua mãe. "Está contando a história de um garoto que não conheço", disse em determinado momento a mãe. No capítulo 5 abordaremos com mais detalhe a história de Jim.

O maior grau de divergência entre as histórias narradas é atingido pelas famílias que contam com um membro psicótico. Este costuma contar histórias inverossímeis ou incompreensíveis, que tendem a criar um clima de incompatibilidade e incomunicabilidade com os demais membros da família. A tarefa do terapeuta consiste em estabelecer contato com o psicótico, aceitar seu código privado e sua lógica, com o intuito de construir, depois, uma ponte entre suas histórias e as dos outros.

Seria interessante, aqui, analisar profundamente a relação entre mito e história. Uma das primeiras distinções necessárias seria a do tempo: o mito se afasta do fluxo do tempo para condensar-se em uma história "fechada" que tem um começo e um fim. Uma história presente sempre tem um futuro, enquanto o mito não. O tempo do mito é um tempo prisioneiro, congelado. A história, pelo contrário, flui como um rio no tempo quotidiano: a história é aberta.[11]

Uma segunda distinção nos conduz à crítica literária e à diferenciação entre *caracteres* e *figuras* na narrativa. Segundo a teoria do relato de Amelie Rorty (1976b), em uma narração

> desenham-se os *caracteres* em seus traços essenciais; esboçam-se seus perfis sem presumir que constituem uma entidade rigorosamente homogênea. Aparecem nos romances de Dickens, mas não nos de Kafka. As *figuras* são

encontradas nos relatos moralizantes, nos romances edificantes, nas hagiografias, isto é, nos escritos que apresentam sob forma de relatos formas de vida a imitar (p. 302).

Enquanto nos mitos pessoais, familiares e culturais, os personagens são "figuras" estáticas e estilizadas, nas histórias não-míticas os personagens são "caracteres" reais, de carne e osso, e podem ser descritos de maneira fluida, dinâmica e aberta à mudança.

Resta ainda uma distinção na qual queremos deter-nos, a distinção entre sistema e narração. "Sistema", por definição, requer uma dimensão espacial e faz referência a um grupo de elementos que mantêm relações recíprocas dentro de determinadas fronteiras (*boundary*). Como descreveremos no capítulo seguinte, no início dos anos setenta trabalhamos com a abordagem sistêmico-cibernética de Palo Alto, que se baseava fundamentalmente na dimensão sincrônica. Mais tarde introduzimos o tempo. A narração, ao contrário, refere-se à temporalidade mais que à espacialidade. Nela o viver humano é uma história que se desenvolve no tempo. Esta breve descrição permite compreender quão fácil nos resultou aceitar também o pensamento narrativo. Podemos dizer que hoje utilizamos ambas as lentes, em uma "visão binocular" que nos permite orientar-nos no tempo e no espaço.[12] Como já dizia Bateson, é melhor ter dois pontos de vista do que apenas um.

Capítulo 4

O observador e o tempo

Nos primeiros capítulos deste livro apresentamos nossa visão do tempo. Escolhemos o tempo como chave de leitura, perspectiva privilegiada para observar as relações humanas, e deixamos em segundo plano pontos de vista como o inconsciente, o poder, as emoções ou o conhecimento. Por que o tempo e não o espaço? O tempo necessita do espaço e o espaço do tempo. Kant no âmbito da filosofia, Piaget no da psicologia e Einstein no da física, por exemplo, conceberam o tempo e o espaço como realidades estreitamente vinculadas. Neste livro pouco falamos explicitamente do espaço, mas o espaço está presente em todas as nossas reflexões.

Quando falamos de "mundo interno", "mundo externo", "horizonte", "perspectiva", "dimensão temporal", "sistema", "estrutura", sabemos que estes conceitos, como muitos outros, pressupõem uma representação, um marco espacial, necessários para o conhecimento.[1]

Outros autores já consideraram o tempo como uma dimensão importante na psicoterapia. Mas nós o escolhemos como ponto central de nossa pesquisa, como lente para observar as interações. Na perspectiva da cibernética de segunda ordem podemos dizer que esta ótica representa uma premissa epistemológica ou um pré-conceito (*bias*, em inglês) do observador.

Para nós, o tempo não é somente um meio, uma maneira de estruturar as sessões ou um ritmo que se deva seguir para relacionar-se com os clientes. É o objetivo de nossas intervenções. E elas pretendem favorecer a harmonia e a possibilidade de evolução, quando estas — como sói ocorrer com as pessoas que nos consultam — faltam: como mudar um horizonte temporal? Como introduzir mobilidade no tempo desacelerado do deprimido? Que fazer para recriar as conexões diacrônicas perdidas na história fragmentada de um esquizofrênico? Como devolver a capacidade de evolução a pessoas que parecem ter perdido a noção de futuro? E, finalmente, como usar a perspectiva temporal para observar e compreender a sincronia e a dessincronia entre indivíduos, famílias, sistemas sociais? Como favorecer a harmonia entre os diversos tempos individuais e sociais?

Como terapeutas sistêmicos estudamos as relações. Observar as relações através da lente do tempo pode iluminar aspectos esquecidos da atividade terapêutica. A seguir nos ocuparemos de alguns elementos da abordagem sistêmica, da consulta* e da psicoterapia.

A consulta e a terapia sistêmica

Contaremos brevemente a história da abordagem sistêmica, tal como a desenvolveu o grupo de Milão: Mara Selvini Palazzoli, Luigi Boscolo, Gianfranco Cecchin e Giuliana Prata. Queremos orientar o leitor para que acompanhe o desenvolvimento das idéias dos últimos vinte anos. Temos consciência de que se trata de nossa descrição. A descrição que fazemos neste momento será um evento passado para nossos leitores. Eles lhe atribuirão um significado em seu próprio presente. Igualmente sabemos que, como todos os relatos, o nosso também reescreve o passado e o interpreta segundo os sistemas de significado do presente. Contar novamente esta história é uma forma de renovar velhas ações, por um lado, e de construir pontes projetadas para o futuro, por outro. Assim, no momento preciso em que escrevemos nossa história, entramos no "anel auto-reflexivo" passado, presente e futuro.[2]

De 1967 a 1971 o grupo de Milão havia utilizado a orientação psicanalítica na prática da terapia da família. No início dos anos setenta adotou o chamado método de Palo Alto. Este modelo sistêmico havia sido influenciado pelas idéias de Gregory Bateson, Jay Haley, Don Jackson, Milton Erickson (Watzlawick, Beavin e Jackson, 1967; Haley, 1963). Durante este primeiro período de atividades, que durou até 1975, o grupo recebia em terapia o conjunto dos membros das famílias que haviam enfrentado uma dificuldade, mesmo que apenas um deles fosse o portador do problema, o "paciente designado".

Um espelho unidirecional separava a sala de terapia da sala de observação. Antes de cada sessão a equipe terapêutica se reunia, examinava as informações recolhidas previamente e formulava uma hipótese de trabalho. Depois o terapeuta, com freqüência uma dupla de terapeutas, iniciava a sessão enquanto o resto da equipe observava detrás do espelho. Tanto os terapeutas

---

* NDT. No âmbito da terapia familiar brasileira não se costuma fazer diferença entre os termos consulta e sessão. Boscolo e Bertrando fazem uma diferença importante. A consulta, como ocorre no caso da entrevista com um advogado, não envolve necessariamente o desencadeamento de um processo terapêutico. Eles dão o nome de consulta a muitas das suas primeiras entrevistas, isto é, o tempo-espaço no qual se decide pela continuação, ou não, de um processo terapêutico. As intervenções realizadas, a pedido de um terapeuta, junto ao um sistema terapêutico, também são chamadas por eles de consultas. Ao se referirem ao profissional que realiza a intervenção não o chamam de terapeuta e sim de consultor. Neste tipo de intervenção nós usamos o termo consultoria. No capíulo 5 esta distinção será explicada ampliamente.

como a equipe podiam interromper a sessão. Os terapeutas iam para a sala de observação para realizar um breve intercâmbio de idéias com a equipe. Ao final da sessão o terapeuta e a equipe se reuniam durante um tempo maior, às vezes até por uma hora. A equipe trabalhava na formulação de uma série de hipóteses, que deviam convergir em uma hipótese sistêmica que desse um sentido aos comportamentos relacionados com o sintoma que haviam sido observados. Depois, a partir dessa hipótese sistêmica, construía-se uma "intervenção final", que podia ser uma reformulação, a prescrição de uma tarefa para casa, ou um ritual. Em seguida o terapeuta, ou a dupla de terapeutas, transmitia para a família a intervenção final.

O método de Palo Alto era baseado no método sistêmico e na cibernética de primeira ordem ou cibernética do sistema observado. Isto significava que o observador estava separado da realidade observada. A equipe tentava formular uma hipótese sistêmica sobre a forma que havia tomado a organização da família a partir do surgimento do ou dos sintomas. A hipótese correspondia, pois, ao que era definido como "jogo familiar". A hipótese sistêmica, para ser eficaz, precisava encaixar-se, quer dizer, representar o jogo familiar ou, pelo menos, corresponder-lhe de alguma forma, assim como uma chave encaixa na fechadura.

Na maioria dos casos a equipe chegava facilmente a um acordo sobre a hipótese sistêmica e elaborava intervenções eficazes. Muitas famílias sem membros psicóticos concluíam a terapia em poucas sessões. Conseguimos sucessos palpáveis inclusive em alguns casos de psicose aguda. Nos casos de psicose crônica, no entanto, a terapia se bloqueava facilmente e tendia a superar o máximo de dez sessões previsto pelo contrato inicial.

O livro *Paradosso e controparadosso* (Palazzoli, *et alii*, 1975), que descreve o trabalho realizado com quinze famílias, um de cujos membros havia sido diagnosticado como esquizofrênico, afirma que estabelecer uma relação com aquelas famílias era como entrar em um labirinto. Era difícil elaborar hipóteses que tivessem um sentido para todos os membros da equipe. O resultado era um sentimento de confusão e frustração. Como Bowen (1978), o grupo inseria os sintomas no contexto de um jogo trigeracional. O paciente designado ocupava, neste jogo, uma posição especial. Nela se concentrava um alto grau de desconfirmação, uma grande incerteza sobre a percepção de si mesmo e dos demais, em suma, uma sensação de insensatez e confusão. A compreensão do sintoma psicótico se baseava na teoria do duplo vínculo (Bateson, *et alii*, 1956), da qual falamos no capítulo 3, baseada nos paradoxos resultantes da confusão dos níveis lógicos.

O objetivo da terapia era a eliminação das configurações rígidas dos comportamentos "disfuncionais" e abrir espaço para o surgimento de configurações mais funcionais. A realização do objetivo era alcançada graças à utilização da conotação positiva de todos os comportamentos, fossem eles sintomáticos ou não (reformulação paradoxal), e da prescrição de rituais familiares.[3]

A publicação, em torno de 1975, dos trabalhos de Bateson no livro *Steps to an Ecology of Mind* (1972a) abriu novos horizontes ao grupo e mudou radicalmente sua forma de pensar e trabalhar. O desafio consistia em transferir a epistemologia cibernética de Bateson para a prática clínica, em pensar de forma sistêmica para atuar de forma também sistêmica.

Os escritos originais de Bateson representavam, em relação às posições do *Mental Research Institute de Palo Alto*, um modelo sistêmico mais puro e, ao mesmo tempo, mais completo. A distinção entre o mapa e o território, as categorias lógicas da aprendizagem, o conceito de mente como sistema e de sistema como mente, a noção de epistemologia cibernética e a introdução da semântica assumiram uma posição central. A aplicação destas idéias ao campo da clínica conduziu ao desenvolvimento de um novo método de coleta e tratamento das informações e de intervenção nos sistemas humanos. Enunciaram-se três princípios para a condução de sessão que se transformaram na característica distintiva do modelo: formulação de hipóteses, "circularidade" e neutralidade (Selvini Palazzoli, *et alii*, 1980b).

A formulação de hipóteses organiza os dados provenientes da observação. Para que uma hipótese seja considerada sistêmica deverá levar em conta todos os componentes do sistema analisado e propor uma explicação de suas relações. A hipótese não é nem verdadeira nem falsa: é um instrumento de pesquisa. O terapeuta avalia a plausibilidade das próprias hipóteses a partir das retroalimentações verbais e não-verbais dos clientes.

O princípio da circularidade permite que o terapeuta confie nessas retroalimentações tanto para verificar a pertinência das suas hipóteses como para desenvolver outras novas. As hipóteses devem mudar constantemente para evitar a armadilha da "hipótese verdadeira", que provocaria rigidez na interação e fecharia o discurso. As hipóteses surgem da interação recursiva entre terapeuta e família. Neste sentido, "ser realmente batesoniano" significa que a formulação de hipóteses não é atribuída nem ao terapeuta nem aos clientes, mas a ambos. Bateson (1979) se perguntava: onde está a mente quando um homem corta uma árvore? A mente é o circuito que vincula o homem, o machado e a árvore, respondia. Dito em outras palavras: mente e sistema são sinônimos. De forma semelhante podemos perguntar: onde está a hipótese? Na mente do terapeuta ou alhures? Nos anos setenta se dizia que a hipótese se encontrava na mente do terapeuta. Hoje dizemos que se encontra, sem dúvida, no contexto da interação.

As perguntas circulares — que não devem ser confundidas com o recém exposto conceito de circularidade — foram definidas à medida que o terapeuta questionava alguém sobre os comportamentos de dois ou mais membros da família. Estas perguntas foram criadas para obter informações, não para coletar dados: Bateson, de fato, sustentava que uma informação é "uma diferença que faz diferença", ou seja, uma relação, e isto a diferencia do dado.

As perguntas circulares têm também outra conseqüência importante: todos os membros da família são colocados na posição de observadores dos pensamentos, emoções e comportamentos dos outros. Cria-se assim, na terapia, uma comunidade de observadores. Estas perguntas questionam o egocentrismo de todos os participantes: cada um dos membros da família é *dito* ao invés de *dizer,* escuta a opinião que o outro tem sobre ele e, desta maneira, tem mais possibilidades de conhecê-lo.

Para aprofundar mais no processo podemos dizer que a informação obtida com as perguntas circulares é recursiva. Estas perguntas permitem que tanto família como terapeuta, graças à informação oferecida pela outra parte, mudem constantemente sua própria compreensão. As perguntas circulares contêm informações sobre diferenças, novas conexões entre idéias, significados e comportamentos. Estas novas conexões podem mudar a epistemologia ou as premissas pessoais, os postulados inconscientes (Bateson, 1972) dos diversos membros da família. As perguntas circulares passaram a ser, em si mesmas, uma intervenção, talvez a mais importante para o terapeuta sistêmico.

As perguntas circulares, propostas inicialmente no artigo "Ipotizzazione, cicolarità, neutralità", passaram a ser objeto de estudo e de uma classificação mais precisa por parte de diversos autores, entre os quais se encontram: Hoffman (1981), Penn (1982, 1985), Tomm (1984, 1985, 1987a, b, 1988), Deissler (1986), Fleuridas, Nelson e Rosenthal (1986), Borwick (1990). Trataremos aqui brevemente de duas destas classificações.

Karl Tomm, um dos primeiros estudiosos das perguntas circulares, classificou-as, segundo seus objetivos e características, em diversas categorias. A primeira classificação de Tomm, a única que exporemos aqui, parte da intenção do terapeuta ao fazer as perguntas e as divide em perguntas circulares *informativas* e perguntas circulares *reflexivas*. O principal objetivo das primeiras é recolher informação, o das segundas é o de provocar mudanças. Estes dois objetivos não são mutuamente excludentes e, com freqüência, as perguntas têm um caráter misto. A diferença entre perguntas informativas e perguntas reflexivas não reside tanto na informação quanto no lugar que elas ocupam no *timing* do diálogo: uma mesma pergunta, dependendo do momento em que é formulada, pode assumir um caráter informativo ou reflexivo (Tomm, 1985, 1988).[4]

Tanto as perguntas informativas como as reflexivas têm uma função análoga: investigar e evidenciar diferenças e, portanto, relações. As diferenças consideradas por Tomm podem ser categoriais ("a contraposição dialética entre um preceito ou conceito em relação a outro preceito ou conceito", Tomm, 1985: 39) ou temporais.

> *As perguntas sobre as diferenças temporais* são, de alguma maneira, mais complexas. Concentram-se em uma diferença entre diferenças categoriais em dois momentos distintos, em outras palavras, concentram-se em uma *mudança.* [...] Quando o terapeuta detecta uma mudança pode fazer perguntas sobre os eventos que poderiam tê-lo motivado, sem esquecer que as recordações do passado estão no presente (pág. 41).

O modelo sistêmico de Klaus Deissler, denominado PST devido às suas três coordenadas básicas: pessoa, espaço, tempo, também enfatizou a importância das diferenças temporais. Neste modelo as perguntas "explicativas", centradas no passado, têm um efeito de auto-confirmação das premissas dos clientes; as de "conservação", centradas no presente, podem ter tanto um efeito de confirmação como de criação de novidade. Mas são as perguntas "de solução", centradas nas perspectivas futuras, as que têm maior possibilidade de produzir situações novas.

A neutralidade é um princípio de difícil compreensão para quem fica fora do contexto da visão diacrônica. Por definição, assim como "é impossível não comunicar", é também impossível ser neutro no momento da ação. Por exemplo, quando o terapeuta pede a um membro de uma família que descreva as emoções e os comportamentos de outros membros da família, coloca-o em uma posição ativa, amiúde vantajosa em relação aos outros. A neutralidade, tal como a definiu originalmente o grupo de Milão, é um processo que se desenvolve no tempo. O terapeuta não cria alianças ou coalizões, nem com os membros de uma família nem com suas idéias. Isto, naturalmente, deve ser considerado em sua dimensão diacrônica. No decorrer de uma sessão, por exemplo, o terapeuta, para não perder sua própria espontaneidade e para evitar um bloqueio, pode inclinar-se a favor de uma das partes. Depois, no entanto, — com a ajuda de seus colegas que estão detrás do espelho ou, se trabalha só, por meio da reflexão no intervalo entre uma sessão e outra — pode recuperar a neutralidade. Neutralidade que é uma posição relacional favorecida por uma visão circular da realidade, uma posição de curiosidade (Cecchin, 1987), que favorece o surgimento de muitas outras idéias e pontos de vista.

O desenvolvimento das teorias sistêmicas nos obrigou a revisar a noção de neutralidade. Este conceito, tal como era compreendido pela cibernética de primeira ordem dos anos setenta, pressupunha a separação entre observadores e observados. O terapeuta, segundo essa visão, tinha a possibilidade de adotar uma posição "meta" em relação aos clientes. A subseqüente adoção da cibernética de segunda ordem mudou a situação. Não é possível separar o observador do observado. O sistema deve incluir as duas partes. Isto significa que o terapeuta não deve ser "neutro". O fato de fazer parte do sistema já indica que não pode ser neutro em relação a si mesmo, aos seus próprios preconceitos, às suas próprias idéias. O mesmo vale para a equipe, cujo ponto de vista é mais abstrato — e múltiplo — que o do terapeuta que conduz a sessão, mas por sua vez não pode não ser influenciada pelas próprias premissas.

Houve várias tentativas de integrar ou corrigir o conceito de neutralidade. Checchin (1987) propôs o de "curiosidade", Hoffman (1988) o de "multiparcialidade". Nós, atualmente, optamos por falar de uma *tendência* à neutralidade, uma tendência que deve ser uma espécie de assíntota ideal para o terapeuta, ou para a equipe terapêutica, mas que, por definição, é inalcançável.

Em 1979 o grupo de Milão se dividiu. Selvini Palazzoli e Prata deixaram o Centro para continuar sua pesquisa sobre a família. Sua investigação, baseada na cibernética de primeira ordem, visava "descobrir" a existência de correlações entre determinadas organizações familiares especificas ("jogos") e certas síndromes particulares, como a anorexia ou a psicose. Mais tarde, em 1983, Mara Selvini Palazzoli, Sttefano Cirillo, Matteo Selvini e Anna Maria Sorrentino formaram uma equipe para continuar a pesquisa sobre as tipologias familiares, cujos resultados foram publicados no volume *I giochi psicotici nella famiglia* (1988).

Boscolo e Cecchin continuaram sua própria pesquisa. Esta seguiu um caminho diferente e bastante marcado por uma mudança de contexto. Em 1977 eles haviam começado a ministrar um curso de formação sobre a terapia familiar sistêmica. Nele participavam grupos de dez a quinze profissionais provenientes dos mais diversos âmbitos, em sua maioria dos centros de atendimento público. A família era atendida por um ou dois terapeutas, em geral alunos do curso. Atrás do espelho, na sala de observação, ficava o resto do grupo com os dois formadores. Assim se passou da pesquisa sobre a terapia à pesquisa sobre a formação e a terapia. Os papéis se tornaram mais complexos. Por exemplo, um formador podia encontrar-se em um determinado momento no papel de terapeuta, formador ou supervisor.

No início dos anos oitenta, Boscolo e Cecchin começaram a viajar por diversos países para expor e aplicar seu método em consultorias, *workshop*, seminários e encontros. Suas viagens permitiram-lhes entrar em contato com diferentes colegas e organizações, desde pequenos centros de saúde mental até clínicas, hospitais, universidades e outras instituições maiores. Diversas equipes, na Europa e nos Estados Unidos, começaram a experimentar o que passou a ser conhecido como "método de Milão".

Certos encontros pessoais, inclusive mais prolongados, tiveram particular importância. Com Humberto Maturana, Heinz von Foerster e, mais tarde, com Ernst von Glaserfeld, por exemplo. Maturana colocou o observador em um lugar central: "Tudo o que é dito é dito por um observador" (Maturana e Varela, 1980). A autonomia organizativa dos sistemas vivos era um dos conceitos básico da sua reflexão. A partir deste conceito Maturana postulou a impossibilidade das "interações instrutivas" ou interações que pudessem promover diretamente uma mudança no sistema vivo: o sistema responde segundo sua própria organização e em coerência com sua própria história. Segundo Maturana e

Varela a realidade surge na linguagem através do consenso: nesta perspectiva, há tantas realidades como conversações. Von Foerster introduziu o conceito da cibernética de segunda ordem, ou cibernética do sistema observante: o observador entra na descrição do observado. Desta forma, observador e observado não podem ser separados. Von Glasersfeld, finalmente, abriu o caminho aos conceitos do construtivismo radical.

A junção destas atividades e encontros resultou em uma abertura das fronteiras da família para, finalmente, abranger uma gama mais ampla de sistemas humanos em interação. A atenção se deslocou do sistema observado ao sistema observante. Ambos passaram a ser considerados "mentes", dotadas do mesmo grau de organização: os clientes observam os terapeutas tanto quanto os terapeutas os clientes. Como conseqüência, coerentemente com as perspectivas construtivista e cibernética de segunda ordem, a ênfase nas terapias passou do comportamento observado ao comportamento, às idéias, teorias e premissas pessoais dos membros do sistema observante. A família havia deixado de ser vista como uma "máquina homeostática" que o terapeuta devia conhecer para depois consertar. Começou a crescer o interesse pelo que acontecia na sessão: o intercâmbio de informações, emoções e significados entre terapeutas e clientes. Isto é, prestava-se mais atenção ao processo terapêutico que à intervenção final. No período anterior esta intervenção representava o *clou* do encontro entre equipe e família, dela dependia exclusivamente a possibilidade de provocar uma mudança. A falta de mudança indicava à equipe que a hipótese sistêmica que havia servido de ponto de partida para elaborar a intervenção final não era adequada, isto é, não correspondia à organização do sistema observado.

Reavaliado à luz destas novas reflexões, o método de trabalho do grupo experimentou uma nova mudança (Boscolo, *et alii*, 1987). O terapeuta e a equipe deixaram de levar em consideração apenas o sistema formado pela família que comparecia às sessões e começaram a formular hipóteses sobre o "sistema significativo" relacionado com o problema apresentado. Por sistema significativo entende-se o sistema de relações entre as pessoas envolvidas no problema apresentado. Este, por definição, inclui o paciente designado e pode compreender os membros de sua família nuclear, as famílias de origem (incluídos os defuntos mais importantes), os contemporâneos do paciente, a escola, o trabalho e, sobretudo, os professores, os especialistas, os serviços sociais e sanitários que tenham entrado em contato com o paciente. O sistema significativo inclui, naturalmente, também o terapeuta, como observador, com suas próprias teorias e preconceitos. Os terapeutas tentavam agora compreender as formas em que os *pattern* de idéias e significados, surgidos com o tempo na complexa rede do sistema significativo, contribuíam à criação, por consenso, da imagem clínica observada.[5]

Este passo, da família a um sistema mais amplo, fez-se necessário e surgiu da interação entre formadores e alunos nos primeiros grupos de formação. A maioria dos alunos trabalhava nos serviços públicos, e isto significava que a hipótese do terapeuta tinha de incluir, como mínimo, o paciente, a família, quem as encaminhava à terapia e a complexa organização do serviço, com suas regras e seus profissionais mais ou menos competentes e com diferentes propostas técnicas.

Os conceitos de Maturana, Varela, von Foerster e von Glasersfeld levaram-nos, quando analisávamos um sistema, a considerar as posições de cada um dos observadores que formavam parte do sistema significativo. Quanto mais se leva em conta os diversos lugares desde onde se observa, mais se conhece um sistema. Se o terapeuta, em vez de formular sua hipótese a partir de seus próprios preconceitos e de seu próprio lugar de observação, tratar de imaginar e correlacionar entre si as possíveis hipóteses ou pontos de vista dos outros membros do sistema significativo do qual forma parte, poderá construir uma hipótese mais complexa, com várias perspectivas e, de certa forma, coletiva. A hipótese pessoal, que corre risco de ser unidimensional, plana como uma imagem monocular, é substituída por uma hipótese complexa, pluridimensional, dotada de uma profundidade que oferece uma imagem estereoscópica do sistema.

A conseqüência final do intercâmbio entre formadores e alunos foi a introdução de uma dimensão macro-sistêmica no trabalho. Desta maneira se chegou a uma complexificação:

1) Levar em consideração não apenas situações próprias dos contextos psicoterapêuticos, mas também dos outros contextos: assistência, reabilitação, organização institucional.

2) Considerar não somente as intervenções verbais, como no caso da psicoterapia, mas também outras intervenções baseadas na ação.

À medida que se avançava, percebíamos que a formação oferecida aos alunos não consistia em uma técnica, mas em uma nova forma de ver e atuar. Esta nova maneira de ver está relacionada com a "epistemologia cibernética" de Bateson. Cada aluno tinha de aprender a atuar mediante uma análise sistêmica do próprio contexto de trabalho, que podia sugerir-lhe as técnicas adequadas. Por isto os alunos que começam um curso são advertidos de que não devem reproduzir, em seus ambientes de trabalho, as técnicas que se aplicam no Centro. Assim, o trabalho com a família pode transformar-se um laboratório onde se aprende a pensar e a atuar de maneira sistêmica.

Tempo e modelo sistêmico de Milão

O comportamento dos terapeutas do grupo de Milão em relação ao tempo seguiu sua própria evolução, ou melhor, sua "história natural". Quando, no início dos anos setenta, o primeiro grupo de Milão abandonou o modelo psicanalítico e assumiu o do *Mental Research Institute de Palo Alto*, concentrou-se exclusivamente no presente. Para o modelo psicanalítico, como se sabe, o interesse principal residia no passado. Um famoso exemplo de Walzlawick, Beavin e Jackson (1967) compara a situação presente a uma posição em uma partida de xadrez: o jogador experiente, ao observar uma determinada posição em uma partida pode reconstruir de maneira plausível a seqüência de movimentos que o conduziu àquela posição. Por isto o conhecimento do presente seria o único necessário, especialmente de um ponto de vista operativo.

De acordo com estas premissas, o grupo de Milão em seu primeiro período, de 1971 a 1975, concentrou todo seu interesse no presente. O passado só era levado em consideração a partir do momento do surgimento do sintoma. Estudavam-se as relações criadas, no momento presente, em torno do sintoma.

Quando, depois de 1975, foram introduzidos as perguntas circulares e o processo de formulação de hipóteses, a direção da sessão tornou-se mais complexa. Formular uma hipótese implicava questionar-se sobre a forma em que se havia organizado o sistema: sentir curiosidade de descobrir como o sistema havia encontrado, entre as muitas possibilidades, precisamente aquela organização apresentada no "aqui e agora" da sessão. Os terapeutas começaram a interessar-se pelo processo de formação do sintoma. Valendo-se de uma perspectiva transgeracional, perguntavam-se onde se originavam as modalidades de relações observadas e tentavam rastrear a lógica da sucessão das interações passadas. Explorava-se, assim, a continuidade entre passado e presente.[6]

Concentrar-se demais no passado implicava, pois, no risco de construir explicações linear-causais do sintoma. Buscar preferencialmente no passado pode conduzir o sistema observado para o funil da necessidade: só existe esta realidade, logo era a única possível, logo existe uma seqüência de acontecimentos necessários que tinha de produzir a situação atual. Aplicar com rigor esta idéia significa também substituir a visão sistêmica (o presente cria seu passado) pela visão determinista (o passado determina o presente).

O grupo se deu conta de que às vezes ficava preso à hipótese sobre o "jogo familiar" formulada na primeira sessão. A situação parecia assim congelada, como em um fotograma: era como se os terapeutas detivessem a família no tempo e considerassem as mudanças algo adicionado ao quadro inicial. Baseavam-se em uma perspectiva sincrônica, que prevalecia claramente sobre a perspectiva diacrônica. Foi necessário um tempo para que percebessem e se convencessem de que a família era essa mesma que se via naquele momento e não a do passado, a da primeira sessão.[7] Qualquer mudança devia ser incluída em uma nova hipótese. A família devia ser considerada uma nova família e o sistema terapêutico um novo sistema.

Abandonou-se também a tendência a ver a terapia como uma "história" coerente, organizada em seqüências, em uma série de passos necessários.

Dado que a intervenção da primeira sessão cria um sistema novo, distinto do que existia previamente, *cada sessão é "a primeira"*. Não há preceitos técnicos que vinculem uma sessão, em uma relação específica, com as que a precedem e as subseqüentes. Só os acontecimentos que se manifestam no presente da sessão determinam seu curso. A lembrança das sessões anteriores funciona apenas como um marco ampliado (*loose frame*) que serve de fundo e dá sentido às conversações em curso.

Mas a história relatada nas sessões não se desenvolve linearmente, não é uma narração tradicional. Cada sessão conta uma história distinta.[8] Ao mesmo tempo, o sistema terapêutico que vive aquela história, como já se disse, também é definido por seus estados anteriores, isto é, pelas outras sessões. O sistema contém grande parte das informações necessárias para sua mudança. Não se pode prever quando, quanto e como mudará.[9]

O terapeuta se encontra, pois, em uma posição curiosamente parecida à do indígena das Ilhas Trobriand mencionado por Ornstein (1975), com uma cultura não linear e centrada no presente:

> Em geral, quando observamos o processo de amadurecimento de uma planta (por exemplo, um *yam*) vemos uma seqüência. Acreditamos que um yam maduro que amadureceu mais ainda é o mesmo no tempo seqüencial. Mas nem o monge Zen nem o indígena das Ilhas Trobriand compartilham nossa visão. O yam maduro (que na língua dos Trobriand se diz *taytu*) *permanece* como yam maduro. O amadurecimento maior, um yam muito maduro, transforma-o em uma entidade diferente, que não tem nenhuma conexão causal ou seqüencial com o yam maduro. É uma entidade completamente distinta e recebe um nome diferente: *yowana.*

Assim, o cliente (indivíduo, casal, família) visto pelos terapeutas é uma entidade "inédita" em cada sessão. O terapeuta favorece uma diminuição das relações de causalidade seqüencial e da concepção determinista que imobiliza o cliente naquela visão específica da realidade que é fonte de suas angústias. Por isto se considera o sistema como uma entidade sempre disposta a transformar-se em entidades diferentes, isto é, disposta a construir-se um futuro.

Se, tal como afirmamos, a mudança é imprevisível, não deixa de haver uma relação entre a teoria da mudança adotada pelo terapeuta e a mudança em si. Não abordaremos, neste momento, a relação entre os significados atribuídos à mudança por parte dos terapeutas de diversas escolas, que variam notavelmente. Ocuparemo-nos, ao contrário, da relação entre tempo e mudança na teoria do terapeuta. Começaremos com um exemplo tomado da experiência psicanalítica de um dos autores.

> No programa de *training* psicanalítico que seguia, o aluno tinha de analisar três casos clínicos sob a supervisão de um psicanalista didata. Era o meu segundo caso: um homem de trinta anos, com quem havia começado uma análise cuja freqüência era de três sessões semanais. Estávamos no verão e meu supervisor havia tirado dois meses de férias, de tal sorte que transcorreram três meses antes de poder informá-lo sobre a evolução da análise. Depois daqueles três meses meu paciente havia deixado de apresentar os sintomas iniciais, sentia-se bastante bem e havia começado a sugerir que estava curado e que a análise podia ser concluída.
>
> Quando terminei a apresentação do caso não recebi, da parte do meu professor, a esperada manifestação de entusiasmo. Perguntou-me como avaliava a situação. Timidamente respondi que estava de acordo com o paciente. Não esperava aquele balde de água fria: a suposta melhoria do paciente era fruto de uma "sedução" do analista e de uma típica "fuga na cura" e, portanto, de uma resistência. Fiquei atônito, mas tive de renunciar a minha convicção de que a análise havia terminado: ainda era um aluno e precisava obedecer. Observei a mesma expressão de desencanto no rosto de meu cliente quando manifestei, evidentemente com uma linguagem não técnica, que a melhoria era uma "fuga na cura". Sentia curiosidade por saber se o paciente aceitaria minha idéia assim como eu tinha aceito a do meu supervisor. Assim foi, e a análise continuou durante muito tempo. Pode-se dizer que o paciente me havia obedecido e eu havia obedecido ao meu supervisor. Mas, e o supervisor, a quem obedecia? Aos seus mestres e aos livros de técnica psicanalítica que prescrevem bem o tempo determinado para o fim de uma análise.

Este caso adquiriu uma importância particular, pois suscitou o interesse pelo tempo. Pode-se dizer que favoreceu o desenvolvimento de um *insight*, de uma tomada de consciência da relação entre tempo e teoria, entre tempo e mudança. A duração prevista por um terapeuta para uma terapia está claramente relacionada com o tempo previsto pela sua teoria. Por exemplo, naquela época uma análise freudiana, de três a quatro sessões semanais, durava entre três e cinco anos. Uma análise kleiniana podia durar até oito anos. Tal relação — como ilustra o exemplo — prescrevia o tempo em que podiam aparecer as mudanças importantes e até a "cura" (apesar de o termo não fazer parte do vocabulário psicanalítico).

Quando, em 1967, o grupo de Milão começou o tratamento de famílias e casais seguia o método psicanalítico, realizavam-se uma ou duas sessões por semana, durante períodos muito longos, inclusive durante anos. Evidentemente, a freqüência das sessões e a duração das terapias eram coerentes com a teoria psicanalítica. Se interpretássemos esta prática desde uma perspectiva construtivista poderíamos dizer que, desde o começo da terapia, os terapeutas co-criavam com os clientes uma realidade na qual não podiam esperar-se mudanças significativas antes de um ou dois anos.

A já citada adoção do método estratégico de terapia breve do *Mental Research Institute de Palo Alto*, em 1971, conduziu à projeção de terapias semanais que não deviam durar mais de dez sessões. A nova prática introduzia, ao mesmo tempo, a idéia de início e final. Grande parte das famílias manifestava mudanças significativas no prazo prescrito. E o que é mais importante: facilmente produziam-se mudanças repentinas e notáveis antes da oitava ou da nona sessão. Em outras palavras, as expectativas de mudança antes da décima sessão tinham como efeito prático a aparição de ditas mudanças.

Durante algum tempo o grupo realizou vivas discussões sobre a validez das mudanças conseguidas com o modelo psicanalítico em relação aos frutos do modelo estratégico. Depois se percebeu que se tratava de um falso problema. O que perdurou foi a importância da relação entre tempo, teoria e mudança. Também se estabeleceu a possibilidade de certa flexibilidade do terapeuta a respeito da relação tempo-mudança: o terapeuta teria de adaptar-se aos tempos dos clientes, naturalmente variáveis segundo as circunstâncias. Um analista que não espera "comportamentos normais" antes dos três anos de psicanálise, ou um terapeuta "breve" que não os espera depois da décima sessão, são rígidos porque impõem aos clientes sua própria expectativa de mudança. Trata-se de uma atitude semelhante à dos pais que têm uma expectativa temporal rígida em relação à passagem dos filhos da adolescência à idade adulta.

Em relação à duração da terapia ocorreu um fato interessante. A distância geográfica, umas quantas famílias viviam muito longe, obrigou-nos a espaçar um pouco mais as sessões: elas passaram a vir uma vez ao mês. "Curiosamente", ainda que se tratasse de famílias com problemas graves, elas não apenas obtinham melhores resultados que as outras, mas também davam a impressão de que o ritmo mensal se adaptava melhor às suas exigências. Decidiu-se, pois, aplicar o intervalo mensal a todas as demais famílias. Os resultados foram mais que satisfatórios. Desde então o intervalo mensal passou a ser uma das características mais conhecidas do modelo de Milão. Deixou-se de falar de "terapia breve", falava-se de "terapia breve-longa": breve pelo número de sessões, longa pela duração total do processo terapêutico.

Na maioria dos casos observados as terapias foram concluídas com êxito antes da décima sessão. Mas nalguns casos, particularmente nas famílias com pacientes psicóticos crônicos, ao final da décima sessão não se haviam manifestado mudanças suficientes para que a terapia fosse concluída, então se oferecia um novo ciclo de dez sessões. Algumas destas famílias se perdiam pelo meio do caminho sem terminar o segundo ciclo. Estes fracassos em casos tratados durante períodos muito longos, de até dois a três anos, contrastavam curiosamente com certos inesperados e clamorosos êxitos obtidos com famílias que interrompiam o tratamento por iniciativa própria, amiúde nas primeiras sessões, sem sequer avisar aos terapeutas. De fato, algumas catamneses sobre casos de *drop-out*, isto é, de abandono espontâneo da terapia por parte dos clientes antes da terceira sessão, revelaram surpreendentemente que alguns destes casos, depois de deixar a terapia, haviam realizado uma evolução positiva muito significativa. Trata-se de um fenômeno curioso, e sob certos aspectos desconcertante, pois em alguns destes casos havia problemas realmente graves. Era difícil explicar como se haviam manifestado mudanças tão importantes, em um tempo tão breve, em famílias não-cooperadoras.

Uma das hipóteses mais plausíveis para explicar tais "fugas terapêuticas", seria que as famílias deixavam a terapia porque haviam iniciado uma mudança ameaçadora para sua coesão interna e para sua continuidade. Na linguagem daquela época se dizia que a família, como sistema vivo, tinha duas tendências: uma para a homeostase e a outra para a evolução. O abandono destas famílias representava a tentativa de frear a brusca evolução desencadeada pela terapia.

Estes inesperados resultados catamnésicos provocaram grande entusiasmo pela pesquisa e, durante um breve período, o grupo entrou em uma espécie de *ego-trip*. Pensava-se que, quando a terapia passava da quarta ou da quinta sessão, significava que os terapeutas não haviam sido capazes de identificar ou atingir os "pontos nucleares" do sistema, nos quais se supunha convergiam todas suas funções. Uma ação sobre os "pontos nucleares" podia produzir a máxima mudança com o mínimo esforço (Selvini Palazzoli, *et alii*, 1975). As famílias, especialmente aquelas que tinham um membro psicótico, encarregaram-se de levar o grupo a "colocar os pés no chão" e de curá-lo da "onipotência terapêutica".

Esta série de experiências teve, no entanto, um efeito importante: a mudança devia ser considerada não somente como um processo contínuo, mas também, e sobretudo, como processo descontínuo. Estas idéias encontraram depois seu marco teórico nas teorias dos sistemas dissipativos de Prigogine (Prigogine e Stengers, 1979) e na teoria das catástrofes de Thom (1972).

Ainda podemos adicionar uma consideração bastante simples: todos os sistemas vivos contêm suas próprias possibilidades de evolução e de auto-organização. Basta criar um contexto apropriado para que evoluam espontaneamente. A metáfora do rio represado pode representar com simplicidade a mesma idéia. Basta eliminar o obstáculo, o rio contêm o potencial de chegada ao mar, sem esperar o que seu leito seja pacientemente reconstruído.

Mudança contínua e descontínua

As diferentes teorias psicoterapêuticas implicam diversas relações entre tempo e mudança. Todas as terapias centradas na modificação do sintoma baseiam-se em uma idéia de mudança contínua. Por exemplo, na terapia do comportamento aplicada a um caso de fobia, o terapeuta necessita de certo período de tempo para conseguir a dessensibilização da ansiedade relacionada com o sintoma fóbico; sua supressão representa a conclusão da terapia. O mesmo vale para as terapias comportamentais baseadas no condicionamento operante, isto é, no estímulo ao surgimento de comportamentos mais aceitáveis. Da mesma forma, nas terapias estratégicas (Haley, 1963; Watzlawick, Beavin e Jackson, 1967) o objetivo é a supressão do sintoma. Não é uma simples coincidência que todas estas terapias pertençam ao grupo de terapias breves, que supõem que a mudança deve produzir-se em um período de tempo determinado.

Nas terapias psicanalíticas o sintoma é considerado um epifenômeno, a expressão de profundos conflitos psíquicos internos. A simples supressão do sintoma não significa cura, visto que o sintoma pode ser substituído por outros, enquanto os conflitos ficam sem solução. A psicanálise, apesar das numerosas modificações teóricas e técnicas que sofreu no decorrer dos anos, com sua recente evolução que a aproximam da hermenêutica e do desconstrucionismo (Jervis, 1989), supõe um processo de crescimento do cliente no contexto da relação com o analista. É evidente que este processo requer uma atividade longa e difícil.

Por este motivo o tempo da psicanálise é um tempo contínuo. Terapeuta e paciente, ao interagir duas, três ou até quatro vezes por semana, terminam por adaptar mutuamente seus tempos e ritmos. Com freqüência o tempo do analisando acompanha o ritmo das sessões. Terapeuta e paciente evoluem, assim, juntos de maneira contínua, sem se darem conta. A mudança, além de lenta, é gradual e progressiva. Às vezes pode ocorrer uma mudança de grande importância, que pode ser analisada, interpretada e estabilizada em uma sucessiva série de sessões.

Na terapia sistêmica a idéia central é que os sintomas aparecem quando as relações de uma pessoa consigo mesma ou com seus semelhantes (os familiares têm aqui uma particular importância) perdem significado ou adquirem significados obscuros ou ambíguos. Nestes casos os sintomas assumem o sentido de dilemas relacionais, nos quais uma pessoa se pergunta: "Qual é meu lugar em minha família? O que querem de mim? Quem é o preferido da minha mãe, eu ou meu irmão? Qual é meu lugar no mundo?" Este tipo de dilema surge, naturalmente, também em outros contextos como a escola, o trabalho, o grupo de pares. Um sintoma pode surgir se no grupo de pertencimento se criam segredos ou se ocorrem coalizões veladas das quais se exclui um dos membros. A persistência do sintoma, manifestação dos dilemas de relação, mantém os membros do sistema oscilando entre as alternativas. Para o sujeito sintomático, em particular, é como se o tempo parasse: há uma clara perda da capacidade de evolução.[10] A ação terapêutica visa destruir as ambigüidades e os dilemas de relação. Se isto ocorrer, o sistema pode liberar-se da oscilação e buscar suas próprias soluções. A terapia opera, pois, de um modo descontínuo.

Já em *Paradosso e controparadosso* (Selvini Palazzoli, *et alli*, 1975) o grupo de Milão havia proposto uma concepção descontínua da mudança: uma mudança por saltos, em contraposição à mudança gradual aceita previamente. Nossa terapia tende, desde a primeira sessão, a estimular possíveis mudanças não vinculadas a nenhum programa nem a passos estabelecidos de antemão: cada sessão é a primeira. Isto significa aceitar o risco de que o "salto" produza mudanças inesperadas ou indesejadas inclusive para os terapeutas. Em certo sentido isto significa renunciar a qualquer pretensão de onipotência terapêutica e devolver à vida todo seu potencial evolutivo.

Isto não quer dizer que não tenhamos nossa própria ideologia. Até porque não seria possível não possuir uma. Tratamos continuamente de estar conscientes disto e de evitar usá-la para condicionar os outros. Consideramos o terapeuta um facilitador, um catalisador capaz de encetar uma mudança no cliente. Isto significa evitar, na medida do possível, oferecer-lhe soluções, mas construir, junto com ele, um contexto no qual possa encontrar suas próprias opções. Mais adiante veremos como esse processo pode ser interpretado em termos de mundos possíveis.

Podemos reler, desta perspectiva, o artigo "Perché um lungo intervalo tra le sedute?" (Selvini Palazzoli, 1980), que propunha algumas hipóteses para explicar porque na terapia familiar as sessões distanciadas, uma vez ao mês, funcionavam melhor que as semanais. A idéia fundamental era que, se em uma sessão iniciavam-se mudanças devidas a uma perturbação introduzida pelo terapeuta, era necessário certo tempo para que o sistema familiar encontrasse um novo equilíbrio. Se a sessão seguinte ocorresse antes de se conseguir tal equilíbrio, o processo terapêutico podia complicar-se, reduzir seu ritmo e, conseqüentemente, desiludir o terapeuta.

Alguém definiu este processo terapêutico como "morda e corra" (*bit and run*). Este processo é concluído normalmente pelo terapeuta, ou pela equipe, com a comunicação do "fim da terapia" quando se comprova uma mudança muito significativa e há motivos para esperar que continue espontaneamente no futuro, sem a presença do terapeuta. À família que se mobiliza desta forma é conferida a responsabilidade e a liberdade de governar sua própria mudança. Neste sentido, a terapia sistêmica enfatiza o futuro, o tempo da possibilidade.

Estas idéias coincidem com nosso outro princípio, recém enunciado, de que o sistema — indivíduo ou família — contém a informação e o potencial da sua possível evolução. Interpretar este axioma de maneira muito literal pode levar a conclusões extremas: bastaria encontrar a intervenção justa para que um único momento de descontinuidade pudesse resolver qualquer problema em uma só sessão. Esta convicção, obviamente, carece por completo de realismo. A experiência ensina que são necessários vários encontros cliente-terapeuta para que surjam novas perspectivas, novas soluções. Às vezes, como nos casos de psicose crônica, nem a terapia basta, são necessárias outras intervenções: o ingresso em um hospital, a assistência social ou a reabilitação, por exemplo.

O intervalo de um mês na terapia familiar — intervalo necessário, como já afirmamos, para que o sistema familiar atinja um novo equilíbrio — é obviamente arbitrário. Chegamos inclusive a propor estranhas hipóteses para justificar sua validez: ciclos menstruais, fases lunares ou meses do calendário. Mas uma coisa é certa: assim como este intervalo parecia ser do agrado da maioria das famílias, também era do nosso agrado porque nos facilitava muito a organização do trabalho. A adoção de qualquer intervalo de tempo implica, claro, no risco da rigidez. Às vezes, com certas famílias, o intervalo entre as duas primeiras sessões é de duas semanas. Depois passa a ser mensal ou até maior. Outro fator que influi na determinação dos intervalos entre as sessões é o contexto de trabalho: trabalhar só ou em equipe, trabalhar no serviço público ou privado. Devemos sublinhar que, se é verdade que as mudanças no sistema terapêutico são descontínuas, também o é que as mudanças acontecem *no contexto de uma relação contínua*.[11]

Finalmente queremos recordar que o intervalo mensal, tão usado e adequado para a terapia de família, resulta, para nós, muito longo para a terapia individual, para a qual é mais indicado um intervalo semanal ou quinzenal. O intervalo adequado na terapia individual é mais breve do que na terapia familiar, pois na terapia individual é necessária uma maior freqüência de contatos para favorecer um clima de continuidade na relação terapeuta-cliente, enquanto na família existe já uma rede de relações entre seus membros, o que diminui a necessidade de um contato mais freqüente com o terapeuta.

O anel auto-reflexivo passado, presente e futuro

Agora exploraremos a relação entre o observador e as três dimensões do tempo: presente, passado e futuro. Cada sistema tem uma história, um passado que contribui para definir os significados dos acontecimentos presentes, os quais, por sua vez, definem o passado. Desta forma cria-se um anel auto-reflexivo no qual passado e presente influenciam-se reciprocamente. O anel torna-se mais complexo quando se leva em consideração a eventualidade, o futuro. Este recebe seu significado do passado e do presente e, por sua vez, influi sobre ambos: as expectativas, os planos, os projetos contribuem para dar um significado às ações presentes que, por sua vez, influenciam as elaborações da memória (o passado).

Por exemplo, um mito familiar cujas raízes encontram-se no passado influi nas percepções e nas ações do presente e condiciona os acontecimentos futuros que, por sua vez, poderão modificar o mito e, inclusive, fazê-lo desaparecer e produzir outros mitos, criando-se outros anéis auto-reflexivos. Podemos tirar um segundo exemplo de um grupo humano muito maior: o mito do *american dream*, cujas raízes remontam à época dos pioneiros em que se formaram os Estados Unidos. Este mito, que norteou por mais de dois séculos a vida de seus habitantes, e que teve seu momento culminante depois da segunda guerra mundial, foi ofuscado pela a guerra do Vietnã. Isto provocou na consciência coletiva, e não só na norte-americana, a criação de um clima de confusão, de dúvida, que conduziu à revisão das premissas fundadoras do mito.

Passado, presente e futuro estão unidos em um único anel reflexivo, no qual cada um recebe seu significado dos outros dois. Temos de sublinhar, no entanto, que o presente ocupa uma posição particular nesse anel. Como diria Santo Agostinho, *todos os problemas são problemas do presente*. Para o filósofo de Hipona além dos problemas presentes no presente, haverá problemas passados no presente e problemas futuros no presente. Nenhum problema existe fora do presente, em outras palavras, se está fora do presente, já não é um problema, é lembrança ou possibilidade de um problema.

Pode ocorrer que um evento particular — uma traição, uma ruptura, uma guerra ou uma perda — adquira um significado totalizador que, apesar do passar do tempo, condicione os acontecimentos do presente e configure rigidamente as perspectivas futuras. Nestas circunstâncias, parece que o anel autoreflexivo se despedaça e cede lugar a uma cadeia linear, determinista: o evento, que "é passado", exerce uma influência maciça sobre o presente e o futuro, sem ser por sua vez modificado. Vejamos alguns exemplos deste processo: um luto não elaborado, os transtornos pós-traumáticos dos soldados que voltam de uma guerra obcecados por lembranças ou sonhos carregados de ansiedade ou de terror, uma infidelidade conjugal cuja forte carga emotiva bloqueia a relação do casal e condiciona toda sua existência.

Em seu artigo "De Versailles à cibernética" Bateson oferece um exemplo histórico muito eloqüente. Pouco antes do final da Primeira Guerra Mundial os aliados propuseram aos alemães condições de rendição favoráveis, contidas nas Quatorze Cláusulas apresentadas publicamente pelo presidente Wilson e segundo as quais não haveria nem anexações, nem reparações de guerra, nem destruições punitivas. No tratado de Versalhes os aliados não mantiveram as promessas e provocaram um clima de ressentimento, desconfiança e ódio. Estes sentimentos originariam, mais tarde, a Segunda Guerra Mundial. Os que a declararam estavam convencidos de que atuavam movidos por contingências atribuíveis ao "presente", mas, na realidade, estavam influenciados pelos efeitos de acontecimentos passados.

O denominador comum de todos estes exemplos é que as idéias vinculadas a um acontecimento assumem uma posição predominante na consciência individual ou coletiva, em prejuízo de outras possíveis idéias sobre o mesmo acontecimento, ou de idéias, recordações e expectativas relacionadas com outros eventos. Dito em outras palavras, pode-se afirmar que o sistema se enrijece. Um ecossistema será tanto mais flexível, adaptável, "normal", quanto mais abertos forem seus circuitos recursivos, de tal forma que a informação possa circular livremente. Sobre a base desta formulação pode-se dizer que a terapia sistêmica, em particular mediante o uso das hipóteses e das perguntas circulares, cria um contexto no qual a "rigidez" presente se dissolve, permitindo a abertura de novos circuitos e, por conseguinte, de novas idéias e novas perspectivas.

Isto ocorre, como sublinhou Santo Agostinho, no presente, no "aqui e agora", através da presentificação dos problemas do passado e do futuro. Na psicanálise isto se realiza na análise da transferência e da contra-transferência, através da qual se revive o passado. Em outros modelos terapêuticos — como o behaviorismo e, em certa medida, também o estratégico e o estrutural — realiza-se por meio de prescrições comportamentais no presente. Em algumas correntes mais recentes da terapia psicanalítica ou sistêmica (Anderson e Goolishian, 1988), apoiadas na hermenêutica, destaca-se a importância da conversação e dos significados que aparecem no "aqui e agora".

O interessante modelo terapêutico de Milton Erickson, retomado e desenvolvido depois por De Shazer (1981), está voltado para o futuro. Erickson, em seu trabalho "Pseudo-Orientation in Time as a Hypnotic Procedure" (1954), descreve a hipnose como uma técnica não somente de regressão ao passado, mas também de orientação para o futuro, na qual se sugere ao cliente que já tenha conseguido aqueles objetivos que expressam seus desejos atuais. De Shazer (1981), sem utilizar a indução hipnótica, consegue objetivos semelhantes:

> O terapeuta e o cliente programam juntos, consciente e deliberadamente, o que se pedirá ao cliente para obter a solução desejada. Parece que na situação terapêutica a simples descrição detalhada de um futuro, no qual o problema já foi resolvido, ajuda a criar a expectativa de resolução do problema. Parece também que a formulação desta expectativa pode ajudar o cliente a pensar e a comportar-se de modo a realizar as próprias expectativas.

A presentificação do passado e do futuro na relação terapêutica visa introduzir circularidade e flexibilidade no sistema, para eliminar as oscilações, as compulsões à repetição, os bloqueios e para que o tempo volte a transcorrer livremente. Telfener (1987: 24 seg.) sintetiza bem como pode ocorrer isto:

> Prestar uma cuidadosa atenção ao tempo permitirá desvincular o presente do passado e do futuro; uma leitura distinta do presente permitirá selecionar um novo passado e imaginar mais futuros prováveis. A mudança é, de fato, a regra de transformação que também permite desvin-

cular o futuro do passado e romper uma seqüência amiúde suposta por quem busca uma terapia.

Mundos possíveis

A literatura científica sói relacionar sistemas "patológicos" e sistemas "rígidos", isto é, sistemas dotados de escassa ou nenhuma flexibilidade. Estes últimos tendem a reproduzir os mesmos *pattern*, os mesmos comportamentos ou as mesmas explicações. Baseiam-se em premissas deterministas. Nossos clientes costumam ter uma concepção linear do tempo, uma concepção "histórica", na qual o passado determina o presente e tende a condicionar o futuro. Para provocar a mudança seria necessário, como já dissemos antes, criar um contexto que modificasse as premissas deterministas dos clientes e favorecesse sua criatividade.

Há uma proposta para "explicar" como isso ocorre que nos pareceu interessante: refere-se à lógica e à criação consensual de uma série de mundos possíveis. "Mundo possível" é uma expressão usada na lógica formal para referir-se às diversas situações verificáveis. A expressão foi introduzida por Leibniz no *Discurso de metafísica*, no qual o filósofo expressou a que talvez seja sua afirmação mais célebre: "O nosso é o melhor dos mundos possíveis" (Allwood, Anderson, L.G., e Dahl, 1977).

> O mundo real é simples — diria inclusive que muito simples —, é esquemático, substancialmente pobre [...] O surgimento da mente humana muda tudo. Esse único mundo esquemático atinge uma fantástica pluralidade de mundos diferentes. Da pobreza se passa à riqueza, das correntes de ferro à liberdade. Creio que aqui reside o profundo valor da concepção de Leibniz, que esclareceu o que realmente aconteceu com o surgimento do homem no Universo. Em certo sentido, nasceram uma miríade de novos universos. (Toraldo di Francia, 1990: 26.)

A linguagem comum tende a raciocinar segundo uma lógica predicativa ou proposicional (Allwood, Anderson e Dahl, 1977). Este tipo de lógica considera apenas um mundo possível, confere às suas próprias verdades um valor absoluto, como se nossas afirmações sobre o mundo estivessem entrelaçadas com conclusões incontrovertíveis derivadas das premissas. A função da terapia seria reorientar para uma lógica *modal*, em cujo contexto se admite a existência de diversos mundos possíveis. Nelson Goodman (1978) lembra que uma pessoa precisa, no seu quotidiano, pensar que a Terra é plana, pois no caso contrário teria dificuldades. Um astronauta, pelo contrário, deve pensar que a Terra é redonda, senão correria grandes perigos. Ambas as afirmações, "a Terra é plana" e " a Terra é redonda", são válidas dentro dos dois mundos possíveis diferentes ou dentro dos dois diferentes domínios descritivos.[12]

Giuliano Toraldo di Francia (1990) expressa a mesma idéia ao frisar que as contradições entre a teoria geral da relatividade, que se ocupa do mundo macroscópico, e a mecânica quântica, válida no mundo subatômico, não impedem que os físicos as apliquem, cada uma em seu próprio âmbito descritivo.

Podemos dizer que nosso conhecimento do mundo exterior não deriva de um simples reflexo de sua imagem, mas que é uma construção dinâmica do observador, que, introduzindo o tempo, compara o mundo "real" com os mundos possíveis.

> Um mundo possível não é uma estrutura sincrônica, mas o desenvolvimento diacrônico de uma estrutura. É uma história. Talvez o universo sincrônico possa parecer-nos muito simples. Mas com a introdução da dimensão histórica tudo se enriquece e se torna maravilhosamente mais complexo. (Toraldo di Francia,1990: 29.)

A teoria dos mundos possíveis pode inscrever-se na lógica modal, como observa Jerome Bruner (1986):

> Na nova e mais poderosa lógica modal, não se pergunta se uma proposição é verdadeira ou falsa, mas em que tipo de mundo possível seria verdadeira. Se fosse possível demonstrar que é verdadeira em *todos* os mundos possíveis — no sentido em que, por exemplo, é verdadeira em todos os mundos possíveis a afirmação "um solteiro é um homem que não se casou" —, então se trataria, quase com certeza, de uma verdade que não deriva do mundo, senão da natureza da linguagem.

Qualquer discurso é interpretável — dentro de certos limites — segundo lógicas diferentes. Cada uma das leituras será correta no marco das premissas do mundo que se constitui desta maneira, no sentido que Goodman (1978) dá ao termo "mundo". A forma como *interpretamos* nossos discursos e nossos feitos pode acarretar muitas conseqüências para nossa vida. Mudar os fundamentos destas interpretações, as premissas, é uma das condições da mudança.

Vamos dar um exemplo. Se um pai nos diz: "meu filho não é auto-suficiente", expressa um enunciado com valor de necessidade, cuja validade se estende a todos os mundos possíveis. A afirmação: "talvez meu filho não seja auto-suficiente" implica, pelo contrário em: "este enunciado é possível, isto é, verdadeiro em algum mundo possível". O trabalho terapêutico tende a eliminar as afirmações com valor de necessidade para introduzir afirmações com valor de possibilidade. Com freqüência utilizamos o termo "idéia" como expressão de um mundo possível. Por exemplo: "Quando teve a idéia de que seu filho não é auto-suficiente? De onde veio esta idéia? O que poderia ocorrer para que outra idéia a substituísse? Quem seria, entre as pessoas que mais aprecia, a que poderia ajudá-lo a mudar a idéia sobre a auto-suficiência de seu filho? Suponhamos que a idéia de que não é auto-suficiente mude dentro de um ano. O que mudará então em sua família?", por exemplo.

A lógica modal é utilizável em uma perspectiva diacrônica, isto é, em um contexto temporal que permita relacionar um enunciado com enunciados correspondentes verificados em outros "pontos" do *continuum* temporal (Allwood, Anderson e Dahl, 1977). Em nosso trabalho agimos de modo semelhante. Os mundos possíveis sugeridos pelas hipóteses sistêmicas, formuladas e submetidas à verificação no curso da consulta ou da terapia, podem não só influenciar o "mundo real" dos clientes, mas também ajudá-los a pensar em termos de mundos possíveis. Assim, pode-se dizer que a consulta ou a terapia não criam somente um contexto de aprendizagem, mas um contexto de dêutero-aprendizagem: aprender a aprender.

Capítulo 5

Os tempos na relação de consulta e de terapia

Cada diálogo tem seu tempo e seu ritmo, tempo e ritmo produzidos pela interação dos tempos individuais dos participantes. Neste capítulo estudaremos a importância da análise das interações temporais na sessão terapêutica ou na consulta. Ocupar-nos-emos, portanto, de alguns aspectos relativos ao tempo dos clientes, ao tempo do terapeuta ou do consultor, aos tempos da equipe, para finalmente descrever a forma em que estudamos e utilizamos o tempo em nosso trabalho.

Contextos de consulta e de terapia sistêmicas

Queremos descrever e esclarecer aqui, de maneira preliminar, os conceitos de consulta e terapia sistêmica e sua evolução. Durante algum tempo quando, no campo clínico, falava-se de intervenções junto à família, fazia-se referência preferencial ou exclusivamente à "terapia". Na bibliografia especializada o termo "consulta" era realmente insólito. Nos anos oitenta o interesse pela consulta, e por sua relação com a terapia, aumentou progressivamente. Alguns autores, ainda que trabalhassem em um contexto clínico com indivíduos, casais ou famílias renunciaram *tout court* à definição de "terapia" (ver Hoffman, 1988).

Um livro publicado há alguns anos, *Systems Consultation. A New Perspective for Family Therapy* (Wynne, McDaniel e Weber, 1986), explicava as razões e a utilidade da mudança de perspectiva da terapia à consulta no campo clínico. Entre as razões apontaram-se todas as inexatidões e inadequações das tipologias dos transtornos familiares: para alguns autores nenhum esquema de classificação é conceitualmente adequado para descrever os problemas das famílias. A idéia de que uma família é "patológica", "patogênica" ou está "doente", e por isto necessita de terapia, tem cada vez menos partidários. Os promotores dos movimentos de auto-ajuda, por exemplo, não aceitam o conceito de patologia familiar.

Outra razão seria que, com certa freqüência, os clientes solicitam uma entrevista com um profissional para receber esclarecimentos sobre alguma dificuldade, sobre um mal-estar ou sofrimento e não para curar-se de uma doença. A oferta prematura de uma terapia limitaria a análise do profissional aos problemas "patológicos" atuais e proporia, como objetivo futuro, sua solução. Os clientes — quando se trata de famílias, alguns membros da família — nem sempre estão dispostos a questionar-se, a enfrentar uma viagem terapêutica que pode liberá-los de alguns problemas e, ao mesmo tempo, fazê-los pagar o altíssimo preço da manifestação de conflitos incontroláveis. Este é um dos motivos das "interrupções precoces" (*drop-out*) da terapia por parte dos clientes. A consulta, por outra parte, seria útil porque enfatiza os recursos mais que os problemas, a saúde mais que a enfermidade. Esta prevê uma relação de colaboração simétrica, na qual a responsabilidade das decisões corresponde exclusivamente ao cliente.

Como expusemos no capítulo 4, na primeira metade dos anos setenta, os casais e as famílias que chegavam ao *Centro Milanese di terapia della Famiglia* eram recebidos em uma primeira consulta. Ao final do encontro, se houvesse indicação, oferecia-se aos clientes uma terapia de dez sessões. Naquele período pensávamos, de acordo com a visão cibernética de primeira ordem, que a família estava "doente" e que, para liberá-la da enfermidade, era necessária uma intervenção.

Depois, aos poucos, criamos um contexto mais próximo da consulta que da terapia. Certas palavras, referentes ao campo da enfermidade — "sintomas", "sessão", "diagnóstico" e outras —, desapareceram progressivamente do nosso diálogo com os clientes. Adotamos uma linguagem não centrada nas patologias, coerente com as propostas teóricas que encontrávamos: cibernética de segunda ordem, construtivismo, desconstrucionismo, orientações pós-modernas e "pós-Milão". Deixamos de propor as dez sessões e passamos a marcar, ao final de cada sessão, a data de encontro seguinte. Por outro lado, enquanto no início o objetivo era a eliminação dos sintomas mediante a "intervenção final", mais tarde prevaleceria a exploração das idéias, das emoções, dos significados suscitados pelo diálogo com os clientes, no contexto de uma visão co-evolutiva de co-criação da realidade.

Antes, na relação com nossos clientes, a definição de terapia estava muito clara. Hoje já não é tão clara. Ainda que normalmente os clientes venham ou sejam enviados para uma terapia, implicitamente são recebidos em uma consulta. Às vezes, no entanto, a definição de consulta é claramente explícita: quando um colega nos pede que façamos a avaliação de um caso clínico ou quando nos pedem que trabalhemos em contextos não clínicos, por exemplo, devido ao surgimento de problemas em uma equipe — privada ou pública — de profissionais psiquiátricos. Às vezes também realizamos intervenções em serviços ou empresas que, evidentemente, só podem ser intervenções de consulta.

A propósito da prática da consulta, vale a pena referir-se à interessante classificação das consultas propostas, fora do campo clínico, por Edgar H. Schein (1987), professor de *management* no *Massachusetts Institute of Technology*. Ele distingue três modelos de consulta: o modelo da "aquisição de informação ou experiência", o modelo "médico-paciente" e o modelo da "consulta processual". No primeiro modelo o cliente (um diretor ou um grupo de diretores de uma empresa) já sabe qual é seu problema, de que tipo de ajuda precisa e a quem se dirigir, e contrata um consultor para que encontre uma solução. No segundo modelo o usuário encomenda ao consultor "que busque o que não vai bem, que faça um diagnóstico e que prescreva o que tem de ser feito". O cliente passa a ser dependente do consultor e isto não o induz a aprender de que forma poderia resolver os problemas futuros.

Na consulta processual (que, de certa maneira, se aproxima do nosso modo de trabalhar) a diferença mais importante em relação aos outros dois modelos reside mais na forma como o consultor estrutura a relação que nos próprios conteúdos. "A premissa central é que o problema é do cliente e continua sendo dele enquanto durar o processo de consulta" (Schein, 1987: 29). Somente o cliente, em última análise, conhece bem o contexto em que se encontra, suas peculiaridades, seus recursos e o que poderá ou não ir bem. A consulta processual não somente permite que se resolvam os problemas dos clientes, mas também "o que é mais importante, que o cliente adquira a capacidade de solucionar os próprios problemas, de tal sorte que possa continuar resolvendo-os depois da conclusão do trabalho do consultor" (*ibid*: 30). Em uma terminologia batesoniana poderíamos dizer — e assim o expressamos em nossas terapias e consultas — que desta forma se cria um contexto de dêutero-aprendizagem (aprender a aprender).

Tempo dos clientes

Uma idéia importante para a análise das interações humanas é à da sua coordenação. Todos os sistemas, para subsistirem, sejam vivos ou não, necessitam de certo grau de coordenação entre seus componentes. Nos sistemas mecânicos a coordenação deve ser muito estreita, com pouca ou nenhuma margem de variabilidade. Também nos sistemas vivos mais simples, em organismos pluricelulares, por exemplo, a coordenação está submetida às leis da necessidade: vejamos o que ocorre no caso do câncer, onde o fato de que alguns clones celulares não se submetam à coordenação dos tempos de crescimento e de evolução tem conseqüências destrutivas para todo o organismo.

Se mudarmos o foco de atenção destes sistemas para os constituídos pela interação de vários organismos, até chegar às interações humanas, o discurso muda. Nestes casos se trata da coordenação de entidades muito variáveis. A variabilidade, por outro lado, não pode superar certos parâmetros. É possível, pois, delimitar uma gama (*range*) das coordenações possíveis. Se nos deslocarmos para os extremos a coordenação se torna muito lenta e constritiva, pode ocasionar disfunções e até conduzir à destruição do sistema.

A coordenação entre os tempos, ritmos e horizontes temporais deve ser mantida dentro de um *range*, do contrário podem ocorrer bloqueios e rigidez, ou ainda desordem e excessiva imprevisibilidade. Como vimos no caso dos tempos sociais da cidade (capítulo 2), um defeito na coordenação dos tempos pode provocar estas conseqüências, assim como na família pode produzir descontentamento, sofrimento e desenvolvimento de alguns sintomas. No já citado *Tempos Modernos* de Charlie Chaplin, o operário da cadeia de montagem perde a coordenação com a máquina e com os demais operários, e manifesta toda uma série de tiques nervosos. Este exemplo é, por outro lado, uma boa demonstração da tese segundo a qual os sintomas são metáforas de situações relacionais.

A coordenação dos tempos nas relações humanas depende de fatores biológicos, culturais e sociais. O início da relação de um grupo de pessoas provoca uma coerência temporal fruto da coordenação das suas ações e significados. A coordenação dos tempos está na base desta coerência. Quando nos ocupamos de um caso clínico tratamos de "vê-lo" no contexto de seu sistema significativo (família, escola ou posto de trabalho.), o qual, por sua vez, está incluído em um contexto mais amplo, social e cultural. A observação deste complexo sistema, através da perspectiva do tempo, leva a descobrir harmonia ou desarmonia temporal em cada indivíduo, entre o indivíduo e sua família, entre o indivíduo e os sistemas sociais — como a escola e o trabalho —, entre a família e a cultura dominante. A este respeito devemos assinalar os numerosos problemas de coordenação provocados pela imigração e pela sociedade multi-étnica.

Se uma pessoa tem problemas de tempo — isto é, dificuldades para manter o *range* apropriado na coordenação dos tempos — pode descrevê-los de várias maneiras. Pode considerar-se incapaz de coordenar os tempos internos subjetivos entre si ou com os tempos externos (tempo de trabalho, tempo das relações sociais); ou bloqueado no tempo, impossibilitado de evoluir; ou incapaz de viver o presente, refugiando-se no passado. Pode também sentir que o tempo o oprime, pára, foge ou sentir-se angustiado ao pensar no futuro e na morte.

A seguir oferecemos alguns exemplos dos problemas de tempo que enfrentamos em nossa prática quotidiana. Não se trata, evidentemente, de uma exposição sistemática, nem de uma classificação, mas simplesmente de uma olhada rápida sobre algumas formas possíveis de viver o tempo como dimensão problemática.

Desarmonia entre tempo objetivo e tempos subjetivos na vida de casal

Comecemos com um exemplo literário. O senhor Kawaii Joji, um homem de trinta anos, de aspecto e ideais bastante comuns, casa-se com uma garota de quatorze anos, Naomi, doce e dócil, tranqüila e modesta. Depois de um par de anos descobre uma complexa série de infidelidades. A esposa, que lhe parece uma mulher irreconhecível ou simplesmente desconhecida, também se torna cada vez mais exigente:

> Recordei de repente a imagem de nosso primeiro encontro, quando ainda trabalhava como garçonete no Café Diamond. Quão diferente era! Era ingênua, tímida, boa e um pouco melancólica. Não se parecia com esta mulher grosseira e vulgar. De fato, havia-me apaixonado por aquela Naomi e me havia deixado levar pela força da inércia. Sem que eu percebesse, ela mudava aos poucos, tornando-se uma mulher insuportável e quase odiosa (Tanizaki, 1988: 266).

O senhor Joji não é senão um personagem criado pela fantasia de Jun'ichiro Takanaki. Todavia, problemas semelhantes entram nas nossas vidas com mais freqüência do que se crê. Casos parecidos ocorrem sempre que um dos membros de um casal se aferra a uma imagem do outro bloqueada no passado para fixar-se em um tempo estático. Ali começa a produzir-se um desencanto crescente: o outro já não é como deveria ser ou como era no passado. Esta discordância de percepção é o ponto de partida de um aumento progressivo das diferenças, que provoca um paulatino endurecimento das atitudes. Tudo começa com pequenas tensões, depois surgem as incompreensões recíprocas que podem levar ao conflito aberto.

Uma discordância similar entre imagem presente e imagem passada tem sido discutida em relação à terapia do grupo de Milão. O grupo, lembremos, no início dos anos setenta tendia a manter-se fiel à hipótese sistêmica da primeira sessão (visão sincrônica), mas depois optou por uma visão co-evolutiva (diacrônica). As relações pessoais — incluída a relação terapêutica — com freqüência se polarizam, cognitiva e emotivamente, em um fotograma interno do filme da própria vida.

O caso do casal Valeri, para citar outro exemplo, estava cheio de *flashbacks* que os faziam voltar continuamente a um fotograma da vida pregressa. A senhora Valeri havia sido infiel ao seu marido dez anos antes. Durante esses dez anos sempre fora, para livrar-se das suas contínuas acusações, muito condescendente. Quanto mais dócil se mostrava, porém, mais ele a acusava: "Jamais poderá apagar o que já foi feito!" A culpa da senhora Valeri continuava, pois, presente na vida do casal, perpetuava-se sem possibilidade de solução.

Uma incompatibilidade entre tempos individuais pode transformar-se em mal-estar também de outras maneiras. O casal Rossi partiu de ótimas premissas, mas atualmente está minado por uma beligerância e uma intolerância aparentemente irrefreáveis. Em seu caso a raiz do conflito já era evidente nas primeiras observações: a senhora Rossi é uma mulher rápida, veloz, de movimentos repentinos, enquanto o marido é lento, plácido, pausado. Basta um breve diálogo para dar-se conta de que a lentidão e os tempos "longos" do senhor Rossi desesperam a sua mulher, que tende, por contraposição, a irritar-se ainda mais. Isto, por sua vez, enerva o marido, que se mostra ainda mais lento. Algo semelhante ocorria no caso da mulher resmungona e do marido trancado de Watzlawick, Beavin e Jackson (1967). À pergunta: "Por que você é tão lento?", o senhor Rossi responderia: "Porque minha mulher me exaspera com sua pressa!" Enquanto a senhora Rossi replicaria: "Tenho pressa porque ele me exaspera com sua lentidão!"

Giorgio e Beatrice se apresentaram em nosso Centro porque tinham um problema de casal. Durante os cinco primeiros anos seu matrimônio havia transcorrido em um clima de relativa serenidade. O estilo de vida de Beatrice começou a mudar radicalmente pouco depois do nascimento de sua primeira filha. Em pouco tempo havia abandonado a posição submissa, de anjo do lar, para assumir uma intensa vida social e encontrar um trabalho. Rapidamente havia começado a ser independente do marido. Este teve uma reação catastrófica. Iniciou uma relação com outra mulher. Depois, quando sua esposa lhe deu o troco, e começou uma relação com outro homem, Giorgio entrou em colapso e teve uma profunda depressão. Começou assim uma espécie de calvário terapêutico, no qual cada um dos cônjuges tinha seu psicoterapeuta individual. Dois anos depois Beatrice dava à luz à outra filha e concluía com êxito sua análise. Giorgio, por seu lado, quase ao final do seu sétimo ano de terapia, foi aconselhado pelo seu psicoterapeuta a procurar uma terapia de casal.

Os primeiros encontros com o casal evidenciaram o núcleo fundamental das dificuldades, a liberação de Beatrice de sua situação de submissão. Esse acontecimento foi redefinido pelo terapeuta como a "primeira guerra de independência". Havia-se criado uma discrepância. A mulher pensava no futuro, o marido se atormentava porque não podia aceitá-la tal como era e seguia querendo que fosse como era antes. Ambos os cônjuges eram prisioneiros de posturas irreconciliáveis: a mulher não compreendia a atitude intransigente do marido e este não compreendia a mudança irreversível ocorrida com sua esposa.[1] Incapazes de se separarem e de estarem juntos "como antes", haviam deixado de viver no mesmo horizonte temporal. Ele vivia no passado, ela no futuro. Em conseqüência, seu diálogo havia-se transformado em um diálogo de surdos. Giorgio é um marido que não deixa de lembrar o personagem de Tanizaki citado previamente.

O problema do casal Amendola, ambos com quarenta anos, sem filhos e com uma elevada cultura, era o progressivo desinteresse do marido pela esposa. Durante a primeira conversa o terapeuta descobriu que, segundo eles, a causa do tédio do senhor Amendola era a idade da mulher. "Meu ideal estético — declarou — sempre foi a garota de vinte anos que conheci. Já não consigo desejar minha mulher, porque ela já não é a mesma de antes."[2]

Esta situação é semelhante à anterior. Se na primeira um marido se aferrava à imagem da mulher como "anjo do lar", como substituta de sua mãe, diriam muitos psicoterapeutas, na segunda reprovava-lhe o fato de haver mudado fisicamente. O denominador comum é a dissociação entre a imagem de uma esposa ideal e a de uma esposa real. Normalmente marido e mulher vivem, mudam, envelhecem juntos, coabitam no mesmo tempo. Basta perguntar-lhes para perceber que nenhum dos dois considera que o outro tenha envelhecido como envelhecem os desconhecidos. São como trens que circulam à mesma velocidade: dois passageiros sentados junto às janelas de dois vagões que avançam à mesma velocidade se consideram mutuamente imóveis. Mas as mudanças das "velocidades" podem, com o passar dos anos, aumentarem as diferenças, agravar os conflitos do casal e provocar tanto o desinteresse como uma hostilidade recíproca incontrolável.[3] Todas estas reações nascem com a perda da co-evolução. Chegando-se às afirmações, incongruentes somente na aparência, do senhor Amendola: "Tenho só quarenta anos e estou casado com uma senhora que já fez quarenta."[4]

Desarmonia entre tempo objetivo e tempos subjetivos na vida familiar

Escolhemos o caso de Mauro Viale como primeiro exemplo de dificuldades familiares relacionadas com o tempo. Trata-se de um jovem de quinze anos que há mais de um ano vem mostrando dificuldades cada vez maiores de comportamento e de adaptação. Toda sua irrefreável rebelião se dirige contra seu pai. Uma série de perguntas esclarece o ocorrido. O pai de Mauro havia decidido, provavelmente sem se dar conta disto, que seu filho, ao completar quatorze anos, teria de começar a comportar-se como adulto. Desta forma Mario via como, da noite para o dia, seus comportamentos eram interpretados de uma nova maneira, inexplicável: aquilo que antes sempre havia sido bom, de repente agora era "infantil". A reação de seu pai o fazia comportar-se de um modo ainda mais infantil e reivindicativo, o que provocava as previsíveis sanções. O resultado foi o estabelecimento de uma reação de recíproca intolerância.

O caso da família Presenti foi apresentado no grupo de supervisão de um psiquiatra de um hospital da cidade de Vereto. Tratava-se de uma abastada família de comerciantes de quatro filhos. Quando o caçula atingiu a maioridade, os pais decidiram dividir entre os filhos a metade dos bens familiares. Um dos filhos, Mauro, de vinte anos, não havia demonstrado, segundo os pais, suficiente seriedade e autocontrole, razão pela qual decidiram reter sua parte até que demonstrasse maturidade e discernimento. Os pais convocaram todos os filhos para comunicar-lhes a decisão. Mario reagiu iradamente diante do diagnóstico dos pais. Disse que não aceitava e que tinha tanta capacidade de administrar seus bens quanto seus irmãos. Sua exaltação foi interpretada pelos pais, e pelos irmãos, como prova de imaturidade e irresponsabilidade, e provocou um aumento da desconfiança. As reações se fizeram cada vez mais violentas. Finalmente chamaram a polícia para que levasse Mario ao hospital.

O psiquiatra que o atendeu diagnosticou uma crise pantoclástica e o internou. Rapidamente Mario passou a ser um paciente modelo. Depois de um período de hospitalização não muito longo, recebeu alta e foi para casa. Ali começou tudo de novo: a *escalada* simétrica, o recurso à polícia e uma nova hospitalização. No decorrer dos cinco anos seguintes, Mario foi hospitalizado muitas vezes. Finalmente começou perder o interesse pelas discussões com a família e a adaptar-se à condição de paciente psiquiátrico crônico. Havia terminado, pois, por aceitar a etiqueta de louco.

Se examinarmos a evolução deste caso poderemos perceber que o *kick* inicial foi a opinião dos pais e dos irmãos de que os comportamentos de Mario eram imaturos, de que ele não evoluía conforme o esperado. O desacordo de Mario com tais definições havia conduzido a uma compreensível amplificação das diferenças com os irmãos que, graças a Mario, haviam-se tornado ainda mais responsáveis e maduros. A *escalada* seguinte havia exigido a intervenção de terceiros, a polícia e o psiquiatra, que, ao chamar Mario de louco em lugar de imaturo, mostraram-se realmente aliados da família. Mario, por sua vez, já no hospital, fora do conflitante ambiente familiar, acalmava-se rapidamente e logo recebia alta.

Perguntamo-nos o que teria ocorrido se, desde o início, os psiquiatras tivessem adotado uma atitude diferente em relação ao conflito familiar, se tivessem tido uma visão e expectativas mais positivas que as dos protagonistas do caso. Se, sobretudo, tivessem tido mais cuidado ao diagnosticar e levado em consideração que o primeiro episódio observado podia ser a expressão do simples porém forte conflito familiar, que poderia ter evoluído de forma diferente se encarado com uma atitude de espera e neutralidade. Segundo a recente perspectiva da "emotividade expressa" familiar (Leff e Vaughn, 1985), poder-se-ia dizer que, ao início, os profissionais não atuaram para reduzir a emotividade expressa, isto é, o conflito, mas, muito pelo contrário, contribuíram para aumentá-la.

Tempo do terapeuta
O contexto da sessão

A sessão de consulta ou terapia pode realizar-se com ou sem ajuda de colegas que observam por detrás do espelho. Este último é um método freqüentemente utilizado por terapeutas de família pertencentes às mais diversas abordagens. Em nosso Centro esta é a norma.

Na prática do grupo de Milão a sessão ocorre normalmente em uma sala na qual o terapeuta,[5] ou os terapeutas, se encontram junto à família. Um espelho falso e um microfone permitem a comunicação com a sala de observação, onde se encontra o resto da equipe. A sessão é gravada em vídeo. A equipe terapêutica realiza uma pré-sessão para discutir a síntese da sessão precedente ou os dados tomados por telefone com as informações sobre os clientes, quando se trata do primeiro encontro. Durante a sessão propriamente dita, o terapeuta ou a equipe podem interromper a qualquer momento a conversação entre terapeuta e família. Nestes casos o terapeuta sai da sala de terapia e se consulta com a equipe.[6]

Normalmente, no transcurso de uma sessão ocorrem uma ou duas interrupções. Ao final da sessão realiza-se uma interrupção mais longa. A família espera enquanto a equipe se reúne na sala de observação. O grupo intercambia comentários, idéias, emoções, informações que confluem na formação de hipóteses cada vez mais complexas, até chegar à chamada hipótese sistêmica sobre o sistema significativo, que inclui tanto clientes como equipe terapêutica. A partir desta hipótese se elabora uma intervenção, a "intervenção final", que será comunicada, quando o terapeuta voltar à sala de terapia, sob forma de conclusão da sessão. A intervenção final pode-se limitar simplesmente a fixar a data da sessão seguinte, ou consistir em uma declaração, uma dúvida, uma reformulação, uma história, relativos ao que surgiu no transcurso da sessão. Também, mas com menos freqüência, propõem-se prescrições ou rituais.

A sessão ocorre, evidentemente, no "aqui e agora", no presente. Mas o horizonte temporal da conversa terapêutica e do intercâmbio da equipe é muito mais amplo. A pré-sessão oferece aos terapeutas informações acerca do passado, que pode ser o passado da família, quando se trata da primeira sessão, ou do passado do sistema terapêutico, isto é, das sessões anteriores. Na pré-sessão a equipe esboça as primeiras hipóteses sobre o futuro da sessão. A entrada do terapeuta na sala de terapia representa o ponto de partida de uma experiência, tanto para clientes como para terapeutas, daquilo que previamente definimos como "interações cara a cara", e em cujo transcurso se realiza a coordenação de ações, significados e tempos.

O terapeuta deve desenvolver uma sensibilidade que favoreça o envolvimento, ajude a estabelecer uma relação positiva e facilite o surgimento da confiança dos clientes na relação com ele. No contexto desta relação cria-se um tempo terapêutico, uma "dança terapêutica" que é específica de cada situação: em certas terapias os acontecimentos se sucedem em grande velocidade, em outras o ritmo é mais lento. Cada terapeuta desenvolve sua própria capacidade de dança temporal, sua própria gama de possíveis respostas.

A cada certo tempo o terapeuta deve sair da dança para examinar a relação com o cliente de fora. Um dos autores criou seu próprio ritual de separação dos dois momentos: o do mútuo envolvimento e o do distanciamento. Neste último entra em seu próprio tempo subjetivo para analisar a interação entre ele e os clientes, em suas manifestações cognitivas e emotivas, abandona a conversação externa para entregar-se a uma conversação interna. Os clientes não percebem que, durante os breves períodos de tempo dedicados a este ritual, o terapeuta está atrás de um espelho falso virtual que naquele instante os separa. Nestes momentos o terapeuta quase não escuta o discurso, situa-se como observador de si mesmo e do sistema que constitui juntamente com seus clientes. Esse isolamento, é claro, só pode ser parcial, porque o terapeuta nunca poderá alcançar a distância que têm os colegas que se encontram atrás do espelho. Durante estes instantes tenta formular hipóteses, não somente sobre o sistema observado, mas também sobre o sistema observante: questiona-se sobre as emoções que os clientes provocam nele e vice-versa, por exemplo.[7]

Timing

A criação de um clima de confiança e compreensão na relação terapêutica e de consulta exige que a sensibilidade do terapeuta lhe permita captar e destacar, em determinados momentos precisos, certos temas. Se isto ocorresse em tempos diferentes, dificultaria o desenvolvimento de uma relação terapêutica proveitosa. Dita sensibilidade guarda uma estreita relação com o tempo. Em italiano, diferentemente do inglês, o substantivo "tempo" carece de um verbo correspondente. Por isto adotamos o termo *timing,*[*] usado na literatura especializada de língua inglesa, para expressar tal sensibilidade. A ampliação do horizonte temporal, do presente ao passado e ao futuro, pode ser proposta prematuramente, também é possível que a conversação não respeite certas seqüências, o qual produzirá o distanciamento dos clientes. Vejamos o exemplo de um caso.

Uma família composta por três pessoas, o pai, a mãe e seu filho único, veio a nosso Centro para resolver uma dificuldade comportamental do filho. Depois de ter feito algumas perguntas sobre a situação atual do pequeno núcleo

---

[*] NDT. A expressão mais utilizada no âmbito da terapia familiar brasileira seria, neste caso, ritmo. No contexto, claro, devíamos manter a expressão inglesa, *timing,* usada pelos autores no texto.

familiar, o entrevistador dirigiu de repente sua atenção à relação com a família extensa, particularmente com os avós. A conversação se bloqueou imediatamente, os pais começaram a repetir, sem esconder sua irritação, e de forma quase estereotipada, as mesmas respostas. O terapeuta, que começava a dar provas de sentir-se incomodado, resolveu interromper a sessão para pedir ajuda aos colegas que estavam atrás do espelho.

Interrogado pela equipe sobre seus pensamentos e estados de ânimo, respondeu que tinha a impressão de haver começado a dar voltas, tinha a mente em branco e que tudo isto era devido à resistência da família que parecia incapaz de compreender. A discussão da equipe fez surgir a hipótese de que o terapeuta havia penetrado prematuramente no terreno minado das relações com a família extensa. Era provável que os pais, interessados em resolver um simples problema de seu filho, tivessem reagido friamente diante da possibilidade de implicar os avós no problema e que se alarmassem com a possibilidade de que os terapeutas quisessem buscar os esqueletos no armário da família. As relações entre a família nuclear e a família extensa soem comportar conflitos e segredos, estes só devem ser pesquisados quando já se criou um clima propício, nunca na primeira sessão.

Neste caso, o terapeuta se deixou levar pelo desejo de conhecer prematuramente algo que a família ainda não estava disposta a revelar. A equipe observou que o terapeuta não havia esperado que o desenvolvimento do diálogo abrisse a possibilidade de discutir estes temas, depois que a família tivesse estabelecido uma relação de confiança. Em outras palavras, tinha cometido um erro de *timing*. Sabe-se que quando os clientes têm uma relação de confiança com o terapeuta perdoam estes e outros erros.

A discussão da equipe possibilitou a ruptura do bloqueio, a saída do *impasse.* Interrompeu-se o questionamento sobre as famílias de origem e se voltou ao presente. Assim que o terapeuta retornou à sessão, com essa nova atitude, os pais responderam adequadamente e voltaram a intervir por iniciativa própria.

O *timing* não só deve ser levado em conta durante o desenvolvimento da relação terapêutica e da consulta, mas também na hora de escolher os momentos oportunos para fazer determinadas intervenções, para decidir a freqüência das sessões ou a conclusão da relação. Daremos um exemplo.

Um homem de vinte e cinco anos se apresentou em nosso Centro queixando-se de depressão. Ao final do primeiro encontro de avaliação, o terapeuta, um dos autores, indicou uma terapia individual com sessões semanais. O cliente aceitou, mas um par de meses depois os sintomas começaram a piorar. Um dia desabafou: "Sinto-me cada vez pior, para mim uma vez por semana não basta!" Ainda por cima disse que uma jovem tia e um amigo, apesar de parecerem menos deprimidos do que ele, faziam terapia duas ou três vezes por semana. O terapeuta disse, naturalmente, que dada sua avaliação do problema uma sessão por semana era o adequado. Caso contrário teria optado por um ritmo diferente. Para concluir agregou que o *timing* do cliente não coincidia com o *timing* do terapeuta, o que os colocava em um *impasse*. Se o terapeuta tivesse aceitado a proposta do cliente teria questionado sua própria avaliação clínica; caso contrário, teria contradito as exigências do cliente.

Sua proposta, para sair do *impasse* e satisfazer as exigências de ambos, foi a seguinte: o cliente deveria acrescentar à sessão semanal com o terapeuta outras duas sessões, em casa, a sós, em um quarto, com um relógio que lhe indicasse, ao qüinquagésimo minuto, o final. Ele também deveria escrever, em um caderno de notas, o que lhe viesse à mente, sem omitir nada, como se estivesse falando com o terapeuta. Tinha de levar todos os escritos à próxima sessão. Na semana seguinte se apresentou com um volumoso caderno e o entregou ao terapeuta. Este o devolveu imediatamente e lhe pediu que lesse o que tinha escrito. O cliente permaneceu lendo por cinqüenta minutos sem que o terapeuta o interrompesse. Na sessão seguinte levou escritas apenas algumas páginas porque "fiquei com a mente em branco, isto foi o único que me veio à mente".

Estas duas sessões ajudaram o cliente melhorar seu humor. Em seguida deixou de falar da necessidade de mais de uma sessão semanal, havia começado a sentir-se melhor. É provável que a melhora estivesse relacionada com o fato de ter-se sentido aceito na sua necessidade de ter mais sessões. Também havia deixado de escrever, e de ler, as "sessões domiciliares", pois isto tirava a possibilidade de falar com o terapeuta: poder-se-ia dizer que quantas mais sessões tinha menos sessões fazia.

A já citada conclusão da terapia constitui uma importante intervenção de *timing*. Com freqüência, como dissemos no capítulo 4, o terapeuta ou a equipe encerram a terapia quando o sistema cliente se encontra em um momento de mudança significativo que deverá continuar até a solução do problema apresentado. Em muitos destes casos continuar a terapia poderia implicar o terapeuta na solução, isto é, transformá-lo em um elemento essencial do sistema, o qual poderia representar a instalação de uma terapia interminável. Nestes casos podemos falar de erro de *timing*.

Tempo do terapeuta, tempo da equipe

Quando se trabalha — como nós — em equipe, o tempo da interação terapêutica é enriquecido por um terceiro elemento: o tempo do terapeuta e o do cliente entram em relação com o da equipe de observação. Estes tempos interagem de forma bastante complexa.

Já falamos de como o terapeuta, no transcurso de seu diálogo com os clientes, alterna períodos de envolvimento e de distanciamento. Quando se trabalha em equipe, as funções de envolvimento e de distanciamento estão mais claramente separadas. Do ponto de vista da equipe de observação, o momento da observação pode ser diferenciado do momento do diálogo, da interação com o terapeuta. A equipe tem a possibilidade de observar de fora a coordenação da relação, a dança cliente-terapeuta. Esta observação diz respeito não apenas à coordenação dos tempos e dos horizontes de clientes e terapeuta, mas também aos ritmos da interação.

O subsistema terapeuta e o subsistema equipe se unem no momento em que o terapeuta interrompe a conversação com os clientes e entra na sala de observação para iniciar uma conversação com a equipe. Ao interromper a sessão "pára-se a gravação" e o terapeuta se translada a um novo tempo, distinto, ao do subsistema que não estava em interação direta com os clientes.

Desta forma o terapeuta participa de dois domínios de conversações diferentes, cada um dos quais tem um lugar físico em uma das salas e possui seu tempo peculiar. Ele constitui o *trait-d'union* entre as duas conversações e, por isso mesmo, transporta emoções e significados dos clientes para a equipe e vice-versa. Ele não é, evidentemente, um veículo passivo, mas ativo: é ele quem filtra e escolhe que significados levar. Às vezes, como diremos mais adiante, pode decidir transmitir aos clientes posições da equipe distintas das suas. O terapeuta, apesar de ser parte de um circuito, ocupa uma posição central, ele é o responsável final pelas decisões.

A equipe tem a missão de analisar as conexões entre os três subsistemas. Pode ocorrer, por exemplo, que o terapeuta — especialmente em um contexto de *training,* quando ainda não tem suficiente experiência nem confiança em si mesmo — tenda a depender muito da equipe e a estar mais unido aos colegas que ao cliente. Ou vice-versa, sobretudo, quando o terapeuta tem uma grande experiência. A equipe pode ajudar o terapeuta a descobrir seu próprio tempo, a refletir sobre sua sensibilidade para entrar em harmonia com os outros e, eventualmente, a utilizar sua própria idiossincrasia para entrar em sintonia. É natural que, junto com a dança cliente-terapeuta, surja uma dança análoga terapeuta-equipe. Mas a relação entre equipe e terapeuta também pode perder a harmonia se a equipe invadir o campo do terapeuta ou se o terapeuta for muito passivo ou não tiver iniciativa. Neste sentido, a experiência nos diz que é mais comum que sejam os membros da equipe, e não os terapeutas, que proponham a conclusão da terapia. Voltaremos a essa questão mais adiante. De todas as maneiras a equipe precisa levar em consideração que seu comportamento está condicionado por um ritmo, uma perspectiva temporal e um horizonte determinados.

Uma variante deste tipo de trabalho é o *reflecting team* (Anderson, 1987), na qual o terapeuta não serve de correia de transmissão entre os clientes e a equipe. Ele fica com os clientes e, com eles, pode pedir uma "reflexão" à equipe. Neste caso se usa um espelho bidirecional que permite ao sistema terapeuta-clientes observar as discussões da equipe. Desta maneira se forma um processo recíproco de observação e reflexão: a comunicação torna-se totalmente circular, suprime-se a barreira que separa a equipe terapêutica dos clientes.

Dois exemplos clínicos ilustrarão a importância da equipe na redefinição do marco temporal da sessão. O primeiro se refere a uma família composta por três pessoas na qual o pai, de mais de cinqüenta anos, havia começado a desenvolver uma sintomatologia persecutória, com manifestações delirantes acompanhadas de alucinações auditivas. O terapeuta não conseguia dirigir a sessão. Eles não paravam de insistir nos delírios paranóicos do pai ("os vizinhos falam de mim, todos dizem que sou um porre!"), e nas tentativas da mãe e da filha de convencê-lo da sua irracionalidade. O terapeuta estava preso no ritmo lento, tedioso, da família, parecia absorvido por uma perspectiva temporal sem futuro. De repente, saiu da sala de terapia, entrou na sala de observação desconsolado e disse que se sentia em um *impasse*. Finalmente propôs uma hipótese: o pai devia ter uma "psicose orgânica".

A equipe terapêutica, pelo contrário, tinha idéias muito distintas. Lentamente, à medida que prosseguia a discussão, o colega saiu do tempo bloqueado da sala de terapia para entrar no tempo da sala de observação. O terapeuta enxergou novas perspectivas de busca e, depois de recuperar um ritmo mais rápido e um horizonte temporal mais amplo, voltou à sala de terapia, onde pôde desbloquear a situação.

O segundo caso se refere a uma família de quatro pessoas, na qual a filha caçula, Annamaria, de vinte e dois anos, havia começado uma anorexia. No decorrer da terceira sessão, a mãe deu a equipe que estava atrás do espelho a impressão de ser capaz de atrair a atenção do terapeuta para um período específico: havia ocorrido uma ruptura com sua sogra e seu marido não a havia apoiado. Nestes momentos os demais membros da família emitiam sutis mensagens de desinteresse e, finalmente, de tédio. O terapeuta, no entanto, não captara as mensagens. As poucas vezes em que o terapeuta conseguiu estabelecer um novo contato com eles já não demonstraram a atitude de colaboração das sessões anteriores. Ora era a mãe que voltava com sua narrativa, ora o terapeuta que a convidava a fazê-lo, porque ela era a mais colaborativa.

Ele foi chamado pelos colegas que queriam falar-lhe da situação, tal qual a viam por trás do espelho, e das duas hipóteses que haviam formulado: uma era que estávamos diante de algo que não éramos capazes de compreender; a outra, que o terapeuta estava preso na perspectiva temporal da mãe, da qual estavam excluídos os demais membros da família. Decidiu-se então submeter à verificação a segunda hipótese. Ao voltar à sala de terapia o terapeuta dirigiu ativamente sua atenção aos outros membros a família e começou a interromper a mãe quando necessário. Assim recuperou a atenção e a participação de todos.

Estes exemplos nos permitem, em síntese, afirmar que uma das funções da equipe que está atrás do espelho é a de *"curar" o terapeuta* da incapacidade de coordenar-se com os clientes o que provoca lentidão, interrupções e bloqueios do fluxo temporal.

Equipe como futuro: a família Hayworth

A diferença entre a perspectiva do terapeuta e a da equipe de observação é comparável àquela que se dá entre um jogador de futebol que participa de uma partida e um espectador que a acompanha da arquibancada. A atenção do jogador se concentra no momento em que se desenvolve a ação e se limita necessariamente a uma zona determinada do campo na qual estão incluídos ele mesmo, a bola e os jogadores mais próximos. O espectador, como observador, pode ver o campo todo. Está longe e talvez perca certos detalhes e não experimente o sabor físico do jogo, mas pode ter uma visão sincrônica do conjunto das duas equipes, observar os movimentos dos vinte e dois jogadores e do árbitro e imaginar, isto é, antecipar todas as possíveis estratégias do jogo.

O papel do espectador o situa em uma perspectiva futura, enquanto o papel do jogador, precisamente por estar implicado de forma ativa, situa-o em uma perspectiva presente. O espectador tem uma maior capacidade de previsão: pode prever que zona de campo estará livre dentro de pouco e qual ficará bloqueada e pode intuir com mais facilidade quais jogadas terão êxito. É por isto que muitas vezes os espectadores se irritam com o jogador que não lança a bola para o lugar que eles esperam, sem levar em consideração que sua visão de jogo, e seu horizonte, são necessariamente mais amplos do que os do jogador.

Esta analogia esportiva presta-se para ilustrar o que ocorre no contexto da terapia. Podemos afirmar que os tempos estão representados no sistema terapêutico da seguinte maneira: a equipe representa o futuro, o cliente o passado e a união cliente e terapeuta o presente. Em relação à sala de terapia, a sala de observação representa o horizonte da hipótese, da contingência, da programação. Esta é uma das funções da equipe, a transmissão desta abertura de horizontes ao terapeuta e, indiretamente, aos clientes. As conseqüências práticas deste modo de ver as coisas podem ser ilustradas por um exemplo.

Compareceram à terapia uma mãe, Angela, e sua filha, Vera, que apresentaram o problema do filho, Sandy, que não sabia nada dessa iniciativa. A família Hayworth tinha uma história peculiar. A mãe gostava de considerar-se uma anticonformista. Quando ainda era muito jovem havia fugido de Milão para Londres, onde conhecera um fascinante piloto, natural de uma ilha do Caribe, chamado Charles Hayworth. Casaram-se contra a opinião de seus pais, que haviam chamado seu matrimônio de "capricho".

Tiveram dois filhos. Sandy, o paciente designado, tinha vinte e quatro anos e, segundo sua mãe e sua irmã, havia demonstrado ser incapaz de dirigir sua própria vida e de tomar decisões claras e definitivas. A irmã, uma moça aparentemente estável e muito determinada, havia encontrado rapidamente um trabalho como professora e já vivia por sua conta. Enquanto Sandy, que ainda vivia com a mãe, tinha começado uma atividade de *viveur*, dedicava-se a ter relações erótico-sentimentais com mulheres casadas de mais quarenta anos, cultivava interesses totalmente contraditórios e — segundo dizia a mãe — fazia de conta que "estava procurando trabalho". Tanto a mãe como a irmã manifestaram estar muito preocupadas com seu futuro.

A pedido dos terapeutas, Sandy se apresentou à sessão seguinte. Parecia um rapaz inteligente, sedutor, que sabia converter-se no centro das atenções e atrair a atenção de sua mãe. Vera, enquanto isso, marginalizada, parecia triste e irritada. As perguntas evidenciaram que a herança familiar de Sandy havia sido o papel e as atribuições de Charles, seu pai: o gênio e a rebeldia. Papel com o qual o rapaz se identificava de muito bom grado. Vera, do seu lado, parecia seguir uma linha pragmática e séria, representada na geração anterior por sua tia materna, que a havia criado durante boa parte de sua infância. A equipe formulou rapidamente uma hipótese: Sandy e Vera teriam herdado os papéis de um drama pirandelliano e, à medida que o tempo passava, eles vestiam cada vez mais seu figurino. Enquanto isso, a mãe, além de manter consigo o filho que substituía seu desaparecido marido, e apesar de suas manifestações de desagrado, ocupava o centro do palco. Na intervenção final se decidiu frisar as diferenças de caráter dos irmãos e promover uma espécie de troca osmótica de suas características: pragmatismo e seriedade de Vera para Sandy; criatividade e leveza de Sandy para Vera. As reações não-verbais dos irmãos foram de surpresa e curiosidade. Olharam-se e sorriram dando a impressão de que haviam gostado da idéia da troca. A mãe, como era previsível, não parecia muito contente.

Os irmãos comparecerem à terceira sessão muito diferentes. Mostravam-se sorridentes, relaxados e, de vez em quando, trocavam olhares de cumplicidade. Vera havia abandonado sua postura rígida e presunçosa e já não se escondia atrás de seu jargão profissional. Sandy havia abandonado sua fala afetada e sua atitude de Casanova. A mãe parecia ainda angustiada, tensa. Manifestava uma imperiosa necessidade de exteriorizar seus sofrimentos. Suas palavras e emoções atraíram a atenção da terapeuta, razão pela qual parecia não dar suficiente importância à mudança dos irmãos. Ela quase não deu atenção para o relato de Sandy, que lhe contara que havia começado a fazer práticas em um estúdio fotográfico e que pensava dedicar-se ao trabalho seriamente. À medida que a sessão avançava, a equipe da sala de observação mostrava uma crescente satisfação pelo curso dos acontecimentos e, ao mesmo tempo, alarmava-se pela mudança produzida na sessão, que podia anular a evolução começada. A terapeuta parecia estar amarrada às idéias e emoções das sessões anteriores. Suas perguntas, ao invés de evidenciar e explorar as mudanças ocorridas, seguiam quase passivamente os resíduos dos medos da senhora Hayworth e faziam apenas uma breve alusão à evidente mudança na relação entre os irmãos. Estes, por sua vez, começaram mostrando sua perplexidade e, finalmente, sua contrariedade. Pareciam desiludidos pela falta de reconhecimento das novidades. Por isto a terapeuta foi chamada para a sala de observação quando havia transcorrido menos de meia hora.

No início da discussão a terapeuta, desconsolada, declarou: "Não sei o que fazer! Não houve nenhuma mudança, nada. Parece-me que as coisas estão piorando." Estava convencida não apenas de que a família permanecia estática, mas de que regredia. Entre os muitos elementos presentes na sessão, até certo ponto contraditórios, havia escolhido relevar apenas os que indicavam imobilidade (em sua maioria afirmações da mãe). Ao mesmo tempo relegava a um segundo plano e até descartava os oferecidos pelos irmãos que, pelo contrário, manifestavam uma evolução.

Ela se havia fixado, em resumo, na imagem da família que se havia formado na sessão anterior, e não conseguia libertar-se dela. Foi necessária uma longa conversa para ajudá-la a superar seu ceticismo e a reconhecer a mudança que parecia tão evidente à equipe na sala de observação. Quando voltou junto à família comunicou-lhes uma conclusão que anunciava o fim da terapia.

> Terapeuta: Observamos que vocês iniciaram uma evolução que tem as características de uma evolução irreversível. Vera e Sandy estão buscando, cada um ao seu modo, seus próprios caminhos. A mãe precisa aceitar o curso natural das coisas. Isto não significa solidão, mas sim uma família mais unida e capaz de apoiá-la quando necessário. Na medida em que agora já não percebemos a presença de problemas psicológicos ou psiquiátricos, parece-nos oportuno dar por concluída esta terapia.

A reação dos irmãos diante da fala da terapeuta foi de alívio. Mas foi a senhora Hayworth quem soltou a afirmação mais surpreendente. Sem alegria nem desespero declarou simplesmente: "Sim, esperava que hoje terminássemos." Toda a família estava, para dizê-lo em outras palavras, projetada para o futuro, em uma medida que nenhum dos membros da equipe poderia ter previsto antes do começo da sessão.

Mas foi a equipe atrás do espelho que abriu o caminho da perspectiva futura. A terapeuta havia ficado bloqueada em sua própria visão inicial da família, fixada no passado, sem conseguir avaliar as mudanças. No decorrer da interação os membros da família pareciam haver começado a duvidar da evolução iniciada, chegando inclusive a adaptar-se à atitude pessimista da terapeuta. A equipe mostrou à colega uma realidade diferente, um futuro que ela não conseguia ver. Quando a terapeuta voltou à sala e, mediante a intervenção final, comunicou à família as observações de seus colegas, teve-se a impressão de que os Hayworth tinham captado que a equipe "havia compreendido", o que os alegrou muito. Por isto todos pareciam tão satisfeitos com o fim da terapia.

Desta maneira a equipe havia "curado" a terapeuta de uma escotomização cujos efeitos poderiam ter sido graves. Corria-se o risco de que toda a família terminasse por adaptar-se à visão pessimista e estática da situação e de que, ao superar o momento de maior instabilidade, reproduzisse, *ad infinitum*, os velhos esquemas de interação.

Tempo e direção da sessão

A condução de uma sessão, especialmente ao se tratar da primeira, exige que se siga um percurso "centrífugo", tanto no tempo como no espaço. No que diz respeito ao tempo, deve-se começar com perguntas sobre o presente, ampliar em direção ao passado e, finalmente, ao futuro, abarcando assim todo o horizonte temporal.[8]

O terapeuta, portanto, começa a série de perguntas interessando-se pelo "aqui e agora", pelos sintomas manifestados e pelas pessoas relacionadas com eles no presente (familiares, professores, empresários e, especialmente, os profissionais que elaboraram o diagnóstico e referiram o caso). Pouco a pouco o interesse se volta para o período em que os sintomas foram detectados e descritos pela primeira vez e para as ações empreendidas com o fim de modificá-los ou fazê-los desaparecer. Finalmente passa-se à análise das relações, das idéias e dos significados desenvolvidos no transcurso do tempo e, em particular, das situações que condicionaram a opção pelas soluções atuais no lugar de outras.

A sessão continua e, finalmente, dedicamo-nos ao futuro, à prospecção das perspectivas existentes, especialmente por meio de perguntas hipotéticas sobre o futuro, que indiretamente transmitem novas perspectivas e possíveis soluções. Naturalmente, caberá ao cliente descobrir ou inventar novos significados e tomar suas próprias decisões.

Isto, com certeza, não passa de um esquema que pode ser ignorado caso a situação assim o requeira. A terapia não é só ciência, também é arte. O terapeuta ou o consultor deve ser sensível aos sinais emitidos pelas pessoas que estão diante dele, particularmente às mensagens analógicas, como o tom emotivo (expressões de tédio, atenção e interesse) ou às pequenas mudanças de humor; e, claro, às próprias mensagens emotivas, à profundidade do envolvimento dos clientes, para avaliar e tomar consciência dos significados, das idéias, dos *pattern* suscitados pelo processo terapêutico.

Agora ilustraremos, com um caso clínico, a forma como utilizamos o tempo na condução da sessão. Escolhemos este caso porque permite tanto frisar a importância da perspectiva temporal na sessão, como sublinhar a centralidade do tempo na análise das relações.

No verão de 1990, no contexto de um seminário de estudos, um dos autores (Luigi Boscolo) dirigiu uma sessão de consulta em uma clínica psiquiátrica australiana. Participaram da sessão Jim, um estudante de vinte e quatro anos, internado naquela clínica, sua mãe de quarenta e oito e o psiquiatra de Jim, que fazia parte do *staff* da clínica e havia tomado a iniciativa de pedir a consulta. Outro grupo de profissionais da clínica assistia à sessão através de um circuito fechado de televisão.

O consultor foi informado, antes do começo da sessão, de que, no mês anterior, Jim havia sido transladado de um hospital psiquiátrico de outra cidade, com o diagnóstico de "psicose esquizofreniforme". Havia sido internado em caráter de urgência naquele hospital com sintomas psicóticos variados, alucinações visuais e auditivas, delírios e comportamentos incoerentes. A crise psicótica ocorrera durante uma viagem que ele havia feito a sós.

No momento de começar a consulta a crise havia sido superada. Jim parece relativamente tranqüilo, não apresenta sintomas particulares e colabora com os médicos e o pessoal da clínica. Mas continua tomando neurolépticos regularmente e ainda não parece capaz de levar uma vida social normal.

A história familiar é a seguinte. O pai morreu em um acidente automobilístico quando Jim tinha quatro anos. Sua mulher ficou sozinha com Jim e seu irmão John, dois anos mais novo. Dois anos depois a senhora havia-se casado com Peter (um camponês como seu ex-marido), com quem teve um terceiro filho chamado Sam, sete anos mais novo do que Jim.

Antes de descrever detalhadamente a sessão, adiantaremos o tema principal que apareceu no decorrer da conversação. Jim, um ano antes, havia começado a mostrar inquietação, desorientação e isolamento social. Havia usado, durante um breve período, LSD, com o qual havia conseguido algumas evasões agradáveis (*good trips*). Dois meses antes havia empreendido uma viagem solitária às regiões mais afastadas da Austrália, que fora interrompida pelo episódio dissociativo. É possível que o surgimento da psicose estivesse relacionado com o consumo anterior de LSD. A descompensação psicótica de Jim parecia haver transtornado sua percepção de si, suas lembranças de seu próprio passado e sua consciência do presente. Era como se tivesse tido uma tomada de consciência psicótica (*psychotic insight*) através da qual novas emoções e, sobretudo, novas certezas, houvessem substituído as velhas. A mãe, de fato, conta uma história completamente distinta da de Jim. O consultor tentará fazer emergir outras histórias latentes que tornem possível a saída de Jim da prisão "esquizofrenia-enfermidade mental" e sua reincorporação à vida relacional.

Como se disse anteriormente, a indagação começa com o exame da situação atual (tempo presente) e das relações com o sistema significativo (família, profissionais).

Consultor: O doutor White, aqui presente, solicitou uma consultoria, deseja que avalie a situação. Na outra sala há um grupo de colegas da clínica que acompanham a sessão.

(*Dirigindo-se a Jim*): Como está agora a situação? Jim (*sorridente*): Melhorou quando começou a terapia.

Consultor: Como chegaste à terapia?

Jim: Tenho uma psicose esquizofreniforme! (*dirigindo-se ao psiquiatra*): Não é?

Consultor: Quem foi o primeiro a dizer-te...

Jim (*olhando para sua mãe e sorrindo*): Foi a doutora do outro hospital, não é?

Mãe: Sim, foi ela.

Jim: Penso que a princípio não fui diagnosticado corretamente. Agora sim. Estou muito melhor. As alucinações e as vozes sumiram.

Consultor: Parecias muito contente quando disseste que tinhas uma psicose esquizofreniforme...

Jim (*sorrindo*): Sim, cada vez que vejo um médico me sinto melhor.

Consultor: Então vieste falar comigo aqui por tua própria vontade...

Jim: Sim. Penso que para mim esta é uma excelente oportunidade de obter uma ajuda profissional qualificada.

Enquanto disse as últimas palavras, Jim relaxa na cadeira com um sorriso de beatitude. Obviamente a primeira hipótese trata de relacionar a estranha e incongruente alegria manifestada por Jim diante da idéia de ter de uma grave enfermidade psiquiátrica com seu contexto, especialmente com sua mãe, que o acompanha.

Consultor: Então gostas de falar com os médicos...

Jim: Sim, sim. Espero ter alta do hospital e entrar em um programa terapêutico ambulatorial.

Consultor: Disseste que agora te sentes muito melhor; já te sentes normal?

Jim: Oh, não! Sinto-me melhor porque tomo medicamentos, mas não me sinto normal.

Consultor: Qual é a diferença entre se sentir melhor e se sentir normal?

Jim (*perplexo, depois de uma pausa*): Não muita. Ainda não tenho confiança em mim mesmo. Vejo que os demais têm confiança em si mesmos.

Aqui Jim parece agarra-se à doença, a qual ocupa um lugar central em sua existência atual. O consultor introduz a possibilidade da "normalidade" como primeiro passo para desafiar a etiqueta da doença e sugere outras possíveis explicações.

Consultor: Quem te inspira mais confiança dentro de tua família?

Jim: Sam, John, Peter e depois minha mãe... (*olhando para sua mãe*): pareço-me mais com meu primeiro pai; tenho seus mesmos jeitos... Mas ela não concorda comigo (*a mãe sorri*)

Consultor: Mas, lembras de teu pai?

Jim: Não. Meus avós e as irmãs de meu pai me disseram que pareço com ele.

Consultor: Gostaste que o dissessem?

Jim: Sim, muito.

Jim outorga um baixo voto de confiança à sua mãe e introduz no diálogo seu falecido pai, cuja semelhança o deixa feliz. É possível que ainda esteja unido à velha família e que ainda não tenha superado o luto pela morte de seu pai? A atenção se dirige agora ao passado mais remoto.

Consultor: Quando começaste a pensar que não te sentias bem?

Jim: Intuía que havia algo de errado em mim quando tinha seis anos...

Consultor: Algo de errado?

Jim: Sentia-me só, perdido... penso que estava psiquiatricamente enfermo...

Consultor: (*dirigindo-se à sua mãe*): Lembra desse período?

Mãe: Sim, mas na época não estava bem porque tinha uma enfermidade física, primeiro as febres reumáticas, depois a osteocondrose no joelho. A partir dos dezesseis anos sofreu várias operações no joelho e foi obrigado a abandonar o esqui e as outras atividades esportivas.

Segundo o lema de Bowen "deixe o calendário falar", pode-se dizer que Jim situa a origem de seus transtornos no período em que sua mãe se casou e, pouco depois, engravidou de Sam. Há de se destacar ainda que John era disléxico e requeria cuidados especiais: todos estes acontecimentos podem ter privado, de forma imprevista, Jim do apoio materno. Trata-se de uma hipótese simples, limitada a uma transação particular que, obviamente, não tem a pretensão de representar uma realidade complexa. Aparecerão outras hipóteses que serão exploradas no seu devido momento. Às vezes, as respostas de Jim provocam a suspeita de que essas idéias não sejam dele. Elas podem ser fruto do prolongado contato com os terapeutas ou, também, de algumas leituras. Por outra parte, deve-se lembrar que Jim nunca havia feito nenhuma psicoterapia e que, portanto, é muito provável que ele seja autor de sua própria história.

Jim: Penso que o problema do joelho foi causado pela psicose. Recordo que sempre batia os meus pés no chão (*mostra como o fazia*).

Consultor: O que sabes sobre a psicose?

Jim: Hein?!

Consultor: Tenta dizer...

Jim (*em um tom interrogativo*): É um desequilíbrio químico do cérebro? Uma enfermidade do cérebro?

Consultor: Onde escutaste estas coisas?

Jim: No outro hospital. A doutora me falou (*a mãe confirma*).

É interessante que Jim atribua inclusive a enfermidade orgânica do joelho (osteocondrose) a uma disfunção do cérebro. O diagnóstico psiquiátrico parece iluminar toda sua vida, presente e passada. Jim podia estar angustiado e inseguro sobre o seu futuro; mas como está doente tudo lhe parece claro. Se não pensava em seus estudos, nem trabalhava, nem era capaz de preparar seu futuro de um modo autônomo, não era sua culpa, mas da enfermidade. Esta é, evidentemente, uma convicção perigosa que pode — especialmente se compartida pelos familiares e os profissionais — conduzir precocemente à cronicidade, isto é, à carreira de grave doente psíquico.

Consultor: Disseste que quando tinhas seis anos já te sentias psiquicamente doente, enquanto tua mãe disse que era uma doença física...

Jim: Uma criança de seis anos tem dificuldades para explicar a sua mãe que tem uma psicose, especialmente se não sabe muito bem o que é isto.

Consultor: Como se manifestou a psicose?

Jim: Ah!, primeiro foi o trauma da morte de meu pai, depois houve o novo casamento da minha mãe.

Consultor (*dirigindo-se à mãe*): Como se adaptaram as crianças ao novo matrimônio?

Mãe: Achava que se haviam adaptado perfeitamente bem. Peter o aceitou muito bem. Não faz diferença entre os três filhos, ainda que interiormente pense que havia uma preferência por Sam porque é seu filho.

Consultor: Jim disse que já era psicótico aos seis anos. A senhora teve, na época, a impressão de que ele estivesse doente, de que fosse diferente das outras crianças?

Mãe: Não. Diria que não.

Consultor: Que diziam seus professores?

Mãe: Era como os demais. E que ainda podia render mais, não havia, porém, nada de errado com seu cérebro.

Consultor (*dirigindo-se a Jim*): Parece que ninguém se deu conta de que não estavas bem.

Jim: Não, porque eu era capaz de ocultar minhas dificuldades. Quando me dei conta de que na escola tinha dificuldades com a literatura, com a lógica, com a abstração, dediquei-me à cerâmica, matriculei-me em um curso de cerâmica.

Consultor: Sentias-te diferente de teus irmãos?

Jim: Sim. John era muito apegado à mãe devido aos problemas que tinha na escola; mas, depois, com uma grande força de vontade, superou-os bem. Tem muita confiança em si mesmo e pratica muito esporte. Sam é muito inteligente e é o preferido de Peter. Vai muito bem na escola.

Acabam de aparecer claramente duas histórias distintas. A discordância da mãe é total. Os dois passados que emergem das narrações são desarmônicos, discordantes. São duas histórias concorrentes que, à medida que o consultor aprofunda sua análise, divergem cada vez mais. Deve acrescentar-se que Jim parece ver dois casais, Peter e Sam por um lado, e a mãe e John por outro, e a si mesmo isolado. É provável que antes do matrimônio da mãe Jim se achasse importante e que, depois, os irmãos e o padrasto tenham ameaçado sua posição, tornando problemática sua integração na nova família. Isto também pode ter ocorrido devido à escolha de Jim, por parte das suas tias e seus avós paternos, como herdeiro espiritual do pai, tornando difícil o abandono do luto pela morte de seu pai. A este quadro devemos agregar as conseqüências da grave enfermidade do joelho. Ela impossibilitou a prática do esqui e doutros esportes, bem como a experiência de uma sã competição com seus irmãos e com as crianças de sua idade. Nesse contexto, é provável que Jim tenha se sentido atormentado por dúvidas, incertezas e angústias pelo próprio futuro, até chegar à crise da qual saiu com uma nova história que justifica a interrupção de seu desenvolvimento pessoal.

Jim: Depois da morte de meu pai senti uma grande responsabilidade sobre as minhas costas. Minha mãe estava só e eu tinha um irmão mais novo.

Consultor: Quem colocou esta responsabilidade sobre tuas costas?

Jim (*olhando para a mãe*): Primeiro ela, depois Peter.

Consultor: Por que eras o irmão mais velho?

Jim: Penso que sim, mas naquela época não tinha consciência disto, sentia-me pressionado.

Consultor: De modo que assumiste o papel de filho, de marido e de pai.

Jim: Um pouco.

Consultor: Sentias que tua mãe precisava de consolo, de ajuda?

Jim: Ah, sim! De muita, muita ajuda!

Consultor (*dirigindo-se à mãe*): A senhora acha correta está descrição?

Mãe: Não. Jim está descrevendo a vida de uma criança que eu não conheci.

Consultor (*dirigindo-se a Jim*): Pode ser que tenhas percebido a solidão da tua mãe e pensado que eras seu marido?

Jim: Sim. Pode ser, talvez... psiquiatricamente.

Consultor: Que queres dizer?

Jim (*sorrindo*): É muito difícil explicá-lo, e...

Neste momento o consultor começa a introduzir outras histórias possíveis, alternativas à de Jim e também, implicitamente, às da mãe, que não parece aceitar nada do que diz o filho. O mais impressionante é que não parece em absoluto afetada pelas mensagens relativas às inseguranças e sofrimentos do passado. Parecem um casal simétrico. Fortalece-se a opinião de que Jim quer vingar-se dela, culpando-a. À medida que passa o tempo ele assume uma atitude cada vez mais acusatória em relação à mãe que, por sua vez, mostra desacordo e distância.

É interessante que Jim, ao responder à pergunta sobre a possibilidade de ter assumido o papel de filho e de marido depois da morte de seu pai, diga: "Sim... talvez psiquiatricamente." Parece, assim, reconhecer que infringiu um tabu.

Consultor: Pela maneira como falas parece que não fazes parte desta família. Sam e John tiveram as mesmas impressões?

Jim: Não. Tiveram mais atenção de Peter e dela. Eu me sentia isolado.

Consultor: Se perguntasse a tua mãe se ela se deu conta de que naquela época te sentias tão sozinho, o que responderia?

Jim: Não sei, pergunte-lhe, penso que ela responderá que não.

Consultor: Pode fazer-lhe tu a pergunta?

Jim (*dirigindo-se à mãe*): Como acha que tenho me sentido durante todos estes anos?

Mãe: Não creio tenhas sido tão triste.

Jim: Não pensa que houve uma morte na família?

Mãe: Sim

Jim (*dito de um fôlego só, sem parar*): E não acha que isto me traumatizou? Não pensa que uma criança de quatro anos que perde o pai sofre um trauma? Que o novo homem que entra em casa pode não ser o melhor substituto para o pai? E que, por ser eu o filho mais velho, tive mais responsabilidades?

Mãe: O fato de seres o mais velho não justifica tudo isto.

Consultor (*dirigindo-se à mãe*): O que pensa?

Mãe: Não concordo com isto. Nunca lhe disse que era um estranho (*outsider*) e ele nunca mostrou sê-lo. Ele está descrevendo um filho que não conheço.

Jim: Além da situação que acabo de descrever, tive febre reumática, as operações no joelho e depois a esquizofrenia... quando perceberá que sou doente? Parece que a ficha segue sem cair.

Consultor: Já te sentiste alguma vez compreendido por ela?

Jim: Algumas vezes. Mas teve uma atitude mais maternal com meus irmãos. Tratava-me como uma pessoa fraca.

Consultor: Pareces muito enraivecido com ela. Também o estás com Peter?
Jim: Não.
Consultor: Com teus irmãos?
Jim: Não (*a mãe o olha e sorri com certa graça*).

Neste momento se formulam perguntas hipotéticas sobre o passado que podem suscitar outros mundos possíveis. O consultor, por outro lado, começa a desafiar abertamente as histórias e as convicções de Jim. E se o faz é porque sente que é um bom momento, Jim parece muito envolvido. O consultor continua sua exploração com algumas perguntas. Se o desafio às premissas não fosse aceito por Jim o consultor, naturalmente, desviar-se-ia para outros temas e sentimentos. É evidente que este desafio, se feito antes, teria muitas probabilidades de provocar uma ruptura na relação.

Consultor: Disseste que se teu pai não tivesse morrido agora estarias bem, não é?
Jim: Sim, sim.
Consultor: Não compreendo como existem tantas crianças cujo pai morreu e não reagiram como tu... John também reagiu de outra maneira. E, além do mais, tu tens uma mãe, um padrasto, dois irmãos, e te sentes tão sozinho? Estou confuso.
Jim: Não sei.
Consultor: No início parecias contente, sorrias muito, parecias quase contente por estares doente, por falar com os doutores. Estás buscando um pai nos doutores?
Jim: Pode ser.
Consultor: Não compreendo. Tento encontrar um sentido, mas não consigo. Tenho a sensação de tornar-me quase esquizofrênico...
Jim: (*dá uma gargalhada*).

Jim encontrou um sentido. O terapeuta também gostaria de encontrá-lo e lhe pede ajuda. A sonora gargalhada, a única da sessão, parece indicar que o consultor acertou um ponto muito importante. Jim, com a doença, encontrou um sentido, um novo significado para sua vida. Mas o consultor permanece confuso, não encontra um sentido para a história de Jim e, além do mais, tem a sensação de "tornar-se quase esquizofrênico". A equação confusão-esquizofrenia é uma conexão semântica cujo objetivo é atacar a etiqueta da doença mental, desmedicalizar a situação atual e começar a atribuir outros possíveis significados às suas convicções. O diagnóstico, visto por Jim como responsável por seu precário presente e — como veremos mais adiante — de um miserável futuro, é questionado. O consultor assume os dilemas que surgem das histórias narradas. É evidente que Jim vê seu passado de uma forma determinista: a morte de seu pai foi o *primum movens*, o trauma que conduziu ao matrimônio de sua mãe, à mudança da organização familiar, às novas alianças, a novos traumas e, agora, como conseqüência de todos estes traumas, ele está doente.

O consultor tenta desconectar os vínculos deterministas que unem passado, presente, futuro, tomando como seus os dilemas do caso, tornando-se confuso e buscando novos significados. É como se dissesse: não consigo compreender por que construíste esta história. Também se pode dizer que o consultor visa desconstruir o passado do cliente para que possam surgir novas histórias.

Consultor (*expressando sua confusão*): Preciso encontrar um sentido, um significado... Podes ajudar-me?

Jim (*continua sorrindo*).

Consultor: Pode ser que estejas contente porque como esquizofrênico podes encontrar um novo pai entre os médicos, quem sabe...

Jim (*mostrando-se novamente sério*): Tornei-me doente antes de ser examinado pelos médicos.

Consultor: Gostaria que me ajudasse a resolver meu dilema. Não compreendo como nunca encontraste aquilo que John encontrou.

Jim: Ele era mais novo.

Consultor: E?

Jim (*um pouco irritado*): O senhor é o psiquiatra e é quem teria de explicá-lo...

Consultor: Sim, sou psiquiatra. Mas para ajudar antes preciso compreender.

Jim: Não sei o que dizer. Já disse porque fiquei traumatizado quando era criança!

Consultor: Compreendo tua explicação, mas tu também deverias entender minha confusão. Dizias que te sentias isolado na família; mas fora da família não tinhas amigos?

Jim: Sim, mas a amizade não é suficiente. Sempre me senti marginalizado, e isto basta para ter-me tornado esquizofrênico! Não lhe basta esta explicação?

Apesar de ver como suas certezas vacilam, Jim volta explicitamente aos traumas passados e reafirma sua convicção de que é esquizofrênico. Neste momento, para evitar a repetição, mas, sobretudo, para evitar o antagonismo com Jim, o consultor muda o tema. Começa a perguntar sobre sua família de origem, especialmente sobre a família da mãe. Daí surge um dado significativo: os avós maternos tomaram conta dela e de seus filhos no breve intervalo entre o primeiro e o segundo matrimônio. Jim se lembra daquele tempo como um período de estabilidade: tinha uma boa relação com o avô materno. O segundo casamento da mãe interrompeu quase por completo as relações com a família de origem.

Consultor: Como gostavas de estar com teu avô? Ele gostava de ti?
Jim: Sim, creio que gostava de mim.
Consultor: Então por que não decidiste aceitá-lo como seu segundo pai?
Jim: Eu estava demasiado confuso.
Consultor: Se tua mãe não tivesse se casado novamente estarias ainda com os avós?
Jim: Sim, se não tivesse se casado não estaria agora nesta situação.
Consultor: Explica-te...
Jim: Teria me saído melhor na vida.
Consultor: Parece que lamentas não ter uma mãe adequada, a trocarias?
Jim: (*sorrindo*): Pediria um reembolso.
Mãe: (*solta uma gargalhada*)
Consultor: Suponhamos que quisesse e pudesse reembolsar-te, na tua opinião, quanto tempo seria necessário?
Jim (*evita a resposta*): Mas agora me sinto muito melhor.
Consultor: Se agora tua mãe fosse como tu a desejas, mudaria alguma coisa?
Jim: Não.
Consultor: Dirias que agora precisas mais de um pai do que de uma mãe?
Jim: Sim. Com certeza, de um pai.

Esta busca pelo pai, este vínculo ainda profundo com o pai morto, será um dos temas centrais da discussão pós-sessão e da intervenção final. Neste momento a busca se volta para o futuro.

Consultor: Como vês o futuro?
Jim (*balançando a cabeça*): Não muito bem, serei artesão.
Consultor: Tens namorada?
Jim: Não.
Consultor: Nunca tiveste uma?
Jim: Já saí com algumas garotas, nada sério.
Consultor: Já tiveste relações sexuais?
Jim: Sim, mas nada de especial.
Consultor: No futuro, pensas em casar-te?
Jim: Oh não, nunca me casarei nem terei filhos.
Consultor: Por quê?
Jim: Porque não serei capaz de educá-los.
Consultor: De onde vem a idéia de que és incapaz?
Jim: Já lhe disse, serei artesão, irei para uma montanha perto daqui e abrirei um atelier de cerâmica.
Consultor: Quer dizer que decidiste viver só, em um sistema não-vivo, rodeado por cerâmicas... levarás um gato, um cão... (*a pet*).

Jim: Não, uma garota!
Consultor: Assim a garota será tua mascote (*pet*)?
Jim (*sorri*): Não me parece uma má idéia.
Consultor (*com tom provocativo*): Mas não gostarias de ficar doente por toda tua vida, para que eles (*aponta para os psiquiatras*) se ocupem de ti?
Jim: Não.
Consultor: Parece-me que ainda achas que não tiveste uma família, que foste uma espécie de órfão, que te tornaste esquizofrênico. Mas, não encontraste uma família nos psiquiatras, nos doentes, uma família que pudesse ocupar-se de ti por toda a vida?
Jim: Não, não, não. Já disse o que quero fazer, quero ser ceramista!

Jim se projeta em um futuro nebuloso de solidão. O consultor o cutuca, com certo humor e lhe oferece, provocativamente, um futuro mais simples ainda: doente crônico totalmente dependente. As provocações normalmente tornam menos prováveis os futuros propostos pelo cliente. É importante, sem embargo, que o consultor seja neutro em relação às possíveis opções do cliente.

Ao final da sessão aborda-se o tema da separação da família, o que provoca uma mudança no tom emotivo da conversa. A mãe solta um choro sincero, intenso, que surpreende o próprio Jim.

Consultor (*dirigindo-se à mãe*): Quando Jim sair da clínica voltará para casa ou...
Mãe (*com uma expressão muito séria*): Peter e eu discutimos este problema. Se Jim deixar a clínica será melhor para ele não voltar para casa e ser cuidado pelos especialistas (*Jim se agita um pouco, boceja de um modo chamativo e se comporta como se a coisa não fosse com ele*).
Consultor (*à mãe*): Quando começaram a pensar que seria melhor separarem-se?
Mãe (*longa pausa de silêncio, retém as lágrimas com dificuldade*): Quando começou a sentir-se mal, pensamos que... (*solta o choro e fala sem parar*) porque está muito doente, gravemente doente... por ser um doente mental não pode viver agora em casa, nem sequer viver sozinho... deve ser curado... sendo esquizofrênico, doente mental, é melhor que por agora permaneça em uma clínica... (*Jim olha a mãe chorar, está atento, imóvel, silencioso; o tremor contínuo em suas pernas, evidente desde o começo da sessão, desapareceu*).

Jim parece impactado pelo pranto sincero de sua mãe, está quase sereno: finalmente atingiu seu coração. É provável que Peter queira desfazer-se dele e que a mãe esteja em um dilema. Seu pranto, porém, é uma manifestação de amor que não havia aparecido. As vivas emoções que agora surgem podem anunciar uma mudança futura.

Consultor (*à mãe, que está enxugando as lágrimas*): Como era Jim antes de tudo isto?

Mãe: Era o mais carinhoso de todos, quem demonstrava mais afeto... foi o mais fácil de educar, antes de tornar-se doente (*olha para Jim e sorri*).

Consultor: O que pensa Peter em relação ao fato de que Jim volte para casa?

Mãe: Peter não tem experiência com doenças mentais e não se opõe abertamente à sua volta para casa, mas, deve ter, no íntimo, tem muitas dúvidas.

Depois de uma breve discussão com o grupo da sala de observação, o consultor volta e faz a seguinte intervenção:

Consultor: O que mais me impressionou de sua história é a morte de Steve, isto é, de seu marido (*dirigindo-se à mãe*), de teu pai (*dirigindo-se a Jim*). Creio que todos vocês se esqueceram de forma prematura deste homem e, como conseqüência, não tiveram um verdadeiro luto.

Jim (*com uma expressão de surpresa e de descoberta*): É verdade, é verdade... não havia pensado nisso. Prematuramente esquecido... é isso, é realmente isso. (*Também a mãe parece impressionada, está de boca aberta.*)

Consultor: Agora quero propor-lhes uma tarefa muito importante, uma tarefa que deverá ser levada a sério pela velha família, isto é, pela senhora e por ti e John. Devem dedicar um dia da semana, se for possível, o mesmo dia da semana, a Steve. Neste dia vocês conversarão sobre ele, contarão histórias de quando estava vivo, verão fotos dele. Se for possível, neste dia irão ao cemitério para ver o seu túmulo. Todos os outros dias fica proibido falar dele, nem entre vocês e nem com os demais membros da família. A propósito dos demais membros da família, antes de começar a tarefa, esta noite durante o jantar, por exemplo, diga a seu marido e a Sam que eu, como consultor, prescrevi a tarefa que eu acabei de descrever, que tenho certeza de que compreenderão e de que não terão objeções ao respeito. A tarefa deverá ser realizada pelo menos quatro vezes, isto é, no decorrer de um mês, ao final do qual vocês apresentarão a Paul (o psiquiatra) os resultados que obtiveram. (A mãe e o filho parecem realmente impactados e, especialmente Jim, satisfeitos).

Esta intervenção, constituída por uma reformulação e por um ritual, tem vários objetivos:

1. Presentificar o problema da morte do pai, causa, segundo Jim, de todos os sofrimentos posteriores.
2. Reforçar a presentificação, comunicando que o pai havia sido prematuramente esquecido, favorecendo assim a lembrança no presente.
3. Ao mesmo tempo a mãe, Jim e John são reunidos no mesmo drama, como vítimas da morte de um marido ou de um pai esquecido precocemente para evitar o sofrimento. É possível, neste sentido, que, ao casar-se novamente, a senhora, para não provocar um antagonismo com o segundo marido, tenha precisado evitar falar do primeiro, impedindo assim a elaboração do luto.
4. O ritual visa facilitar uma experiência emocional coletiva que crie coesão e ponha os membros da família (*a primeira família*) no mesmo plano.
5. Em conseqüência, Jim pode reingressar na velha família e sentir-se aceito. Nossa experiência indica que quando um membro de uma família se sente parte dela, isto é, aceito pelos outros, pode deixar sua família e ser autônomo. Caso contrário as conseqüências podem ser realmente catastróficas.

O fato de sentir-se aceito pela velha família favorece também o envolvimento com a nova, com o qual se completa a elaboração do luto. A prescrição do ritual para a mãe e os filhos do primeiro matrimônio, deixando de fora Peter e Sam no papel de observadores participantes, cria as premissas para a constituição da nova família sobre as cinzas da velha.

Catamnesis. O consultor teve a oportunidade de voltar para a Austrália no ano seguinte. No curso de um de seus seminários encontrou o doutor White, que lhe comunicou que a consulta havia tido um grande efeito sobre a família, especialmente sobre Jim. Este último manifestou, em poucos dias, uma mudança que nós definimos como descontínua: desapareceu a hostilidade contra sua mãe, assim como sua sensação de marginalidade dentro da família; recuperou sua esperança no futuro e teve novos interesses pelas pessoas e coisas. O doutor White sublinhou que, para a família, Jim havia "mudado para melhor", inclusive em relação a seus melhores tempos antes da crise. A família tinha realizado o ritual com intensa participação emotiva, o qual reforçou os vínculos afetivos. É preciso ressaltar que, quando a mãe contou esta experiência ao psiquiatra, fez questão de mostrar-lhe, com lágrimas nos olhos, a aliança do primeiro casamento que, desde a morte do primeiro marido, carregava presa a uma corrente.

Capítulo 6

Presentificar o passado

Um dos temas centrais de nossa concepção é o anel auto-reflexivo que vincula passado, presente e futuro. Nossa visão das relações entre as três dimensões do tempo costuma contrariar a concepção dos clientes, cuja pontuação é linear e causal. Seus relatos contêm conexões causais deterministas, segundo as quais os acontecimentos e as relações do passado têm um efeito direto nas relações presentes e condicionam o futuro. A pontuação oposta, isto é, a influência que o futuro poder ter sobre o presente e sobre o passado, está longe de seu pensamento, bem como da lógica do sent do comum.

É natural que, ao conceber a relação entre presente, passado e futuro como uma relação recursiva, possa-se atuar sobre quaisquer das dimensões do tempo para ter um efeito sobre as outras. Os clientes amiúde precisam mudar o passado para mudar o presente e, por conseguinte, o futuro. O terapeuta que, como é óbvio, atua somente no presente, pode operar sobre a memória do passado ou sobre as expectativas e, portanto, sobre o futuro.

Já afirmamos, porém, que todos os problemas são problemas do presente. Um dos passos preliminares da terapia consiste, pois, em presentificar os problemas e, com eles, as possíveis soluções. A presentificação dos problemas impõe uma condição fundamental: que passado e futuro sejam transladados ao presente. Que se recrie um passado e um futuro. Um passado e um futuro distintos dos trazidos pelos clientes, claro: o cliente é portador de um único mundo possível, o terapeuta introduz uma pluralidade de mundos possíveis.

É importante recordar que o presente ilumina o passado. Por isto pretamos uma atenção extraordinária à experiência atual do que ocorre na sessão, do qual se pode partir para pesquisar a história. História que, de qualquer maneira, não é considerada como um processo linear, mas como uma parte do já mencionado anel auto-reflexivo. Ao operar no presente, ocupamo-nos, juntamente com os clientes, dos acontecimentos, dos significados e das relações dentro do horizonte temporal que inclui passado e futuro, de tal forma que possam surgir diferenças, novos significados, novas chaves de leitura que venham a romper as rígidas correntes deterministas. As mudanças possíveis subseqüentes podem levar, com o tempo, a uma organização nova de significados e relações, com a conseqüente solução dos problemas apresentados.

Segundo uma leitura pós-moderna deste mesmo processo, através da conversação terapêutica no presente, ocorre um processo de desconstrução das histórias dos clientes, com a construção de novas histórias (histórias alternativas, de acordo com definição de Michael White). É evidente que a desconstrução das histórias ocorre no âmbito de todo o horizonte temporal.

A balança da memória

Em seu conto *Funes el memorioso* (1941) Jorge Luis Borges concebeu um homem que, depois de cair de um cavalo, torna-se um ser todo memória, capaz de evocar os acontecimentos ocorridos durante vinte e quatro horas, mas empregando exatamente vinte quatro horas. Devido à enormidade de sua memória, Funes já não pode, literalmente, viver, e é condenado (não somente pela sua própria imobilidade) a uma vida de pura contemplação:

> Nós, em uma olhadela, percebemos: três copos [de vinho] em cima de uma mesa. Funes via todos os brotos, os cachos e as uvas de uma videira. Sabia as formas das nuvens austrais do amanhecer do dia 30 de abril de 1882 e podia cotejá-las, em sua memória, com a capa marmorizada de um livro que tinha visto uma única vez ou com a espuma produzida por um remo no Rio Negro, à véspera da batalha de Quebracho (Borges, 1941: 712).

A memória total de Funes só é parcialmente uma criação poética. O caso imaginado por Borges pode ser comparado à experiência do neurocirurgião canadense William Penfield que, na mesa de operações, aplicou um eletrodo em diversas áreas cerebrais de indivíduos que padeciam de uma grave epilepsia. A operação foi feita com anestesia local, em pessoas perfeitamente conscientes. A estimulação elétrica de determinadas áreas provocava a aparição de uma espécie de memória total, capaz de evocar completamente experiências passadas, que reproduziam a qualidade da consciência presente e que não podiam ser detidas nem percorridas em sentido contrário. Era como se estas pessoas vissem novamente uma parte do filme de sua própria vida e revivessem o passado tal como o haviam vivido no momento em que era presente. Uma experiência que, como a de Funes, parecia anular o tempo, porque, por assim dizer, a pessoa se colocava "dentro do tempo" e perdia a distância que permite distinguir as diferenças.

Nos mesmos anos em que Borges redigia seu conto, o neuropsicólogo russo Aleksandr Lurija iniciava a observação de dois casos clínicos: um deles, Shereshevky (Lurija, 1968), era uma espécie de réplica viva do Isidoro Funes de Borges. O outro, Zazetsky (Lurija, 1972) era, de certa forma, o complemento oposto, um homem condenado, por uma lesão sofrida na guerra, a viver sem memória.

Os casos clínicos observados por Lurija podem orientar-nos acerca da função da memória (passado) em nossa vida. Shereshevsky vivia, literalmente, de sua prodigiosa memória. Ganhava a vida com suas inacreditáveis demonstrações: sem ser poliglota havia conseguido repetir, palavra por palavra, um canto da *Divina Comédia* em italiano e ainda recordá-lo alguns anos depois.[1] Entretanto, uma memória tão prodigiosa não parecia útil na hora de tomar decisões em sua vida. Havia vivido sempre esperando um futuro impreciso, imaginando muitas coisas, mas sem conseguir nada de concreto. Tornou-se um homem quase sem futuro, sem um programa realista, que vivia sempre o dia.

Zazetsky ao contrário, parecia destinado a uma existência quase vegetativa, incapaz de recordar qualquer coisa, privado de grande parte de sua memória de curto prazo. Em um prazo de vinte anos, no entanto, foi capaz de escrever, com um esforço espetacular, uma "autobiografia" de três mil páginas. Depois conseguiu ordená-las e chegou — apesar de não haver recuperado todas suas faculdades — a recriar seu próprio passado. Suas lembranças só apareciam quando escrevia, apagavam-se da sua mente imediatamente depois e só permaneciam nas páginas escritas.

As experiências paralelas de Shereshevsky e Zazetsky demonstram, exagerando-o, algo essencial. A ausência de passado bem como seu excesso produzem efeitos parecidos: condicionam a capacidade de projetar-se no futuro. Tanto Shereshevsky, que passou toda sua vida esperando que "ocorresse algo importante" (e, no entanto, passou-a catalogando memórias), como Zazetsky, que não podia aprender nem sequer o mais essencial, estavam presos em um presente fechado, no qual olhar para trás é uma obrigação e olhar para frente uma aspiração irrealizável.

Nós temos de realizar, na vida quotidiana, uma espécie de balança da memória, na qual o passado seja, como deve ser, um guia para a ação, mas sem que seu peso chegue a esmagar o presente. Talvez não seja uma coincidência que, dos dois pacientes de Lurija, o homem virtualmente sem passado, o homem com a lesão mais grave e cujo mundo havia sido devastado, tenha sido também quem, através da busca do passado, tenha chegado a construir-se uma existência mais significativa.

Passado e narração

A função narrativa é fundamental para os seres humanos. Julian Jaynes (1976) chegou a afirmar que a consciência atua quase exclusivamente "narratizando" nossas ações, inserindo-as em um desenvolvimento contínuo e coerente. Todos os povos tiveram e têm suas próprias histórias: os mitos dos "primitivos" de

Lévi-Strauss; os dos antigos gregos; as cronologias pontuais e monótonas dos egípcios.

A noção de história que caracteriza nossa civilização é a de uma sucessão de acontecimentos únicos que fluem para uma conclusão. Esta é também a ótica da história sagrada cristã, da idéia de "progresso", bem como a forma característica do romance. A história, a narração, faz parte da nossa forma de existir. Criamos nossas histórias pessoais ou familiares imitando a forma de contar que nos foi transmitida. Segundo Hatyden White, 1981, primeiro transformamos nossos anais em crônicas, depois em *histoires* narrativas propriamente ditas. Vivemos enquanto nos narramos, ou vice-versa.

George Orwell descreve em *1984* um mundo no qual a memória histórica é constantemente reescrita de forma a adaptar-se às disposições de um onipotente governo absoluto. O protagonista, Winston Smith, é um dos encarregados de reescrever os velhos jornais, cujos artigos devem refletir sempre as orientações políticas presentes ditadas pelo Grande Irmão. No decorrer do romance, Smith percebe que sua sociedade torna atemporal a vida, e que a busca de uma identidade passará tanto pela busca de seu passado pessoal como também do passado da própria sociedade:

> Ser excluído deste conhecimento é ser excluído de uma fonte vital de significado e reflexão, quer dizer ser excluído do material do qual é feito o Si mesmo. (Assmann, 1991.)

Não é difícil encontrar situações orwellianas em algumas famílias que procuram terapia, naquelas famílias em que um dos membros apresenta comportamentos psicóticos, por exemplo. Tais comportamentos representam, desde uma perspectiva relacional, respostas coerentes a um contexto "louco" e derivariam de uma maciça desconfirmação das emoções, pensamentos e significados do "paciente designado", que continuamente percebe a injunção de acreditar exclusivamente nas idéias dos outros membros da família e não nas suas próprias, para depois ver-se desconfirmado ainda quando se mostra adaptado. Situações como estas vão além das de Orwell, com um membro psicótico que vive em um perpétuo estado de incerteza, de ambivalência na relação com os demais e com um eventual refúgio em um mundo autístico. Uma corrente importante da psiquiatria se oporia, porém, a esta visão exclusivamente relacional da gênese da psicose, afirmando que esta pressupõe uma vulnerabilidade do sistema nervoso, isto é, biológica, diante dos fatores estressantes (*stressors*), tanto internos quanto externos (Ciompi, 1983). Neste sentido o termo "paciente designado", conceito fundamental em psicopatologia relacional, teria de entender-se como "paciente designado biologicamente".

Michael White (White e Epston, 1989) considera que todas as formas de relação estabelecidas entre indivíduos são histórias. A história é evidentemente um processo no qual o passado é constitutivo do presente e indica a direção para o futuro. A partir do passado (da história ou das histórias) elaboramos nossos sistemas de significação. A história geral nos proporciona as coordenadas culturais nas quais nos movemos. As histórias dos grupos a que pertencemos nos oferecem coordenadas cada vez mais delimitadas: a família não é mais que um destes sistemas de significação ou histórias. Nossa história pessoal define o sentido que individualmente atribuímos aos acontecimentos. Um sentido que depende de nosso modo de ler, mais que de conhecer, o passado, mas que tem conseqüências que se estendem do hoje para o amanhã. Isto, obviamente, também está relacionado com a leitura que os demais fazem de nossa história, a qual, por sua vez, está influenciada pela nossa maneira de definir-nos e narrar nossa história.

Guy Ausloos (1986) criou, a partir de bases semelhantes, uma técnica terapêutica, o "historiograma" (*historiogram*), para as famílias dos imigrantes, que tendem a não conservar uma memória definida do passado. Os terapeutas pedem aos filhos que narrem suas lembranças da história familiar e que escrevam em um papel as datas e os acontecimentos mais importantes. Se há lacunas evidentes na narração, estimulam-nos a pedir ajuda aos seus pais ou a outros parentes. Desta forma, toda a família é induzida a reconstruir uma versão coerente e contínua de seu próprio passado.

Às vezes, o fluxo de nossa história pode ser invadido, de repente, por um elemento estranho, traumático, que pode ser: a revelação de um velho segredo, a irrupção de uma recordação longínqua; uma confissão ou uma fofoca sobre algum evento presente; ou, também, uma predição ou a antecipação de uma possibilidade. Em resumo: tanto podem ser elementos procedentes do exterior como do interior e referir-se a eventos passados, presentes ou futuros.[2] A conseqüência e a desorganização da história e mesmo o questionamento — como no caso que narraremos — da própria identidade do protagonista e da totalidade de suas relações com os demais. Como disse Erik H. Erickson (1959), a identidade provém da "confiança de que nossa capacidade de manter uma continuidade (*sameness*) interna [...] corresponda à continuidade (*sameness*) dos outros significativos". Daremos como exemplo um fragmento de caso clínico.

Um homem, um profissional liberal de quarenta e cinco anos, natural de uma aldeia na montanha do norte da Itália, sempre levou uma vida de marido, pai e cidadão exemplar. Tinha três filhos e uma vida profissional satisfatória sob todos os pontos de vista. Durante um período de maior tensão, foi surpreendido por uma espécie de "revelação" que o levou a descobrir, em seu próprio passado, algo inconcebível.

Uma noite foi assaltado pela lembrança de uma violência sexual por parte de seu pai quarenta anos atrás. Com uma claridade cada vez maior recordou depois uma série de experiências homossexuais completamente alheias ao que era sua vida quotidiana. A reminiscência desesperou-o. A história que sempre se havia narrado, e que havia contado aos demais, já não era coerente com suas novas recordações. Agora se sentia incongruente não apenas consigo mesmo (não podia integrar os dois grupos de lembranças), mas também com os demais. Como podia saber se estava falando com alguém que conhecia somente o lado impecável de sua vida ou com alguém que conhecia sua segunda história? Como podia ser um pai respeitável se ele já não se respeitava?

A súbita lembrança de nosso cliente havia desfigurado a maneira como via a si mesmo e a sua família de origem, bem como o sentido que até aquele momento havia dado à sua história, isto é, à sua vida. Sua identidade se havia partido em duas, havia começado a sentir-se dividido em um doutor Jekyll e um mister Hyde. Ao mesmo tempo desenvolvia-se a mesma dúvida em relação a seu pai, o homem irrepreensível que o havia violentado.[3] O esforço constante, e vão, por reintroduzir aquela "terrível lembrança" no inconsciente de onde havia saído tornava sua vida extremamente difícil. Por último, começou a pensar que alguém se estava dando conta de que ele havia tido no passado aquelas experiências homossexuais. Dali para a manifestação de uma espécie de transtorno paranóico foi um breve passo.

O paciente havia-se tornado, pois, um homem sem uma história coerente e precisa. Sentia-se em um presente confuso ("já não sei quem sou"), sem um futuro ("não me importa nada do que possa ocorrer"). O homem invocava continuamente o passado. Seu presente, de fato, estava totalmente ocupado pela tentativa de apagar e de sepultar no esquecimento aquele passado. O futuro era uma constante antecipação angustiante: mais cedo ou mais tarde todos chegariam a conhecer aquele culpabilizante segredo. Não lhe parecia possível viver naquela história nova e inédita que tinha que se contar a si mesmo. Como disse na primeira sessão: "Como pode alguém que sempre foi o ator principal ocupar a pior parte do cenário?"

Criar um passado

Karl Popper (1976) sustentava que pensar na reversibilidade do tempo conduziria à conclusão de que os horrores de Hiroshima são uma ilusão, como se nunca tivessem ocorrido. Mas os horrores de Hiroshima, ou os de Auschwitz, *não existem mais que na memória*. Isso explica a importância, para cada um de nós e para qualquer cultura, de se "ter um passado". A história não "existe" se não for lembrada: os hititas, por exemplo, não existiram para a nossa civilização até serem "redescobertos". Daí a necessidade das testemunhas dos campos de extermínio de *recordar* o holocausto (ver Levi, 1947): se o holocausto fosse esquecido deixaria de existir para a consciência do mundo. Sua recordação presente serve para manter vivo o luto pelas vítimas e para evitar a repetição futura de tragédias semelhantes.

Segundo a definição de Santo Agostinho, passado e futuro não existem como tais para o indivíduo, existem como "presente do passado" e "presente do futuro". Mas se até o passado existe como recriação constante no presente, disso se deduz que a "retrodição" (Jaques, 1982) tem o mesmo grau de incerteza que a "predição". Em outros termos, não há certeza do passado assim como tampouco há certeza do futuro. E, como observa Hampshire (1965: 127),

> quando se objeta: "Em qualquer momento do futuro poderia ocorrer algo que me fará mudar de opinião", a mesma objeção pode ser formulada para o passado: em qualquer momento poderia ocorrer algo (talvez um novo testemunho oferecido por outros) que modifique minha opinião sobre o passado.

O passado será tanto mais modificável quanto menor for o consenso sobre ele. Ninguém duvida de um fato certo e universalmente aceito, como a data da declaração da Primeira Guerra Mundial, por exemplo. Mas sobre as causas dessa guerra foram escritas dezenas de volumes com as mais diversas teses. No caso dos acontecimentos da vida de um indivíduo ou de uma família a margem de incerteza é bastante grande. Em conseqüência as reconstruções, além de terem tendência a variar, são modificáveis. Nós, seres humanos, tendemos a interpretar e elaborar constantemente tanto a experiência como a lembrança da experiência. Recordamos interpretando e não registrando pontualmente as experiências "brutas".

Este mesmo processo foi descrito por Freud no tratamento psicanalítico. O psicanalista, através da análise da transferência (e da contra-transferência), reconstrói com o paciente tanto seu passado como o impacto que ele teve na situação atual. Desta forma favorece a manifestação (*insight*) de novos significados e emoções. Sabe-se que os passados reconstruídos durante a psicanálise refletem as teorias do psicanalista. Por isso um analisando adquire um passado freudiano, jungiano ou kleiniano. Da mesma forma os clientes de um terapeuta sistêmico adquirem um passado centrado nas relações.

Em síntese, o passado não é "reconstruível" tal como era, mas é constantemente recriado no presente. Gardner (1985) cita uma experiência interessante neste sentido: nm grupo de estadunidenses escutou um conto. Depois lhes foi pedido que lembrassem o desenvolvimento da história.[4] Tratava-se de um mito dos índios hopi. Para a sensibilidade ocidental o desenvolvimento do relato podia parecer incoerente e desprovido de um final. A maioria dos sujeitos recordou bem dos detalhes da história, mas os reorganizou segundo o esquema ocidental de desenvolvimento de um conto, com início, desenvolvimento e conclusões lógicas e coerentes. A memória havia sido construída privilegiando as expectativas sobre os dados. Esta experiência também pode ser interpretada de outra forma: o homem é um animal semântico que precisa elaborar explicações dos acontecimentos. E essas explicações são construídas atribuindo ao passado uma seqüência lógica que conduz ao presente e se abre ao futuro: trata-se do já citado conceito de "narração" de Jaynes.

O passado é evocado no presente no contexto da relação que estabelecemos com nós mesmos, nossas fantasias e nosso mundo interior, bem como em relação com os demais. As interações micro-sociais podem, desta forma, mudar a visão do passado em diferentes níveis: individual, social e, inclusive, cultural. A "memória histórica" não é mais que uma interpretação do passado compartida pela maior parte dos que pertencem a uma cultura, isto é, a criação consensual mais ampla possível.

O historiador Flavio Biondo de Forlì (1392-1463), quando escreveu seu canto a Florença e à Itália, criou um esquema que foi capaz de tiranizar a história da Europa durante vários séculos. Uniu os mil anos transcorridos desde a caída do Império Romano do ocidente e o advento da dinastia dos Médici em Florença, considerando-os um único período: o *"Medium Aevum".* Nasceu assim um esquema narrativo: do esplendor de Roma, passando pela decadência medieval e bárbara, até o Renascimento do século XV. Essa categoria, com toda sua rigidez, também foi aplicada à história da Ásia ("idade média" chinesa ou "idade média" indiana), mantendo-se a conotação de período obscuro e bárbaro. Foram necessárias muitas gerações para superar o preconceito dos "séculos obscuros". (Boorstin, 1985: 580 segs.)

O contexto terapêutico tem suas formas especificas de criar passados. Estas podem ser resumidas, com certo esquematismo, na dicotomia fundamental proposta por Jerome Bruner (1986) entre "pensamento paradigmático", característico do pensamento científico e lógico, e "pensamento narrativo" característico do conhecimento humanista, que se manifesta principalmente através do conto (ainda que qualquer realidade possa ser descrita das duas maneiras). O discurso narrativo, menos centrado na coerência intrínseca e na verificabilidade, opera sobretudo mantendo aberto o significado do discurso, de tal sorte que o interlocutor possa interpretá-lo da forma mais ampla possível. O discurso narrativo realiza, pois, uma

> *conjugação da realidade em subjuntivo* [...]. Tomo emprestado o significado de "subjuntivo" da segunda acepção do termo oferecida pelo *Oxford English Dictionary:* "Designa um modo (lat. *modus subjunctivus*) cujas formas são usadas para denotar uma ação ou um estado tal como se pensa neles (e não como um fato) e por isto é usado para expressar um desejo, uma ordem, uma exortação ou um evento contingente, hipotético ou previsto." O modo conjuntivo, portanto, indica que se trata de possibilidades humanas mais que de certezas estáveis. Um ato lingüístico narrativo, "concluído" ou "em curso", produz um mundo no conjuntivo. (Bruner, 1986: 33 seg.)

Agora, a narração que cada pessoa faz de sua própria história tende a ser (mas nem sempre) uma narração em indicativo. Tende-se a dar uma única interpretação dos fatos, uma única versão. Estas histórias em indicativo correspondem à forma paradigmática do pensamento linear-causal. A participação em uma terapia, ao contrário, transforma o passado dos clientes em uma autêntica narração que satisfaz os três critérios propostos por Bruner: criação de significados mais implícitos que explícitos, subjetivização do relato e adoção de uma pluralidade de perspectivas. O diálogo com o terapeuta pode introduzir uma realidade em conjuntivo, porque o terapeuta oferece aos clientes não apenas um ponto de vista inédito, mas sói apresentar mais de um, sem necessariamente privilegiar nenhum deles. Quando a conversação não é individual, mas se realiza com famílias ou casais, oferece-se a cada um dos participantes a oportunidade de expor sua própria visão, de modo que a história contada se torne multifocal: uma história que é muito mais que a simples soma dos relatos individuais. Desta maneira pode emergir um "passado em conjuntivo", livre da mordaça da causalidade. As metáforas também constituem um dos instrumentos lingüísticos que ajudam a facilitar este processo de "passado no conjuntivo". Às vezes, por fim, são os pontos de vista da equipe terapêutica, comunicados pelo terapeuta ou expressados diretamente como no caso do *reflecting team*, os que enriquecem ulteriormente o jogo das perspectivas, abrindo a possibilidade de inumeráveis interpretações do passado.

A diferença fundamental entre as histórias no indicativo, que põem em marcha a terapia, e o passado narrado em conjuntivo, é que este último oferece ao seu "leitor" (para manter a analogia com um texto literário) a possibilidade de *reescrevê-lo* de acordo com sua própria imaginação e sensibilidade, passando da estrutura básica do relato ao seu desdobrar-se no tempo, da globalidade da trama aos seus detalhes. Retomando uma metáfora de Bruner (1986: 46 seg.):

> O percurso do leitor das aduelas aos arcos, ao significado dos arcos, constitui uma realidade mais ampla: ele passa continuamente de um elemento ao outro, para frente e para trás, na tentativa de elaborar, ao final, um sentido do relato e ao mesmo tempo, a forma e o significado do próprio relato.

Por isto é desaconselhável que o terapeuta adote perspectivas unívocas ou demasiado vinculantes. Esta pode ser uma leitura segundo as teorias narrativas do princípio da neutralidade.

Existem outras possibilidades técnicas, além das metáforas, das formas verbais e do uso retórico dos verbos, de se criar passados. A utilização, sobretudo, do ponto de interrogação, das perguntas. A pergunta é uma forma retórica que concede ao destinatário toda a responsabilidade pela atribuição dos significados.

A pergunta hipotética é um tipo especial de pergunta (Boscolo, *et alii*, 1987) que está relacionada com acontecimentos e significados do passado, do presente ou do futuro. Por exemplo, em relação ao passado, pode-se perguntar a uma pessoa anorética: "Se no passado tivesse decidido não rejeitar a comida, como teriam reagido, por exemplo, seus avós?" Uma pergunta deste tipo implica uma possível releitura, da parte do destinatário, de um antigo jogo tri-geracional. As sessões conduzidas segundo esta ótica favorecem a criação de novos passados presentificando-os: o "novo" passado pode retroagir recursivamente sobre o presente e devolver ao sistema sua flexibilidade e sua evolutividade. É possível formular perguntas semelhantes em relação ao presente e ao futuro: "Suponhamos que decida agora não rejeitar a comida, como...?" Ou melhor: "Suponhamos que decida não rejeitar a comida no futuro, como...?"

Recriar uma família

O contexto terapêutico permite que a construção do passado seja empreendida graças à utilização de técnicas insólitas ou até excepcionais. Isto ocorre, sobretudo, quando a conversação não basta para fazer avançar o processo terapêutico. A seguir daremos dois exemplos esclarecedores. O primeiro remete a uma terapia individual. Tratava-se de uma mulher de vinte e oito anos, deprimida, realmente grave. Depois de cinco meses de terapia, de uma ou duas sessões semanais, o terapeuta não havia obtido nenhum resultado. A paciente enviava continuamente a mensagem de que ela já não podia fazer nada, de que sua vida já não tinha sentido, de que qualquer esforço era inútil. A mulher situava a origem de sua incurável depressão na infância, nos seus cinco primeiros anos de vida, os quais parecem ter sido passados em um minúsculo apartamento. Nele moravam o pai alcoólico, um monte de irmãos e, sobretudo, a mãe, totalmente desinteressada e "que nunca se dignou sequer a olhar para mim". Parecia dominada, quase obcecada, pelas tristes lembranças do passado remoto. Havia experimentado e sofrido a grandíssima e intolerável falta da mãe e quanto mais velha ficava, mais sentia o peso daquele passado.

Depois de todos esses meses de terapia sem conseguir ajudar a paciente, o terapeuta percebeu que ela havia situado a origem de sua doença exclusivamente no passado, e de que seus esforços para mudar a situação com palavras e para suscitar interesse por eventos do presente e do futuro não tinham tido efeito algum. Nesse momento o terapeuta inventou uma modalidade relacional capaz de libertá-los do *impasse*. Decidiu presentificar o passado não somente no plano do discurso, mas também através de uma peculiar auto-prescrição, com ações. Comunicou explicitamente à paciente que havia compreendido que estava equivocado: ela só podia mudar se ele fosse capaz de modificar seu passado. E prosseguiu: "A única possibilidade que tenho de ajudá-la é sendo a mãe que você nunca teve. Portanto, de agora adiante, tratarei de ser a mãe que você não teve nos primeiros cinco anos da sua vida, tentarei ter a atitude que desejava que sua mãe tivesse tido. Você deverá ajudar-me, de vez em quando, indicando-me, levantando o dedo, para indicar-me se sou ou não aquela mãe." Assim, o terapeuta podia controlar-se com ajuda das respostas da paciente. Graças a este método, a depressão começou a regredir em apenas algumas sessões.

Neste caso o terapeuta, apesar de aceitar a irreversibilidade do passado, havia pedido à paciente que se comportasse como se fosse reversível. O passado não havia mudado, claro, mas a mudança que ocorria no presente se refletia na interpretação que a paciente dava do passado. E à medida que, na lembrança da paciente, o passado se renovava, reabria-se o anel recursivo que também permitia mudar seu presente.

O grupo de Milão atendeu um caso similar por volta de 1975, exposto em *Paradosso e contro-paradosso* (Selvini Palazzoli, *et alii*, 1975). Era uma família com uma criança gravemente psicótica. A mãe estava convicta de ser a "causa" da psicose da filha, devido à sua errada relação com seus próprios pais. Nesta família o mito da culpa estava ancorado em um passado intolerável. A saída dos dois co-terapeutas foi pedir à mãe que os considerasse como seus pais, assim mudariam seu passado e criariam a possibilidade de um presente distinto. Embora a atuação dos dois terapeutas nesta circunstância difere do que ocorre no *setting* psicanalítico, a leitura da situação apresenta muitas semelhanças com a análise da transferência.

A possibilidade de desconstruir e reconstruir um passado depende, claro, da ótica com que se olha o futuro. Se observarmos os sistemas vivos segundo uma ótica *a priori* chegaremos a uma visão probabilística, que supõe um alto grau de imprevisibilidade: é impossível predizer o processo evolutivo. Mas se vemos, *a posteriori*, uma evolução já ocorrida, a concebemos com caráter de necessidade, como se os acontecimentos que determinam o presente estivessem concatenados de forma determinista. O homem, como já dissemos, é um animal semântico que não se cansa de buscar explicações. A causalidade não está no mundo externo, é um princípio, um instrumento que permite ao observador dar sentido ao que observa. O que é observado é explicado, *a posteriori*, segundo uma cadeia determinista. A explicação dos acontecimentos futuros nos sistemas vivos de maneira determinista constitui um erro, porque esta visão não leva em conta a imprevisibilidade. Se, por exemplo, observamos *a posteriori* o desenvolvimento das espécies, percebemos que a evolução contém uma concatenação necessária. Mas se nos perguntarmos *a priori* qual será a evolução das espécies futuras ficaremos sem resposta.

Com freqüência os clientes que buscam a terapia aplicam sua perspectiva *a posteriori* também às suas considerações *a priori*. Em outras palavras, seu passado contextualiza rigidamente seu futuro. As testemunhas dos primeiros acontecimentos de 1989 na Europa oriental cometeram um erro epistemológico deste tipo: ninguém conseguia manter uma perspectiva futura aberta o suficiente para prever as radicais transformações que haviam sido literalmente impensáveis durante os quarenta anos anteriores. Uma perspectiva evolutiva deve levar em consideração os momentos de instabilidade, durante os quais o processo evolutivo atinge a maior imprevisibilidade, momentos que Prigogine e Stengers (1979) definiram como "bifurcações". Este conceito corresponde, na metáfora narrativa, à emergência de histórias alternativas. Se, pelo contrário, se utilizar uma terminologia batesoniana, poder-se-ia dizer que a ação do terapeuta sistêmico muda a epistemologia[5] dos clientes, aproximando-a do princípio de eqüifinalidade de Bertalanffy (1968): diversos antecedentes podem resultar em conseqüências iguais; antecedentes iguais em conseqüências diferentes. Uma relação entre clientes e terapeuta baseada nos pressupostos desta epistemologia abre o horizonte da mudança.

Henry Street Settlement: como criar um passado

O horizonte temporal varia dependendo da cultura e da classe social. Como já dissemos no segundo capítulo, a burguesia ocidental baseia sua própria vida em um passado conhecido, a partir do qual se projeta para o futuro (Coser e Coser,1963). Mas não se deve acreditar que esta é uma característica universal. As pessoas cuja cultura é muito fatalista tendem a interessar-se pelo presente, a não preocupar-se demasiado pelos acontecimentos passados e a não projetar seu futuro. A mesma ênfase no presente foi descoberta por Smith (1952) tanto na cultura dos indígenas salishan do Estado de Washington como na chinesa. O predomínio do tempo presente é visível, dentro da cultura estadunidense, nas classes sociais mais desfavorecidas (Coser e Coser, 1963) e prevalece de forma significativa nos casos de marginalização social.

É provável que uma das razões que induzem os marginalizados a limitar seu próprio horizonte temporal ao presente seja sua imperiosa necessidade de adaptar-se, aqui e agora, tanto ao ambiente que os rodeia como à coerência que se estabelece na sua relação com os trabalhadores sociais, que devem ocupar-se, sobretudo, de seus problemas conjunturais. As demandas e ofertas que surgem no contexto dessa relação soem reduzir-se ao terreno da assistência ou do apoio social, ou seja, de intervenções sobre problemas imediatos: conseguir um trabalho, uma habitação, uma ajuda econômica. Às vezes parece que estas pessoas surgiram do nada, conservam apenas uma vaga lembrança dos seus antigos grupos de pertencimento e vivem somente no presente e no âmbito temporal que lhe é mais próximo, isto é, passado e futuro imediatos.

Um grupo de trabalhadores sociais, alguns dos quais haviam tido repetidos contatos com Boscolo e Cecchin e, portanto, conheciam o modelo sistêmico de Milão, tentou introduzir uma nova maneira de relacionar-se com os usuários de uma agência social, a Henry Street Settlement, situada no Lower Manhattan de Nova Iorque. A região abriga uma maioria de marginalizados sociais, muitos dos quais são hispano-americanos de baixo nível de instrução, poucas capacidades sociais e dificuldades para aprender o inglês. Esse conjunto de características confere ao bairro um aspecto de gueto.

Através de muitos ensaios e erros o grupo chegou a desenvolver uma modalidade de intervenção sistêmica realmente original e eficaz. A idéia central produzida pelo trabalho do grupo foi a seguinte: a relação entre os trabalhadores sociais e os usuários se dava não apenas em um horizonte temporal reduzido ao presente, mas também através de diálogos e atividades rotineiras, do tipo estímulo-resposta, que induziam a todos os participantes a atuar como máquinas triviais, segundo a definição de Heinz von Foerster.[6]

A variação do método adotada foi: dedicar a cada um dos usuários uma longa sessão inicial, de uma hora e meia a duas horas, dirigida por dois trabalhadores sociais, enquanto o resto do grupo permanecia atrás do espelho falso. No decorrer da sessão os trabalhadores tentavam criar um passado, por um lado, e, dentro deste passado, tentavam criar uma família, um grupo de pertencimento (Ahto, Sampieri e colegas, comunicação pessoal). Esta experiência lembra o Pirandello de *Seis personagensá procura de autor*: no começo da ação seis personagens suplicam ao diretor e a seus atores, que estavam ensaiando uma *pièce* teatral, que lhes dêem uma história. Como nesse drama, os colegas da Henry Street assumem a perspectiva do Diretor e constroem uma história para seus personagens. A diferença é que na Henry Street são os autores que imploram aos personagens que entrem na nova história que se escreve para eles.

Quem conduz a sessão formula muitas perguntas com o intuito de introduzir no passado a dimensão hipotética. Por exemplo, quando o usuário recorda pouco ou nada de seu pai ou, simplesmente, não teve um pai, a pergunta pode ser: “Que pai desejaria ter tido? Que trabalho gostaria que seu pai tivesse feito? Se tivesse tido uma irmã, que tipo de pai teria almejado para ela? Que tipo de relação esperaria ter tido com seu pai na infância? E na adolescência? Que tipo de relação queria que sua mãe tivesse tido com seu pai? E vice-versa.

Se o usuário revelasse uma história de abandono por parte de sua mãe, que vivia de forma desordenada e promíscua, o terapeuta poderia perguntar: “Suponhamos que sua mãe tivesse crescido em uma situação menos desfavorecida, em um ambiente em que tivesse tido maiores facilidades para construir sua própria vida, como acha que ela teria se comportado consigo, com sua irmã, com seu pai?...”, etc. As perguntas hipotéticas se referem também à escola, à relação com possíveis professores ou companheiros do passado.

O objetivo é co-criar um grupo de pertencimento, uma identidade mais positiva e complexa para o usuário. Depois, as hipóteses podem transformar-se em uma realidade, isto favorecido pelo fato de que o usuário conta com um grupo de pessoas que se ocupam dele, que crêem possível, e incluso provável, que deixe de ser alguém “diferente” para ser uma pessoa como as outras. O passado co-criado no "aqui e agora" oferece, pois, as premissas para que o usuário tenha condições de entrar em uma nova história e possa fazer novas escolhas, uma das quais seria a saída da marginalização.

É muito importante que o consultor ou o terapeuta atuem "no passado", não somente em casos como estes, nos quais parece não haver passado, mas também quando o horizonte temporal parece estar totalmente ocupado pelo passado, como nos casos de depressão. Atuar no passado significa, sobretudo, introduzir o hipotético, favorecendo a surgimento de histórias alternativas, que depois podem abrir a porta para o futuro. Se no primeiro caso — o de Henry Street — é apropriado falar de construção de uma história possível a partir dos indícios, das pistas oferecidas pelo usuário, no segundo a co-criação de histórias novas surge da simultânea desconstrução de uma história passada.

O passado do terapeuta

O processo terapêutico pode ser explicado, desde a perspectiva narrativa, de três maneiras. Na primeira, o cliente entrega sua história ao terapeuta para que este a reescreva (é o que acontece nas intervenções psico-educativas).[7] Na segunda, o terapeuta cria um contexto para que o cliente escreva de novo sua história, de acordo com suas próprias opções pessoais (é a perspectiva preferida por Anderson e Goolishian). Na terceira, cliente e terapeuta desconstroem e reconstroem a história do cliente, realizando, assim, uma "narração a quatro mãos". No primeiro caso o autor da história é o terapeuta, no segundo o cliente, no terceiro ambos são co-autores. Oferecemos a seguir um caso que a própria equipe terapêutica descreveu segundo este terceiro modelo.

Silvio Castelli, um rapaz de vinte e cinco anos, muito magro, ágil e elegante, procurou a terapia por causa de uma gravíssima forma de bulimia. Na primeira sessão participaram também seus pais, uma dona de casa e um médico. Silvio era dominado por incontroláveis ataques de fome que, no curso de um ano, haviam provocado duas hospitalizações por desequilíbrios eletrolíticos. Na primeira sessão Silvio descreveu com todo detalhe seus acessos bulímicos, cujos custos para o pai superavam seus ganhos. Quando assaltado pelo impulso faminto obrigava a sua mãe a cozinhar para ele por dias inteiros. E quando esta não podia mais, Silvio se instalava no compartimento reservado de um restaurante próximo para ingerir, durante toda uma tarde, enormes quantidades de comida que podiam atingir vinte cinco quilogramas ao dia. Para consegui-lo entrava continuamente ao banheiro para enfiar na boca uma tosca toalha amontoada que, subitamente, retirava para provocar e vômito. Este cruel artifício já lhe havia provocado, entre outras coisas, hemorragias esofágicas.

No transcurso da conversação apareceu uma lembrança que ao terapeuta pareceu muito relevante: o jovem havia tido um irmão que morrera com oito anos, quando ele tinha doze. A equipe decidiu utilizar este fato na intervenção final da primeira sessão.

Terapeuta: O que nos impressiona de sua família é que vocês são os sobreviventes de uma morte cujo luto ainda não foi realizado. (*Para Silvio*): Um ano atrás, você tomou uma decisão profunda. Como temia que sua saída fosse intolerável para seus pais, que já haviam sofrido a perda de um filho, optou por enclausurar-se nos estudos. Por isto começou a ter um comportamento que obriga sua mãe a preparar continuamente comida e seu pai a trabalhar para saciar sua fome. Desta maneira lhes assegura que, por enquanto, não sairá de casa. (*Para os pais*): Compreendemos também o comportamento de vocês, pais que tiveram um grave luto e fazem todo o possível para manter vivo o filho sobrevivente.

Silvio (*perplexo, ao terapeuta*): É por isto que *como também por meu irmão morto*?

Terapeuta: É possível. Agora trataremos de buscar a maneira de ajudá-los a concluir o luto, de forma que, quando Mario estiver realmente sepultado, possam ser livres para retomar o curso de suas vidas.

No início da sessão seguinte a família começou dizendo: "Aconteceu um milagre!" Silvio contou que as palavras do terapeuta, especialmente a idéia que ele era um sobrevivente e não havia concluído o luto, haviam ficado nele e havia pensado nelas durante toda a noite. No dia seguinte tinha sentido algo que descreveu como "paz interior" e, para sua surpresa, percebera que o incontrolável estímulo da fome havia desaparecido: seu apetite se havia normalizado. Tinha chamado seus amigos, que não encontrava havia um ano, e ido passar com eles o fim de semana. Desde então, a bulimia tinha desaparecido.

Depois de concluída a sessão, equipe terapêutica começou a discussão: qual poderia ser a "causa" de uma mudança descontinua tão clamorosa? Os colegas que estavam atrás do espelho tinham observado que, no curso da primeira sessão, o terapeuta havia feito sua intervenção final com inusitada intensidade emotiva, enquanto os três membros da família haviam permanecido imóveis, petrificados, como se estivessem em transe. A tese predominante foi que o terapeuta havia comunicado com a família transmitindo sua visão pessoal sobre um tema universal, o tema da morte. A descrição mexeu com o terapeuta que, de chofre, lembrou da morte de um irmãozinho quando ele ainda era criança. Este havia sido, entre outros, um dos temas principais de sua psicanálise pessoal. A lembrança e a emoção do terapeuta contrastavam notavelmente com o relato da morte do filhinho da mulher, que a família havia recordado aparentemente sem uma emoção particular.

Isto induziu, finalmente, à equipe a reconstruir uma estranha cadeia associativa, que conduzia à hipótese de que os clientes podiam mudar tornando-se observadores dos terapeutas, que representam perante eles seus próprios conflitos emocionais não resolvidos. Isto suscitaria processo semelhante nos clientes que, paradoxalmente, mudam enquanto o terapeuta mantém seus conflitos, essenciais para resolver os dos demais.

A terapia seria eficaz da mesma maneira em que, segundo Aristóteles, o teatro é catártico, porque representa para o público seus próprios dramas universais.

Um mito infringido

No caso que apresentaremos a seguir, o começo das dificuldades de um casal coincidia com o aparecimento de uma divergência de horizontes temporais. Durante alguns anos, de fato, o casal tinha permanecido nos trilhos de um mito (co-criado continuamente no presente), enraizado em um passado estático, imóvel. Como sucede na vida, um mito assim não podia resistir às influências do ambiente, que provocaram um contraste cada vez maior entre os cônjuges. A súbita evolução da mulher no sentido de uma maior autonomia e independência, favorecida por uma terapia individual em curso, provocou um forte contraste com o caráter estático do marido.

O casal era formado por Fabio, de trinta e quatro anos, empregado em uma empresa comercial, e Anna, de vinte e quatro, professora em uma academia de línguas. Anna era uma mulher viçosa, de uma beleza clássica, que lembrava um quadro dos inícios do século XX. Fabio, ao contrário, era delicado e franzino. O contraste entre ambos não era apenas somático. Anna se apresentava como uma mulher aberta, instintiva e forte. Fabio era sério, tranqüilo, aparentemente sem senso do humor. Seu caráter melindroso e sua irrefreável necessidade de controlar tudo chamavam a atenção. O casal tinha um filho, Emanuele, de cinco anos, que freqüentava a pré-escola, uma criança muito espontânea e extrovertida. Os cônjuges haviam vivido tensões cada vez maiores durante o último ano. Tinham decidido buscar uma terapia de casal, motivados pela "falta de contato" recíproco. A terapia durou dez meses e foram ao todo seis sessões.

No decorrer da primeira sessão, a única da qual participou Emanuele, o terapeuta examinou cuidadosamente a origem do desacordo e as causas que, segundo o casal, provocaram-no. Eles contaram a seguinte história: Anna, antes de casar-se, era uma mulher irrequieta e impaciente com a própria família. Fabio a havia libertado e dado um sentido a sua vida. Durante os cinco primeiros anos do matrimônio Anna tinha vivido à sombra de Fabio, a quem apreciava por sua integridade, dedicação à família e, especialmente, por sua extraordinária cultura, em virtude da qual o considerava como seu professor.

Aparentemente, o nascimento do filho havia começado a provocar as primeiras rachaduras na relação: ambos os pais eram muitos ligados a Emanuele.

Fabio se transformou em um pai obcecado com o filho e tomava conta dele com extremo cuidado. Ele relacionou esta intensa vinculação com o fato de que seu amado pai morrera quando ele tinha apenas quatorze anos, deixando-o sozinho. "Quero dar a meu filho o pai que eu não tive", disse. Anna, por sua vez, estava contrariada com aquela situação. Disse que o filho estava distante dela e, em sua opinião, sempre tomava partido pelo pai. "Queria que me tocassem — lamentou — mas Fabio e meu filho se tocam entre si, mas nunca a mim!" O comportamento analógico de Emanuele confirmava a existência de uma estreita relação com seu pai. Este último tinha despertado na equipe, desde o início, a impressão de excentricidade. Ele parecia ter mais atitudes de avô e criança do que de pai e marido. Isso os havia levado a levantar a hipótese de problemas de identificação sexual.

Quando Emanuele tinha dois anos, Anna havia buscado uma terapia individual devido a uma síndrome ansioso-depressiva. A terapia tinha durado seis anos e, segundo ela, a havia "ajudado muito". Mas a terapia individual, como sói ocorrer, tinha ocasionado um desequilíbrio no casal. Anna havia mudado e vivia cada vez mais em um horizonte temporal aberto ao futuro, enquanto Fabio estava mais voltado para o passado. A hipótese da equipe terapêutica foi que Anna, por sua vez, precisou deter seu processo evolutivo devido ao perigo de uma desestabilização do casamento. O conflito se baseava em uma disparidade dos tempos internos, pois uma das metades do casal tinha evoluído mais rápido que a outra.

Ambos chegaram muito tristes à segunda sessão. Anna, sobretudo, parecia deprimida e contou que, depois da primeira sessão, havia começado a padecer de uma forma de "esgotamento" caracterizada pela depressão, a apatia e a insônia. Mas não era a primeira vez que tinha sintomas parecidos: segundo Fabio, cada ano, durante o Natal (a sessão foi realizada em janeiro), Anna começava um período de depressão. Este se prolongava até o verão e era seguido por um período de euforia. Nesse momento formulou uma hipótese, podia ser uma forma cíclica de transtorno do humor. Fabio, por sua vez, estava particularmente insatisfeito com a situação: ele, como intelectual, havia tratado durante anos de instruir a sua mulher "para que melhorasse". A relação com seu terapeuta individual, porém, em menos de dois anos, havia provocado muito mais mudanças em Anna do que haviam provocado os anos de amorosos ensinamentos do marido.

O desejo evidente de Fabio de controlar Anna, e também a criança, associado à tendência de Anna a manifestar períodos depressivos alternados com períodos de euforia moderada, é comparável às dinâmicas evidenciadas pelo grupo de Heidelberg (Stierlin, Weber *et alii*, 1986), para o qual as premissas da relação das famílias bipolares são do tipo "ou, ou", mais que do tipo "e, e". Nestas famílias o membro sintomático oscilaria entre períodos de depressão, nos quais se adapta à premissa familiar de obediência, e períodos de euforia, nos quais desobedece abertamente. Neste caso, podemos classificar o comportamento de Anna como uma típica oscilação entre obediência e desobediência a Fabio ou, melhor ainda, ao mito familiar que prescrevia a estabilidade e a não-mudança.

Fabio mostrou também, no transcurso da sessão, certa ambigüidade em relação à sua mulher. "Anna me excita muito quando está esfuziante e eufórica — afirmou — mas me assusta a idéia de que nestas condições possa cometer uma loucura. Não somente me excita, mas me irrita muito quando se descuida e engorda." Se as lemos como injunções, as afirmações de Fabio têm um forte sabor paradoxal de duplo vínculo.

Uns dos momentos mais relevantes da sessão foram, primeiro aquele em que o terapeuta reformulou a atitude de Fabio para com Anna como "professor e polícia" — definição que o interessado aceitou com uma expressão impassível — e, segundo, quando expressou sua preocupação pela tão estreita relação entre pai e filho, e pela aparente ausência da relação entre filho e mãe. Transcrevemos literalmente a intervenção final:

Terapeuta: Meus colegas estiveram de acordo com o que eu dizia ao princípio, particularmente em relação ao trabalho que você, Anna, fez com a doutora Ferri: começou a crescer, trabalhou muito bem, aprendeu a sentir-se bem, mais segura e mais cheia de vida. Satisfez seu marido, mas, ao mesmo tempo, alarmou-o. Qualquer casal tolera a mudança dentro de certos limites. Talvez depois possa mudar e consiga tolerar uma mudança maior; mas durante um período de tempo vai tolerar somente certo grau de mudança e nada mais. O que meus colegas parecem perceber é que, de certa forma, você estava muito bem, muito segura... é o que ocorre quando uma mulher casada começa, mediante terapia individual ou mediante outra experiência, a sentir-se mulher, a sentir-se segura de si mesma. O que nós chamamos de *guerra de independência*, porque as mulheres normalmente estão acostumadas, em suas famílias de origem, a ficarem "por baixo" diante dos machos, a permanecerem submissas, a se acharem inferiores. Depois, no matrimônio, muitas mulheres se descobrem a si mesmas através de diversas experiências, inclusive a psicoterapia. Começam a descobrir sua própria feminilidade e sua própria autonomia. Neste sentido, um colega notou que quando você dizia que no início estava muito impressionada com Fabio, depois se casou, e durante muito tempo foi muito dependente dele, estava refletindo o velho modelo de relação entre homens e mulheres, entre macho e fêmea. Depois, através do amadurecimento, dizíamos, ou de outros estímulos...

Anna: Desvencilhei-me...

Terapeuta: Desvencilhou-se deste clichê, e apareceu a mulher segura de si mesma, que sente seu crescimento, que eventualmente deseja ter novas atividades, atividades agradáveis. Ele apreciou muito tudo isto. Na realidade não lhe agradava ter uma mulher assim, com esta pinta de mulherzinha. Se eu o compreendi bem, Fabio, você não tem gostos medíocres, você é original e por isto gosta desta mulher como é agora, sente-se arrebatado, sente uma grande admiração por ela. Mas chega um momento em que se sente possuído pelo medo; porque os limites que Fabio pode tolerar podem ser ultrapassados. Isto é, o medo de que você se comprometa demasiado, de que o ignore e o deixe por outro. Por isso se torna um menino medroso. Neste sentido, Anna, isto foi o que aconteceu do momento em que se sentiu melhor até o último período em que vieram todas essas tristezas. Imagino que se sentirá...

Anna: Uma nulidade.

Terapeuta: Uma nulidade, exatamente. Desta maneira volta a dar-lhe segurança. Havia-se chegado ao limite.

Anna: Isto é, estou caminhando para trás? ... Ou estou reconfortando...

Terapeuta: Exatamente. Havia chegado ao limite. Depois de um tempo, voltará a entrar na fase de crescimento. Em um determinado momento também ele, como sói ocorrer, poderá ter seu período de crescimento ou então seguirá como está. Isto é o que nós normalmente observamos.

Neste momento prescreveu-se ao casal a realização de um ritual, cuja função era introduzir a possibilidade de uma relação diferente entre pais e filho.

Terapeuta: O que agora lhes pedimos é que você, Anna, duas vezes por semana, por exemplo, na terça e na quinta-feira, leve o seu marido a um lugar onde possam estar a sós e lhe fale do que pensa da relação que ele, Fabio, tem com seu filho. O encontro deverá durar ao menos meia hora.

A prescrição foi seguida escrupulosamente. Quando voltaram à sessão seguinte haviam ocorrido mudanças importantes: a criança havia-se separado do pai (e o pai dela) e se aproximado da mãe. Além disso, Fabio havia deixado de preocupar-se com o passado e começado a preocupar-se muito mais com o futuro e, sobretudo, com o futuro do casal.

Anna havia notado que a criança tinha voltado a dirigir-se a ela, e não somente ao pai. Fabio, no início, sentiu que o filho tinha-se tornado "um estranho"; mas depois de uma semana havia começado a corresponder quando a criança o procurava. Assim, o discurso terapêutico pôde centrar-se novamente na relação do casal. Fabio afirmou que seu trabalho o satisfazia, mas que em casa "já não tinha estímulos e não era apoiado pela mulher".

Durante esta sessão, como em todas as demais, marido e mulher manifestaram uma atitude contraditória. Ambos concordavam, da boca para fora, com que havia uma grande distância entre eles e uma indiferença recíproca cada vez maior (inclusive no plano sexual). Entretanto, por outro lado, não deixavam de manifestar uma grande aproximação: olhavam-se com insistência, sentavam-se muito perto um do outro, falavam sempre e somente do casa, e quase nunca de terceiros.

Na intervenção final o terapeuta disse: "Vocês se amam muito, estão muito juntos, quase de forma simbiôntica. Este excesso de companhia provoca uma angústia de fusão e uma angústia de separação. Vocês criaram um mito, segundo o qual amar-se é deter-se no tempo. Foi precisamente por isto que quando você, Anna, começou a emancipar-se houve uma crise na relação do casal. Percebemos que vocês têm tentado, por todos os meios, construir um amor mais real no futuro. Sua vinda à terapia é uma prova disso."

Na quarta sessão contaram-nos que Emanuele estava muito mais autônomo e mais tranqüilo e que o casal estava mais autônomo em relação ao filho. Por outro lado, Fabio não conseguia tirar da cabeça o pavor de que Anna (que havia engordado um pouco) seguisse aumentando de peso. A imagem futura de uma Anna obesa o incomodava: "Tenho medo de pensar que minha mulher se deforme, como minha mãe que morreu gorda. Queria compreender por qual motivo o peso de minha mulher me incomoda tanto. Até o fato de vê-la em *déshabillé* me faz sentir mal. São idéias ridículas, eu sei, mas é isto que penso." (Esta declaração provocou uma série de hipóteses sobre a relação entre Fabio, as mulheres e os homens, que não desenvolveremos aqui.)

Anna, por sua vez, se sentia avaliada pelo que pesava, como uma mercadoria, e até sentia medo de engordar porque seu marido estava obcecado com a idéia de que estivesse mais magra. Emanuele parecia ser o mais satisfeito de todos os membros da família, finalmente estava dando-se bem com sua mãe e com seu pai. No decorrer da sessão a atenção passou do peso de Anna ao peso das diferenças recíprocas na relação. Notou-se que a relação era do tipo complementar: Fabio era lógico, e nele os sentimentos escondiam-se completamente por trás da lógica e do raciocínio, enquanto Anna era instintiva, cheia de paixão. Observou-se que, na relação de casal, Fabio continha as paixões de Anna com a lógica e que Anna, com suas paixões, punha sentimento na fria lógica de seu marido. Pareceu que estas reformulações mexeram positivamente com o casal.

Na quinta sessão Anna e Fabio se apresentaram mais serenos. A relação havia melhorado visivelmente e, depois de vários meses, haviam voltado a ter relações sexuais. Anna podia afirmar que Fabio já não estava enfadado com ela. Fabio, por sua parte, também afirmou sentir-se melhor. Mas, provavelmente para evitar o perigo de que a equipe pensasse na conclusão do trabalho terapêutico,[8] insistiu na sua preocupação com uma possível "desaparição futura da sua felicidade". Anna, por sua vez, satisfeita contou que havia começado uma dieta de emagrecimento, queria "estar bem nas férias para colocar seu novo maiô na praia". Mas em seguida acrescentou que não se havia esforçado em emagrecer para o marido, porque lhe parecia que era uma espécie de chantagem: "Vou te amar se estiveres mais magra, não se estiveres gorda."

A equipe concordou, durante a discussão, com o fato de que o casal havia saído do *impasse*. Decidiu-se concluir a terapia.

Terapeuta: Conversamos com os colegas que estão detrás do espelho sobre a situação geral e chegamos à conclusão de que não vemos problemas psicológicos ou psiquiátricos que requeiram nossa presença. Por isto hoje concluiremos a terapia. Vocês iniciaram uma evolução na relação do casal, da família e com o seu filho. Houve uma evolução positiva que nos leva a pensar que, neste momento, nossa presença já não é necessária. Naturalmente, sabemos que haverá altos e baixos, como ocorre com todos os casais. A vida é um problema, os conflitos estão na ordem do dia. Neste sentido estou de acordo com vocês, a felicidade, se pode chamar-se felicidade, não é uma linha contínua, há momentos de felicidade, do mesmo jeito que há momentos de indiferença, momentos em que se discute. Viver juntos quer dizer encontrar soluções, fazer compromissos, etc. Acreditamos que, agora, já podem encontrar suas soluções.

Anna: Para o resto da vida?

Terapeuta: Agora vemos um casal, uma família, que evolui, que está à procura de um novo equilíbrio. Pensamos que agora vocês podem enfrentar, com seus próprios meios, seus conflitos e as dificuldades da vida. Vemos que, com altos e baixos, tomaram esta direção. Não é possível responder à pergunta de Anna: "Pelo resto da vida?" Se, futuramente, sentirem necessidade de ajuda já sabem, têm nosso endereço.

A retroação dos cônjuges foi muito vivaz, como se a conclusão da terapia os tivesse surpreendido. Fabio (que segundo o terapeuta dava a impressão de vê-lo como um pai adotivo) afirmou sentir-se "um pouco desorientado". Anna, por exemplo, disse sentir-se finalmente capaz de enfrentar a relação de casal, mas, ao mesmo tempo, dizia-se preocupada com uma possível recaída depressiva "e que tudo comece novamente".

Geralmente, quando fazemos este tipo de intervenções ao final da terapia, a evolução dos casais ou das famílias continua seu processo. Em alguns casos — não tão freqüentes — os clientes solicitam, depois de algum tempo, uma sessão.

Três anos depois do final desta terapia, Anna pediu uma nova entrevista. O casal se apresentou para discutir de novo o conflito sobre o peso da mulher. Disseram que, depois do final da terapia, houve um período muito positivo. Anna havia engravidado e, um ano antes, haviam tido "uma criança muito bonita". Emanuele crescia muito bem. O casal havia encontrado um *modus vivendi* satisfatório, até seis meses atrás, quando Anna havia começado a engordar e o marido a reprová-la manifestando desgosto pelo seu corpo. Anna respondia às suas críticas com expressões como "você me quer a mim ou a meu corpo?", ou então "se depender dos quilos que peso" teu amor não me interessa, e ventilava a possibilidade de encontrar um monte de homens que gostariam dela do jeito que estava. Fabio respondia que isso estava acima das suas forças, porque seu ideal era uma mulher magra etc. O casal participou em outras duas sessões, suficientes para acabar — esperamos que definitivamente — com o jogo sem fim.

Corrigir o passado

Oreste e Elettra Valeri eram dois profissionais liberais, cultos, de uns quarenta anos. Certo tempo atrás Oreste havia concluído uma psicanálise individual, mas de vez em quando necessitava ter uma consulta com o psicanalista. Este, finalmente, referiu-o ao nosso centro de terapia de casal. Elettra também fazia, havia dois anos, uma psicanálise. Ao final da primeira consulta foi proposta uma terapia de casal. Antes, porém, deviam contar com o consentimento de ambos os psicanalistas. O analista do marido, o referente, havia aceitado implicitamente. O da mulher (de orientação kleiniana) não havia respondido à pergunta, o que já era esperado por Elettra, ele raramente intervinha nas sessões. Ela interpretou seu silêncio como um consentimento.

O marido, atormentado pelos problemas sexuais com sua mulher, havia literalmente arrastado Elettra à terapia. Oreste buscava a relação sexual de forma obsessiva e, quando Elettra aceitava, dizia que "nada é como antes", aludindo a uma antiga "escapada" da mulher. Os acontecimentos haviam seguido um *script* bastante semelhante ao dos casais referidos ao nosso centro, relacionado com as mudanças das relações entre os sexos na Itália do pós-guerra. Depois do nascimento da primeira filha, ocorrido quatro anos depois do casamento, Elettra começou sua análise. Em pouco tempo havia-se transformado em uma mulher independente e segura de si mesma. Seu trabalho começou a dar-lhe muitas satisfações e a fazê-la sentir-se mais apreciada. Nessa época apaixonou-se por um colega, também casado. A relação durou um par de meses. Depois, arrependida e com a esperança de ser perdoada, confessou tudo ao marido. Para Oreste foi uma "paulada", da qual "nunca se havia refeito": começou a ter ciúme patológico e a atormentar a mulher repetindo sempre as mesmas perguntas: "Como era com ele? Era excitante?" "Ele te satisfazia melhor do que eu?" "Era mais experiente que eu?" Para colocar-se ao nível da esposa começou a ter relações com outra mulher, mas isto não o ajudou a mitigar o sofrimento provocado pela ferida no seu orgulho de homem.

A relação do casal se deteriorou a ponto de Elettra, desesperada, começar a falar de separação. Ao mesmo tempo, surpreendentemente — para eles, não para nós — Elettra engravidou de novo e os projetos de separação foram deixados de lado. O período da gravidez foi bastante tranqüilo, talvez porque Oreste se considerasse, naquele período, a salvo de uma traição. Pouco depois do nascimento da filha começou tudo de novo. As cenas de ciúme e os intentos obsessivos por desenterrar o passado se tornaram cada vez mais freqüentes.

Diante das insistentes ameaças da mulher de sair daquele "inferno", Oreste, com a ajuda de seu analista, conseguiu levá-la ao nosso centro para uma terapia de casal. Na segunda sessão, a mulher declarou abertamente que tinha vindo somente com a intenção de "curar" seu marido: ela já seguia sua própria análise, com a qual estava totalmente satisfeita. O marido, por sua parte, propunha ao terapeuta uma missão impossível, a mudança, ou melhor, a correção do passado.

Era como se dissesse à mulher: "Tudo voltará a ser como era antes se nunca tivesses estado com ele!" Injunção obviamente irrealizável, era como se dissesse: "Perdoar-te-ei sob uma condição: *que não tivesses feito o que fizeste!*" É evidente a maciça violação da *consecutio temporum* dos verbos, que não basta para expressar adequadamente o caos temporal de semelhante afirmação.[9] Uma injunção só pode ser orientada para o futuro. Aqui, pelo contrário, o ato proibido *já havia acontecido* e, portanto, a injunção era, por sua natureza, inexeqüível: só seria exeqüível se a flecha do tempo fosse invertida. Isto é, Elettra, em outras palavras, devia ter obedecido à proibição de algo que já havia feito e que, além do mais, estava situado em um passado compartilhado por ambos os cônjuges. Qualquer intento de suprimir um passado compartido está destinado ao fracasso, a uma acumulação progressiva de tentativas frenéticas, confusas e inúteis, como bem sabem os obsessivos e os psicóticos.

Rapidamente a terapia revelou ser muito difícil: ambos os cônjuges se aferravam às mesmas posições contraditórias. O marido descrevia um passado idílico antes da infidelidade que havia destruído sua vida. A mulher, apesar de aceitar que havia realizado um feito indecente, afirmava que a decisão de interromper aquela relação e de confessar espontaneamente a seu marido o equívoco cometido devia ter suscitado em Oreste uma reação de compreensão, se não de perdão.

Ao final da segunda sessão, e com o propósito de criar uma seqüência temporal entre o passado e o presente, decidiu-se prescrever-lhes um ritual centrado na experiência traumática: uma vez por semana, em um dia indicado pelo terapeuta, deveriam reviver a experiência. As quintas-feiras deviam ser dedicadas a lembrar os acontecimentos relacionados com as relações extraconjugais, primeiro da mulher, e depois do marido; a reviver, na medida do possível, as intensas emoções daqueles momentos, a esfregar-se na cara energicamente os recíprocos danos presumidamente sofridos. A prescrição incluía uma advertência importante: deviam parar imediatamente ao se darem conta de que corriam o risco de perder o controle e de chegar às vias de fato. Durante os demais dias da semana estava proibido falar daqueles eventos; era indispensável evitar qualquer comentário e discussão sobre o que tivesse sido dito no dia dedicado ao passado. Os resultados das discussões daquele dia tinham de ser comentados na sessão seguinte. A função do ritual era a criação de uma clara seqüência passado-presente, a delimitação de um tempo para discutir e, eventualmente resolver, os problemas do passado, enquanto que os demais dias seriam reservados exclusivamente ao presente e ao futuro. Em situações como esta este ritual sói favorecer uma redução da tensão do casal, pois relega as experiências negativas a um parêntese temporal, clara e peremptoriamente separado do tempo restante. Geralmente, o casal não é capaz de fazê-lo por si mesmo: em todo momento existe a suspeita — ou a expectativa — de que o outro esteja pensando nos fatos dramáticos do passado.

Quando o casal voltou a apresentar-se perante os terapeutas imediatamente percebeu-se que o ritual havia sido ineficaz. No primeiro intento de realizar a tarefa proposta, Elettra havia atacado duramente a Oreste, quem, por sua vez, reagiu com uma agressividade parecida, ao ponto de que foi impossível continuar. Nas três semanas seguintes nem sequer tentaram realizar o ritual.

Terapeuta (*usando às vezes um vocabulário culto, em sintonia com sua linguagem e com seus conhecimentos psicológicos*): Impressionou-nos muito como a profundidade de seu conflito lhes impediu de executar a tarefa prescrita. Encontramo-nos perante uma situação pirandelliana. Primeiro: pede-se a mudança de um acontecimento passado que, por definição, sendo passado, não pode ser mudado. Segundo: a situação é pirandelliana no sentido — e você, Oreste, o tem demonstrado de muitas maneiras, com palavras, com sofrimentos e com lágrimas — de que a pessoa mais importante para você, sua mulher, a pessoa com quem está unido, teve esta experiência passada, a qual você continua voltando como um ex-combatente do Vietnã, volta às experiências da guerra, que não se podem mudar, porque houve uma guerra e não se pode mudar o passado. Porém, ao mesmo tempo em que continua mandando mensagens de que está profundamente unido a essa pessoa, faz todo o possível (e é muito provável que o consiga) para induzi-la a deixá-lo. Assistimos a um drama que muito provavelmente, em determinado momento, conduzirá à ruptura da relação. Esta experiência passada se converteu, para você Oreste, na razão de sua existência. Logicamente, por ser uma experiência passada, não se pode mudar. Por isto lhes prescrevemos uma tarefa cujo objetivo era a solução da situação pirandelliana ou, se preferem, paradoxal...

Marido: Ou seja?

Terapeuta: Ou seja que esta experiência passada, por definição, não pode ser apagada, porque é passado. Terceiro: O corolário de tudo isto, que torna pirandelliana a situação, vista de fora, é a sua reação, Oreste. Uma pessoa como você poderia, diante desta experiência, ter as reações mais variadas, isto é: aceitar o passado e a idéia de que o passado é passado e voltar a um novo tipo de vida; não tolerar o passado, deixar sua mulher e encontrar outra parceira; ou, então, outra reação possível, deixar sua mulher e chega de mulheres! Haveria milhares de possibilidades. Entretanto, dá-se a reação que temos diante de nós: você parou no passado e continua pensando sem cessar na relação de sua mulher com aquele senhor, até o extremo de que sua mulher não agüenta mais. O passado, porém, repito, não pode ser mudado. Se continuar agindo desta maneira, isto é, fazendo todo o possível para perder a pessoa que lhe é mais próxima, você cria condições para uma evolução irreversível. Meus colegas e eu, como terapeutas, somos unicamente testemunhas de um drama pirandelliano — que nada!, um drama de Verdi, como *Otello*, por exemplo —, um drama cuja força interna é maior que dos protagonistas, e inclusive que a dos terapeutas. Na sessão anterior você disse: "Proponha-me uma intervenção tipo Palo Alto", mas chega um momento em que já não são possíveis mais intervenções. É uma força maior que vocês e nós. Se estiver de acordo marcaremos uma nova sessão em seis meses e veremos juntos como evoluiu tudo isto. Mas dizemos que esta situação, este drama, dadas suas premissas, muito provavelmente levará a uma separação. A iniciativa da separação pode ser tomada por qualquer um dos dois, isto é o de menos. Poderá tomá-la (*dirigindo-se à mulher*), porque chegará um momento em que não agüentará mais, vai querer demonstrar que o passado é passado. Ou pode ser que seja você quem tome a iniciativa (*dirigindo-se ao marido*), porque chegará o momento em que se canse, porque tentou, tentou e não conseguiu, e a deixe. Esta é uma das evoluções mais prováveis. A opção, dadas as premissas, e se continuar a relação, é que a dor e as reações emotivas profundas sejam como as desses complexos dramas nos quais, a partir do momento em que o tempo pára, tudo se torna expiação: isto é, o futuro como expiação. De certo modo, Elettra, você tem de expiar e ser continuamente testemunha da dor de seu marido, que se expressa de mil maneiras, pelo que você fez. Estes dramas podem durar a vida toda, como mostra literatura do século XIX e muitos outros romances.

Marido: Isto não é uma opção!

Terapeuta: É a opção que deriva destas premissas: a continuação de uma aventura na qual até os terapeutas — eu, mas também seus psicanalistas — são sempre, como dizer?

Marido: Espectadores.

Terapeuta: Espectadores de um drama no qual tem de haver testemunhas da expiação. No qual sempre, pelo resto da vida, você terá de manifestar uma dor intemporal, que não pode ser parada.

Marido: Mas você, como terapeuta, não vê outra opção?
Terapeuta: Não vejo outra opção dentro...
Marido: Mas, tem de haver uma metodologia...

Neste momento o marido (assim como a mulher, mas não de forma verbal) se rebela contra o futuro proposto pelo terapeuta. É interessante analisar detalhadamente o fragmento da sessão referido ao tempo.

1. O terapeuta torna explícita a demanda paradoxal do marido, isto é, que se mude o que não se pode mudar.
2. Sublinha-se a irreversibilidade do tempo, a flecha do tempo: o passado, por ser passado, não está sujeito à mudança, não há forma de corrigi-lo.
3. Ao mesmo tempo, o horizonte temporal se abre para o futuro. O terapeuta começa a formular hipóteses, primeiro sobre o que podia ter ocorrido no passado, e apresenta uma série de possibilidades: reparação, separação imediata, busca de uma nova companheira, isolamento. Isto é, oferece hipóteses sobre o que poderá ocorrer no futuro.
4. O terapeuta declara sua própria impotência, Oreste o define como "espectador", e ele aceita a definição. A equipe se mostra em situação de *impasse*; devolve-se, pois, ao marido e à mulher a demanda e, portanto, a responsabilidade de serem atores de seu próprio drama.

A estrutura retórica do discurso não apresenta todos estes elementos de modo seqüencial ou em tempos sucessivos, mas de forma circular. Cada uma das argumentações desemboca em outra que, depois, ciclicamente, volta sobre uma das precedentes. A frase "o passado não pode ser mudado" repete-se atormentadoramente.

Substitui-se a lógica determinista pela lógica modal. O terapeuta, porém, ao declarar-se testemunha impotente, oferece somente duas possibilidades (separação ou sofrimento contínuo), ambas dolorosas. É interessante como, perante esta rigidez, o marido se rebela abertamente: na realidade o terapeuta se serviu de uma lógica que está a meio caminho entre a inicial do marido e a modal propriamente dita. Duas são as opções, ambas rigidamente determinadas. Mas esta mudança radical de papéis, na qual o terapeuta anuncia a impossibilidade de uma verdadeira mudança, provoca de repente uma mudança total de atitude em Oreste, que, até então, havia-se pronunciado em favor da estaticidade. Agora o casal tem de buscar uma solução. Somente eles, e ninguém mais, podem produzir a mudança.

Marido: Mas, tem de haver uma metodologia...

Terapeuta: A metodologia consiste em mudar a relação, porque, se não se consegue mudar o passado, em um dado momento se pode mudar a relação.

Marido: Um momento. Se partirmos do pressuposto de que quem pôs em marcha este mecanismo fui eu, quem está parado naquele momento sou eu...

Terapeuta: Um momento, perdoe-me: interrompo-o porque não estou de acordo. Estas coisas são sempre conseqüência de uma relação. Você, como ator deste drama, poderia comportar-se de outras formas, mas somente depois de que outro ator do drama, sua mulher, lhe colocou nesta situação. Você não é o único responsável, o responsável é a interação.

Neste momento o terapeuta volta a introduzir no discurso do marido a causalidade circular. Através da causalidade linear ("eu sou responsável"), o marido atribui-se implicitamente o papel de protagonista, da mesma maneira que antes se havia atribuído o papel de vítima e colocado a mulher no papel de causadora de seus sofrimentos. O terapeuta volta a colocar em primeiro plano a relação.

Terapeuta: Todos os comportamentos dependem da natureza das relações. E nossas previsões, baseadas na sua relação, levaram-nos a considerar duas evoluções possíveis. A mais provável é a ruptura...

Marido: Não considera a possibilidade de uma vida normal?

Terapeuta: Não. Se as premissas não mudarem, não.

Marido: Vejamos. Parece-me que o que acaba de dizer sobre o futuro expressa algo evidente; penso que ninguém poderá dizer que não é verdadeiro: que o passado determina os fatos de hoje e o hoje determinará o amanhã.

Oreste, com sua atitude lógica, expressa perfeitamente as premissas de muitas pessoas frente ao tempo, isto é, o pensamento determinista: as condições iniciais determinam qualquer evolução futura, sem dar possibilidades ao imprevisto. Neste momento Oreste foi colocado perante as conseqüências lógicas de suas próprias idéias. Se insistir na sua lógica estará diante de um futuro indesejável. A via de escape é pensar de forma diferente. Mas isto ainda lhe parece difícil de aceitar.

O terapeuta também declarou que não importa quem dos dois vai decidir abandonar o outro. Assim libertou o casal de outra forma de simetria, segundo a qual cada um espera que o outro tome a iniciativa, para sentir-se vítima e ver o outro como responsável. O diálogo terapêutico tirou-lhes esta possibilidade, evitando assim um jogo sem fim. Tudo isto, se comunicado de forma aparentemente despreocupada, sem ênfase, pode facilitar a aceitação por parte do casal.

Mulher (*dirigindo-se ao terapeuta*): Você fala de relação, mas o discurso, em determinados momentos, vale também em um nível individual.

Terapeuta: Não, não, não tem nada que ver com o discurso do indivíduo. Isto é um discurso de uma relação.

Mulher: Sim, mas quando permanece parado ou quando eu...

Terapeuta: Pode ocorrer que, de alguma maneira, sua relação possa mudar algum dia, de modo que ele diga algo ou você faça algo... E, de alguma maneira, pela primeira vez, seu marido pensar que ele, por exemplo, é tão bom quanto, ou melhor que o homem com quem você manteve aquela relação, e sepultar este assunto, sentindo-se libertado dessa dúvida continua e obsessiva. Está claro? Pode ocorrer, não se sabe. É *random*, se diz em inglês, isto é, é casual. Pode ocorrer algo, um gesto, não sei, se eu soubesse o diria, e isto pode mudar a relação e, ao mudar a relação, ele pode vê-la com outros olhos e vice-versa, e isso pode ser a saída do drama pirandelliano. Está claro o que estou dizendo?

Mulher: Sim, sim, claríssimo.

À interessante pergunta da mulher (cuja terapia individual parece ter mais êxito que a do marido): "O discurso vale também em um nível individual?", o terapeuta responde que a relação condiciona os comportamentos individuais que, por sua vez, condicionam a relação. O terapeuta introduz a conexão entre a relação (como resultado do comportamento de ambos), da qual não são conscientes, e os comportamentos individuais, dos quais são muito conscientes. Isto oferece a possibilidade de passar a uma visão circular, que relacione suas ações com os significados a eles atribuídos. Desta maneira podem sair da visão linear-causal e, portanto, moralista, na qual "a culpa é do outro".

Ao mesmo tempo, introduzem-se também as idéias de indeterminação e imprevisibilidade, presentes nas relações humanas e, implicitamente, põe-se em dúvida o determinismo no qual o casal segue ancorado. Ao se introduzir a imprevisibilidade na relação, sacode-se a paralisia do casal. Cada um deles espera que seja o outro quem "queira" ou "deva" mudar, ou, na relação terapêutica, que "o doutor faça algo para que ele/ela queira mudar". O terapeuta, pelo contrário, confessa sua impotência, introduz imprevisibilidade e, ao mesmo tempo, várias perspectivas futuras. A mudança já não é somente fruto da vontade, mas pode ocorrer também devido ao acaso. O terapeuta confronta a ordem estéril e estática do casal com variáveis que introduzem uma fecunda desordem. Prigogine descreveria esta situação como um sistema longe do equilíbrio, com uma probabilidade máxima de reorganização. O casal pode passar da rigidez à flexibilidade e, conseqüentemente, sair da prisão na qual se havia encerrado.

Terapeuta: Ao concluir este encontro, além das duas possibilidades que sugerimos, pode ocorrer que você pense que ele já não é o homem que conheceu, ou, depois das experiências que teve, pode sentir que já não é o mesmo. Como também pode ocorrer-lhe, Oreste, algo que o livre da idéia obsessiva daquela velha "escapada" e mude sua relação. O tempo também tem algo a dizer. Por isto o próximo encontro será dentro de seis meses.

Memória e esquecimento

Memória e esquecimento constituem duas funções indispensáveis na existência do indivíduo. Duas funções complementares: se predominar de forma extrema uma ou outra, altera-se excessivamente o equilíbrio da memória e se produzem desequilíbrios "hipermnésicos", como no caso de Zazetski, ou amnésicos, como no de Shereshevski. Noutras palavras: a perda do equilíbrio memória-esquecimento compromete a adaptação ao ambiente.

Sem chegar a estes extremos, o excesso de memória pode assumir um significado patológico. O transtorno do estresse pós-traumático tem como sintoma principal o contínuo retorno ao episódio traumático, que nunca se consegue esquecer. Do outro lado podemos situar as amnésias histéricas que, de certa forma, são resultado da incapacidade de esquecer. O remorso, seja de forma mediata, somática ou simbólica, encontra sempre uma forma de retornar. Inclusive quando a amnésia parece eficaz, termina por ser tão excessiva que reduz enormemente as possibilidades de uma vida social: o histérico sofre sempre a causa de uma memória que não se pode suprimir.[10]

Memória e esquecimento jogam também um papel na interação. Daremos o exemplo de um caso. Os senhores Tebaldi eram um casal de professores de trinta e cinco anos, que tinham dois filhos, de doze e oito anos. Buscaram a terapia de casal por causa das incessantes brigas dos filhos. Fazia aproximadamente um ano que haviam começado a desenvolver uma forte rivalidade e a ser cada vez mais agressivos. Ao final da primeira sessão se comprovou que os pais, por sua vez, discutiam com muita freqüência sobre o comportamento que deviam ter com seus filhos. O marido se queixava da "perda de memória" da mulher, que se havia manifestado quase na mesma época em que começaram os problemas com os filhos, e lhe atribuía uma grande importância. A mulher não sabia explicar a súbita diminuição da sua memória e reconhecia que, se seu marido não tivesse uma memória extraordinária, inclusive para os assuntos domésticos, a situação familiar ter-se-ia tornado dramática muito antes. O marido tampouco soube explicar o motivo desta misteriosa amnésia.

A equipe formulou a seguinte hipótese: o início do processo de perda da memória — bem como o problema dos filhos — começou quando o marido procurou um curso de psicoterapia. Esta atividade lhe proporcionava muita gratificação e lhe servia para superar o tédio de um trabalho repetitivo. O sintoma "perda da memória" havia trazido como conseqüência o envolvimento do marido fugitivo nos assuntos domésticos, ele devia suprir as carências da mulher: coisas como as compras, das quais a mulher costumava esquecer-se. Ele próprio afirmava que havia precisado desenvolver uma "hiper-memória".

Uma das intervenções mais eficazes durante todo o decorrer da terapia, realizada na terceira sessão, foi a seguinte:

> Terapeuta: Embora ultimamente tenham experimentado um sentimento de frustração, nós percebemos que existe um profundo vínculo entre vocês. Nós pensamos que vocês têm desenvolvido uma relação na qual à mulher está reservado todo o esquecimento, enquanto o marido tem toda a memória. Isto é um fato positivo, porque foi muito útil para a família. Mas pensamos que, para todos nós, é muito importante tanto recordar quanto esquecer. O problema que vemos em vocês como casal é que o esquecimento está todo em uma pessoa e a memória na outra. Pensamos que é importante que durante pelo menos dois dias na semana, às terças-feiras e aos sábados, vocês façam o que pedimos. Você, Oreste, deve deixar de lembrar as coisas, enquanto você, Elettra, tentará lembrar o que puder. E não se esqueça, Oreste, é fundamental que durante esses dois dias não tente lembrar nunca nada a sua mulher.

Na sessão seguinte a atmosfera parecia mais relaxada. Com tom jovial o marido disse que a mulher tinha recordado mais do que ele esperava e que ele pôde por fim respirar um pouco. A terapia pôde prosseguir com proveito.

Tal como esse capítulo tratou de mostrar, o equilíbrio entre memória e esquecimento é essencial também no desenvolvimento da terapia. Inclusive podemos reler, em termos de memória e esquecimento, a hipótese proposta por Selvini Palazzoli no artigo *Perché um lungo intervallo tra le sedute*? (1980): um intervalo longo permite também que os clientes esqueçam sua relação com os terapeutas, enquanto os efeitos do ocorrido dentro da relação terapêutica os influenciam. O mesmo, especularmente, vale para os terapeutas, eles também podem esquecer sua relação com os clientes e prepararem-se para as novidades que podem surgir nos encontros sucessivos.

Da mesma forma pode-se ler o exemplo da família Hayworth, exposto no capítulo 5, em termos de excesso de memória. Se for verdade que recordação depende também da intensidade do contato emotivo, pode-se compreender perfeitamente porque, naquele caso, a terapeuta que estava na sessão, doente de memória, continuava a ver a família Hayworth com a lente do passado. A equipe que estava detrás do espelho, pelo contrário, havia conseguido esquecer a família do passado e a via projetada para o futuro.

Ocorrem também casos de terapias que se bloqueiam e cujo progresso parece impossível. Em algumas situações de *impasse* prolongado o sistema terapêutico perde a capacidade de evolução, parece que o tempo pára e que as idéias circulantes são sempre as mesmas. Nestes casos, quando as tentativas de sair do *impasse* são ineficazes, interrompemos as sessões, às vezes durante vários meses, para favorecer o esquecimento, tanto para os clientes como para os terapeutas, e a possibilidade de voltar a ver a situação *ex novo*.

Nestes casos o esquecimento representaria a "cura" adequada para o olvido das hipóteses e explicações que são, ao mesmo tempo, efeito e causa do *impasse*. Na linguagem narrativa se diria que o intervalo favorece a desconstrução da história emergente na interação terapêutica: a terapia também se torna uma história da qual é preciso liberar-se.

O intento de esquecer voluntariamente a terapia podia levar, paradoxalmente, a um reforço da recordação. "A verdadeira anulação da lembrança é o esquecimento, que é um fato involuntário, devido a fenômenos físicos ou psíquicos" (Bettetini, citado em Giorello, 1990). É justamente por isto que os terapeutas, ao reencontrarem-se ao final de um longo intervalo, não recorrem aos apoios mnemotécnicos comuns (fichas clínicas, gravações em vídeo), nem voltam a discutir o caso. Nestas situações é mais válido que nunca o dito por Georges Perec: "A memória é uma enfermidade cujo remédio é o esquecimento" (citado *ibid*).[11]

Capítulo 7

Presentificar o futuro

Cada modelo terapêutico centra seu interesse em um ponto diferente do horizonte temporal. A orientação para o futuro é uma característica de muitas das terapias breves, tanto individuais como familiares, das terapias comportamentais, em particular as baseadas no condicionamento operante, da hipnose. A terapia sistêmica também terminou por privilegiar uma perspectiva orientada para o futuro: trata-se, com outras palavras, de construir um futuro no *hic et nuc* da sessão. Assim se presentifica o futuro, ou melhor, muitos futuros possíveis, entre os quais os clientes farão sua própria escolha. A possibilidade de um futuro não determinado pela necessidade, mas aberto a diferentes opções, amiúde imprevisíveis, abre brechas de esperança para nossos clientes e lhes oferece a possibilidade de sair dos *impasses* existenciais, com suas paralisias e angústias, e de retomar o caminho evolutivo.

A orientação temporal de nossa sociedade põe o futuro em primeiro plano. Ainda que isto não signifique renunciar à dimensão histórica, tanto individual como social, pode-se concordar com Heinemann e Ludes (1978: 162): "O tempo [é] considerado um *continuum* abstrato, cujo futuro apresenta-se aberto e plasmável ao indivíduo e às interações sociais." A rápida e constante mudança dos sistemas e dos modelos sociais no mundo ocidental torna menos prováveis os raciocínios fundados na conservação do passado. A cultura pós-industrial, baseada nos poderosos meios de comunicação instantânea, está em um contínuo devir. Os objetivos a serem atingidos e os meios para consegui-lo já não se podem basear nos modelos estáticos do passado, mas têm de ser fundamentados no que hoje é possível ou na antecipação do que será possível no futuro.

Como já dissemos a propósito do passado, também o futuro se pode ver de forma diferente, segundo as diversas variáveis antropológicas e sociais. Uma cultura fatalista, além de dar pouca importância ao passado, reduz também as expectativas futuras, que parecem incontroláveis e sujeitas à imprevisibilidade de cada caso ou ao caráter inescrutável de Deus. Em ambos os casos, a possibilidade humana de influir nos acontecimentos futuros parece insignificante. Kluckholn e Stodtbeck (1965) fizeram uma comparação entre cinco comunidades de culturas diferentes do sudeste dos Estados Unidos. Os mórmons e os texanos de origem anglo-saxônica estão, como era previsível, orientados para o futuro, enquanto os índios zumis e os navajos se orientam, sobretudo, para o passado e os hispano-americanos para o presente. Lewis (1966) observou nas classes pobres norte-americanas uma tendência a realizar projetos de curto prazo, com uma escassa tendência a programar o futuro: uma atitude completamente razoável dada a pouca segurança que os componentes destas classes sociais podem ter em seu próprio futuro.

Há situações em que o futuro, por sua própria natureza, cria insegurança. São casos nos quais permanecem abertas possibilidades demasiado numerosas para a capacidade de elaboração, que podem levar à "saturação de si mesmo" (Gergen, 1991), e possibilitam o surgimento de ansiedades e angústias paralisantes. A situação dentro do horizonte temporal pode ser experimentada de diversas maneiras dependendo das circunstâncias e do tempo individual, cultural ou social. Quando as pessoas com tendência à ansiedade enfrentam um aumento do estresse interno e externo podem, para preservar sua própria integridade, responder com uma restrição da perspectiva temporal, diminuindo assim a possibilidade de serem perturbadas pelo excesso de expectativas.

Como já observou Minkowski (1933), e como nos mostra nossa prática clínica diária, os problemas psicológicos e os transtornos psiquiátricos soem estar relacionados com verdadeiras "patologias do futuro". Não apenas as pessoas afetadas por síndromes psiquiátricas graves, como esquizofrenia e depressão, mas também famílias inteiras, nas quais surgem sintomas de certa gravidade, manifestam uma incapacidade quase total de projetar um futuro.

Perguntas sobre o futuro e perguntas hipotéticas

Entre as perguntas circulares, das quais nos ocupamos no capítulo 4, as perguntas sobre o futuro e as perguntas hipotéticas ocupam uma posição central porque tornam possível o surgimento de novas orientações e novas decisões. Isso já foi frisado, *in primis*, pelo clássico artigo *Hypothetisizing-Circularirity-Neutrality* (Selvini Palazzoli, *et alii*, 1980b) e, em segundo lugar, no volume *A terapia familiar sistemica de Milão*(Boscolo, *et alii*, 1987), onde se sublinha a possibilidade de que algumas destas perguntas façam surgir novas organizações, significados e emoções.

Penn (1985) propôs o termo *feedforward* (em correspondência com *feedback*) para indicar o processo desencadeado pelas perguntas voltadas para o futuro, isto é, a construção de novas possibilidades de relação, de novos "mapas".

> Levar em consideração estes mapas põe a família em posição *meta* em relação ao seu próprio dilema, e o sistema adquire uma perspectiva mais ampla de seu próprio potencial evolutivo.

> Pragmaticamente, as perguntas sobre o futuro, unidas à conotação positiva, promovem a prática de novas soluções, sugerem ações alternativas, favorecem a aprendizagem, excluem as idéias de predeterminação e se dirigem ao modelo específico de mudança do sistema [...] Eu diria que, nesse momento, a família está em processo de *feedforward*.

Como já se indicou no capítulo 6, as perguntas hipotéticas também podem ser orientadas para o passado e para o presente. Estas introduzem, mediante uma lógica modal, diversos "mundos possíveis". Por exemplo, as perguntas hipotéticas relativas ao passado constroem a possibilidade de um presente distinto do atual em um dos mundos possíveis "O que aconteceria agora se o passado tivesse sido diferente de como foi? Qual seria a situação do casal se seu filho não tivesse nascido? Onde estaria agora a sua mulher se vocês tivessem-se divorciado há três anos? Que tipo de relação teria com seus sogros se tivessem-se mudado para longe deles?", e assim por diante. Depois de uma série de perguntas deste tipo, que visam o surgimento de um novo mundo possível, o entrevistador pode passar com proveito do modo condicional ao modo indicativo para conferir-lhes uma "realidade" possível. Mais adiante daremos alguns exemplos clínicos.

As perguntas sobre o futuro, pelo contrário, são perguntas abertas, sem restrições nem condicionamentos, exceto os postos pela realidade atual. São perguntas que exploram o horizonte temporal do sistema e de seus membros, e suas possíveis diferenças. Por exemplo, "Como será sua vida em dez anos? Até quando permanecerá sem mudanças a situação atual? Quando sua filha amadurecerá e poderá sair de casa? Quando seus pais aceitarão que tem de sair de casa?", e assim por diante. As perguntas têm, pois, uma dupla função: exploram a capacidade dos clientes de projetar-se para o futuro sem restrições e, ao mesmo tempo, estimulam-nos a ver a possibilidade de reinventá-lo.

As perguntas hipotéticas no futuro introduzem uma restrição (*constraint*) nas possibilidades futuras. Isto é, colocam o interlocutor frente a um mundo possível sujeito aos condicionamentos indicados pela equipe terapêutica. O terapeuta introduz nas perguntas hipóteses sobre um ou vários futuros possíveis e oferece as hipóteses como estímulos para os clientes. Desta maneira é possível desafiar suas premissas. Por exemplo: "Se decidires deixar de comportar-te como anorética, como pensas que vão reagir teus pais? Que farão seus filhos se vocês se divorciarem? Como se comportaria a mamãe se o papai decidisse ocupar-se mais dela que dos filhos?" Segundo a classificação de Tomm (1985), as perguntas sobre o futuro podem ser incluídas entre as perguntas descritivas e as hipotéticas no futuro entre as perguntas reflexivas.

As chamadas patologias do futuro consistem, sobretudo, em um estreitamento do horizonte temporal (ausência de expectativas; incapacidade de ver o futuro; incapacidade de orientar sua existência para o futuro), ou então em uma visão determinista do futuro (incapacidade de ver mundos possíveis diferentes da projeção imediata do existente). As perguntas futuras atuam, sobretudo, nos casos de redução do horizonte temporal, ampliando-o e desafiando as premissas centradas na permanência de um presente ou de um passado imutáveis. As perguntas hipotéticas, pelo contrário, atuam principalmente sobre a visão determinista: desafiam as premissas mecanicistas, abrem a possibilidade de novos mundos.

Emanuela: um futuro bloqueado

Vamos expor a seguir um caso no qual as perguntas, sobre o futuro e hipotéticas, parecem ter tido uma função importante na abertura de perspectivas para a família Rocca, na luta por libertar um de seus membros de um isolamento psicótico, quase autístico, de um futuro bloqueado. As perspectivas de futuro de nossa cliente, Emanuela, haviam começado a reduzir-se fazia alguns anos, também haviam começado a manifestar-se os sintomas de uma psicose crônica.

Emanuela Rocca, uma garota de vinte e oito anos, era a primogênita de Gianni, um diretor de empresa de cinqüenta e quatro anos, que viajava freqüentemente, e de sua primeira mulher, de origem inglesa, Tracy, que depois do divórcio deixou a Itália para estabelecer-se em Londres, sua cidade natal. Com o divórcio, ocorrido dez anos antes, Emanuela passou a viver com seu pai e com sua irmã mais nova, Gabriella. Filippo, seu irmão mais velho, vivia por sua conta e tinha um excelente trabalho em uma sociedade financeira de uma grande cidade. A educação dos filhos ocorreu tanto na Itália como na Inglaterra. Alguns anos depois do divórcio a mãe se casou novamente e mantinha uma estreita relação com Filippo, seu filho preferido. Gianni também havia-se casado de novo dois anos antes, com Bruna, uma professora de meia idade, que ainda não vivia com ele, mas com sua mãe doente, em outra cidade.

Durante seus estudos universitários, Emanuela havia começado a manifestar sintomas de ansiedade e depressão que a levaram a procurar uma terapia individual com uma psicóloga. Depois de um ano a terapia teve de ser interrompida porque a terapeuta deixou a cidade. O sentimento de abandono foi tão intenso que, poucos meses depois, no mesmo dia em que devia encontrar-se com sua mãe em Londres, Emanuela pulou de uma ponte e quebrou as pernas. Saiu desta experiência com um recrudescimento dos sintomas psicóticos que a levaram a ser internada em uma comunidade terapêutica. A estada na comunidade não a fez melhorar, pelo contrário, fechou-se cada vez mais em si mesma e, progressivamente, desenvolveu graves transtornos de pensamento e de afetividade. Ofereceram-lhe terapias farmacológicas e de reabilitação. A terapeuta que a acompanhava, e que presenciou também nosso primeiro encontro com a família, dizia que seus intentos de estabelecer uma relação com Emanuela haviam dado poucos frutos e que ela não se interessava pelas atividades de grupo.

Gabriella e o pai sempre ficavam juntos durante as sessões. Gabriella era atraente e se vestia com elegância. Emanuela, menos bonita que a irmã, ficava afastada olhando para o vazio. Filippo, elegante e com aspecto de *yuppie*, e a terapeuta da comunidade, cuja aparência era de desconforto, completavam o grupo. O terapeuta foi surpreendido pelo fato de ninguém mencionar a ausência de Bruna. Quando se tocou no assunto o pai, sem perder a compostura, disse que Bruna estava cuidando de sua mãe. Não se falou mais nela no resto da sessão. Filippo parecia mais ausente que presente, um par de vezes disse que a família não o preocupava, que estava totalmente envolvido com seu trabalho e com sua transferência para Roma. Emanuela, por sua vez, não colaborou com o terapeuta, respondeu à maioria das perguntas com expressões silenciosas e desvairadas ou um discurso totalmente confuso.

A sessão fez emergir dois temas relevantes: um evidente e outro oculto. O primeiro era a impotência e a frustração do pai e Gabriella quando visitavam Emanuela, cujo comportamento costumava ser inconsistente e extravagante, e chegava, inclusive, a rejeitar suas visitas. A reflexão sobre as possíveis razões da conduta de Emanuela não rendeu nenhum fruto. O tema oculto se referia a um provável acordo entre o pai e Gabriella. Um dos colegas que estavam atrás do espelho chegou, inclusive, a sugerir que entre eles podia haver um caso amoroso. Mas as perguntas indiretas, formuladas com o intuito de averiguar se isto era verdade, não deram nenhum resultado. Ao final do encontro surgiu a idéia de convocar para a próxima vez somente o pai e as duas filhas, para compreender melhor sua relação. Como Filippo parecia encaminhado em sua vida autônoma não seria convocado.

A segunda sessão revelou que o acordo entre o pai e Gabriella tinha-se originado antes do divórcio. Enquanto Filippo havia sido o favorito da mãe, Gabriella tinha sido a preferida do pai. Parecia um casal de genitores às voltas com as birras da filha. A exploração do papel de Bruna no quadro familiar levou à conclusão de que Gianni havia-se casado com ela mais por medo da solidão no futuro do que por amor (ou então, como alguém se atreveu a sugerir, para sentir-se coberto). A paixão parecia dirigida para Gabriella, que correspondia de forma mais discreta. Esta última falava de Bruna como de uma "mulher boa e valiosa", muito ligada a sua mãe. Quando interrogada sobre Bruna, Emanuela respondeu como se se tratasse de um marciano.

A equipe mantinha uma dúvida: em que medida o bloqueio de Emanuela se devia à relação com sua mãe e em que medida ao forte ciúme da relação de seu pai com Gabriella, ou à inveja da irmã. Bruna foi convidada a participar nas outras sessões. Ela apreciou o convite. Na terceira sessão Bruna contribuiu notavelmente ao esclarecimento das idéias. Apresentou-se como uma mulher simples, de bom senso, surpresa por ter casado com um homem procedente de uma classe social mais alta do que a sua. Parecia disposta a fazer de tudo para ser aceita pelas filhas, gostava de suas amigáveis conversas com Gabriella, mas não conseguia atingir Emanuela, que a rejeitava completamente. Bruna esclareceu algo que não havia ficado claro na primeira sessão, candidamente confessou que existia uma paixão entre Gianni e sua filha mais velha.

Reproduzimos um fragmento da sessão, durante o qual foram manifestadas emoções muito significativas.

Terapeuta (*dirigindo-se a Bruna*): Você dizia que percebe uma forte paixão entre Gianni e Gabriella, isto não a faz sentir-se excluída?

Bruna: Não, porque compreendo o vínculo entre um pai e sua filha. Eu também me sinto muito ligada a minha mãe.

Terapeuta: Isto não poderia, no futuro, dificultar a emancipação de Gabriella em relação a seu pai?

Bruna: Não creio, mmmm, pode ser...

Pai (*com certo embaraço e em um tom pouco sincero*): Eu espero que minhas filhas façam sua vida própria, porque meu futuro é com Bruna.

Terapeuta (*dirigindo-se ao pai*): É possível que Emanuela tenha bloqueado seu desenvolvimento porque está esperando que as coisas se esclareçam na família, isto é, que Gabriella se volte mais para fora da família e que se regularize a situação de vocês. (*Indicando a Bruna e o Gianni*): Pode ser que o fato de vê-los casados, mas separados, a confunda...

Pai: Não entendo nada, não sei o que está pensando.

Terapeuta: E você, Bruna?

Bruna: Pensando melhor, parece-me que Emanuela estaria contente se estivesse mais perto de sua irmã. Vejo-as disputarem-se com alguma freqüência, mas tenho a impressão de que se querem bem.

Terapeuta (*dirigindo-se a Emanuela*): Você está de acordo com isto?

Emanuela (*com um olhar distraído*): Eu não estou aqui... não sei.

Terapeuta: E você, Gabriella, está de acordo?

Gabriella: Gostaria que minha irmã fosse minha amiga, mas toda vez que tento aproximar-me ela me destrata.

Terapeuta: Em sua opinião, Gabriella, Emanuela está bloqueada no presente porque não aceita que seu pai tenha escolhido outra mulher ou porque se sente excluída da intensa relação de vocês dois? (*Gabriella fica vermelha e seu pai se agita na cadeira.*)

Gabriella: Como disse meu pai, eu também desisti de compreender Emanuela. Se decidisse sair do estado em que se encontra, e abandonasse todas essas esquisitices, seria bem-vinda entre nós.

Durante este diálogo Emanuela mostrou-se particularmente silenciosa e atenta. Foi a partir dessa sessão que começou a abrir-se com a equipe e com os demais membros da comunidade. Na sessão seguinte a evolução de Emanuela continuava e — grande surpresa — seu pai, argumentando estar cansado de tantas viagens, havia ido viver com Bruna. Gabriella, por sua vez, anunciou a data de seu casamento.

No início Emanuela parecia estar excluída da família, enquanto os demais tinham seus pares: o pai com Gabriella e depois com Bruna; Filippo com sua mãe. Para Emanuela não havia sobrado ninguém, a não ser uma terapeuta — perdida pouco depois — e a comunidade. Esta hipótese, sobretudo a eventual necessidade de interromper a permanência de Emanuela na comunidade terapêutica, devido às dificuldades econômicas manifestadas pelo pai na primeira sessão, constituiu a base de uma série de perguntas, feitas durante a quinta sessão, que exploravam o futuro próximo de Emanuela.

Terapeuta (*dirigindo-se a Gabriella*): Eu me pergunto, se Emanuela decidisse de repente sair da comunidade e tentar sua vida fora, como todas as garotas de sua idade, para onde você acha que ela iria? Emanuela me disse que não sabia. E você?
Irmã: Não sei.
Pai: Eu sei, viria a minha casa. Eu levantaria os braços para o céu e ela ficaria contentíssima.
Terapeuta: Bem, mas suponhamos (é uma hipótese que faço) que preferisse ir com sua irmã...
Pai: Bom, não acho que seja tão fácil, porque sua irmã tem um noivo e, antes ou depois, vai casar-se e terá sua vida própria...

Gianni se apresenta a si mesmo com um bom pai, disposto a acolher a filha com os braços abertos. Emanuela deu amostras de ansiedade e de rejeição em relação a ele talvez por temor a possíveis intenções ou fantasias incestuosas dirigidas a ela, desde que Gabriella começou a esfriar a relação com seu pai e a unir-se mais intensamente com seu noivo.

Terapeuta: Mas se, ao concluir seu programa na comunidade, Emanuela decidisse sair, encontraria suas portas abertas ou não?
Pai: Emanuela teria três possibilidades: ir viver com sua mãe em Londres, viver sozinha, ou então viver conosco.
Terapeuta: Decidiria ir viver com você e Bruna, com os irmãos ou...
Pai: Não, com a irmã ou com o irmão não acredito.
Terapeuta: Quero dizer temporariamente, durante certo tempo, uma semana ou duas...

O terapeuta está preocupado com o futuro e explora as possibilidades de que, depois da saída de Emanuela da comunidade, alguém possa ocupar-se temporariamente dela, para ajudá-la a evitar uma nova queda no vazio.

Irmã: Poderia viver comigo...
Pai: Mas você terá sua vida, com seu marido...
Irmã: Não importa!

À medida que avança a conversação aparece uma insistência muito significativa: parece que o pai não pode resignar-se a perder as duas filhas. Como está perdendo Gabriella, tenta conseguir Emanuela.

Terapeuta (*olhando fixamente para Emanuela, como para abrir uma fresta em seu ostensivo desinteresse*): Emanuela, estamos falando de seu caso, da possibilidade de que o programa terapêutico se conclua, de sua saída da comunidade.
Emanuela (*com uma expressão vazia e de desafeto*): Bom, sou de 62, isto é, tenho certa idade e... desejo casar-me, antes ou depois, somente... é minha única preocupação, no momento.
Terapeuta: Você pensa em casar-se?
Emanuela: Sim.

Diante da pergunta sobre sua saída da comunidade, aumenta a obscuridade de seu esquizofrenês. O terapeuta se centra na expressão "penso em casar-me".

Terapeuta: Então seu projeto é casar-se. Casar-se dentro, na comunidade, ou fora?
Emanuela: Não posso casar-me dentro da comunidade!
Terapeuta: Bem, se casaria fora da comunidade. Mas se sai da comunidade, de acordo com o que diz, não iria viver com eles, nem com sua mãe, mas se casaria, encontraria um rapaz. Faria a sua própria vida.
Emanuela: Sim, penso que sim. Bom, espero, porque a comunidade não me tem ajudado neste sentido.
Terapeuta: Como?
Emanuela: Sim, quero-me casar, senão o que faço?
Terapeuta: Você dizia que a comunidade não a tem ajudado?
Emanuela: Não...
Terapeuta: Já tem alguma idéia do homem de que gostaria? Está de olho em alguém?
Emanuela: Não, ninguém de concreto.
Terapeuta: Então, o que quer dizer casar-se? Casar-se com um homem? Era isto que queria dizer?
Emanuela: Nem eu sei.
Terapeuta: "Se saio da comunidade gostaria de casar-me", foi isto que você disse?

Emanuela: Das coisas claras não sei o que dizer, isto é, claras...

Emanuela novamente responde tangencial, evasiva e incompreensivelmente. A ambivalência a leva a oscilar entre momentos em que entra em contato com o terapeuta e momentos em que reingressa no seu próprio mundo.

Terapeuta: Agora minha pergunta é: quando sair da comunidade, a que porta preferiria bater? A de seu pai e Bruna, a de sua mãe em Londres ou a de seus irmãos?

Emanuela (*excitada*): Creio que na família não posso..., não sei, eu não sei!

Terapeuta: Se tivesse de escolher, quem escolheria?

Emanuela: Se tivesse de escolher? Como, se tivesse de escolher? *Sobre isso não* tenho projetos.

Terapeuta: Queria fazer-lhe uma última pergunta. Quando diz "devo concluir o programa", tem uma idéia de quando sairá, se é que sai, da comunidade? Saberia dizer-me quando?

Emanuela: Não.

A curiosidade do terapeuta, nesta troca, centra-se nos possíveis futuros, nos possíveis projetos de Emanuela e, em particular, no momento delicado e talvez perigoso de sua saída — talvez forçada por motivos econômicos — da comunidade. Através da esquizofrenia de Emanuela parece transparecer, por uma parte, a constatação de que em sua família todos se casam menos ela (o segundo matrimônio de sua mãe em Londres, o segundo matrimônio de seu pai, o possível matrimônio de sua irmã, o "matrimônio" de seu irmão com seu trabalho e com seus muitos amigos); e, por outra, a preocupação de ser expropriada do seu único refúgio, isto é, a comunidade. De fato, quando instada a pronunciar-se a propósito da saída da comunidade, sua linguagem se torna enigmática. Isto não nos surpreende: nossa experiência como terapeutas de famílias com membros esquizofrênicos, desde os anos setenta, levou-nos a descobrir um tema fundamental. À diferença das teorias anti-psiquiátricas da época, das posições de Laing, Cooper, Basaglia, que viam o esquizofrênico como porta-estandarte da liberdade, da mudança do *status quo*; para nós, ele, mais do que ninguém, era o grande defensor do *status quo* ou, como se dizia então, da homeostase familiar. Ele estava aterrorizado pela possibilidade de mudança das relações familiares, pois isso poderia suprimir sua única razão de ser, como se a solução psicótica fosse a única possível.

Terapeuta: Sairá, por exemplo, dentro de umas semanas, um ano, vários anos ou nunca?

Esta pergunta sobre o futuro tem um duplo aspecto: introduz a possibilidade da mudança e define o momento. A verbalização e a definição no tempo dessa mudança potencial constituem um vínculo (e, portanto, uma possibilidade) que desafia a indeterminação da interlocutora.

Emanuela: Nem isto eu sei. Poderia... bom, porque minha terapeuta veio aqui e não soube dizer, porque abandonei este tipo de coisa, bom, não me compete dizer o que farei, quando terminará meu programa.

Terapeuta: Se tivéssemos de adivinhar, quando, em sua opinião, deixará de precisar da comunidade?

Emanuela: Não faço, para dizer a verdade, a mínima idéia.

Terapeuta: É possível que essa necessidade nunca termine?

Emanuela: Não, penso que tenho feito um monte de coisas. Não me ajuda, de fato, fazer terapia familiar, como não me ajudam os outros grupos terapêuticos da comunidade, por isto deixei de colaborar com a comunidade.

Terapeuta: De modo que é possível que, em certo sentido, tenha ingressado na comunidade, como antes podia ingressar-se em convento. Você sabe que antigamente algumas mulheres ingressavam um convento, por toda a vida, que se fechavam entre quatro paredes e pronto? Isto é possível? É possível, depois de tudo, que queira se encerrar em alguma comunidade, em algum hospital?...

Conforme se desdobra o diálogo, percebe-se uma redundância entre as perguntas do terapeuta, dirigidas à situação pós-comunidade, e as respostas de Emanuela, confusas, mas bastante claras em relação às alternativas fora da comunidade. Terapeuta e cliente parecem encontrar-se em campos opostos: o terapeuta tem a incumbência implícita, dada pelo referente e pelo pai, de resolver o problema da saída da comunidade e tenta, de diferentes maneiras, abrir perspectivas para Emanuela: fala de um hipotético período de transição tanto dentro como fora da família.

O terapeuta parece lutar pelo desbloqueio de três futuros: o da comunidade, que dará alta a Emanuela se não pagar; o do pai, que não ganha o suficiente para pagar a comunidade indefinidamente; e o de Emanuela que, ao não ver outra saída, não pode prescindir da comunidade. A conclusão desta análise pareceria indicar uma ausência de opções para Emanuela, cuja saída da comunidade poderia lançá-la de novo no vazio. Mas já faz um tempo que surge no horizonte uma evolução menos dramática. De fato, a aproximação entre o pai e Bruna, de um lado, e de Gabriella e o noivo, do outro, representa o início de um esclarecimento dos papéis dentro da família, com a possibilidade de uma abertura de novas perspectivas para o futuro de Emanuela.

Terapeuta: Então, é possível que, em certo sentido, você venha a ingressar em um convento?

Emanuela: Não consigo pensá-lo.

Terapeuta: Não consegue pensá-lo?

Emanuela: Não. É possível... não sei de qual ponto de vista...

Alguém poder-se-ia perguntar se introduzir cenários deste tipo, vida reclusa em um convento, em um hospital ou em uma comunidade, não poderia ter uma influência negativa, pois induziria o cliente a assumir os objetivos aparentemente propostos pelo terapeuta. Nós achamos que, em um contexto de empatia e de visão positiva, a aceitação por parte do terapeuta das possíveis decisões dos clientes favorece uma evolução construtiva e diminui as tendências autodestrutivas.

A família não compareceu à sessão seguinte. Uma semana depois a terapeuta da comunidade telefonou ao Centro e disse que, contra seu parecer, o pai havia decido interromper a terapia familiar, enquanto Emanuela havia demonstrado, em pouco tempo, uma melhora notável. Havia começado a desfrutar dos encontros com seus familiares, tanto na comunidade como em casa; havia mergulhado nas atividades da comunidade, assumindo uma atitude de maior abertura com os demais e sua linguagem tinha voltado quase ao normal. Seis meses depois teve uma crise, com sintomatologia delirante e alucinatória, da qual conseguiu recuperar-se sem precipitar-se no autismo dos meses precedentes.

Lucia: a renúncia a um reino

A capacidade das perguntas circulares, particularmente as referentes ao futuro, de abrir novos e — poderíamos dizer — menos perigosos cenários futuros na vida de uma pessoa, é aqui ilustrada pelo caso de Lucia. Ela era uma criança de sete anos, cuja inteligência contrastava com seu escasso, quase nulo, aproveitamento escolar, assim como sua rejeição das relações sociais na escola se contrapunha à sua vivacidade e à sua constante busca da atenção familiar.

Este caso foi levado pela escola ao SIMEE (Serviço materno-infantil) pelo seguinte motivo:

> Durante o primeiro ano escolar a criança teve graves dificuldades de aprendizagem, tanto que quase não sabia ler nem escrever. Sua vida relacional também era extremamente pobre, carecia de motivações e se mantinha marginalizada socialmente. Durante o segundo ano tentou participar nas atividades de sala de aula, mas a falta de instrumentos, a imaturidade de seu comportamento, sua atitude infantil e esquiva na relação com seus colegas, limitavam-na. Sua participação, tanto nas atividades escolares como nas lúdicas, resultava marginal e passiva.

O conselho escolar decidiu que repetisse a segunda série. A família Marcheggiani, além de Lucia, compreendia o pai, Mario, de quarenta e cinco anos, agente comercial; a mãe Giulia, de quarenta e dois, dona do lar, e sua irmã Anna, de dezenove, que cursava o último ano de contabilidade. A psicóloga que havia avaliado a família no SIMEE tinha decidido enviá-la ao nosso Centro para uma terapia familiar porque, segundo ela, as dificuldades de Lucia estavam estreitamente relacionadas com a situação de sua família. Em seu primeiro encontro conosco os Marcheggiani revelaram ser, de fato, uma família multiproblemática.

O pai tendia ao pessimismo e à depressão; lamentava-se continuamente da crise em seu trabalho, que limitava seus ingressos e não lhe permitia pagar as despesas familiares: a metade da renda familiar provinha, de fato, da ajuda econômica dos pais da mulher que, tanto afetiva como materialmente, apoiavam-nos, particularmente a sua preferida, Lucia.

Havia dois anos a mãe tinha sofrido um ataque cardíaco (segundo os médicos, de natureza psicossomática), seguido de um breve internamento hospitalar. Nessa época havia desenvolvido o "terror" de uma morte repentina e precisava da companhia constante de um familiar. Sua quase imobilidade a havia feito aumentar de peso de forma visível. Deve observar-se a coincidência do ataque cardíaco com o início da primeira série de Lucia, coincidência sublinhada pela família.

Anna parecia uma garota fechada, triste, obcecada com os problemas escolares. Suas dificuldades com os estudos haviam-na feito mudar de escola três vezes nos últimos anos. No ano anterior havia sido reprovada e esperava conseguir formar-se para encontrar um trabalho. Saía freqüentemente de casa, passava muito tempo no oratório. Não gostava de cuidar da mãe. As quotidianas e frustrantes tentativas, realizadas por ela e seus pais, de ensinar Lucia a ler e escrever, bem como os incessantes bate-bocas entre seus pais, tornavam o ambiente de casa muito pesado para ela.

Na primeira sessão o aspecto cabisbaixo e triste dos pais e de Anna mudava repentinamente cada vez que Lucia entrava em cena com seu repertório vivaz de comunicações analógicas (levantava-se, movia-se, passeava pela sala) e verbais: frases espirituosas, piadas, incluso comentários provocadores como: "Meu pai é um baú, minha mãe um barril e se continuarem assim, vão afundar a cadeira" e coisas desse tipo.

A redundância mais evidente era que quando Lucia não falava os rostos familiares se apagavam, para reacender-se diante da sua primeira brincadeira. Lucia parecia ocupar o centro de um palco, de onde divertia a família (e o terapeuta). Este último, quando sentiu que o *timing* era apropriado, começou a desafiar as premissas de Lucia.

Terapeuta (*dirigindo-se ao pai*): Parece que Lucia está preocupada com vocês, os pais, pois constantemente tenta animá-los e diverti-los. Quem a preocupa mais?

Pai: Minha mulher.

Terapeuta: Parece que Lucia faz um trabalho em tempo integral...

Lucia (*interrompendo e apontando o dedo a seus pais*): Sim, para os dois!

Terapeuta: Quando estás na escola, não pensas constantemente em tua casa, em como estará ou deixará de estar tua mãe?

Lucia (*sorrindo*): Sim, é exatamente assim. Minha mãe é muito comilona.

Terapeuta: Preocupa-se tanto com vocês que parece uma avó (*uma gargalhada coletiva*).

Neste momento ter-se-á estabelecido, na mente do leitor, uma relação entre as observações dos professores sobre o comportamento "infantil" de Lucia na escola e o comportamento "de avó" na sessão. A primeira hipótese que podemos formular é que a diferença entre ambos os comportamentos talvez esteja destinada a amplificar-se com o tempo. Isto porque o comportamento de Lucia em casa conta com gratificações imediatas, ao contrário do que acontece na escola, o qual pode favorecer sua reclusão em seu próprio mundo. Lucia parece ter crescido em um contexto familiar que lhe permitiu/exigiu comportamentos atribuíveis aos diferentes papeis de filha, mãe, avó. Esta última, pelo poder que lhe confere o sistema familiar, parece ter contribuído notavelmente à "coroação" de Lucia no reino dos Marcheggiani. O futuro de Lucia parece traçado de antemão: como rainha deve mandar e não obedecer. Até com o terapeuta, que tem trinta anos de experiência nas costas, comunica-se no mesmo nível ou inclusive com atitude de superioridade.

Anna: É verdade, é verdade! Ocupa-se de nós em todo momento, está atenta a tudo, ao que fazemos, ao que comemos, controla tudo.

Terapeuta: Como uma avó.

Lucia muda de tema, levanta-se e vai onde está sua mãe. Quando esta começa a falar a interrompe e recomeça o espetáculo, dando apelidos engraçados aos presentes que, naturalmente, começam a rir. Se por um lado Lucia parece não gostar da aproximação com a avó, pelo outro, quase em tom de desafio, exagera seu papel: entra em contradição com o terapeuta, manda calar a mãe e zomba dos presentes. Neste momento o terapeuta introduz a metáfora da rainha, que não pode reinar simultaneamente no reino dos Marcheggiani e no da escola. Óbvia referência à introdução de mundos possíveis.

Terapeuta: Minha impressão, no início, era que tu fosses a princesa desta família, mas agora me parece que és a rainha.

Lucia (*parece visivelmente satisfeita*)

Terapeuta: Quem manda mais nesta família?

Lucia (*levantando o peito e fazendo uma expressão cômica do mando*): Naturalmente eu...

Terapeuta: E depois de ti?

Lucia: A vovó, o vovô, depois o baú de meu pai, a baleia de minha mãe e minha irmã Pinóquio (*naturalmente, gargalhada coletiva*).

Terapeuta: Quem manda mais, o vovô ou a vovó?

Lucia: A avó.

Terapeuta: Ou seja, há duas rainhas nesta família, tu e a vovó.

Lucia: Eu mando mais porque sou um pouco mais agressiva que ela.

Terapeuta: Então vais à casa da vovó para aprender a mandar... É interessante, realmente interessante. Lucia, poderias dar-nos permissão para ajudar teus pais? Porque eles vieram aqui para serem ajudados, não é assim?

Lucia (*parece perplexa, pensa um pouco e exclama*): Não!

Terapeuta: Tu queres fazêr este trabalho? Por que não queres que o façamos? Tu já não tens um trabalho na escola? (*Lucia parece não gostar deste tipo de pergunta e se refugia em uma resposta nebulosa, tangencial, sem sentido.*)

Terapeuta: Não fiques em cima do muro Lucia, responde-me: por que fazes o trabalho de casa e não o da escola?

Lucia (*visivelmente contrariada, agita os braços*): Trabalho também na escola. Não sei ler, mas sei escrever um pouco.

Terapeuta: Aqui és uma rainha, mas não na escola. Tua professora não se deixa comandar como tua mãe. Nem tuas colegas te obedecem, não é assim? (*Seus pais e Anna assentem, Lucia fica perplexa.*)

Terapeuta: É difícil para ti deixar este reino, não é assim? (*O terapeuta sai para discutir com a equipe.*)

Nesta seqüência o terapeuta começa a conotar Lucia positivamente, promovendo-a de princesa a rainha, provocando a conseqüente complacência da criança, ou seja, vincula-a com outra rainha, a vovó, que ocupa a posição central na família. O narcisismo de Lucia é tão grande que a coloca acima de todos, inclusive da avó. Ao invés de desafiar esta posição, o terapeuta, como súdito, solicita sua permissão para ajudar seus pais e sugere a possibilidade de que ela se ocupe da escola. Se no plano verbal Lucia não cede ao terapeuta o poder de ocupar-se de seus pais, no analógico emite mensagens de perplexidade e indecisão. Talvez a possibilidade de um futuro distinto para ela e para sua família esteja abrindo caminho na sua mente.

O comentário ao final da sessão é o seguinte.

Terapeuta: Encontramo-nos perante uma família com diversas dificuldades, (*dirigindo-se ao pai*) econômicas e de pessimismo para o futuro, (*dirigindo-se à mãe*) de ansiedade e medo de morrer, (*dirigindo-se à Anna*) de dificuldades escolares e temores pelo futuro. Lucia parece ter tomado ao seu cargo a complexa situação familiar e decidido trabalhar em tempo integral para entretê-los e diverti-los. Seu comportamento mostra-nos uma criança encantadora, inteligente e divertida, que amiúde se comporta como a vovó, a quem, junto ao vovô, vê preocupada com vocês. Parece ter assumido, como já dissemos, um trabalho em tempo integral, que não lhe deixa tempo nem energia para pensar na escola. Uma colega manifestou a preocupação de que Lucia, ao aprender apenas a mandar, venha a ter dificuldades, ou não consiga mesmo, relacionar-se com os demais. Para terminar, mexeu muito conosco a recusa de Lucia da nossa oferta de ajuda aos pais. Antes de nos despedirmos, como ainda não concluímos nossa investigação, pedimo-lhes que, até o próximo encontro, no mês que vem, não mudem, porque do contrário poderíamos confundirmo-nos. Especialmente tu, Lucia, deves continuar mandando e sendo a rainha desta família.

A família, com exceção de Lucia, parecia contente. Lucia, sombria, não quis nem dar a mão ao terapeuta. As emoções demonstradas por cada um dos membros da família no início da sessão pareciam ter dado uma reviravolta. Todavia, para a equipe Lucia também havia-se envolvido com o terapeuta, se escondia seus sentimentos positivos era apenas por orgulho. Se esta impressão estivesse errada, a terapia teria começado com o pé esquerdo, o *timing* teria sido errôneo e o desafio precoce às premissas de Lucia teria sido contraproducente.

O convite a não mudar até a próxima sessão tinha o objetivo de tirar de Lucia a ilusão de controle, colocando-a, assim, em um dilema: para desobedecer teria de mudar de comportamento e se obedecesse teria aceito as propostas do terapeuta. Esta parte do convite levará muitos colegas a torcer o nariz. Estes são conceitos obsoletos, uma herança do período estratégico, pensarão. Nós não hesitamos em utilizar intervenções provenientes de outras teorias. Isto é coerente com o paradigma da complexidade, segundo o qual a melhor forma de ver e atuar no mundo é através de uma rede de teorias. Dito em outras palavras: às vezes saímos de nossa ortodoxia para servir-nos de outros pratos que, em determinadas circunstâncias, mostram-se mais suculentos. O importante é estarmos conscientes de quando entramos e saímos da ortodoxia e termos bem presentes as diferenças entre as premissas teóricas e a praxe do modelo utilizado.

Na segunda sessão, um mês depois, Lucia não exibiu o comportamento excitado, quase hipomaníaco, histriônico, divertido e animador da primeira sessão. Parecia mais tranqüila e, com boa vontade, oferecia informações relativas às complexas relações entre a família nuclear e a família extensa. Transcrevemos um excerto do diário da segunda sessão:

> Lucia parece ser o centro das relações entre as três gerações, do qual se desprende uma confusão geral de papéis. Ela viveu muito com os avós maternos, enquanto o pai estava ausente por motivos de trabalho, e considerava sua avó "mais mãe que sua mãe". A vovó tratava sua filha e Lucia da mesma maneira, como se fossem irmãs. O vovô era considerado mais divertido que o pai, e se intrometia continuamente nas suas coisas. A família nuclear não tinha um espaço próprio. Lucia, contrapondo-se à paralisia do pai e da irmã, responde às mensagens de sua mãe, triste e chateada, com sua vivacidade e criatividade. Parece-nos significativo o fato de que em três ocasiões, durante a sessão, levantou-se da cadeira para ir acariciar e beijar seus pais, quando se falava de seus conflitos, como para dar-lhes segurança. Ao final da sessão o terapeuta comunica às irmãs que fiquem em casa e diz que no próximo encontro se ocupará dos pais.

Na terceira, quarta e quinta sessões participaram somente os pais, que falaram da melhoria progressiva de Lucia em casa e — segundo os professores — também na escola. Para a última sessão, a sexta, um ano depois da primeira, foram convocadas também as filhas. O quarteto que apareceu ao terapeuta ao entrar na sala de terapia era especialmente significativo: os pais e Anna sentavam-se próximos, enquanto Lucia ocupava uma cadeira um pouco afastada. Sentada com os pés debaixo das coxas, mostrava que lia atentamente um livro que lhe cobria completamente o rosto. Era como se dissesse: "Eu me dedico à escola, ela que se ocupe da família."

O terapeuta, depois dos primeiros cumprimentos, tentou envolver Lucia na conversação. Ela abaixou o livro, sorriu e apontou com o dedo para sua família e disse: "Cedo-lhes a palavra, eu preciso ler." No transcurso da sessão, com humor e elegância, mostrou verbal e, sobretudo, analogicamente, que havia saído do campo, que nesse momento estava interessada na escola e nos seus coleguinhas. Um uniforme da escola, levado pelos pais, confirmava plenamente a mudança: como era muito inteligente, havia recuperado facilmente o tempo perdido e se havia inserido em uma invejável rede de amizades com seus coleguinhas. Sua irmã Anna também parecia menos triste, mais relaxada e mais otimista em relação ao seu futuro. Somente os pais estavam dispostos a continuar a viagem terapêutica para solucionar seus conflitos.

Já para o final da sessão, o terapeuta presentificou um futuro diferente para o casal, apresentando uma opção que suscitou um especial interesse por parte da mulher.

Terapeuta (*dirigindo-se à mãe*): Já pensou alguma vez em trabalhar fora de casa?

Mãe: Ah, sim... mas meu marido nunca ficou muito satisfeito...

Pai: Mas tinha as filhas para...

Terapeuta: Mas agora suas filhas estão ficando independentes. Penso que, se em você nascesse o desejo de fazer algum trabalho, qualquer trabalho, *part-time* ou horário integral, a situação no futuro poderia mudar...

Mãe (*com o rosto iluminado*): É verdade, é verdade.

Terapeuta: Penso que o trabalho, em primeiro lugar, aumentaria um pouco a renda do casal, o que diminuiria a ansiedade de seu marido e, ao mesmo tempo, atenuaria sua própria ansiedade, muito ligada à dele. Em segundo lugar, poderia perder peso e sentir-se melhor fisicamente, isto, ulteriormente, diminuiria mais sua ansiedade. Em terceiro lugar, creio que isto é muito importante, a busca de um trabalho fora de casa faria desaparecer, como por encanto, todos os medos, a fobia de ficar só...

Mãe: Estou plenamente de acordo.

O terapeuta sai para a discussão ritual de fim de sessão com a equipe. Ao retornar comunica que já não havia problemas psicológicos que fizessem necessário o prosseguimento dos encontros. Os Marchеggiani parecem visivelmente contentes e aliviados, exceto o pai que, ao sair, pergunta ao terapeuta se poderá voltar a telefonar em alguns meses. O terapeuta, por sua parte, pede-lhe para deixar passar um período mais longo, ao final do qual a situação poderá estar tão mudada que torne desnecessária, para sempre, as ajudas externas.

A impressão global é a de que as três mulheres haviam deixado, na realidade ou no momento só na fantasia, as águas estancadas do *impasse*, da estaticidade e haviam empreendido uma nova viagem para o futuro. A última mensagem do pai parece refletir sua preocupação por um possível futuro de solidão. Como foi sugerido no capítulo 4, a equipe terapêutica não recebeu as mensagens, primeiro do casal e depois do pai, de não os deixar, devido a um perigo que conhecemos bem, de vir a ocupar a posição dos filhos e impedir que os pais redefinam sua própria relação presente e futura depois da emancipação das filhas. Continuar vendo o casal ao invés da família teria levado à confirmação do “diagnóstico” de família dependente, problemática. O anúncio do final da relação enfatiza o potencial da própria família de evolução para a individuação, a separação, a autonomia de todos seus membros. Em nossa experiência esta decisão raramente tem provado ser prematura. O risco do final da terapia é, porém, altamente compensado pelas vantagens relativas à despatologização dos clientes. Caso contrário, a situação se resolve simplesmente com a volta dos clientes à terapia.

Casais violentos: "Tu me provocas, eu te bato"

O problema da violência, em particular, o da violência conjugal e familiar, suscitou nos últimos anos um complexo e vivo debate no campo da terapia familiar. Limitar-nos-emos aqui a citar o trabalho de Gerry Lane e Tom Russell, dois psicólogos de Atlanta (Geórgia) que, depois de alguns anos de experiência com o modelo sistêmico de Milão, idealizaram uma intervenção destinada a casais com padrões de violência recorrente, com os quais são claramente ineficazes tanto as intervenções de natureza judiciária como terapêutica. Sua intervenção se baseia, em boa medida, nas perguntas circulares e hipotéticas sobre o futuro, e se reserva àqueles casais cujos freqüentes episódios de violência não conduzem nem a uma separação nem à adoção de novos modelos de convivência.[1]

O contrato feito entre Lane e Russell e o tribunal de Atlanta prevê que, a partir do encaminhamento, o tribunal se compromete a respeitar o sigilo da relação entre casal e terapeutas e a não interferir no processo. Normalmente não se realizam mais de três sessões.

No primeiro encontro se estabelece com os clientes uma relação de confiança mútua, pedindo-lhes informação sobre sua relação e sobre o contexto em que vivem. Faz-se uma série de perguntas circulares e hipotéticas sobre o futuro, que implicam na perda de controle por parte do "agressor" e da "vítima", com graves e irreversíveis conseqüências.

> Explicitamos nossa preocupação em relação à violência e sublinhamos suas potencialmente graves conseqüências, sem acusar indiretamente nenhum dos cônjuges. Fazemo-lo mediante perguntas circulares e sobre o futuro. Comunicamos a cada um dos parceiros a responsabilidade de ambos pelo comportamento violento, e a responsabilidade de ambos por permanecer dentro de uma relação violenta. Por exemplo, podemos perguntar: "Se esta violência da sua relação continuar, quem morrerá primeiro?" Podemos prosseguir com perguntas como: "Se um de vocês matar ao outro e for para prisão, quem cuidará dos filhos?" Depois podemos perguntar: "Se um dos dois morrer e o outro for preso, e seus filhos crescerem sem vocês, a quem culparão por não terem tido pais?" Não tentamos impor aos casais nossos mapas ou soluções para seu dilema. Como já dissemos, adotamos esta atitude depois de ter observado a ineficácia das tentativas precedentes de controlar o comportamento violento destes casais envolvidos em ciclos repetitivos de violência (Lane e Russel, 1986: 10).

Percebe-se com facilidade que as perguntas de Lane e Russell são perguntas hipotéticas sobre o futuro, ou perguntas que, mediante a introdução explícita de vínculos no futuro, obrigam a enfrentar uma série de opções, eventualmente perigosas. Segundo a terminologia de Karl Tomm (1985), estas perguntas exploram diferenças temporais de contexto, isto é, criam mundos possíveis, nos quais o contexto das relações e das ações será radicalmente diferente de como é no presente.

Em nossa opinião o possível efeito destas perguntas não se deve tanto ao seu aspecto aterrorizador (como se sabe ninguém nunca deixou de fumar diante da perspectiva de ter um tumor a curto prazo), mas ao fato de contrastar com a epistemologia dos violentos, semelhante à descrita por Bateson (1972b) em seu clássico artigo "The Cybernetics of 'Self': a Theory of Alcoholism". O violento, assim como o alcoolista, vive de acordo com uma epistemologia do controle: tem a presunção de que (no futuro) saberá controlar seus próprios impulsos. As perguntas hipotéticas sobre o futuro, pelo contrário, levam em conta a possibilidade da perda de controle por parte do agressor e da vítima, seus conteúdos descrevem cenários inquietantes contrastantes com seus mapas. À comum e inevitável resposta de que eles podem controlar seus próprios comportamentos, pode-se replicar com os inumeráveis exemplos de delitos, reportados pelas crônicas jornalísticas e televisivas, cometidos por pessoas que acreditavam ter o controle de seus próprios impulsos.

A intervenção descrita desvia a atenção dos protagonistas do parceiro como causa da própria violência ("tu me provocas, eu te bato"), e a dirige para eles mesmos, para auto-reflexividade ("eu respondo a meus impulsos incontroláveis"). Poder-se-ia dizer que, neste processo, o sujeito que se beneficia dele passa de uma cibernética de primeira ordem para uma cibernética de segunda ordem. Aqui também é visível a analogia com a garrafa de Bateson: o violento responsabiliza o outro pelo seu próprio comportamento, assim como o alcoolista responsabiliza a garrafa por sua própria dependência. A eficácia desta intervenção pode ser atribuída ao fato de que o "tocar fundo" não ocorre, como para o alcoolista, no presente, mas em um futuro presentificado. Quando se espera que a violência toque fundo um dos cônjuges corre realmente o risco de morrer.

Presentificar um futuro novo em uma comunidade de pronto socorro

Franca Miola, terapeuta de família, depois de ter participado de um seminário intitulado "O anel auto-reflexivo do presente, passado e futuro", dirigido pelos autores, encaminhou-nos um informe em que expõe a aplicação destas idéias em seu trabalho de consultoria em um centro de acolhimento de crianças maltratadas. Citamos a seguir parte de seu informe:

> Estas reflexões se baseiam em uma experiência de intervenção em um centro de proteção de menores, realizada na USSL 72 de Magenta (Milão), graças a um acordo com a Fundação da Criança Abandonada, de Milão.

O projeto incluía a criação de uma *comunidade de pronto socorro*, vinculada aos serviços de saúde e assistências da USSL. Tratava-se de um lugar de acolhimento imediato para crianças de três a quatorze anos, que necessitassem de um período de afastamento de sua própria família. Afastamento necessário devido aos graves atos cometidos contra eles, à necessidade de efetuar uma análise mais atenta da realidade de suas famílias ou a situações de extrema emergência como: hospitalização dos pais, encarceramento, suicídio e outras.

O afastamento, exceto nos casos de emergência recém citados, é decretado pelo Tribunal de Menores de Milão, a pedido dos serviços sociais, dos agentes de saúde ou de qualquer cidadão [...]. A decisão de levar o menor à comunidade é tomada pelo Serviço Social da USSL, de acordo com o Centro de terapia familiar — pelo qual sou responsável — e da Unidade operativa de menores. O acolhimento é precedido por uma série de operações:

1) uma avaliação psicofísica do menor, para comprovar a existência de maus tratos e/ou abusos e sua gravidade;

2) a programação de um projeto específico de proteção à criança e de ajuda à família durante um tempo que pode ir dos três aos cinco meses e que coincide com a permanência do menor na comunidade.

O juiz competente [...] determina que a família se submeta, no Serviço de terapia familiar, a uma avaliação das suas possibilidades de recuperar a capacidade de exercer as funções parentais. Se a resposta for positiva o projeto prossegue com o retorno gradual e "controlado" do menor à sua casa. Se a resposta for negativa recorre-se à utilização de outros meios como a custódia familiar, uma comunidade residencial, a adoção [...].

Esta prescrição temporalizada introduz a possibilidade de que a família escolha agir para tornar-se parentalmente apta ou renunciar, e partir para busca de outros pais.

A família mal-tratante se caracteriza por um jogo rígido no qual o passado não mudou, não mudará e determina o futuro. O programa descrito, que separa a família da criança durante um tempo determinado, e a possibilidade de escolha que lhe é oferecida no presente em relação ao destino da criança, introduz a terceira dimensão do tempo: a possibilidade, a hipótese, o projeto, isto é, o futuro.

Futuro que se articula em um processo circular com o presente e, sobretudo, com o passado, modificando-os. Em outras palavras, dentro do espaço da avaliação e do prognóstico, que se torna um espaço terapêutico, as três dimensões do tempo, relacionadas reciprocamente em um anel recursivo de significações, podem desvincular a família da seqüencialidade determinista que desemboca de forma dramática no abuso e no maltrato.

Da ambi-finalidade à ambi-temporalidade

Cronen e Pearce (1985), ao referirem-se ao conceito de eqüifinalidade nos sistemas (Bertalanfy, 1968), evidenciaram no método de Milão uma característica que definiram como "ambi-finalidade". Nossa decisão de dar primazia à variável tempo nos levou a substituir o termo de ambi-finalidade pelo de "ambi-temporalidade". Antes de expor as razões desta substituição queremos citar, de forma relativamente extensa, uma parte do artigo de Cronen e Pearce referente à descrição da epistemologia reflexiva e dinâmica na qual se baseia o método de Milão.

> O método de Milão não é só uma coleção de técnicas que um terapeuta pode usar, mas sim uma epistemologia ampla e sofisticada, um modo de pensar e de atuar nos sistemas sociais [...]. Os terapeutas concebem a família de maneira sistêmica e dinâmica. Nesta perspectiva, a estrutura da família se situa nas relações entre os membros da família, não nas características de cada membro. A estrutura é sempre um processo evolutivo [...]. Os sistemas evoluem continuamente porque sua estrutura está vinculada de maneira recursiva à ação [...]. Esta evolução, todavia, nem sempre assume a direção desejável. Às vezes a lógica da família tem como resultado um estado de sofrimento [...]. Contudo, o problema apresentado costuma consistir em uma descrição deficiente da estrutura e dos modelos de ação da família. Como a maioria de nós, a família sói pensar em termos de indivíduos mais do que de sistemas, em termos de processos lineares mais do que de relações reflexivas e em termos de "estados estáticos" mais do que de "processos dinâmicos".
>
> Segundo nosso ponto de vista, o método usado pelos terapeutas de Milão pode ser considerado como um método que expressa uma epistemologia (sistêmica) reflexiva e dinâmica, que se contrapõe de maneira evidente à da maior parte das famílias. A própria sessão, assim como as "intervenções" e as "prescrições", é um convite para que a família participe em esquemas de ação que reconstroem de forma reflexiva esta epistemologia.

A partir desta descrição do método de trabalho, Cronen e Pearce (1985: 70s) passam a descrever o conceito de ambi-finalidade:

> Qualquer discussão sobre os efeitos ou sobre o funcionamento das coisas em um sistema resulta difícil quando se usa uma linguagem do tipo linear. Em uma epistemologia sistêmica as "causas" não podem ser distinguidas dos "efeitos", da mesma maneira que não é possível "isolar" as variáveis importantes sem destruir o sistema. Uma causa ambi-final é aquela cujo efeito depende do contexto ou é "contingente" ao estado do sistema em que

> ocorre [...]. O procedimento utilizado pelo grupo de Milão é ambi-final porque tem efeitos diferentes, dependendo das características do sistema em que ocorre o "convite". Os diferentes efeitos são suficientemente amplos como para exercer um poderoso estímulo de mudança na lógica atual do sistema, favorecendo sua evolução.

Como dissemos antes, nosso interesse atual pelos sistemas humanos, vistos através da perspectiva do tempo, levou-nos a preferir o termo ambi-temporalidade e a descartar o de ambi-finalidade. Um sistema social (a família, por exemplo) pode ser visto como um conjunto de indivíduos, cada um com seu próprio tempo, ou melhor, com uma coleção de histórias individuais, que se compenetram para constituir a história do sistema. Dentro de uma família, como já dissemos, os indivíduos podem ter tempos e ritmos diferentes: um de seus membros pode não evoluir ao mesmo ritmo que os outros, pode parar ou retroceder no tempo. Os demais, do seu lado, podem adaptar-se, compreender a situação, ou então converter-se em opositores e intolerantes. Tudo isto terá, claro, óbvias conseqüências para o clima familiar. Pode-se manifestar um hiper envolvimento emotivo entre algum ou todos os membros da família nuclear e extensa, com predomínio de um clima de frustração e de hostilidade, característicos das situações de alta "emotividade expressada" (Leff e Vaugn, 1985).

Nestes casos, o objetivo do terapeuta é a aceitação das diversas perspectivas temporais dos membros da família, sem se posicionar a favor de nenhum deles e, ao mesmo tempo, introduzir a possibilidade de diferentes coordenações e correlações temporais. Isto pode incidir na situação de desaceleração, isto é, de rigidez e de diminuição do ritmo temporal do sistema, liberando sua capacidade de evolução.

É como introduzir uma seqüência que abre o presente ao futuro. Conota-se positivamente a ausência de mudança e, ao mesmo tempo, indica-se a possibilidade da transformação. Por exemplo: "Compreendemos que, neste momento, para vocês é melhor continuar como está..." Desta maneira, se por um lado aceitamos explicitamente o *status quo*, a expressão "neste momento" introduz a possibilidade de evolução. A utilização de algumas expressões temporais como "neste momento", "neste período de tempo", "até agora/daqui para frente" ou "ainda não é o momento", retira a intencionalidade — a vontade dos clientes e dos terapeutas — o poder de mudar para entregá-la ao tempo, ao futuro. Parafraseando Cronen e Pearce, podemos dizer, portanto, que este tipo de intervenção pode exercer um poderoso estímulo de mudança da atual lógica estática do sistema, para uma lógica evolutiva, aberta ao futuro. De certa maneira esta se aproxima a uma tautologia, uma tautologia — podemos dizer — terapêutica. À mensagem "o tempo parou" corresponde à mensagem "sua evolução é questão de tempo". É uma tautologia que simplesmente muda o tom em relação ao problema proposto.[2]

A ambi-temporalidade consiste, pois, no reconhecimento e na aceitação do presente, com a inclusão e a aceitação das possibilidades futuras. O presente é como é, o futuro poderá ser sua cópia ou uma forma inédita. Uma vez mais, desafiam-se as premissas deterministas: "Se nosso presente é fruto de nosso passado, então o futuro que nos espera está predeterminado." Nossa resposta a esta mono-temporalidade é a ambi-temporalidade, que pressupõe a possibilidade (mas não a ineluctabilidade) do imprevisível.

As perguntas circulares sobre o futuro, ou hipotéticas, podem resultar muito úteis para enfrentar definições, diagnósticos, prognósticos ou juízos que têm caráter de ineluctabilidade, de atemporalidade. Estas expressões são precedidas pelo verbo ser: como "é mau caráter", "é delinqüente", "é esquizofrênico". Nestes casos as palavras "caráter". "delinqüência" e, em certa medida, "esquizofrenia" têm a conotação de um processo dificilmente reversível. Bateson, por exemplo, diz que as instituições penais são pouco eficazes para a consecução dos seus objetivos — a educação e a reinserção na vida social — porque contribuem para a cristalização da característica "delinqüência" dos seus internos. A diferença entre "delinqüência" e "atos delitivos" é uma diferença de níveis lógicos: enquanto a delinqüência é uma característica atemporal e intrínseca do indivíduo, um ato delitivo está ligado a circunstâncias contingentes. A "delinqüência", depois de tudo, cristaliza o futuro: se uma pessoa "é delinqüente", seu futuro está predeterminado e sua perspectiva temporal será pontuada por uma série de comportamentos delitivos. Algo parecido ocorre, segundo muitos autores, com o esquizofrênico: quando assintomático é considerado "esquizofrênico em período de remissão".

Podemos perceber aqui um anel recursivo análogo ao visto na construção do passado: o futuro que criamos é determinado pelas premissas do passado e pelos significados atribuídos às circunstâncias do presente. Mas o futuro imaginado retroage sobre o presente e, assim, cria as condições da sua verificação. Este é o mecanismo das profecias auto-realizáveis (*self-fulfilling prophecies*), descritas exaustivamente por Watzlawick (1984).

Aludimos à delinqüência e à esquizofrenia. O mesmo pode-se dizer de outras muitas características. Dizermos: "o garoto *é* mau" tem conseqüências muito diferentes que dizermos: "o garoto fez (neste momento) algo mau". As perguntas circulares, especialmente as perguntas sobre o futuro e hipotéticas, servem para desafiar as premissas de ineluctabilidade e atemporalidade destas etiquetas (*labels*), e para favorecer a emergência de uma visão aberta à contingência e à temporalidade.

Como já comentamos, o terapeuta assume, em relação aos diversos tempos individuais e coletivos, presentes e futuros, uma posição de aceitação positiva, que abre a porta a uma possível nova recalibração dos próprios tempos, com o conseqüente surgimento de uma nova coerência sistêmica: aceitar o diagnóstico tal qual formulado (como se fosse definitivo), tratar a pessoa diagnosticada igual a todas as demais (como se o diagnóstico não tivesse valor) e introduzir uma expectativa de mudança (como se o diagnóstico pudesse perder sua validez no curso do tempo) são etapas simultâneas do processo terapêutico em uma perspectiva ambi-temporal.

A ambi-temporalidade está presente também quando o terapeuta sistêmico, ao prescrever o sintoma, sugere a não-mudança, detendo aparentemente o tempo. Esta ambi-temporalidade é introduzida no presente graças à utilização das expressões temporais já citadas. Por exemplo, ao afirmar: "Por enquanto seria prematuro que mudasse", "por enquanto poderá continuar a fazer o que está fazendo", à realidade do problema agrega-se outra possível realidade. Abre-se, na consciência dos clientes (e do terapeuta), um futuro novo.

Fuga para o futuro

A família Maggi está composta pela mãe de sessenta anos, viúva há cinco, e duas filhas, Caterina de trinta, licenciada em química e pesquisadora de uma grande empresa, e Teresa de vinte e quatro, aprendiz em um laboratório médico. Elas procuraram nosso Centro por iniciativa de Caterina, que estava preocupada com os problemas de sua irmã. No primeiro encontro Caterina, que se havia mudado para Milão cinco anos atrás, contou que suas visitas periódicas lhe haviam permitido observar como sua irmã "regredia progressivamente", fechava-se em si mesma, perdia o interesse pela vida fora de casa. A mãe também estava preocupada e lamentava a situação nas freqüentes conversas telefônicas.

Teresa tinha um aspecto descuidado, parecia acanhada, desleixada, triste e lamuriosa. Sentia-se incompreendida pela mãe, dizia não ter futuro e sentir um grande complexo de inferioridade diante da irmã e das outras pessoas que conhecia. Atribuía tudo ao seu passado, à vida pregressa da família, que havia virado um caos devido à contigüidade do apartamento em que moravam e do bar gerenciado pelos pais. "Quase nunca comíamos todos juntos, porque meu pai, minha mãe, ou ambos, precisavam estar no bar." O pai, que nunca havia tido uma boa relação com sua mulher, tinha morrido devido a um infarto cinco anos atrás. A relação entre as irmãs refletia a dos pais: Caterina, a preferida do pai, não conseguia entender-se nem com sua irmã nem com a mãe. Teresa sempre fora "apegada" à mãe (esta sublinhou sutilmente que continuamente a seguia, como uma sombra). Contaram que Teresa havia começado a "regressão" pouco tempo depois da mudança da irmã para a grande cidade.

Uma das hipóteses da equipe, durante o primeiro encontro, foi que Caterina havia abandonado a família, depois da morte de seu pai, devido ao clima depressivo que se havia criado. Depois, a saudade da mãe havia levado Teresa a ter uma série de dúvidas, que haviam minado a sua auto-estima e provocado uma necessidade obsessiva de ser amada por sua mãe. Havia-se criado o conhecido círculo vicioso em que os sintomas, expressão de um dilema relacional ("sou amada ou não sou amada?"), obtêm o efeito oposto ao desejável: provocam reações de piedade, frustração, exasperação.

Quando o consultor propôs um novo encontro, Caterina disse ter concluído recentemente uma psicoterapia individual de dois anos, e que achava ter alcançado seu próprio equilíbrio. Em outras palavras, entregou-nos a mãe e a irmã para que as "consertássemos". Em uma série de sete encontros no decorrer de um ano, Teresa mostrou uma grande mudança, começou a cuidar de si mesma e de sua maneira de vestir, ingressou em um clube esportivo, fez muitas amizades e, inclusive, mudou seu irritante tom de voz, deixou de ser lamuriento e queixoso e passou a ser seguro e agradável.

Isto trouxe como conseqüência uma mudança no signo das preocupações da mãe: já não se inquietava com a regressão da filha, mas sim com sua excessiva abertura para o mundo exterior. Paralelamente comentou que Caterina tinha alguns problemas existenciais. Ela, de fato, havia sido abandonada pela terceira vez por um namorado e, por conseguinte, estava cada vez mais triste. A equipe decidiu convidar Caterina para o próximo encontro. Sua resposta foi positiva.

O encontro foi muito interessante. Desde o começo se respirou um clima de forte tensão entre as três mulheres. Elas comentaram que o último fim de semana, durante a visita habitual de Caterina, havia explodido uma forte discussão entre as irmãs. Caterina acusava Teresa de não pensar bastante na mãe e de ser arrogante: havia-se sentido particularmente ofendida quando Teresa disse ter encontrado uma amiga, "que é como uma irmã". A mãe dava evidentes sinais de desconforto e, suspirando, disse: "Se estas duas moças se pusessem de acordo, haveria harmonia na família."

Durante a discussão da equipe surgiram as seguintes hipóteses:

1. A progressiva emancipação de Teresa, com a conseqüente participação no mundo exterior, havia provocado uma maior solidão em sua mãe, que havia intensificado as tentativas de envolver Caterina no controle da irmã. Esta situação tendia a colocar Caterina no papel de marido-pai morto prematuramente. É preciso destacar que no transcurso da sessão, por três vezes, Teresa disse, dirigindo-se a Caterina: "Quero uma irmã, não um pai!"

2. A rápida separação-individuação da irmã mais nova havia provocado uma crise na família, especialmente na relação com Caterina, até então considerada a mulher responsável e realizada. Isto havia transformado a rivalidade com a irmã. A sólida posição de Caterina aos olhos de sua mãe tinha começado a rachar, porque "à sua idade ainda não dá sinais construir uma família e de ter filhos".

A vida de Caterina, como a de outras mulheres que tiveram uma relação mais estreita com o pai, ou que viveram uma aliança com o pai contra a mãe, se por um lado evidenciava auto-dependência, do outro, revelava uma grande e insatisfeita necessidade emotiva e uma dificuldade para estabelecer uma relação intensa e estável com outro homem.

Estas hipóteses levaram a equipe a propor uma intervenção que refletisse os seguintes temas: rivalidade, cisão, conflito exacerbado que pareciam determinar o clima de tensão e, às vezes, de angústia da família. A tarefa não resultou fácil. No decorrer da laboriosa discussão da equipe surgiu, de repente, uma hipótese, situada temporalmente em um futuro longínquo, uma "fuga para o futuro". O consenso geral foi imediato. O terapeuta, ao voltar, disse, dirigindo-se à mãe:

> Terapeuta: Meus colegas atrás do espelho, particularmente as mulheres, pensam que a senhora precisa ter um pouco de paciência antes de realizar seu desejo de ver suas filhas chegarem a um acordo. Caterina e Teresa sempre tiveram pequenas discussões e, neste momento, estas são mais agudas, mas elas caminham irreversivelmente para uma relação de irmãs, isto é, de mútua aceitação. Naturalmente algumas divergências persistirão. Deixemos passar o tempo, ver-nos-emos dentro de três meses.

A primeira reação de estupor foi seguida por outra de aceitação e alívio. À guisa de comentário desta intervenção diremos que, se a equipe tivesse escolhido uma intervenção centrada nos conflitos passados e presentes da família, teria ficado dentro do tempo do sistema familiar, enquanto a fuga para o futuro, isto é, a evolução prevista, oferecia a possibilidade de uma relação menos conflituosa entre a mãe e as duas irmãs.

A resposta positiva da família parecia indicar que a intervenção estava em sintonia com as expectativas de seus membros. Como esta foi a última sessão, ainda não temos informações sobre a evolução a longo prazo. Mas, por experiência própria, podemos dizer que, com freqüência, tais intervenções provocam grandes efeitos e, às vezes, até a solução, enquanto em outros casos é como se não tivessem sido recebidos, dado que o *timing* (capítulo 5) não foi apropriado. É evidente que nestes casos a equipe dá marcha a ré e volta aos temas e tempos anteriores. O *timing*, como já dissemos, é um elemento fundamental que o consultor e o terapeuta devem ter presente em seu trabalho, mas quando se trata de sistemas vivos complexos, e não de simples máquinas, ele não pode ser avaliado com precisão. Haverá sempre um fator ensaio/erro, como quando se atravessa um território desconhecido, no qual não há caminhos traçados. O *timing* oferece, pois, uma simples orientação para a ação; seus efeitos revelarão seu grau de adequação.

A seguir queremos deter-nos na relação entre a "fuga para o futuro" do terapeuta — ou da equipe terapêutica — e o *timing*, ao analisar um dos momentos mais importantes da consultoria e da terapia: sua conclusão. Como já expusemos no capítulo 4, amiúde concluímos a consultoria ou a terapia no momento em que o profissional ou a equipe percebem uma mudança muito significativa nos clientes: a transmissão mais fluida da informação e da comunicação, a maior capacidade para "ver" uma variedade de soluções para os mesmos problemas, um melhor clima emotivo e, sobretudo, uma nova capacidade para resolver os conflitos. Os problemas, os sintomas apresentados para serem resolvidos, podem ainda estar parcialmente presentes, mas as premissas da sua continuidade parecem estar desaparecendo. Em suma, quando nos encontramos frente àquilo que no nosso jargão chamamos de "virada do sistema" comunicamos aos clientes que nossa tarefa foi concluída.

Normalmente, depois de uma desorientação momentânea, eles aceitam de bom grado esta decisão, freqüentemente solicitam a possibilidade de um eventual retorno em caso de uma nova crise. Nossa catamnesis mostra que a maioria destes casos continua evoluindo positivamente depois do final, enquanto muito poucos casos voltam depois de um ou mais anos. A decisão de concluir a relação de consultoria ou terapia pode ser atribuída a uma "fuga para o futuro" dos profissionais, da qual, em caso de sucesso, participam também os clientes.

***Similia Similibus Curantur*: a divisão da equipe**

Às vezes, especialmente nos casos em que prevalecem relações de tipo simétrico, ou existem divergências profundas, a intervenção recorre à divisão das decisões da equipe (*split decision intervention*). Nestes casos o terapeuta volta para a sala de terapia dizendo que a equipe não foi capaz de tomar uma decisão unânime e, a seguir, expõe as posições sustentadas pelas duas "facções" da equipe. Normalmente uma parte da equipe é partidária da manutenção o *status quo ante*, enquanto a outra é partidária da mudança. A equipe terapêutica reflete, assim, a modalidade de relação mais significativa da família (cisão, por conseguinte *impasse)* e introduz a possibilidade de mudança: *simila similibus curantur*.

Uma simples intervenção pode ser vista da perspectiva do tempo. A metade da equipe conota positivamente o presente ou o passado: "Convém que permaneçam como sempre estiveram", ou "Estamos preocupados. A melhor solução é que continuem se comportando como o estão fazendo". A outra metade conota positivamente o futuro: "Deverão continuar a mudança iniciada." Assim as duas partes da equipe representam (e concretizam) dois âmbitos temporais diferentes, ordenam a experiência temporal da família e, ao mesmo tempo, fazem que os âmbitos joguem um contra o outro e "abriem" radicalmente o horizonte temporal da família. Esclareceremos com alguns casos.

Triangulação de um dobermann

Às vezes os indivíduos, as famílias ou os sistemas terapêuticos se travam no presente. Se tomamos emprestado o modelo simetria/complementaridade de Watzlawick (Watzlawick, Beavin e Jackson, 1967), um sistema pode travar-se em uma complementaridade ou em uma simetria rígida, ambas fontes de mal-estar e sofrimento. Quando estes modelos entram em jogo na terapia levam ao *impasse*: é como se o tempo se detivesse e se perdesse a capacidade de evolução. No caso seguinte expõe-se uma intervenção proposta pela equipe terapêutica para fugir de uma possível interação simétrica com a família e iniciar um processo evolutivo.

A família Adorni era formada pelo pai, um médico de cinqüenta anos, a mãe de quarenta e cinco e duas filhas. A mais velha, de trinta e também médica, havia-se casado cinco anos antes com um colega com quem teve uma filha. Luisa, a mais nova, ao começar a consulta tinha dezesseis anos e apresentava uma síndrome anorética bastante grave, iniciada três anos antes, pouco depois do nascimento da sobrinha.

Toda a família participou das primeiras duas sessões, inclusive a irmã mais velha, com a qual Luisa mantinha uma relação ambivalente: por um lado, admirava-a, por outro, invejava-a, especialmente desde que se tornara mãe. Uma das primeiras hipóteses relacionava o início da anorexia com a intensa relação desenvolvida pela mãe, a irmã e a sobrinha. O pai era um homem rude, prático e voltado para o trabalho. A mãe constituía o "centro de gravidade" para as duas filhas.

Da terceira para a sexta sessão foram convidados somente os pais e Luisa, quem progressivamente dava mostras de melhoria. Enquanto antes se havia afastado totalmente das relações sociais, agora havia começado a estabelecer uma relação mais intensa e positiva com uma amiga, com quem pensava morar em um pequeno apartamento. Seu peso havia aumentado moderadamente, sua obsessão pelo alimento havia desaparecido quase completamente, mas sua menstruação ainda não havia voltado.

Devido à evolução positiva, e pensando que já se aproximava o momento da conclusão, a equipe decidiu convocar para a sétima sessão somente os pais. O tema principal do encontro foi a apresentação de duas teses contrapostas por parte dos pais. O pai afirmava firmemente que agora os problemas de Luisa eram simplesmente problemas de crescimento, que não precisava de intervenções terapêuticas. Estava convencido de que, dentro de um ano, quando completasse dezessete anos, os resíduos de dificuldades com a alimentação e o peso desapareceriam espontaneamente. A mãe, por sua vez, manifestava seu desacordo com o marido, porque para ela Luisa ainda não havia superado suas dificuldades e, quase com certeza, sem apoio terapêutico teria uma recaída. O temor da mãe, além do perigo de morte, era que Luisa voltasse a fechar-se em casa e recomeçasse sua infernal batalha contra a comida. O marido respondia com impaciência a estas descrições e reiterava seu ponto de vista. A mulher, naturalmente, interrompia-o para repetir suas idéias e assim por diante.[3]

Durante a discussão a equipe decidiu aceitar "simultaneamente" as pontuações temporais opostas e inconciliáveis do casal e nivelá-las, o que foi possível graças à intervenção cindida da equipe.

Terapeuta: Tivemos uma longa discussão, mas não conseguimos chegar a um acordo. Alguns pensam que a mãe tem razão e que a terapia deve continuar. Outros, ao contrário, discordam e pensam que a terapia deveria terminar hoje. Eles opinam que o pai tem razão e que o passar do tempo resolverá tudo. Acabamos de sair de uma acalorada discussão com a decisão de deixar passar o tempo. Decidimos interromper a terapia durante um ano, isto é, até que Luisa complete dezessete anos. Se então Luisa ainda tiver problemas, significaria que a mãe tinha razão e, neste caso, retomaremos a terapia.

No ano seguinte os pais nem se apresentaram: telefonaram para dizer que Luisa estava bem, que havia voltado a menstruar, vivia havia alguns meses com sua amiga em um pequeno apartamento e que estava bem nos estudos.

Dois anos depois da última sessão, o pai telefonou para um dos autores, que havia sido terapeuta da família, pedindo, com certo embaraço, um encontro para ele e sua mulher. À pergunta sobre uma possível recaída de Luisa respondeu, decididamente, não: o problema agora dizia respeito ao casal. Marcou-se o encontro. Depois de um estranho embaraço para expor a razão da solicitação da sessão o pai disse: "Doutor não ria, viemos aqui porque temos um grave problema com o cão!"

Contaram que, pouco antes de sair de casa para viver com sua amiga, Luisa havia insistido para que seus pais comprassem um cão, nada menos que um dobermann! E eles teriam de cuidá-lo porque o apartamento dela era muito pequeno. Ela visitaria os pais e brincaria com o cão durante os fins de semana. Tudo foi bem até o cão crescer muito e começar a comportar-se de forma estranha com seus donos. Com o doutor Adorni se mostrava totalmente obediente e brincava com a filha. Mas com a mãe brincava de maneira perigosa: amiúde pulava em cima dela, aranhava-a e, às vezes, ameaçava mordê-la: "mostra ao doutor todas as marcas que tem te deixado", disse o marido.

O marido estava muito preocupado pela integridade física da mulher. Pensava que no futuro correria realmente perigo de morte. Um par de vezes havia cogitado a possibilidade de usar sua pistola para sacrificar o cão, mas a mulher havia implorado e ameaçado para que não o fizesse, porque temia que Luisa reagisse com uma catastrófica recaída. As tentativas do pai por convencer Luisa de que se desfizesse do cão foram inúteis. Luisa respondia que já era hora de aprenderem a tratá-lo bem, assim como fazia ela durante os fins de semana. A situação entre pai, mãe, cão e Luisa ficou tão tensa que os pais pensaram que a equipe terapêutica do Centro talvez pudesse libertá-los.

Uma das hipóteses foi que Luisa, ao sair de casa, havia deixado em seu lugar um cão bravo que, "estranhamente", estava ficando perigoso para a integridade física da mãe. Ao invés de ajudar a se livrarem dele, Luisa, por meio de sutis ameaças, forçava-os a conservá-lo. Tudo levava a pensar que estava oferecendo a sua mãe o frio prato da vingança. Outra hipótese: o cão solicitava fortemente a atenção da mãe, evitando, assim, que esta pudesse vincular-se muito com a filha mais velha e com a netinha. Terceira hipótese: o cão, ao crescer, ficou "triangulado" pelos dois "pais" simétricos, isto é, com dois estilos opostos, que o confundiam. Inclusive podia-se dizer que o cão não era neutral e que a mãe levava a pior parte.

Ao final do encontro o terapeuta disse que, ao voltar para casa, reunissem a família, incluso as filhas e o genro, para comunicar-lhes que haviam solicitado um encontro com o terapeuta do Centro (que ficava a trezentos quilômetros de distância) devido a sua preocupação de que o cão pudesse perder o controle e para discutir coletivamente as possíveis medidas que precisavam tomar. O ritual teve êxito, e o pai desmarcou o encontro seguinte, porque toda a família — inclusive Luisa — havia decidido entregar o cão a um centro de adestramento.

O casal Adorni representa um caso clássico de relação simétrica ("Eu tenho razão!" – "Eu tenho razão"), em que cada um dos membros do casal teme, se aceitar a definição do outro, sucumbir. Deste modo entram em um círculo vicioso caracterizado por duas pontuações lineares causais contrapostas, onde é impossível para os contendentes encontrar uma seqüência "antes... depois". Encontram-se em uma situação semelhante à da guerra fria, na qual os EUA e a URSS estiveram bloqueados por décadas: o temor de sofrer uma agressão fazia que nenhuma das partes pudesse ser a primeira a aceitar o desarmamento. Sua modalidade de relação simétrica incluía e evidenciava uma incessante luta pelo controle.

A intervenção cindida da equipe na sétima sessão colocou os terapeutas em uma situação complementar em relação ao casal, eles aceitaram, simultaneamente, seus mapas opostos. A equipe evitava, assim, colocar-se em posição simétrica (cuja provável conseqüência seria uma *escalation* semelhante a do casal) e colocar todos os participantes em uma posição complementar em relação ao tempo, ao qual, de certa forma, deixava-se a última palavra.

O já citado artigo de Bateson sobre a "Cybernetics of Self" (Bateson, 1972 a) teve uma grande importância no processo de compreensão da relação simétrica. Nele se compara a relação simétrica do alcoólico e a garrafa, com a assumida pelo homem com a natureza. Ambos cometem o erro epistemológico da presunção (*hybris*) de que controlam a garrafa ou a natureza. Neste sentido, pode-se dizer que, no contexto da intensa e prolongada relação entre equipe terapêutica e clientes, a posição de complementaridade assumida pela equipe em relação aos cônjuges e ao tempo, pode ter sido o elemento corretivo daquilo que Bateson definia como "erro epistemológico".

Neste momento tem de surgir uma pergunta: foi a intervenção cindida da equipe que resolveu o caso? Responder afirmativamente seria simplista e reducionista, demonstraria uma excessiva confiança nas possibilidades taumatúrgicas de uma intervenção pontual. A cisão da equipe deve ser analisada no contexto de uma relação complexa desenvolvida no tempo. Se uma intervenção dessas tivesse sido realizada na primeira sessão, sem levar em conta o *timing*, é provável que não tivesse tido efeito algum. Como já dissemos em outro lugar, é impossível estabelecer que *é* o que realmente leva à mudança terapêutica. Só podemos oferecer uma série de hipóteses.

Conotação positiva e ambi-temporalidade

A família Valentini era formada pelos pais, um casal de média idade, ele profissional liberal, ela funcionária, e seus filhos: Ettore de vinte anos e Cinzia de dezoito. Ettore, mimado desde pequenino, sempre havia requerido muita atenção por parte de seus pais, enquanto Cinzia, mais autônoma, parecia viver sua própria vida sem depender demasiado da família.

Um ano antes do começo da terapia. Ettore havia manifestado uma crise dissociativa, com idéias delirantes e alucinações. Os sintomas tinham recomeçado depois de um breve período de recuperação e de uma terapia anti-psicótica aparentemente bem sucedida. Havia, sem embargo, resíduos sintomáticos negativos como apatia, inércia e perda de interesse pelo mundo exterior. Passava a vida trancado em casa. Percera os poucos amigos que tinha e abandonara a escola. O pouco que falava era para discutir com a mãe. Seus pais, consternados, estavam sempre atrás dele, mas sem resultados apreciáveis.

A terapia familiar, cujos detalhes omitiremos, obteve, em cinco sessões, resultados positivos. A evolução de Ettore era demonstrada pela sua reconquista das velhas amizades e pelos seus projetos de retomada dos estudos no ano seguinte.

No início da sexta sessão o pai disse que Ettore estava em franca melhoria e que cada dia parecia recuperar mais sua autonomia. A atitude de Ettore na sessão era a de quem "está fora", de quem, de uma vez por todas, afirma ter-se emancipado de sua família. Imediatamente depois, porém, o pai abordou um tema que o deixava assombrado. Ele e sua mulher, que, segundo suas palavras, sempre se haviam dado bem, tinham começado a discutir. A mulher o acusava de querer ser servido e de egoísta. Ele replicava que era ela quem não já queria tomar conta da família. Toda a sessão foi pontuada, em suma, por uma contínua altercação entre os cônjuges. Cinzia interveio ocasionalmente, enquanto Ettore mantinha seu seráfico silêncio.

Durante a discussão da equipe propôs-se a fácil hipótese de que Ettore, finalmente, havia decidido desvincular-se da mãe, começado uma nova evolução e parecia olhar de fora os acontecimentos familiares. Libertos da preocupação com o filho e com Cinzia fora dos jogos familiares havia muito tempo, os pais deviam agora preocupar-se um com o outro, e ambos, sobretudo a mãe, sentiam-se sozinhos.[4]

A tarefa da equipe era sublinhar as duas faces da evolução familiar: a mudança do filho e o mal-estar dos pais, deixando abertas as possibilidades de mudanças posteriores. Optou-se pela seguinte intervenção.

> Terapeuta: Percebemos que houve uma evolução positiva *tanto* em Ettore, que começou a pensar em seu próprio futuro, *como* no comportamento dos pais, que começaram a manifestar abertamente seus conflitos e tensões. Nossa experiência ensina que isto ocorre em quase todas as famílias. Os filhos tornam-se cada vez mais autônomos e seus pais podem, por fim, exteriorizar seus conflitos conjugais, que antes, para salvaguardar o interesse geral da família, precisavam ser silenciados.[5] Em síntese, as mudanças observadas indicam-nos que se iniciou um processo evolutivo positivo. Todavia, há um desacordo entre os membros da equipe no referente às perspectivas futuras. Segundo uma parte da equipe, o processo evolutivo atual é irreversível e a terapia deveria ser concluída. Segundo a outra parte, esta irreversibilidade ainda não está garantida. Decidimos, portanto, que nos veremos dentro de seis meses, para avaliar se a mudança é realmente irreversível.

A intervenção provocou reações interessantes nos membros da família. Ettore assentiu com autêntico alívio e afirmou: "No que me diz respeito estou de acordo com a conclusão da terapia." A mãe, pelo contrário, olhou intensa e ansiosamente a terapeuta e arriscou: "Mas nossa situação está bloqueada. Precisamos de ajuda! Não podem nos dar agora algum conselho?" O pai e a filha, pelo contrário, mantiveram-se neutros e não comentaram a intervenção.

Este caso se presta a uma série de observações. Do ponto de vista da família, isto é, do sistema observado, resulta interessante notar a mudança das referências temporais dos membros da família. As respostas permitem intuir que Ettore entrou claramente em uma fase evolutiva, na qual o tempo corre e está aberto para o futuro. A mãe, por sua vez, está paralisada em uma dimensão estática: não sabe, não quer ou não pode dar-se conta da mudança e vive em um tempo imóvel. O pai e a filha parecem oscilar entre os dois pólos.

Mais interessante ainda é a avaliação do ponto de vista do sistema observante, a equipe terapêutica. O quadro apresentado pela família, evolução de Ettore e explosão do conflito entre os pais, havia levado os terapeutas a conotar positivamente tanto a evolução como o conflito, relacionando-os com uma nova perspectiva temporal, abrindo a janela para um futuro positivo. Por outro lado, a equipe, ao cindir-se em uma parte que considera irreversível a evolução e em outra que a considera reversível, refletia as posições do filho e da mãe. Assim, a intervenção aumentava o grau de indeterminação do sistema terapêutico, introduzindo a ambi-temporalidade: evolução ou situação estática, tempo fixo no presente ou aberto para o futuro. O possível efeito positivo da intervenção é, pois, duplo. Não somente abre o futuro para uma visão positiva, mas também para a indeterminação, isto é, a possibilidade de evolução nas mais variadas direções.

A indeterminação assim criada retira da equipe terapêutica a autoridade que lhe conferem os clientes e o contexto e a restitui aos clientes. O terapeuta, a quem se atribuem conhecimentos, certezas, garantias e capacidade de decidir o sentido e a importância das mudanças, responde com incertezas, possibilidades, indeterminações, que deixam ao cliente a liberdade para escolher os significados atribuíveis às idéias e às ações.[6] Pode-se dizer que com a cisão da equipe se confere ao tempo ou melhor, ao futuro, a responsabilidade da mudança.

Uma família de "tea party"

Às vezes, nos casos em que a demanda dos clientes não está clara, ou nos quais a motivação dos diversos membros da família inconstante (alguém está motivado, outros não), ou quando não aparecem nem dificuldades nem sofrimento, a intervenção de cisão da equipe pode ser indicada ao final do primeiro encontro. Apresentaremos agora um caso desta categoria, categoria que gostamos de definir como "famílias de *tea party*": famílias que dão a impressão de que vêm à terapia para manter conversas simpáticas e despreocupadas, como se viessem para tomar chá.

A família Beria, composta por três membros, apresentou-se ao primeiro encontro em um clima amistoso, de insólita alegria e despreocupação: davam a impressão de terem vindo passar um momento entre conhecidos. Os pais, um casal de pequenos empresários da região do Pó, fabricantes de gravatas, eram muito obesos. A senhora Beria, como para destacar sua vocação empresarial, trazia consigo um *Laptop* na bolsa. Sua filha Carlota, de dezoito anos, também obesa, era a paciente designada. Quando tinha quatorze anos foi submetida a uma cirurgia para ablação do baço. Aos quinze havia sofrido um grave acidente: foi atropelada por um carro e teve quebrados o perônio e a tíbia. Devido a uma trombocitopenia não pôde ser operada e teve de ficar engessada durante mais de um ano.

Três anos depois da operação, apesar de não ter nenhuma lesão ortopédica aparente, ainda caminhava com grande dificuldade. Quase não se relacionava com gente de sua idade e a maioria de suas interações era com o pessoal de saúde, médicos, enfermeiros e fisioterapeutas. Carlota se negava a exibir seus mais de noventa quilos fora de casa, por isso ficava, devotada a alguma tarefa doméstica, encerrada em si mesma.

Seus pais se lamentavam da grande dependência de Carlota da mãe. Já Carlota se queixava da ausência e do trabalho dos pais, especialmente a mãe. Todas as recriminações mútuas, no entanto, eram contraditas pelo comportamento não-verbal, que indicava uma aceitação incondicional do *status quo*. A impressão da equipe era que para a garota o tempo havia parado. Seus pais, do seu lado, oscilavam, ora concentravam-se no "futuro" da empresa ora no presente estático da família. Este presente era dominado pela filha que engordava cada vez mais. Carlota não apenas parecia ser incapaz de evoluir, mas tendia a regredir para um passado de criança cada vez menos auto-suficiente.

Uma das hipóteses da equipe foi que os pais oscilavam entre a empresa e a filha, como se ambas fossem necessárias para evitar um possível vazio na relação conjugal. Deste modo, era possível explicar também a contradição de suas demandas. Eles pareciam dizer uma coisa com as palavras, outra emocionalmente: "Mudem-nos (verbalmente), mas não nos mudem (emocionalmente)." A equipe decidiu concluir o primeiro encontro com uma intervenção que refletisse o dilema (separar-se ou permanecer juntos) e a ambi-temporalidade de família (evoluir ou deter-se).

Terapeuta: Normalmente, no primeiro encontro com uma família, nós sabemos dizer se se trata de uma situação que requer nossa intervenção. Geralmente chegamos a um acordo sobre este ponto, mas no caso de vocês não é assim. Uma parte da equipe pensa que Carlota já escolheu a opção de sua vida: ser a bengala da velhice dos pais. Pensa que os pais aceitam esta opção e, na medida em que há consenso, não haveria indicação para nossa participação. A outra parte da equipe, pelo contrário, pensa que nossa intervenção é indicada porque, sob a aparente falta de preocupações, há, por parte de Carlota, um autêntico mal-estar devido à sua situação existencial. Ela parece transparecer um desejo de encontrar sua própria autonomia e de projetar-se para fora da família, como fazem as garotas de sua idade. Os pais também, naturalmente, compartem este desejo. Como podem ver a equipe se encontra em um *impasse*. Decidimos que nos veremos depois das férias de verão em um segundo encontro. Pedimo-lhes que, entretanto, reflitam sobre o que lhes dizemos. O que pensarem poderá ser-nos útil para sair do *impasse*, e nos ajudará a decidir se continuamos ou não a encontrar-nos.

A família reagiu à intervenção como se o que foi dito fosse simplesmente óbvio. No final da intervenção os Beria assentiram com convicção, como confirmando analogicamente as palavras do terapeuta. Quando saíram, a equipe discutiu brevemente sobre o ocorrido e chegou a duas conclusões provisórias. Em primeiro lugar, a família parecia ter aceito a ambi-temporalidade dos dois mundos possíveis descritos pela equipe, o do tempo evolutivo e o do tempo estático. Em segundo, como havia aceitado a dupla descrição dos mundos possíveis, havia entrado implicitamente em uma relação terapêutica.

Na segunda sessão, sua atitude havia mudado completamente, não era desinteressada, de *tea party*, como a do mês anterior, mas congruente com a de uma família com dificuldades, que sofre e busca ajuda. Isto foi explicitado pelo pai, que estava envolvido em uma relação de grande rivalidade com a filha. O objeto da discórdia era a mãe/mulher, que parecia oscilar entre ambos. O envolvimento criado permitiu uma proveitosa continuação.

Capítulo 8

Tempo e rituais

Um estudo sobre o tempo não pode deixar de falar dos rituais, que estão impregnados de tempo.

Temporalidade e atemporalidade nos rituais

Segundo Mircea Eliade (1949), o homem primitivo só encontra a própria realidade fora do tempo, no ato sagrado do rito, que reativa e atualiza o arquétipo imutável. O livro *Le mythe de l'eternel retour* apresenta um impressionante número de testemunhos para sustentar a tese: somente no ritual, que enuncia seus atos significativos, o homem é realmente ele mesmo, o tempo do devir está vazio de significado. Por isto, o homem "é", realmente, não quando se abandona ao tempo subjetivo, mas quando repete as ações arquetípicas realizadas de uma vez para sempre, *in illo tempore*, pela divindade.[1]

O próprio tempo do devir, nas sociedades primitivas, deve ser detido periodicamente e ulteriormente regenerado mediante o rito[2]: "Todos os rituais imitam um arquétipo divino e sua atualização contínua acontece em um só instante mítico atemporal" (Eliade, 1949: 104). A imersão no rito oferece aos participantes a experiência da realidade do sagrado. Dele derivam os rituais que, em todas estas coletividades, articulam o ritmo da vida do homem, por exemplo, os "ritos de passagem" de Van Gennep (1909), que transportam o indivíduo a um "tempo neutro", em cujo transcurso ocorre a passagem de uma fase a outra de sua vida, ou os ritos que ordenam e articulam o ritmo dos tempos quotidianos. O homem que participa no ritual não só é, mas *está em seu lugar*. E, naturalmente, em seu próprio tempo: depois do rito de passagem, o jovem entra, reconhecido pelo grupo social ao qual pertence, na idade adulta; depois do matrimônio, na condição de esposo, e assim por diante.

No momento adotaremos a definição de ritual proposta por Van der Hart (1983: 5 seg.):

> Os rituais são atos simbólicos que devem ser realizados de um modo determinado e em certa ordem, e podem estar ou não acompanhados de fórmulas verbais. Além dos aspectos formais pode-se distinguir um aspecto emotivo dos rituais. O ritual se realiza com grande participação e intensidade emotiva. Caso contrário, encontramo-nos diante de rituais vazios. Alguns rituais se realizam periodicamente durante toda a vida dos interessados; outros, pelo contrário, uma única vez (mas podem ser realizados de novo por outras pessoas).

Como evidencia a própria definição, os rituais que nos interessam recebem uma sanção social, ainda que seja mínima. Os rituais individuais têm um papel distinto, pertencem ao âmbito dos hábitos pessoais, ou ao da psicopatologia (rituais obsessivos). O ritual é um *ato* que vincula um significado simbólico com um determinado aspecto formal: a seqüência e a ordem dos atos é pelo menos tão importante quanto os significados expressados. Usando a terminologia semiótica, pode-se dizer que no ritual o significante é tão digno quanto o significado e ambos são insubstituíveis ao definir o ato simbólico que constitui o rito. A presença de fórmulas verbais é acessória e, por si só, nunca configura um ritual.

A segunda parte da definição parece contradizer a idéia comum de ritual aceita na sociedade ocidental madura. "Ritual" sói definir-se como um comportamento formal carente de verdadeiro envolvimento interior em relação às idéias e valores que estão em jogo (Merton, 1957): a celebração religiosa, por exemplo, "seguida de maneira puramente ritual", o que significa "exterior", sem participação". O autêntico ritual é aquele das culturas tradicionais, algo já experimentado por qualquer família ou por cada um de nós no transcurso de sua própria vida, quando o conjunto de gestos socialmente prescritos se vive com autêntica intensidade.

A terceira parte da definição de Van der Hart introduz o tempo no conceito de ritual. Podem-se distinguir dois tipos de rituais: os primeiros se vivem uma só vez (ou somente no curso dos acontecimentos relevantes, como uma grave enfermidade). São rituais que introduzem uma *descontinuidade* no tempo, que marcam a passagem de um tempo a outro diferente. São aqueles chamados por Van Gennep (1909) "ritos de passagem". O exemplo típico destes seria o já mencionado rito de transição da infância à idade adulta. Van der Hart (1983) fala também de "rituais de cura", semelhantes aos de passagem; por exemplo, os realizados pelos xamãs quando, em um determinado contexto, surgem problemas inesperados, como uma enfermidade ou um mal-estar inexplicável de um indivíduo: trata-se de rituais individuais e singulares.

A segunda categoria de rituais, pelo contrário, implica a repetição. São rituais repetidos periodicamente, que assinalam uma continuidade e regularidade no transcurso do tempo. Entre eles se incluem os "rituais de intensificação", atividades coletivas de um grupo que reforçam a coesão do grupo em relação aos acontecimentos externos e os "rituais teléticos" (Firth, 1972), isto é, atos que acompanham o ingresso ou a saída, ainda que seja transitória, de um indivíduo do jogo.

Os "ritos de inversão", finalmente, constituem um caso a parte. Estes supõem uma mudança de papéis dentro do grupo e, segundo Van der Hart (1983: 9), podem pertencer a qualquer um dos dois grandes tipos. Como nós estamos interessados nos rituais, sobretudo do ponto de vista do tempo, definiremos os do primeiro tipo como "rituais de descontinuidade", e os do segundo como "rituais de continuidade".

Rituais de descontinuidade	Rituais de continuidade
Ritos de passagem	Ritos de intensificação
Ritos de cura	Ritos teléticos

Ritos de inversão

Há de se recordar, por fim, uma última propriedade que os rituais têm em comum com outras formas de expressão simbólica: a flexibilidade. Por mais precisa que seja sua articulação formal, os rituais são "abertos", variáveis e modificáveis segundo as mudanças do ambiente.

O ritual tem importantes conexões e conotações temporais. Tanto Mircea Eliade (1949) como Norbert Elias (1984), ao comentarem a evolução da experiência do tempo, fazem referência à experiência do rito. Elias, aliás, vincula a origem da medição do tempo ao *ritual*. Ele cita o exemplo de algumas pequenas sociedades agrícolas africanas do século passado. Nelas uma das tarefas principais do sacerdote era a observação diária da saída do sol. A sua saída detrás de um determinado penhasco significava tempo propício para semeadura. Então, e somente então, o sacerdote podia pronunciar as palavras do rito propiciatório que permitiam a tribo a começar a semeadura.

Van Gennep (1909) esboçou um esquema do desenvolvimento dos ritos de passagem que esclarece bem a relevância do tempo neles, aplicável, com pequenas variações, a qualquer tipo de ritual. Inicialmente, no tempo zero, o sujeito do ritual está na condição normal de cada dia. Neste momento se desenvolve o *rito de separação,* rompe-se de modo drástico o vínculo da pessoa com seu próprio grupo, com seu passado (fase preliminar). A pessoa entra então em um período "marginal" (*marge*), no qual se anula o tempo: encontra-se em uma situação fora do tempo, a condição do sagrado segundo Eliade (fase liminar). O exemplo mais conhecido de estado marginal em nossa cultura é o dos quarenta dias passados por Cristo no deserto. Ao final deste período um *rito de agregação* reincorpora a pessoa ao grupo (fase pós-liminar). Mas agora a pessoa está diferente, entrou em um futuro antes vetado e agora o proibido é a volta ao passado. Em um rito de continuidade este entra-e-sai do tempo conduz a um "tempo suspenso", onde a pessoa mergulha na realidade de seu próprio ser, negada pela vulgaridade da vida profana.

A primeira função do ritual em relação ao tempo é, portanto, a criação de um tempo "suspenso". *Durante o ritual o tempo é anulado*, e os participantes ficam fora do curso quotidiano do tempo. Este "estado suspenso" torna possível incluso uma reorganização radical da temporalidade dos participantes.

Em um rito de passagem, junto à suspensão do curso do tempo, criam-se outras duas condições: um colapso do passado e a abertura de futuros possíveis. Ao igual que o diálogo terapêutico, o ritual interrompe uma cadeia de acontecimentos, libera o futuro das hipotecas do passado e permite a transição de um estado ao outro. A metáfora adequada para descrever o efeito deste tipo de ritos é a flecha do tempo: o rito de passagem assinala (cria) uma transição irreversível.

O rito de continuidade, pelo contrário, ao repetir-se regularmente articula e regulariza o tempo. Não por acaso estes ritos estão relacionados historicamente com acontecimentos periódicos tais como a colheita, o ano novo, o ciclo das estações, e permitem a distinção de uma seqüência que se repete com regularidade e ritma a vida coletiva. A metáfora do ciclo do tempo os descreve: o rito de continuidade assinala (cria) uma série regular de repetições e retorna sempre ao presente intemporal (Eliade, 1949)

Os rituais na família

Segundo Gluckman (1962b), os rituais são essenciais para os grupos multifuncionais, isto é, grupos onde as mesmas pessoas desempenham ao mesmo tempo diversos papéis (sustentação, socialização, produção e distribuição de bens) em um espaço limitado. O rito permite a regulação da complexidade, que nestes grupos conduziria a uma rápida autodestruição, porque cada um dos papéis implica a todos os demais e, nestes contextos, tolera-se pouco a desordem.

A ordem, que em nossa sociedade se consegue, sobretudo mediante uma compartimentação espacial das atividades (casa, lugar de trabalho, escola, reuniões), em uma sociedade tribal consegue-se mediante a regularidade do ritual. Em outras palavras, aonde não há compartimentação espacial, precisa-se de uma compartimentação temporal: o ritual sincroniza os membros do grupo e coordena suas interações no tempo. O grupo multifuncional mais importante de nossa sociedade segue sendo a família. Não é de estranhar, pois, que seja precisamente na família aonde acontece a maior parte de nossos rituais.

A sociedade industrial ocidental é considerada uma sociedade pouco ritualizada. Amiúde os ritos remanescentes parecem empobrecidos e realizados sem a participação interior das pessoas. Tornaram-se rituais vazios. Isto seria, segundo Gluckman, uma conseqüência da compartimentação espacial da sociedade. Como a separação no espaço das diversas esferas de atividade está bem definida, a coordenação ritual parece tornar-se supérflua.

De todas as maneiras, também é verdade que esta separação nem sempre é suficiente, nem pode ser realizada em todas as ocasiões. A família continua a ser um grupo multifuncional, cujos membros mantêm um estreito contato. O empobrecimento da dimensão ritual nesta micro-sociedade favorece a confusão na coordenação dos tempos: como vimos nos capítulos precedentes, resulta muito difícil decidir quando um rapaz é maduro ou quando se pode dar por concluído o período de um luto. São poucos os ritos de passagem remanescentes (batismo, matrimônio, funeral) e com freqüência não correspondem a uma mudança profunda dos mapas cognitivos: é possível que duas pessoas formem uma nova família sem contrair matrimônio, e vice-versa, duas pessoas podem-se casar sem separar-se efetivamente de suas respectivas famílias de origem.

No âmbito familiar, está sempre presente, no entanto, certo grau de ritualidade. Normalmente não se trata de grandes ritos de descontinuidade, mas sim de mínimos rituais de continuidade, cuja função é a consolidação da coesão e continuidade familiares e de perpetuar o que Reiss (1981) define como paradigma familiar. Bossard e Boll (1950) consideravam rituais também alguns fatos que fazem parte da vida quotidiana da família, mas que estão prescritos e, pelo menos em parte, são simbólicos. O jantar, quando nele está presente toda a família, por exemplo, é um ritual de intensificação; o almoço dominical se prepara melhor e tem um caráter mais ritual; a ceia de Natal, muito mais complexa e solene, assume as características de um grande rito anual.

Firh (1972) observa que nas famílias, além destes ritos de intensificação, apresentam-se os "ritos teléticos". A maneira como os cônjuges se cumprimentam ao se separarem pela manhã e ao se reunirem pela tarde é fundamental para definir sua relação recíproca e suas respectivas posições na casa: o tom de voz das saudações, a distância mantida, a ausência ou presença do beijo e a própria forma de beijar-se, são outras formas, repetidas diariamente, de definir determinada relação. A teoria de Firth, levada até suas últimas conseqüências, far-nos-ia considerar como ritual qualquer ação que se repita habitualmente. Mas, assim, o rito se veria privado de grande parte de sua força emotiva. Por isto preferimos limitarmo-nos a definir como "rituais" familiares aqueles atos que se diferenciam do tempo quotidiano da família e levam todos seus membros a perceber um momento de descontinuidade, a partir do qual a vida familiar pode ser ritmada e regulada.

Os rituais familiares perpetuam o sistema de crenças e de significados da família e reafirmam seus vínculos com as gerações passadas. Os rituais, determinados socialmente, são transmitidos de uma família à outra, criam continuidade em relação ao passado, regulam a articulação do tempo[3] e estabelecem vínculos com a evolução futura.

Segundo Douglas (1973), o tipo de ritual atualizado por determinada sociedade depende principalmente de duas dimensões: "estrutura" e "pressão" do grupo. A estrutura do grupo, segundo esta leitura, seria o sistema de classificação compartido por toda sociedade, a ordem social como é aceita e praticada por todos seus membros. A pressão do grupo é, ao contrário, o conjunto de restrições, de vínculos mais ou menos ativos, com que os membros do grupo influem sobre o comportamento dos outros. No primeiro caso se fala de uma variável interiorizada, no segundo, de uma censura proveniente de fora.

Uma sociedade que conta com uma estrutura forte ou que está submetida a uma pressão forte, constitui um caso de "autoridade estabelecida", na qual as interações estão muito ritualizadas e há uma predominância dos ritos coletivos de passagem e intensificação. Quando a estrutura é fraca e recebe uma pressão forte, a sociedade tende a estar "emaranhada" (Minuchin, 1974), com fronteiras exteriores bem delimitadas e uma grande confusão interna. Esta confusão não permite o desenvolvimento de rituais coletivos, mas favorece necessariamente o desenvolvimento de rituais individualizados. Finalmente, uma sociedade com estrutura fraca e pressão fraca é uma sociedade "desligada" (*disengaged*, Minuchin 1974); nela há pouca ritualização e os conflitos soem ser controlados mediante o abandono do campo. Uma situação semelhante pode ser observada nas tribos dos pigmeus, onde os vínculos entre os indivíduos são muito frouxos e os complexos rituais das tribos limítrofes são considerados ridículos.

Assim como as sociedades, os grupos familiares também se diferenciam pela importância que conferem aos ritos. Van der Hart (1983) distingue entre famílias "posicionais", nas quais o grupo conta mais que o indivíduo, as posições hierárquicas são bem estabelecidas e os rituais têm grande presença e importânCia; e famílias "orientadas para a pessoa", nas quais o indivíduo prevalece sobre o grupo, a hierarquia é menos definida e a ritualização extremamente escassa. Nas famílias que Munichin (1974) define como "emaranhadas" as fronteiras externas são fortes, a coesão do grupo é alta, mas as hierarquias são mal definidas e carecem de influência. Nelas os rituais tendem a serem poucos e confusos. Estas distinções têm, como veremos, certa importância para a terapia. Imber-Black, Roberts e Whiting (1988) sugerem, por exemplo, que se avalie rigorosamente, no transcurso da terapia, o grau de ritualização espontânea de uma família. Desta forma o terapeuta pode saber em que medida a família é capaz de aceitar o ritual, até que ponto poderá colaborar e que grau de complexidade de ritual lhe resulta acessível.

O tempo terapêutico como tempo ritual

O tempo da terapia é, sem dúvida, um tempo separado, um tempo vivido por seus participantes (como terapeuta ou como "paciente") de forma muito próxima à experiência do sagrado. É interessante observar que as psicoterapias têm várias características comuns com os ritos de passagem. Se tomarmos como exemplo a psicanálise, modelo de outros muitos tipos de psicoterapia, poderemos observar que a análise clássica é rica em artifícios que separam radicalmente seu tempo do tempo quotidiano. Sem querer forçar as categorias de Van Gennep, poderíamos dizer que a análise começa com uma consulta (fase preliminar), seguida pelo processo terapêutico propriamente dito (fase liminar), até chegar a uma conclusão, na qual se deve elaborar a separação entre analista e analisando (fase pós-liminar). Neste momento, o analisando é "reincorporado" ao mundo da vida quotidiana.

Esta analogia poderia ser considerada um tanto forçada; mas a semelhança entre o desenvolvimento dos rituais de passagem e o das sessões de terapia sistêmica é muito mais direta. As sessões começam com uma pré-sessão, enquanto as famílias esperam na sala de terapia (fase preliminar); continuam com o *corpus* da sessão propriamente dita e com a discussão da equipe (fase liminar); para concluírem com a despedida ao final da sessão, na qual se comunicam a data do próximo encontro e, eventualmente, uma intervenção de reformulação, uma prescrição ou um ritual, que "acompanham" a família em seu mundo (fase pós-liminar). Observe-se que esta última função pode ser desempenhada por uma simples conclusão, como ocorre com o *ite, missa est de la* missa.

Isto não significa que pensemos que as psicoterapias foram conscientemente projetadas de forma a parecerem ritos de passagem. Mas é interessante observar que, inconscientemente, replicaram as estruturas de base dos ritos. Na realidade, a *função* da psicoterapia em nossa sociedade é análoga à função básica dos ritos de passagem nas sociedades arcaicas: sancionar a passagem de um indivíduo, ou de um grupo, de um estado a outro, no caso especifico do estado de "doentes" ao de "sãos". Por isto não surpreende que todas as terapias sejam, em maior ou menor medida, modeladas segundo a forma do rito.

Em alguns setores da sociedade contemporânea, além do mais, a psicoterapia é vista hoje como uma espécie de "acompanhamento" necessário na vida, como uma análise interminável, que compromete durante vários anos um cliente e um ou vários terapeutas. Amiúde esta desritualização do contexto terapêutico produz confusão entre as categorias da vida e as da terapia. A confusão é bem compreensível. A experiência terapêutica se vê privada de um elemento essencial de sua própria natureza: o estar entre parênteses em relação com a vida quotidiana.

Um dos autores (Luigi Boscolo) teve, neste sentido, uma experiência muito significativa em um centro privado de psicoterapia situado na zona de Bervely Hills (Los Angeles). Durante dois anos consecutivos visitou este centro para ministrar cursos de ensino e formação segundo o modelo sistêmico. Nas duas semanas passadas naquele centro ocupou-se, como consultor e supervisor, de diversos casos clínicos. O *staff*, formado em sua maioria por psicoterapeutas individuais e de casal, contava também com um jovem antropólogo-terapeuta inglês, John Turner, que três anos antes havia deixado a Inglaterra para trabalhar naquele centro. Ao final dos dois seminários entregou a Boscolo uma carta que resumia suas reflexões. A seguir apresentamos sua transcrição, sem comentários (ainda que poderíamos fazer muitos), porque oferece uma contribuição interessante a propósito da relação entre ritualidade, terapia e vida.

Luigi,
Não quero apropriar-me do tempo do grupo para discutir estas coisas, mas queria esclarecer algumas questões de nosso bate-papo da outra tarde.

Dizia que penso (ou se preferes, minha hipótese é) que tens uma missão: a missão de fazer compreender aos terapeutas e aos clientes que a terapia está centrada na mudança e que quando a mudança ocorre a terapia pode ser concluída.

Três das quatro famílias com as quais trabalhei no Centro esta semana receberam de ti uma mensagem central relacionada com confiança e força e com capacidade de enfrentar problemas alheios à terapia. Talvez esta seja tua função (quem sabe também teu objetivo) ao viajar pelo mundo: propagar a boa nova de que a terapia não é interminável. Esta deveria ser uma boa notícia para certos terapeutas (e também para alguns clientes). Tua função, deste ponto de vista, é facilitar o divórcio entre terapeutas e clientes.

Tu dizes que somente queres que clientes e terapeutas tenham consciência disto; no entanto quando dizes que de um lado está a terapia e do outro a vida, sugeres que quem permanece na terapia está de certa forma excluído da vida, que há uma cisão entre a pessoa e o curso de sua vida. Creio que a maior parte das pessoas sentirá aqui um fundo moral. Descreves a terapia como um estado periférico, escondido da vida e não parte dela. Por isto, quando dizes a um cliente que uma coisa é a vida e outra a terapia, de algum modo a terapia fica em uma posição subordinada. A vida, de certa forma, é real; a terapia não, a terapia é, em parte, irreal. Se isto for verdade, em certa medida tu classificas a terapia como algo que não vale tanto quanto a vida. Ou então, que vale tanto quanto a vida se for breve.

Não discordo da tua classificação, conquanto se assuma que a relação entre uma pessoa que ajuda outra pertence ao território ao qual sempre pertenceu, ou seja, a um âmbito não comercial. Sempre, no decorrer da evolução humana, quem necessitava ajuda procurou um xamã, um *"homem-medicina"*, um sacerdote, um rabino, um ancião. Estas relações pertenciam ao âmbito do parentesco, da comunidade ou da religião. Eram relações que pertenciam à vida. Creio que concordarás. Não dirias a respeito de uma mulher que se confessa todas as semanas que de um lado está confissão e do outro a vida. Não poderias separar a confissão da vida.

Tu, no entanto, divorcias a terapia da vida. Por quê? Talvez porque, pela primeira vez na história da humanidade, as pessoas pagam pela amizade ou afinidade. Antigamente qualquer ajuda relacionada com problemas psíquicos, espirituais e relacionais se dava fora da esfera comercial. A afinidade tem sido transformada, nos dias de hoje, em uma transação comercial. Em minha opinião é isto que te motiva a considerar terapia e vida categorias separadas.

Mas a comercialização das relações continua a crescer. Cada vez é maior o número de pessoas desejosas de melhorar sua própria psique ou seu próprio corpo, e elas buscam pessoas que as ajudem a fazê-lo. E como as pessoas têm exigências cada vez maiores sobre o que querem obter de uma relação (as relações são agora bens de consumo que podem ser vendidos para comprar outros melhores, ou melhoráveis, como os computadores), buscarão cada vez mais sucedâneos comerciais que possuam essas qualidades que são cada vez mais difíceis de encontrar nas tradicionais relações de amizade e de amor.

Por outro lado, a noção — proveniente dos anos 60 — de crescimento pessoal, faz parte da cultura dominante; e o crescimento é um processo contínuo. Portanto, de toda esta combinação deriva a idéia de que a terapia é a vida; a terapia é uma parte normal da vida burguesa. O sistema de parentesco de cada indivíduo contém hoje um parente novo e fictício, o terapeuta. É uma afinidade paga. E é crônica. Ou de longo prazo, para usar uma expressão não ligada à patologia.

Por isso penso que nos Estados Unidos este fenômeno está crescendo. É a idéia de ter um terapeuta como parte de uma dieta psíquica, exatamente como as vitaminas e o exercício fazem parte de uma dieta física. Usaste a palavra "dependência" para defini-la (e não se pode dizer que sua conotação seja positiva). Não é propriamente uma dependência (porque não é degenerativa), mas é certamente um modo habitual de atuar e pensar.

E aqui vens tu com tua noção de terapeuta como agente de mudança; um terapeuta que se adota e depois se abandona rapidamente. Mas esta noção tem suas raízes na tradição de Palo Alto, de Bateson e de Haley, está baseada nas idéias relacionadas com a comunicação e a mudança como processo descontínuo. Tua concepção do terapeuta não se fundamenta na cultura dominante estadunidense, a do crescimento e a melhora de relações, que deriva de Freud (a mudança requer muito tempo porque as raízes do conflito são profundas) e dos humanistas dos anos 60 (a mudança dura toda a vida; todos podemos desenvolver, dado um contexto favorável, nosso potencial).

E assim, em contraste com tua noção de terapeuta (agente de mudança com M maiúsculo), está a noção do terapeuta que estabelece uma relação com o cliente e a elabora junto com ele durante muito tempo, porque ela constitui um modelo para os outros relacionamentos, e porque todos os benefícios desenvolvidos naquela relação se refletirão na vida do cliente. Trata-se de um modelo a longo prazo. É mais um modelo de crescimento que de mudança. Penso que a maior parte dos terapeutas concordaria, exceto alguns terapeutas da família, terapeutas de crise, terapeutas comportamentais e alguns terapeutas racional-emotivos da tradição de Ellis e Beck. Por isto tua noção de vida e de terapia como as categorias existenciais distintas não se adapta ao fenômeno moderno do terapeuta como membro *bona fide* dos sistemas de parentesco das pessoas. Este é, acredito, um fenômeno social e cultural paralelo ao das pessoas que se casam mais tarde, tendência que cresce nas famílias com filhos únicos. Estamo-nos tornando uma sociedade de átomos sociais, com menos vínculos que em qualquer outro período da história. Por isto faz sentido dispor de uma relação comercial, a terapia.

Por este motivo digo que muitas pessoas não procuram terapia para mudarem. Buscam terapia para ter uma relação, certo tipo de relação. Esta é toda a mudança que almejam. E os terapeutas (cuja grande maioria é constituída por mulheres que não se casaram ou mulheres cujos filhos já deixaram o ninho) também carecem de relações; querem os clientes como filhos em tempo parcial, já que não os têm ou que os seus já se lançaram em suas vidas próprias de adultos, ou querem, por sua parte, amigos "sucedâneos". Esta é uma interpretação bastante negativa. Mas está baseada na observação de terapeutas e clientes, no transcurso dos dez últimos anos, nas três clínicas onde trabalhei.

Por isto, se tua missão é demonstrar que a terapia e a vida são algo diferente, parece-me que és como o rei inglês que tratou de inverter o sentido das marés. A tarefa é nobre, mas creio que amiúde te verás de pés e mãos atados.

Creio que a maior parte dos terapeutas deseja ter relações terapêuticas de longo prazo, exatamente igual aos clientes.

Como tuas raízes estão tanto em Viena como em Palo Alto, terás plena consciência dos dois modelos terapêuticos dos quais estou falando. O problema é que a maré cultural dominante nos Estados Unidos se baseia em Viena (através de Esalen e Carl Rogers), não em Palo Alto. A cultura ocidental é incalculavelmente mais freudiana que batesoniana. Por isso creio que o teu apelo para que sejamos mais conscientes da separação entre vida e terapia será submergido pela maré comercial do melhoramento das relações e da afinidade.

Estou contente por escutar teu apelo à consciência, porque terá efeitos (perturbará) sobre aqueles com quem entres em contato, mas me preocupa que não saibas quais são as forças contra as quais lutas. Mas como falas de cultura talvez já o saibas.

A tragédia (para mim) é que estas coisas não somente chegaram ao ponto de transformar em norma, para quem tem título universitário e pertence aos Estados Unidos urbano, a necessidade de introduzir um terapeuta em sua própria vida e em seu próprio sistema de parentesco, mas que todo isto se torne cada vez mais comum. E como o resto dos Estados Unidos segue a Califórnia, e o resto do mundo ocidental segue os Estados Unidos, a comercialização de amigos e parentes substitutos chegará a ser um hábito cada vez mais geral.

Mitos, histórias e ritos

O grupo de Milão colocou em prática, pela primeira vez, um ritual terapêutico no caso da "família Casanti", na primeira metade dos anos 70, descrito no capítulo 9 de *Paradosso e contro-paradosso* (Selvini Palazzoli, *et alii*. 1975). Tratava-se da terapia com uma família cuja filha anoréxica, depois de algumas sessões, havia-se aparentemente recuperado, tanto no referente à sua relação com a comida, como com seu peso corporal. Alguns meses mais tarde, todavia, a família fez um novo contato com a equipe porque a filha havia feito uma séria tentativa suicídio. Decidiu-se retomar a terapia. A equipe estava de acordo em que se encontrava diante um poderoso mito familiar, que unia as três gerações: todos os membros da família tinham de obedecer incondicionalmente ao avô, o "chefão". A presumida "cura", que motivara a conclusão da terapia, tinha ocorrido para manter o mito que, ao parecer, havia sido desafiado. Poder-se-ia falar de uma "fuga para a cura".

E a equipe se convenceu da necessidade de conceber uma intervenção que criasse solidariedade e coesão na família nuclear e, ao mesmo tempo em que evitasse um enfrentamento entre as duas, favorecesse a definição de fronteiras mais claras em relação à família extensa. Tudo isto foi conseguido mediante um ritual que devia realizar-se depois do jantar: a família se reunia durante uma hora, a portas fechadas, e cada membro falava durante quinze minutos da relação com a família extensa. Ao final do ritual estava proibido comentar ou discutir o ocorrido. Desta forma, o ritual se configurava como um anti-mito, mas sem que os terapeutas dissessem nada disto explicitamente:

> Podemos, pois, concluir que nossa prescrição de um ritual trata de evitar o comentário verbal sobre as normas que perpetuam o jogo atual. O ritual familiar é prescrição ritualizada de um jogo no qual as *novas* normas substituem tacitamente as precedentes. (Selvini Palazzoli, *et alii*, 1975: 107.)

Deste modo, o ritual terapêutico nascia como contraposição a um mito familiar: fato sugestivo se levarmos em consideração a estreita relação existente entre rito e mito.

George Orwell, em seu *1984*, concebeu um mundo no qual a história é constantemente reescrita pelos diligentes funcionários de um ministério *ad hoc*, o Ministério da Verdade , para que seja sempre uma fiel justificação das orientações do governo em cada momento. Os mitos, todos os mitos, são muito semelhantes à história segundo o Ministério da Verdade: são constantemente reescritos, mas como se fossem sempre idênticos. Os mitos não registram a evolução no tempo. Homero, quando construía sua viagem de Ulisses, não era consciente de que estava realizando a enésima sincretização dos *nostoi* antigos: para cada rapsódia grega, sua própria versão do mito era também a única e imutável, a mesma que sempre tinha sido. De igual forma, o último cantador da Távola Redonda não levava em consideração as diversas versões da figura de Rei Arthur, semelhantes, mas sempre distintas, que se haviam sucedido durante séculos.

Na definição de Ferreira (1963), o primeiro a teorizá-lo, o mito familiar é a expressão das convicções implicitamente compartilhadas, e aceitas, por todos os membros da família, ainda que não necessariamente expressas verbalmente. Ferreira lia o mito como uma construção estática, de acordo com a perspectiva da "homeostase familiar" então dominante: o mito nunca mudava. Uns trinta anos depois, em pleno clima do paradigma narrativo, Alan Parry (1991: 52) escreve:

> Um mito, nesta perspectiva, representa uma história que encarna e define as crenças reconhecidas por uma pessoa, ou também por um grupo, sobre a natureza das coisas [...] Um mito, ao definir as premissas e as crenças fundamentais de uma pessoa sob determinadas circunstâncias, influi no processo de seleção dos acontecimentos que serão evidenciados nas histórias contadas. Isto não mais do que o "círculo hermenêutico", segundo o qual nossas convicções determinam nossa compreensão e nossa compreensão determina nossas convicções.

Isto significa que o mito está dentro de um processo circular, evolutivo. Como observam, entre outros, Bagarozzi e Anderson (1989), os mitos pessoais ou familiares, como os culturais e sociais, mostram um alto grau de plasticidade. Modificam-se, mas sem que os que o vivenciam estejam conscientes. Assim, um mito familiar pode ser uma variação de um mito socialmente aceito (quantos mitos familiares que observamos são variações sobre o tema, comum a toda cultura italiana, da "boa mãe"). E um mito pessoal pode ser, por sua vez, a adaptação individual de um mito familiar.

O mito, nas sociedades primitivas, situa-se, como diria Eliade, *in illo tempore*, em um tempo que está fora do tempo profano do devir e, portanto, não pode mudar porque sagrado e profano estão claramente separados. Em nossa sociedade, os mitos pessoais ou familiares não são tão imutáveis. Freqüentemente nem sequer estão presentes na consciência e podem mudar silenciosamente sem que o percebamos. Um mito de perfeição, encarnado em um membro da família, pode converter-se em um mito de queda, se a pessoa em questão se mostrar irremediavelmente inferior às expectativas. Mas poderia ser que ninguém percebesse a transformação. A psicoterapia, por exemplo, pode influir nas chamadas premissas epistemológicas ou pressupostos básicos inconscientes (Bateson, 1972b), representados pelos mitos de uma forma narrativa e metafórica. No nível do sistema mais amplo, no nível da cultura, há todo um exército de pessoas, como poetas, artistas, sociólogos, filósofos, escritores, que ilustram os diversos mitos e sua evolução no tempo.

Queremos recordar aqui a contribuição de David Reiss (1981), que fez uma interessante pesquisa sobre a cultura familiar. Ele concebeu o mito familiar como um constructo cognitivo compartido por toda família, assimilável ao conceito, central em sua pesquisa, de paradigma familiar (ver capítulo 3). O mito, a nosso ver, diferencia-se do paradigma familiar de Reiss em ao menos duas acepções: em primeiro lugar é uma forma metafórica das construções cognitivas da família[4] (visão sincrônica); em segundo lugar, é uma narração ou uma "história", no sentido que Michael White (White e Epston, 1989) deu a este termo e, portanto, se desenvolve no tempo (visão diacrônica). A peculiaridade do mito é que tem a estrutura de uma história, com início, meio e fim, mas se trata de uma história acontecida em outro tempo, que não é o tempo quotidiano. O mito, como se destaca do tempo, situa-se fora do tempo.

Como recorda Jerome Bruner (1986), qualquer narração tem duas faces, aquelas que Frank Kermode, seguindo os formalistas russos, define como *fabula e sjuzet* (trama, ou *plot* em inglês). A primeira é o tema substancialmente atemporal de qualquer conto, a segunda é a seqüência linear de acontecimentos que constituem seu desenvolvimento. Estas duas faces podem ser distinguidas nas histórias, inclusive nos mitos que um indivíduo ou uma família contam de si mesmos. Baseiam-se em raízes atemporais, que expressam metaforicamente o sistema de significados e valores do indivíduo ou da família, para atualizá-lo no tempo mediante uma narração.[5]

Se o mito é uma metáfora do sistema de significados vigente e, por conseqüência, situa-se fora do tempo, o rito é uma possibilidade de atuar sobre o mito, introduzindo o transcorrer do tempo. Lévi-Strauss (1958) sustenta que mito e rito são expressões diferentes dos mesmos sistemas de significação: na sua terminologia mito e ritual são expressões das mesmas estruturas. O ritual terapêutico pode ser visto, pois, como uma ação metafórica cujo efeito é a liberação da capacidade evolutiva de um sistema. A família Casanti era portadora, havia duas gerações, de um mito que não havia evoluído em harmonia com o ambiente circundante e que se converteu, com o surgimento dos sintomas, em uma prisão para as novas gerações. Agora podemos dizer que a família Casanti, fiel ao mito, tinha começado a perder a coordenação entre seus tempos e os tempos da sociedade. Depois de detectado o mito, e suas conseqüências, inventou-se um ritual *ad hoc*, que liberou o potencial evolutivo da família.

No passado, a vida individual e coletiva era muito ritualizada, o ritmo das diversas fases do ciclo vital estava pautado por rituais precisos que, nos diferentes países ocidentais, diferenciavam-se somente nos conteúdos, mas formalmente tinham as mesmas funções. Na sociedade contemporânea grande parte destes rituais foi atenuada ou extinta. Persistem apenas ritos locais em algumas regiões, cidades, povoados ou famílias. Segundo alguns, parte do mal-estar, dos "sintomas" da sociedade contemporânea, deve-se à falta de ideologias, de valores, de sacralidade e, sobretudo, à perda dos rituais tradicionais.

Descreveremos a seguir um caso de um ritual de escambo, muito freqüente nas sociedades primitivas, ocorrido no decorrer de uma terapia, e que deu à equipe um sinal papável de uma mudança em uma relação significativa. Trata-se de um episódio da terapia da família Hayworth, relatado no capítulo 5. Quase ao início da segunda sessão se descobriu que um dos principais obstáculos para a superação do conflito e da dificuldade na relação entre mãe e filho estava na hostilidade e na indiferença entre Sandy, o filho, e sua irmã. Sandy, segundo a família, herdara tanto o charme como o desregramento do pai, e os utilizava para relacionar-se com as mulheres, amiúde mais velhas que ele, mas não havia feito praticamente nada no campo laboral. Isto constituía uma fonte de grande preocupação para sua irmã e sua mãe, que não viam como poderia ter um futuro laboral autônomo. Sua irmã Vera, pelo contrário, aparentava ser uma mulher "normal", muito trabalhadora, racional e razoavelmente rígida, tinha uma vida ordenada e chata, sem altos e baixos.

Os terapeutas decidiram concluir a sessão propondo que os irmãos trocassem suas características mais evidentes: Vera poderia dar a Sandy parte de sua seriedade e rigidez; Sandy, por sua vez, poderia oferecer parte de seu charme e criatividade. Imediatamente depois do final da sessão, antes de abandonar a sala, os irmãos se colocaram diante do espelho e, quase sem se darem conta, trocaram seus casacos e os experimentaram enquanto se olhavam intensamente. Na chegada à próxima sessão estavam visivelmente satisfeitos, um falava com ponderação de seu novo trabalho e do futuro, a outra sorria e brincava. Os irmãos mostraram, inclusive, uma inédita atitude de construtiva cumplicidade. A mãe, do seu lado, ao invés de sentir-se aliviada porque o filho tinha começado a dar mostras de responsabilidade, parecia taciturna.

Neste caso, os irmãos haviam realizado, sem nenhuma instrução prévia, um rito de escambo de roupas, um tipo de ritual que Van Gennep (1909) classifica entre os ritos de passagem e, mais precisamente, entre os ritos de irmandade e núpcias. O gesto ritual dos irmãos qualificava-se realmente como metáfora da redefinição da relação contemplada na prescrição terapêutica: uma relação na qual os irmãos estão no mesmo plano e em que cada um pode dar ao outro algo de si mesmo. Poder-se-ia objetar que o descrito não era um ritual, mas um simples gesto: em nossa opinião, porém, o gesto adquire o sentido de ritualidade precisamente porque se situa dentro de um espaço (e de um tempo) separado, na presença de testemunhas. Pode-se observar uma analogia entre as testemunhas e o contexto da terapia, por uma parte, e o sacerdote e a cerimônia nupcial, na qual os contraentes intercambiam anéis, por outra.[6]

Rituais de passagem, rituais de continuidade

Antes de ilustrar nossos rituais terapêuticos por meio de casos clínicos queremos esclarecer os pressupostos dos quais partimos:

1. O ritual obriga o indivíduo ou a família a comportar-se da forma determinada pelo próprio ritual, forma distinta das condutas atuais que provocaram o sofrimento e os sintomas. A tentativa de realizar o ritual pode conduzir os clientes achar a "terceira solução", que não coincide nem com os intentos precedentes, nem com os eventuais preconceitos dos terapeutas. Os rituais, além de introduzir significados e emoções, introduzem novos comportamentos. Esta passagem do pensar ao fazer parece representar uma das principais razões pelas quais os rituais são tão freqüentemente eficazes nas psicoses crônicas, nas quais o grupo está imunizado em relação às palavras, hipóteses ou interpretações.
2. Um dos aspectos fundamentais do ritual é que todos os membros da família, ao realizá-lo, ficam no mesmo plano. Pode tratar-se simplesmente de uma reunião de uma hora duas vezes por semana, na qual todos, um de cada vez, comunicam suas reflexões e emoções sobre determinado tema proposto pelo terapeuta. Pode ser uma visita coletiva ao cemitério para refletir sobre a morte de um ente querido. Pode-se, finalmente, em um momento preciso da semana, intercambiar as informações recebidas de pessoas externas à família, para desvendar segredos que eventualmente estejam na raiz do desenvolvimento dos sintomas e assim por diante.

   O envolvimento de todos os membros da família em tais circunstâncias favorece o surgimento de uma visão nova de si mesmos e dos outros, substitui as perspectivas lineares ou moralizantes por uma visão circular que relaciona idéias, emoções e pessoas. Sua característica principal é, no entanto, a criação de uma experiência coletiva capaz de mobilizar os protagonistas para que confluam a um ponto de encontro, um consenso, que lhes ofereça novas perspectivas compartidas. Isto faz pensar em ritos como a missa ou a comunhão, que reúnem o grupo de fiéis, e nos ritos laicos de certas reuniões políticas, empresariais e esportivas.
3. O ritual favorece assim a harmonização dos tempos individuais e coletivos. Este livro contém muitos exemplos de tempos individuais e coletivos, bem como de suas coordenações antes, durante e depois da consulta e da tera-

pia. Todo ritual terapêutico comporta uma delimitação e uma abrangência temporal: o ritual, de fato, cria ordem e seqüência. Às vezes, nos casos em que o tempo está bloqueado, como nas situações paradoxais, o ritual tem a possibilidade de introduzir seqüências que haviam sido eliminadas.

4. O ritual não costuma ter por objetivo a transmissão de conteúdos,[7] ainda que em certos casos (de psicose, por exemplo) um ritual simples possa ser instrumentalizado para transmitir um conteúdo. O objetivo ao formular um ritual é agir sobre os processos: um ritual eficaz pode desencadear uma mudança processual. Dito em outras palavras, para nós conta mais a forma que o conteúdo do ritual. Muitos dos rituais que prescrevemos são, por outro lado, crípticos, isto é, seus conteúdos são obscuros para os clientes, de forma a evitar o risco de transformá-los em interações instrutivas. Do ponto de vista semiótico, nossos rituais poderiam ser definidos como casos de *hipo-codificação* (Eco, 1975): os clientes se encontram frente a atos simbólicos cujo código não conhecem totalmente, e são assim encorajados a criar novos códigos e novos sistemas de significado.
5. Outra característica do ritual, de uma importância semelhante ao estabelecimento de uma experiência emocional coletiva, na qual todos os membros estão no mesmo plano, é a injunção que proíbe aos clientes falar, nos intervalos entre os rituais, de tudo o ocorrido durante a realização do ritual. O propósito de tudo isto é tanto a criação de uma cisão muito clara entre a experiência quotidiana e a experiência ritual, como a obrigação de comportar-se de formas diferentes nas duas experiências. O resultado é que têm a possibilidade de viver como se fossem duas famílias distintas. Na falta desta injunção, os diversos membros da família naturalmente falariam das experiências rituais em outros momentos da vida quotidiana, anulariam as diferenças introduzidas pelo ritual, esvaziariam seu sentido e suprimiriam sua eficácia.

Antes de ilustrar com alguns breves exemplos clínicos o uso dos rituais, queremos lembrar as duas categorias de rituais utilizados em terapia: rituais de continuação, expressão do ciclo do tempo; e rituais de passagem (de descontinuidade), expressão do tempo linear, da flecha do tempo. Os rituais de passagem marcam um único ponto de descontinuidade, que se converte no eixo de uma mudança irreversível. Por exemplo, em uma família com filhos adolescentes, ainda não considerados autônomos e responsáveis, prescreve-se um ritual de um dia à semana, até a próxima sessão, em que se pede aos filhos que se comportem de forma responsável e autônoma e aos pais que criem as condições da sua realização.

Os rituais de continuidade, ao contrário, criam um movimento cíclico, que organiza o devir do sistema. Um exemplo é o ritual, dado aos pais, de alternarse em dias pares e ímpares para ser "o genitor de turno" (Selvini Palazzoli, *et alii*, 1977).

Enterrar o passado

Pode-se usar um rito de passagem quando se quer atuar sobre um problema do passado cuja influência continua no presente. Em tais circunstâncias o rito pode desbloquear o fluxo do tempo. O caso que apresentamos a continuação foi descrito por Imber-Black, Roberts e Whiting (1988). Uma família de três pessoas, pai, mãe e filho, procurou a terapia por causa de um problema do filho. O problema oficial foi resolvido em pouco tempo, mas surgiu outro, muito mais grave. Os cônjuges brigavam de forma constante, violenta e até dramática. Isto transformava a vida familiar em um verdadeiro inferno. Questionados sobre o motivo das brigas responderam que discutiam devido a um fato ocorrido em um passado remoto que nunca revelariam a ninguém, nem sequer à terapeuta.

A terapeuta devia ajudá-los a resolver um problema fundamental sem sequer saber qual era! Sua saída foi inventar um engenhoso e criativo ritual. Pegou uma simples caixa de papelão, depois sugeriu a cada um dos cônjuges que escrevesse em uma folha um relato do acontecimento secreto causador de suas discussões. Quando terminaram, pediu-lhes que dobrassem as folhas em quatro e as introduzissem na caixa. Depois, pediu a um empregado da clínica que levasse uma pá e uma picareta (era pleno inverno). Fê-los cavar um buraco debaixo de um carvalho e enterrar a caixa. Poderíamos dizer que a terapeuta havia presentificado o passado enterrando-o no presente. Concluída a operação, disse-lhes: "De agora em diante, cada vez que começarem a discutir, têm de parar e vir discutir *aqui*, sobre este lugar onde está sepultado seu passado.

Marido e mulher chegaram de bom humor na próxima sessão e, algo embaraçados, contaram que ao começar a primeira discussão depois da sessão, pararam, pegaram o carro e foram discutir debaixo do carvalho. Ao invés de brigar, começaram a rir. Depois, as brigas se extinguiam assim que começavam. O rito descrito provou ser a solução e a terapia foi concluída. Pode-se dizer que o ritual havia conseguido concretizar a idéia afirmada pelo ditado: o passado está morto e enterrado. A idéia de que o passado não pode ser mudado porque é passado foi introduzida pelo ritual que, simbolicamente, levou os cônjuges a agir no sentido de sepultar o passado e a criar um contexto — discutir de pé, debaixo de um carvalho, em cima de uma caixa de papelão — no qual se provocavam emoções opostas às presentes nas repetidas discussões.

Noites pares, noites ímpares

Os rituais inventados no início dos anos 70 apresentados no livro *Paradosso e controparadosso* (Selvini Palazzoli, *et alii*, 1975) e em alguns artigos (Selvini Palazzoli, *et alii*, 1974, 1977) representaram um passo importante para o desenvolvimento de novos rituais. Por exemplo, o artigo "Una precrizione ritualizata nella terapia della famiglia: giorni pari e giorni dispari" (Silvini Palazzoli, *et alii*, 1977) descreve um rito de continuidade de uso freqüente. Originalmente foi pensado para casos de famílias onde os pais interferiam reciprocamente em sua função de pais e colocavam os filhos em uma situação confusa. A idéia era criar uma seqüência temporal que permitisse a cada um dos pais comportarem-se com os filhos como quisesse, sem a interferência do outro.

Neste ritual se prescrevia que nos dias ímpares (terças, quintas e sábado) um deles seria "o genitor de turno", enquanto nos dias pares (segundas, quartas e sextas) seria a vez do outro. Os filhos foram incumbidos de controlar a execução da tarefa e anotar as falhas e os esquecimentos. Como em todos os rituais, deve haver um período no qual a vida siga seu curso como de costume. Por isto se pedia à família que no domingo se "comportasse espontaneamente".

Se o ritual "dias pares e dias ímpares" deu resultado e continua a ser bastante útil para introduzir uma ordem e uma seqüência nas relações diurnas entre pais e filhos, o ritual análogo "noites pares e noites ímpares" resulta eficaz quando a vida noturna da família esta relacionada com patologias, às vezes incluso graves. Segundo nossa experiência, em certo numero de famílias — em particular aquelas que têm um membro psicótico ou pré-psicótico — ocorrem formas não comuns, às vezes estranhas, de vida noturna. Em alguns casos os filhos ou filhas adolescentes dormem ainda na cama do casal, entre os pais; ou dormem com um dos pais, enquanto o outro se retira para outro quarto.

Vamos dar um exemplo. Era uma família formada por três pessoas: pai, mãe e filho. O pai era um jovem diretor de uma empresa, pertencente a uma família rica de várias gerações. No momento da casar-se, a futura mulher o havia convencido a construir a residência familiar de tal forma que o quarto dos filhos tivesse a porta de frente para o dos pais, a fim de poder "tê-los sempre à vista". Tinham somente um filho, que ao começar a terapia tinha nove anos.

Desde um ano Giacomo — assim se chamava o garoto — padecia de graves acessos de terror noturnos, acompanhados de pesadelos que assumiam a forma de autênticos ataques de pânico. Foi diagnosticado um *pavor nocturnus* e proposta uma psicoterapia individual, a qual, no entanto, não havia dado nenhum resultado. Entretanto, a vida de Giacomo havia sido profundamente alterada pelo problema: a aprendizagem escolar havia diminuído de modo alarmante e, com freqüência, caía no sono na escola, no meio das aulas.

Durante a primeira sessão, dada a natureza do problema apresentado, o terapeuta se deteve longamente na vida noturna da família. Giacomo era o centro da vida de seus pais, sempre mimado, observado e controlado. Havia um ano que, paulatinamente, a insônia havia tomado conta de toda a família. Ao primeiro sinal sonoro da crise de Giacomo, os pais se precipitavam para socorrê-lo e, depois de inumeráveis intentos de tranqüilizá-lo, levavam-no para sua cama, onde passava o resto da noite. Nem precisa lembrar que esta família não usava chaves nos dormitórios ou nos banheiros.

O terapeuta, antes de prescrever o ritual noturno, pediu-lhes que colocassem as chaves nas portas dos dormitórios e dos banheiros. Giacomo podia fechar ou deixar aberto seu próprio quarto, enquanto seus pais tinham de fechar, com chave, a porta de seu quarto das dez da noite às oito da manhã do dia seguinte. Segunda, quarta e sexta pela noite "o encarregado de turno" seria o pai; terça, quinta e sábado pela noite, a mãe. À noite de domingo podiam comportar-se de um modo espontâneo. O genitor de turno devia ocupar-se como quisesse de tudo quanto ocorresse a Giacomo pela noite. Se decidisse ir ao seu quarto para consolá-lo, devia impreterivelmente deixar o outro genitor trancado de chave no seu quarto. Obviamente, Giacomo estava proibido de entrar à noite no quarto de seus pais.

A prescrição de colocar chaves nas portas dos quartos "quentes" tinha por objetivo introduzir a possibilidade de escolha entre tempo coletivo e tempo privado, escolha que, de acordo com as informações recebidas, parecia impossível nesta família. O ritual das noites pares e ímpares, com a prescrição para o encarregado pelo turno de fechar a porta do dormitório matrimonial se decidisse ir ao quarto do filho, tinha por objeto ajudar o casal a criar um tempo e um espaço separados do tempo e do espaço dedicados ao filho.

O terapeuta havia, claro, formulado diversas hipóteses sobre a origem e a natureza da vida (em particular, da vida noturna) desta família. O amor e o apego pelo filho pareciam muito maiores que o amor do casal. Hipótese confirmada pelo destino de Giacomo: único herdeiro de uma grande fortuna, amealhada durante muitas gerações, e centro de uma complicada rede de afetos e interesses. Por outra parte, enquanto ocupava suas noites com o filho, o casal evitava as relações íntimas; ou, para inverter perspectiva, o filho com seu *pavor nocturnus* impedia o acoplamento dos genitores, isto é, sua realização como casal: distanciava-os do lugar tradicional do casal, o dormitório matrimonial. Surgira também outra idéia, os três não conseguiam constituir uma hierarquia. Como Giacomo havia crescido, havia-se criado uma confusão dos papéis, na qual os três podiam ser vistos (pela família extensa, em particular) como três filhos. Poder-se-ia também observar que a preocupação dos pais pelo filho, e a falta de tempo para estar juntos, impedia-os de ter relações sexuais e, portanto, mais filhos.

Na segunda sessão a família se referiu a uma mudança espetacular: os pais disseram que tinham executado o ritual perfeitamente, ainda que a custa de muito sofrimento, particularmente à mãe. Em um mês Giacomo tinha tido somente dois episódios menores de pavor, ambos em noites a cargo do pai. Giacomo parecia aliviado e, implicitamente, mostrava sua gratidão ao terapeuta por tê-lo libertado dos pais e feito recuperar o contato com o mundo diurno. A terapia prosseguiu, somente com os pais, por mais três sessões, pelas dificuldades que tinham entre eles. Naquele período Giacomo não teve mais problemas noturnos, ia para escola contente e tinha um bom rendimento.

O ritual havia mudado radicalmente o tipo de vida noturna dos três membros da família, havia introduzido uma distinção clara entre o papel dos genitores e do filho e permitido que retomassem seu interrompido caminho evolutivo. Além das hipóteses propostas anteriormente, podemos dizer que este ritual fora formulado a partir dos *pattern* relacionais descritos pela família, isto é, uma inversão dos ritmos dia-noite, cujas conseqüências para a vida escolar e social do filho eram muito sérias.

O caso descrito é um caso simples, mono-sintomático. Muito mais complexos em termos de comportamentos noturnos, e muito mais difíceis no plano terapêutico, são os casos de psicose, nos quais freqüentemente deparamos com uma vida noturna mais ativa e significativa que a diurna, cujo conhecimento é muito importante para o terapeuta, porque oferece exemplos significativos de confusão de papéis que resultam menos evidentes e claros na vida diurna. Por isto nos casos de famílias com um membro psicótico investigamos a vida noturna, a família não costuma revelar espontaneamente estas informações. Toda a série de interferências noturnas entre pais e filhos interrompe o desenvolvimento e reduz os filhos a um estado infantil.

Tempos simultâneos, tempos separados

A família Pericoli era formada pelos pais, de uns quarenta anos, ambos operários, e sua filha Cristina de dez, muito inteligente e extrovertida. Cristina havia começado, dois anos antes, a ter graves sintomas obsessivos que, com o tempo, haviam chegado a limitar a vida social de toda a família. Havia um ano que os pais só eram autorizados a sair de casa para trabalhar, devido às graves crises psicomotoras e às ameaças de suicídio da filha. Cristina, além de estar obsessivamente preocupada pela passagem do tempo e pela higiene pessoal — que incluía uma série de rigorosas cerimônias de lavagem e asseio —, estava obcecada pelo problema de não poder dormir. Fazia um ano que realizava um complicado ritual noturno, no qual participava toda a família: o desrespeito do rito em seus mínimos detalhes provocava uma intratável insônia em Cristina.

À hora de dormir, os pais deviam acompanhar Cristina ao dormitório matrimonial e colocar sobre a cama um lençol sem a mínima ruga. Seus contínuos protestos sobre as rugas prolongavam a cerimônia por mais de vinte minutos. A partir desse momento o pai devia ir dormir ao quarto de Cristina, enquanto a mãe devia dormir em uma pequena cama contígua à do casal. Cristina se deitava na cama com sua mãe e depois de uns minutos, quando estava prestes a dormir, pulava para a cama matrimonial, onde permanecia até a manhã seguinte.

A narração dos rituais foi importante para a formulação das hipóteses da equipe terapêutica. Também foi importante a observação da família durante a sessão. Cristina estava sentada entre seus pais, com as pernas abertas, como em um trono; estava vestida como uma criança e levava consigo uma pequena boneca, mas com freqüência seu aspecto infantil bruscamente dava lugar a comportamentos (verbais e não-verbais) próprios de uma pessoa adulta e até anciã: podiam ser observados igualmente comportamentos de criança, de companheira dos pais e de avó. Os pais, do seu lado, pareciam ter muito medo da sua opinião e tentavam dissimuladamente agradá-la, enquanto entre eles havia freqüentes desacordos e até discussões.

Se por uma parte os pais lamentavam ter perdido sua própria liberdade por causa dos problemas de Cristina, por outra davam a impressão de que cada um tinha consagrado sua própria vida a conquistar o amor da filha. Contaram muitos episódios nos quais qualquer intento de estabelecer uma relação dual entre os membros da família se via bloqueado pela intervenção do terceiro, como se a formação de um casal, de qualquer casal, fosse para o terceiro fonte de angústia e, portanto, inaceitável. Parecia que cada um deles bloqueava os outros dois, sem que ninguém fosse capaz de encontrar (ou não lhe fosse permitido encontrar) um tempo privado para si.

Na segunda sessão a equipe terapêutica formulou um ritual para desgrudar os três membros da família, permitir que cada um deles desenvolvesse um tempo distinto ao dos outros e um contexto em que seus tempos pudessem ser coordenados em uma perspectiva evolutiva. O ritual prescrito consistia em distinguir, em cada um dos três primeiros dias da semana, um casal e um indivíduo. A segunda-feira era "o dia de papai e mamãe", neste dia os pais tinham de prestar-se mútua atenção e ignorar a filha, enquanto na terça-feira era o "dia de papai e Cristina", e na quarta-feira "o dia de mamãe e Cristina". Nos demais dias da semana os três membros da família deviam comportar-se de modo espontâneo. Significativamente Cristina, ao concluir a descrição do ritual, com um grande suspiro de alívio disse: "Então na quinta-feira estarei livre!"

Na terceira sessão Cristina parecia visivelmente mais tranqüila e seus pais mais tensos e briguentos. O ritual foi cumprido somente em parte: a mãe não havia resistido à tentação de intrometer-se, na terça-feira, na relação entre pai e filha (algum membro da equipe formulou a hipótese, não muito plausível, de que a mãe podia temer um possível incesto entre pai e filha). Ao final da sessão se diz à família que continuasse o ritual. No mês seguinte os pais se apresentaram sem Cristina; a criança havia ficado com uma amiga da escola no povoado de sua avó materna, para ver um "importantíssimo programa" de televisão. A equipe teve a clara impressão de que Cristina havia começado a recuperar seu próprio tempo privado e que, com o pretexto da televisão, mandou seus pais para terapia. Os terapeutas aceitaram a mensagem e continuaram a acompanhar o casal durante outras quatro sessões, nas quais houve notícias da contínua melhora da filha. Que, dito seja de passagem, desde a primeira noite passada na casa da avó, havia voltado a dormir sem necessidade de rituais. Os pais, enquanto isso, davam a impressão de recuperar gradualmente o *status* de casal.

Com este exemplo descrevemos outro êxito terapêutico. Pode-se afirmar que neste caso se inventou um ritual *ad hoc* para esta família? Um ritual de dias pares e ímpares teria sido igualmente eficaz? Ou teria sido suficiente uma terapia que não utilizasse rituais? Digamos, uma vez mais, que não é possível responder de um modo definitivo a estas perguntas. É impossível prever com certeza o efeito de um ritual. Por outra parte, não é sequer necessário que seja realizado para ser eficaz: o ritual pode ter efeito já no imaginário dos clientes, independentemente de sua realização. Para nós, a eficácia e o efeito do ritual dependem do significado que, no contexto relacional que inclui ao terapeuta, lhe é atribuído pelo destinatário. Por outra parte, a própria terapia pode ser considerada um ritual. Ao falar das curas xamânicas, Lévi-Strauss (1958) afirmou que, para serem eficazes, elas precisam basear-se na crença dos pacientes, da sociedade e dos próprios terapeutas. Um critério simples para decidir o uso de um ritual poderia ser a avaliação do sentido global que pode ter para o conjunto do sistema terapêutico.

Seqüência de luto

A família cuja história contaremos a seguir foi levada a nosso Centro para uma supervisão. Estava formada pelo pai e a mãe, de uns cinqüenta anos, Giovanna, a filha de trinta, e um filho de vinte e seis. Dois anos antes havia morrido outro filho, o mais novo, Moreno. O problema era que Giovanna, depois de uma adolescência tranqüila, havia começado a ter um comportamento cada vez mais caótico, era viciada em heroína e se comportava de um modo cada vez mais autodestrutivo, enquanto seus familiares oscilavam entre a condenação e a proteção extrema.

A sessão revelou uma forma de interação familiar desenvolvida após a morte do filho mais novo em um acidente automobilístico. Depois de um longo período de luto, Giovanna havia retomado sua vida social normal. A mãe, no entanto, havia começado a criticá-la com violência por sua insensibilidade: como podia sair e divertir-se quando seu irmão acabava de morrer? Giovanna dizia que devia pensar na vida e não somente na morte. O qual confirmava, segundo a mãe, a insensibilidade de Giovanna. Assim se havia instalado o clássico círculo vicioso, no qual os demais membros da família apoiavam as manifestações da mãe contra ela, que começou a ter comportamentos agressivos e autodestrutivos. A terapeuta que solicitou a consultoria não tinha conseguido, em pouco mais de um ano de terapia, interferir nesta *escalation* familiar. A paciente havia, segundo ela, enveredado por um caminho muito perigoso, com poucas possibilidades de recuperação.

Para o consultor, a família era incapaz de realizar o luto pela morte de Moreno e polarizava em duas seqüências opostas — vida e morte — representadas por Giovanna, por um lado, e pelo resto da família, pelo outro. Era como se a vivência familiar não permitisse o estabelecimento de seqüências de tempos dedicados ao luto e de tempos dedicados à quotidianidade. Um típico círculo vicioso, ocasionado pela falta de coerência na experiência da família, que não podia viver nem no presente (na vida) como queria Giovanna, nem no passado (no luto) como queria a mãe.

Segundo a hipótese do consultor seria necessário introduzir um ritual que rompesse o círculo vicioso e introduzisse a seqüencialidade temporal. Um dia por semana, na terça-feira, seria o dia de Moreno. Nesse dia todos os membros da família deviam recordar-se de Moreno, lembrar-se de alguns episódios de sua vida, expor suas fotografias em casa e, se possível, ir juntos ao cemitério. Os demais dias da semana era rigorosamente proibido de falar de Moreno: cada um podia, naturalmente, pensar nele, mas se alguém o mencionasse os demais tinham de impedi-lo para garantir o respeito da prescrição.

A terapeuta referente comunicou, três meses depois, que a sessão de consultoria e, segundo ela, sobretudo o ritual, havia produzido uma mudança incrível. Giovanna havia deixado de consumir heroína quase imediatamente e começado a procurar trabalho; toda a atmosfera familiar tinha mudado por completo. Um controle posterior, um ano depois, confirmou a mudança.

O efeito do ritual, neste caso, pode estar relacionado a uma série de fatores. Em primeiro lugar, o consultor tinha sublinhado a centralidade da morte de Moreno e a importância de um ritual adequado de realização do luto que, aceito por todos os membros da família, havia contribuído à criação de um contexto de consensualidade. Por outro lado, implicitamente, ao prescrever um dia dedicado à morte, e seis dias dedicados à vida, havia comunicado que tanto Giovanna como os demais membros da família tinham razão.

O rito pôs em contradição a vida real e o tempo presente, ao qual eram dedicados seis dias da semana e o imaginário da família, o passado, ao qual se dedicava um dia da semana. Estimulou todos os membros da família a atuar alternadamente no tempo da realidade e no tempo do luto e a colocar-se *dentro de uma seqüência*, na qual o passado tem um papel menor que o presente e — poderíamos acrescentar — que o futuro. A família, pois, teve a possibilidade de viver a distinção entre passado e presente de um modo seqüencial.

Rituais deste tipo podem ser utilizados nas situações, cada vez mais comuns, das famílias reconstituídas. Nestas famílias se produzem freqüentemente conflitos com as famílias "satélites": um filho, por exemplo, se aceitar o padrasto ou a madrasta pode sentir-se, ou ser induzido a sentir-se, desleal perante os pais biológicos, ou vive-versa. Nestas famílias pode aparecer também uma incapacidade de criar seqüências temporais entre passado e presente, entre a família reconstituída e as outras famílias. O ritual introduziria esta seqüência.

A família Pintus, formada pelo pai, o filho de dezessete anos e a madrasta, solicitou a consulta porque o filho, entregue havia um ano ao pai pelo juizado de menores, havia começado a ter transtornos de comportamento. Ele havia cometido um grave crime sexual aos doze anos (pouco depois da separação dos pais), razão pela qual havia ficado internado durante alguns anos em um instituto de reabilitação de menores. Depois de um bom início de convivência na nova família do pai, havia voltado a ter transtornos de comportamento.

No começo da terapia apareceu uma situação comum em algumas das famílias reconstituídas: estava proibido falar claramente dos próprios sentimentos e emoções tanto em relação à família atual como à anterior. Em particular, o rapaz estava implicitamente proibido de falar a respeito de sua mãe. Sua situação resultava paradoxal: "Se penso na família presente sou mau porque esqueço a família que deixei. Se penso no passado sou mau porque descuido da minha família atual." O problema nascia precisamente desta ambigüidade: da simultaneidade entre passado e presente.

A família recebeu a prescrição do seguinte ritual. Um dia da semana os três membros da família teriam de juntar-se para falar do passado do rapaz, de sua mãe, da família da mãe e da relação anterior entre o pai e a mãe, afim de que a madrasta também pudesse participar da história da qual igualmente formava parte. Foi-lhe aconselhado que telefonasse para sua mãe e que falasse com ela. Os demais dias, porém, era vedado falar do passado e se alguém desobedecesse a prescrição os demais deviam lembrá-lo. Neste caso também, graças ao ritual, melhoraram as relações dentro da família, porque havia dado a possibilidade de falar e pensar seqüencialmente, tanto da família presente como das famílias satélites, sem que isso fosse considerado um tabu.

Capítulo 9

Três casos clínicos

Nos capítulos anteriores oferecemos um panorama da nossa visão sobre o tempo e a terapia. Vamos apresentar a seguir os relatos de duas terapias completas, nas quais o aspecto temporal se analisará detalhadamente ao longo do processo terapêutico. As duas terapias foram conduzidas por Luigi Boscolo e acompanhadas pela equipe de alunos do terceiro ano do curso de terapia sistêmica. Apresentaremos ainda a consultoria de um caso de esquizofrenia, também conduzida por Luigi Boscolo em um hospital psiquiátrico na Suíça.

Davide: romper um círculo vicioso

Tratava-se de uma família de uma pequena cidade do norte da Itália. Os pais tinham uns trinta anos. O pai era bombeiro hidráulico e a mãe dona do lar. Tinham um único filho de oito anos, Davide que, no momento do começo da terapia, cursava a terceira série. A criança era portadora da síndrome de Down, mas sua inteligência era claramente superior à da média das crianças portadoras da síndrome. Isto provocava, especialmente nos adultos, uma atitude de divertida atenção: era como se Davide se encontrasse continuamente no centro do palco.

Na escola era acompanhado por um professor auxiliar, não por causa do desempenho escolar, mas devido ao seu comportamento. A primeira vista o garoto era simpático e vivaz. Tanto na escola como em casa era hiperativo, indisciplinado e irrequieto. Opunha-se obstinadamente a qualquer tipo de imposição, mantinha uma perpétua atividade e, continuamente, atraía a atenção, como se quisesse obrigar os adultos a interessarem-se por ele. Em casa, a mãe precisava mantê-lo continuamente sob controle, senão mexia em tudo e desmontava tudo o que encontrava: lâmpadas, telefones, rádios. Quebrava dois ou três óculos por mês e não aceitava ordens de ninguém. Em suma, não obedecia nunca.

Sem embargo todos o achavam simpático. Era divertido, às vezes falava de si mesmo em terceira pessoa, expressava-se com um tom nasal, às vezes desfigurava ligeiramente as palavras: poderia ser definido como um palhaço. Havia feito uma mal sucedida terapia individual. A mãe havia continuado a solicitar ajuda à terapeuta, mas esta, finalmente, devido ao seu sentimento de completa impotência, havia sugerido uma terapia familiar. Esta era, aliás, uma das características da criança: deixar a todos impotentes. Na escola era o palhaço brincalhão, sempre acompanhado pelo professor auxiliar, cuja tarefa consistia em ocupar-se exclusivamente dele. Em casa havia conseguido concentrar a atenção da mãe, que não podia tirar os olhos dele. Pela tarde era a vez do pai, ao voltar do trabalho substituía a mãe no papel de vigia.

Na primeira sessão os rostos dos pais denotavam impotência, falta de coragem e resignação. Davide, pelo contrário, mostrou imediatamente, com suas risadas e movimentos bruscos, que não seguiria nenhuma regra e que interromperia a conversação e atrairia a atenção sempre que quisesse. Seu comportamento fez lembrar o terapeuta das crianças com transtornos de déficit de atenção (*Attention Deficit Disorder*). Depois de alguns minutos em que David havia permanecido ostensivamente em pé, o terapeuta começou a testar as possibilidades de criar uma relação de colaboração: "Presta atenção, esta é minha casa. Agora podes sentar-te." Sua resposta foi começar a correr em torno da sala e dar uma cabeçada em seu pai, que o agüentou com resignação. Depois fez menção de sair da sala de terapia.

Neste momento uma intervenção verbal do terapeuta impediu sua saída: "Davide escuta. Se saíres desta sala quer dizer que és estúpido; se ficares quer dizer que és inteligente. Tu decides." A criança hesitou, parou no umbral durante alguns segundos, depois entrou decidido na sala. Mas imediatamente encontrou outra forma de impedir a conversa entre o terapeuta e seus pais. Começou a mexer nas revistas que estavam sobre a mesa, a jogá-las no chão e a fazer toda uma série de ruídos.

Dado o insucesso, o terapeuta, para não se comportar segundo as regras de Davide, decidiu aceitar a *escalation*, apostou no fato de que a ação ocorria em seu próprio terreno: "Aqui, Davide, estás em minha casa e tens de respeitar as regras. Se não recolocares essas revistas em minha mesa em menos de cinco minutos te mando para fora." Davide fez de conta que não havia escutado. Poucos segundos antes que passassem os cinco minutos o terapeuta, com o relógio na mão, pediu-lhe que colocasse as revistas no lugar. Davide respondeu com um desafiante sorriso sarcástico. Então como David se negava a sair da sala, calmamente, o terapeuta se levantou, alçou-o pelo casaco e o deixou suavemente no meio do corredor. Depois voltou para a sala de terapia, onde os pais estavam sentados, imóveis e estupefatos. A mãe disse que havia o perigo de Davide fazer algum estrago no Centro. O terapeuta respondeu que provavelmente a secretária perceberia e não deixaria fazer. Desta maneira o terapeuta comunicava analogicamente que se opunha à tendência de Davide de definir as regras da relação e que estava disposto a correr algum risco. Passados uns quinze minutos o terapeuta começou a preocupar-se com o que aquele menino destruidor podia fazer com os aparelhos do Centro.

Ao sair se surpreendeu ao encontrá-lo imóvel, sentado em uma cadeira da sala de espera, como um animal ferido. Parecia chocado pela maneira como havia sido colocado para fora. Havia chegado o momento de mudar a atitude e fazer as pazes. Com as crianças, como já se sabe, o comportamento analógico é mais eficaz que o verbal. De repente, o terapeuta mostrou um comportamento complementar de submissão, ajoelhou-se, com as mãos no chão, e perguntou a Davide com voz persuasiva: "Aonde posso ir?" A criança parecia muito impressionada, voltou a sorrir e mandou o terapeuta andar até o final do corredor. Depois de tê-lo feito cumpriu mais duas vezes as ordens da criança. Quando seus joelhos começaram a doer levantou-se e diz: "Agora é a tua vez!" E Davide obedeceu.

Mediante este jogo o terapeuta havia superado o *impasse* da posição simétrica. Tinha-se colocado em uma posição totalmente complementar, havia desbloqueado a interação e permitido que a criança, por sua vez, aceitasse uma posição de complementaridade: havia obedecido *depois* de ter dado as ordens. Havia-se criado uma seqüência em que, um de cada vez, os dois participantes davam e cumpriam ordens. O terapeuta havia aceitado ser uma criança perante ele, depois Davide pôde aceitar seu papel social, ainda que, momentaneamente, em um contexto lúdico.

A sessão pôde continuar com menos dificuldades e evidenciar o sistema de interações construído em torno de Davide. A criança recebia continuamente ordens acompanhadas de ameaças de castigo; as ordens não eram cumpridas e as punições prometidas nunca efetivadas. A incoerência de tais respostas, como era de esperar-se, contribuía para perpetuar sua falta de disciplina. Em outras palavras, os comportamentos de Davide e das pessoas que o rodeavam haviam encontrado sua própria coerência. É evidente que um dos objetivos do terapeuta era não aprofundar dita coerência e introduzir novidade, criar condições para o surgimento de novos comportamentos.

Antecipamos uma série de observações desenvolvidas no transcurso da terapia que mostraram um casal sem grandes problemas relacionais entre si ou com a família extensa: os problemas apresentados não pareciam derivar de uma "psicopatologia" específica de casal ou de família. O problema fundamental parecia estar ligado à etiqueta de "excepcional" ou "doença", que condicionava as respostas dos adultos ao comportamento de Davide e os levava a demonstrar uma forçada e frustrada benevolência. Assim, o contexto não permitia que Davide desenvolvesse tranquilamente seu potencial.

Sua simpatia era outra razão importante da persistência da hiperatividade de Davide. Ele atraía continuamente a atenção de todos e estava acostumado a viver em uma espécie de palco permanente, cujo público devia manter sempre entretido. No decorrer da sessão, por exemplo, os pais, ao ver Davide, às vezes soltavam uma gargalhada e, logo em seguida, voltavam a mostrar sua expressão normal de frustração e impotência.

Mas retornemos ao desenvolvimento da sessão. A criança começou a mostrar, em relação ao terapeuta, e com altos e baixos, a disposição de mudar sua própria conduta. Apesar das suas expressões de dúvida, os pais pareciam impressionados.

A discussão da equipe fez aflorar duas opções: continuar a ver toda a família ou convocar somente os pais. Optou-se pela segunda possibilidade. Confiava-se em que os pais, depois de terem saboreado esta possibilidade, recuperassem a "competência" perdida.

Decidiu-se comunicar a intervenção final somente ao casal. Davide ficou em uma sala contígua desenhando no quadro.

> Terapeuta: Queremos dar-lhes uma tarefa para casa muito importante. É uma tarefa dura, difícil de se levar adiante. Davide se rebelará de todas as formas, isso esperamos, ao ponto de fazê-los desistir. Neste caso terão obedecido a Davide e não a nós. A tarefa não é uma ordem, por isso é extremamente importante que decidam juntos, em casa, se a executam ou não. Se tiverem dúvidas não o façam.

Com o consentimento dos pais o terapeuta prescreveu o ritual dos "dias pares e dias ímpares" (Selvini Palazzoli, *et alii*, 1977).

> Terapeuta: Nos dias pares da semana (segunda, quarta e sexta), você (dirigindo-se ao pai) será o genitor "de turno". Nesses dias, quando estiver trabalhando, sua mulher deverá responder às interpelações de Davide da seguinte maneira: "Resolverás com papai quando ele chegar a casa", sem acrescentar mais nada. Nos dias ímpares (terça, quinta e sábado), será você (dirigindo-se à mãe) o genitor "de turno". No domingo comportem-se espontaneamente....

Primeiro pensou-se em prescrever aquele ritual para levar a família a *fazer* algo concreto e sair de sua impotente verborragia. Os atos seriam mais eficazes que as palavras. Normalmente este ritual é prescrito para agir sobre as interferências recíprocas entre os pais em conflito. Neste caso, pelo contrário, o objetivo principal era colocar Davide diante de uma situação nova: os pais, em dias alternados, abriam mão da sua habitual disponibilidade. A responsabilidade dos pais com Davide, por outro lado, era colocada em um plano de igualdade. A equipe tinha a impressão de estar na presença de uma relação "simbiótica" mãe-filho, tanto que ela não tirava os olhos dele. O ritual, finalmente, introduzia na relação pais-filho a dimensão temporal. As novas seqüências de turnos dos pais com o filho desfaziam o emaranhamento familiar.

Na segunda sessão os pais disseram que haviam pagado um alto preço, mas que havia uma melhora da situação geral. Davide, desde o primeiro dia, havia tratado sistematicamente de continuar com o comportamento anterior. Os pais, no entanto, haviam seguido a prescrição à risca, sem economizar esforços. É interessante que Davide descarregasse suas energias sobretudo em seu pai, quando este, por estar “fora de turno”, o remetia à mãe. Contaram surpresos como, depois de vários intentos de envolver o pai, Davide o havia chamado pela primeira vez de “papai”, enquanto antes sempre o chamara exclusivamente pelo seu nome. Com a passar do tempo Davide se adaptou à nova situação e começou a estar um pouco mais tranqüilo, já podia ser contido.

Na terceira sessão com os pais o tema foi a escravidão da mãe, que se não quisesse vê-lo aprontar uma das suas, tinha de ficar de olho nele. Evidentemente, em casa não havia chaves e não se podia fechar nenhuma porta. Assim ninguém podia ter seu próprio tempo ou seu espaço privado.

A intervenção final da sessão se referia a este tema.

Terapeuta: Discuti com meus colegas e gostaríamos de pedir-lhes uma coisa, se for possível. Mas vocês devem decidir se estão a fim de fazê-lo. Pedimos que discutam um par de dias e, somente se estiverem de acordo, continuem com nosso programa.

O tom do terapeuta, como na intervenção da primeira sessão, é conscientemente não assertivo. Em uma família na qual a obediência e o controle são um problema e as ordens nunca se cumprem, seria contraproducente assumir uma atitude com algum grau de autoritarismo. O terapeuta evita a simetria com os pais, assim como o fez com Davide. Pedir-lhes que discutam previamente sobre a realização da tarefa tem como objetivo, além da consolidação da sua relação de casal, evitar a discórdia e reforçar as decisões.

Terapeuta: Quando forem para casa, se estiverem de acordo, informem Davide e digam-lhe: “Davide, olha, tu tens oito anos e já é hora de saberes que, como todas as crianças de tua idade, quando um dos pais vai ao banheiro não se entra. Nós, a partir de hoje, quando formos ao banheiro, fecharemos a porta com chave. Mas como tu, Davide, ainda não demonstras ter responsabilidade, fecharemos com chave a cozinha e nosso quarto. Poderás estar na sala de jantar, onde não há coisas a quebrar. Lembra que não abriremos por nenhum motivo.” Seriam capazes de fazê-lo? Se pensarem que podem fazê-lo, façam-no em seguida. Não sei, você poderia começar quando estiver sozinha em casa...

Pai: E se estivermos os dois em casa?

Terapeuta: Nesse caso não tem sentido fechar a porta da cozinha ou do quarto. Quando ambos estiverem em casa, seria oportuno que você, de vez em quando, desse uma saidinha, para tomar um ar, e deixasse o marido em casa uma hora ou duas. (*Dirigindo-se ao marido*): durante este período terá de ir ao banheiro ao menos uma vez, e quando estiver lá, de relógio em punho, permaneça pelo menos dez minutos, se puder resistir... (*o pai olha para a mãe com certa apreensão*). Sei que há certo risco, poderia corrê-lo?

Pai: A sala de jantar pode permanecer aberta, o máximo que pode fazer é revirar as cadeiras...

Terapeuta: Tenho de lembrar-lhes de retirarem os remédios, que são a principal fonte de perigo para as crianças. Precisa eliminar estes perigos para eliminar um ainda maior: Davide tem oito anos e ainda não teve a experiência de estar sem adultos nem sequer um instante. Sente-se sempre seguro porque *sempre* é observado, faz todas essas coisas para aparecer diante de quem o observa. Comigo também tentou que o olhasse o tempo todo. Não teve a experiência, não consegue ter a experiência de não ser observado. Ele tem uma grande necessidade de ter esta experiência, nova para ele, que todas as crianças devem enfrentar em certo momento. Se sentirem que têm força para fazê-lo...

Pai: Sim, sim, pode-se...

Mãe: Pode-se sim, no início será difícil...

Esta conversação mostra um progresso, os pais passam da apreensão ao assentimento diante das propostas do terapeuta. Uma atividade impositiva ou pedagógica, provavelmente provocaria a conhecida resposta da "incapacidade". O terapeuta dá aos pais a opção de decidir em um sentido ou outro, agora ou mais tarde. Deste modo, não impõe uma decisão imediata, mas torna possível que os pais desenvolvam sua própria competência de acordo com seus tempos: o terapeuta respeita os ritmos e os tempos dos clientes, ajusta seu próprio tempo ao deles.

Terapeuta: De todas as formas, deixamos vocês decidirem. Depois, se estiverem de acordo, expliquem a Davide. Não sejam repetitivos. Se insistir no pedido de explicações, digam-lhe: "Já te falamos." Não discutam. Continuem a tarefa da outra vez.

A prescrição é particularmente complexa. Retomam-se, sobretudo, os temas do acordo entre os pais, da saída de Davide da primeira infância e da introdução de seqüências temporais em uma família com necessidade de evoluir, emaranhada em relações que tornam seus membros prisioneiros de um jogo repetitivo. A seqüência da prescrição pode dividir-se em quatro partes:

1) O terapeuta, apesar de conceder-lhes a possibilidade de escolha, pede aos cônjuges o acordo prévio sobre a tarefa que deverão realizar.

2) A primeira ação a ser realizada tem o valor de um ritual. É uma comunicação que os cônjuges devem dar a seu filho, juntos, "de uma vez por todas", e segundo uma fórmula pré-estabelecida. Pode-se considerar como um "rito de passagem", que sanciona para Davide a transição de uma idade na qual deve ser sempre observado, a outra na qual deve haver momentos nos quais esteja a sós. Por isto a fórmula contém várias referências "ao que ocorre normalmente a certa idade".

3) A formulação contém expressões temporais como "por enquanto", "até agora", "de momento", cuja função é introduzir capacidade de evolução em um sistema em que o tempo parece parado.

4) A seqüência de ações requeridas, finalmente, transforma em *fatos* as declarações contidas no ritual e sanciona a saída de Davide da primeira infância (e da completa irresponsabilidade).

Na sessão seguinte os pais falaram de uma situação que havia melhorado muito além do que indicavam as mais otimistas previsões. Nem nas primeiras vezes em que a mãe, cheia de apreensão, havia fechado o banheiro haviam surgido os comportamentos temidos. Davide havia demonstrado ser capaz de prescindir da sua presença, não mostrava interesse de entrar no banheiro, tanto que quinze dias depois ela havia corrido o risco de deixá-lo só em casa para ir à loja fazer compras. Ao voltar, não sem angústia, havia descoberto que o filho havia permanecido tranqüilo e sereno na sala de jantar. A mãe havia descoberto sua própria liberdade. Começara a sair de casa cada vez mais. Davide deve ter descoberto, também, a liberdade de não ter de entreter continuamente os adultos. Isto o ajudou a diminuir consideravelmente sua hiperatividade e a melhorar sua disciplina na escola. Davide foi convidado a participar da sessão seguinte, a quinta. O objetivo era observar diretamente a mudança exposta pelos pais e, de certa forma, pela escola. Os pais pareciam ter-se libertado de um enorme peso.

O terapeuta notou de imediato a nova atitude de Davide: quieto e deferente, havia se sentado ao lado do terapeuta, e não o interrompeu nem uma vez. Comportava-se de um modo exatamente oposto ao da primeira sessão, como se de uma atitude rigidamente simétrica tivesse passado a uma rigidamente complementar. O terapeuta, para testar este novo estilo de relação, havia-lhe recomendado que desobedecesse pelo menos uma vez no transcurso da sessão. Depois continuou falando com seus pais. Na metade da sessão, Davide pediu-lhe com educação: "Escuta, poderia ir à sala onde está o quadro negro para desenhar um pouco?" O terapeuta assentiu.

A sessão e a terapia concluíram com um comentário do terapeuta, dirigido aos pais, que sublinhava a mudança, que poderia continuar no tempo, ao ponto de fazer desnecessária a continuação da terapia.

Os pais, aliviados e sorridentes, foram com o terapeuta buscar Davide na sala contígua. Com espanto descobriram assustados que, ao invés de desenhar no quadro, tinha pegado o apagador cheio de tinta azul indelével e havia rabiscado a parede branca ao redor da sala. O pai visivelmente embaraçado, olhou para o terapeuta e pediu desculpas pelo ocorrido. Este lembrou de repente que havia sido ele o causador indireto do desastre. De fato havia mandado Davide desobedecer, ao menos uma vez, e ele o havia satisfeito com sua desobediência.

Antonella: a garota dos jerseys

A família Viola, que vivia em um povoado da Lombardia, veio a nosso Centro encaminhada por um psiquiatra que atendia a filha, Antonella, desde os três anos. O núcleo familiar estava composto pelo pai, de cinqüenta e quatro anos, artesão, a mãe de quarenta e oito, dona de casa, e três filhos: o mais velho, Giovanni, de vinte e cinco, estudava engenharia; Antonella, de vinte e três, estudava filosofia; e o mais novo, Gustavo de vinte, estudava economia e comércio.

Antonella havia começado a sentir-se mal três anos antes. No início se queixava de incômodos sintomas gástricos, como ardores, náuseas, sensação de peso e inchaço do estômago. Ao mesmo tempo, por sentir-se muito gorda — pesava uns setenta quilos — havia começado uma batalha contra a comida, típica da síndrome anorética.

As doenças gástricas haviam sido resolvidas com um breve período de terapia hospitalar, seguida por um tratamento médico ambulatorial. Mas, imediatamente depois, Antonella, além da fixação no alimento e no peso, havia começado a desenvolver uma série de fobias: medo de contrair as mais variadas doenças; medo de que os alimentos estivessem estragados; medo de perder o controle; e um medo constante de que ocorresse algo grave. O medo mais significativo e atormentador era, sem embargo, a possibilidade de que uma mudança da temperatura exterior fizesse que os micróbios saprófitos presentes em suas mucosas se tornassem virulentos e chegassem a invadi-la e destruí-la. Por esse motivo, com ajuda de camisetas e jérseis, controlava a temperatura de seu corpo: camisetas de algodão no verão e jérseis de lã no inverno. Vestia-os diretamente um sobre outro. Colocava-os ou tirava-os segundo as mínimas variações de temperatura. Progressivamente o medo se intensificou ao ponto de tê-la levado, havia dois anos, a deixar a universidade e a abandonar seus amigos para ficar fechada em casa, onde a temperatura era mais constante e previsível e, portanto, mais facilmente controlável.

A terapia ocorreu em 1988, teve seis sessões e durou dez meses.

Primeira sessão. No primeiro encontro, em fevereiro, salta aos olhos o aspecto estranho, grotesco, de Antonella, cuja magreza se esconde por debaixo de grandes jérseis, os quais lhe conferem o aspecto de um jogador de futebol americano. Como se não bastasse, no braço direito carrega outros pesados jérseis. Sua mãe se senta no centro da sala, com seus filhos homens, um de cada lado; na periferia estão o pai, junto ao caçula, Gustavo, e Antonella, junto ao filho mais velho, Giovanni.

À pergunta sobre a razão da presença da família no Centro, a mãe responde que Antonella está doente com "anorexia mental e psicose". A afirmação não provoca a mínima participação emotiva dos presentes, como sói ocorrer nos casos crônicos.

O início da sessão é dedicado à descrição das extravagâncias e dos medos de Antonella. Ela reconhece que seus medos são no mínimo estranhos, mas sublinha: "Não posso fazer nada." À pergunta de se também tem "medo de estar bem", responde afirmativamente: quando começa a sentir-se um pouco bem, aparece a angústia de ter de expiar em um futuro imediato esse bem- estar imerecido.

A história da família, contada na primeira sessão, revela um forte conflito com a família de origem do pai, que havia condicionado bastante suas relações. Os Viola vivem em um dos três andares de uma única vila, que era propriedade dos genitores do pai. Os rapazes descrevem tanto a avó quanto a tia paterna como pessoas muito intrusivas: durante muitos anos tiveram livre acesso ao seu apartamento, entravam e saiam sem chamar e tentavam intrometer-se nos assuntos da família. Com o tempo a situação provocou desavenças crescentes entre a mãe, apoiada por seus filhos homens, e a família do pai, que tentava mediar inutilmente. A conseqüência disso tudo era o desacordo permanente dos pais e o sofrimento de Antonella, que, por todos os meios, mas em vão, tentava atenuar as divergências.

Uma das acusações fundamentais da mãe e dos filhos homens contra o pai era a "fraqueza e falta de iniciativa". O pai sempre teve um forte vínculo com sua família, da qual herdou a profissão de artesão. A irmã lhe havia passado a perna e ficado com a loja da família. Ele trabalhava, fazia anos, como empregado em uma empresa de artesanato. Abandonara, pois, suas expectativas juvenis, mas seu trabalho sempre tinha sido a única fonte de renda da família.

No transcurso da sessão apareceu claramente a divisão da família em três subsistemas: por um lado, a mãe e seus filhos homens, que amiúde sutilmente ridicularizavam e curtiam com a cara do pai (enquanto a mãe apoiava tacitamente esta tarefa de desmoralização de seu marido); por outro lado, o pai, taciturno e triste; e, finalmente, Antonella, completamente isolada. Ela só prestava atenção quando se falava de seu problema, do contrário ficava de cara fechada e ausente.

Em certo momento, o terapeuta observou que o pai havia renunciado a seu papel, e perguntou quem havia assumido seu lugar. Tanto a mulher como os filhos responderam que era o filho mais velho, Giovanni, chamado de "sábio" o substituto paterno. Todos, de fato, solicitam-no, ele é quem se ocupa de muitas das coisas, em particular de sua irmã. Em outro momento ele mesmo anuncia que pensa ajudá-la mais adiante, de acordo com sua namorada, que está disposta a acolhê-la em sua casa depois do casamento. Gustavo é considerado "o belo" e o peixinho da mamãe; Antonella afirma parecer-se ao pai e ser "a feia" da família, a perdedora no confronto com a vida. Também diz que não se casará nem terá filhos, seu sonho é ser internada em um hospital e ficar ali para sempre. Estas palavras não provocaram uma angústia particular na família. Bem maior é o interesse despertado pelos conflitos com a família paterna e as críticas dirigidas ao pai. O pai também manifestou, no passado, sintomas depressivos, pelo qual foi internado em um centro psiquiátrico. Quando o terapeuta confronta o pai com o desprezo quase unânime de sua família e lhe pergunta se nunca pensou "em acabar com isto", ele responde: "É, amiúde penso em suicídio. Quem sabe o faça, mas somente depois de ter visto todos meus filhos formados. Somente depois de ter cumprido com minhas obrigações de pai."

No decorrer da sessão descobre-se que Antonella freqüenta, há um ano e meio, uma psicoterapia individual, e que sua terapeuta não foi informada do início desta terapia familiar. Como conclusão da sessão, o terapeuta marca uma sessão para o mês próximo, mas com a condição de que solicitem o acordo da terapeuta individual para prosseguir os encontros.

Segunda sessão. Uma semana antes da data fixada para a segunda sessão, a mãe telefona ao terapeuta para anunciar-lhe, com tom aflito, que a terapeuta individual de Antonella não aceita que a terapia individual ocorra contemporaneamente à terapia familiar. Para ela, acrescenta, o encontro familiar foi muito positivo e espera poder recomeçar as sessões familiares no futuro. A equipe formula a hipótese de que a terapia familiar foi solicitada por alguns membros da família por estarem desiludidos pelos resultados da terapia individual.

Surpreendentemente, três meses depois, a mãe volta a telefonar para dizer que Antonella dispensou a terapeuta "por falta de resultados". Marca-se a segunda sessão para meados de junho.

A única mudança aparente é que, por causa do calor, Antonella trocou as blusas de lã por camisetas de algodão. No início da sessão, o terapeuta volta a indagar sobre o medo da mudança de temperatura, para o qual usa uma metáfora que interpela os membros da família e introduz sérias dúvidas sobre o diagnóstico médico de doença.

Antonella: Automaticamente, quando preciso sair, devo pensar se sentirei calor ou frio, se devo vestir ou tirar uma blusa, se conseguirei manter constante a temperatura...

Terapeuta: É como uma pesquisa, não é? Digamos que tu és uma pesquisadora da Universidade, que se ocupa do efeito da temperatura sobre as células: uma pesquisa muito sistemática. Em casa, esta pesquisa... a fazes sozinha ou em equipe? Pedes ou não ajuda?

Antonella: Sim, não, normalmente sim. Pergunto: "O que opinas, levo esta blusa ou a deixo no carro?"...

Terapeuta: Tu lhes perguntas qual é a temperatura, não é?

Mãe: Sim, sim, pergunta...

Terapeuta: Entendo. Mas quem, dentro da família, é o assistente mais fiel desta pesquisa?

Antonella: Quem me parece mais próximo nestes problemas de temperatura é Gustavo.

Terapeuta: Mais próximo, no sentido de que adivinha mais?

Antonella: Sim, talvez sim. Aconselha-me bastante. De fato, ultimamente, tem saído comigo...

Terapeuta: Gustavo mostra interesse pela pesquisa sobre a temperatura?

Antonella: Não, diz que é absurda.

Mãe: (*sorri*).

Antonella: Diz que não tem sentido.

Terapeuta: Mas te obedece.

Antonella: Não, normalmente não. Geralmente se cansa.

Terapeuta: Mas talvez esta pesquisa tenha resultados interessantes. Poderia encontrar-se uma constante, digamos... uma constante...

Antonella: Uma média.

Terapeuta: Uma temperatura padrão em relação a uma determinada constante; digamos que a relação entre o ambiente, as roupas, o número de blusas, sua espessura... poderia descobrir-se uma constante.

Mãe: Bom, mas é algo infinito, porque cada dia é um novo dia.

Terapeuta: Giovanni estuda engenharia, talvez ele possa ser o diretor da pesquisa.

Mãe: Cada dia é novo...

Antonella: É como se cada dia renascesse e o dia anterior não servisse para nada!

Terapeuta: Giovanni está interessado pela pesquisa?

Antonella: É quem me dá mais conselhos. É uma pesquisa para poder sair de casa, porque se pudesse ficar sempre em casa, ficaria.

Terapeuta: Desculpa-me, queria perguntar a meus colegas que estão atrás do espelho se há alguém que tenha experiência neste tipo de pesquisa (*sai*).

A análise desta parte da conversa terapêutica conduz a uma série de considerações:

1. O terapeuta usa um discurso metafórico como forma de introduzir outros mundos possíveis: sobretudo um mundo no qual Antonella seja resgatada da posição de doente e ou de desviante. A metáfora da "pesquisa" não somente lhe restitui o status de estudante universitária, mas também implica a colaboração de outros membros da família. À pergunta: "Em casa, esta pesquisa... a fazes sozinha ou em equipe?", Antonella responde: "Sim, não, normalmente sim." Parece que nesse momento a família começa a aceitar a metáfora, o que anima o terapeuta a prosseguir. Começa a surgir uma possível "realidade" distinta, isto é, uma leitura diversa dos acontecimentos.

2. Algumas perguntas do marco metafórico estão relacionadas com a hipótese do terapeuta sobre as relações familiares. Por isto Giovanni, o filho que, segundo parece, assumiu o lugar do pai, é sugerido como "diretor" da pesquisa.

3. O terapeuta sugere, em certo momento, a possibilidade de a pesquisa permitir a dedução de "uma constante", nova metáfora que reflete a imobilidade de Antonella na vida, seu desejo de encontrar um estado constante, imutável. A busca de uma temperatura constante pode ser vista como uma tentativa de deter o tempo.[1]

4. A mãe acolhe a metáfora da temperatura constante com uma afirmação original: "É algo infinito, porque cada dia é um dia novo"; e a filha faz eco com uma belíssima analogia: "É como se o dia renascesse e o dia anterior não servisse para nada." Uma frase que descreve com palavras mais simples, mas quase poéticas, o drama da parada do tempo. Um tempo circular que gira sobre si mesmo e não consegue participar do tempo da vida, da irreversibilidade, da flecha do tempo.

5. Também se pode dizer que Antonella qualifica sua própria situação como um caso de aprendizagem zero. Isto é, "como se cada dia renascesse" equivale a negar qualquer possibilidade de que a experiência influencie o futuro. Nos termos de Bateson (1972b), não há aprendizagem e, portanto, é impossível construir novos contextos. Se cada dia se começa do início, não há desenvolvimento, a vida nunca se faz história.

6. Este intercâmbio permite evidenciar as diferenças conceituais entre a abordagem sistêmica original e a hodierna, inspirada na reflexão construtivista. Antes víamos o terapeuta que recorre às hipóteses e metáforas em

posição ativa, e os clientes em posição passiva. Hoje, pelo contrário, preferimos ver as hipóteses e as metáforas surgirem da interação terapeuta-cliente, cliente-terapeuta. Neste sentido, falamos também de co-criação e co-evolução.

7. Há de se notar que a análise desenvolvida é uma análise *a posteriori*, onde os autores, como "observadores", observam o terapeuta "observador" da família, isto é, através de seus "preconceitos" teóricos e práticos, atuais, analisam as interações e as premissas dos atores do diálogo.[2]

8. Tudo isto ocorre em um marco particular, que inclui, além das pessoas citadas, também seus possíveis leitores, seus críticos e o editor que publica este livro. Podemos dizer que somos adeptos do paradigma da complexidade! (Bocchi e Ceruti, 1985.)

Terapeuta (*volta para a sala*): Segundo meus colegas, tua pesquisa de uma temperatura constante é uma metáfora, isto é, aparece para indicar outra coisa, outra investigação mais profunda que estás fazendo e que ainda não deu nenhum resultado. Conheces alguma situação em que a temperatura seja constante?

Antonella (*reflete*): Não sei...

Terapeuta: O útero poderia ser o lugar em que a temperatura é constante. Tu te fechaste em busca de uma segurança que não encontras fora. Tua pesquisa sobre a temperatura constante poderia ser a metáfora da busca de tua posição em relação aos outros. "Qual é minha posição em relação ao meu pai, à minha mãe e aos meus irmãos?" Meus colegas pensam que teus irmãos não têm esta dúvida sobre a temperatura e não se vestem ou revestem como tu, porque intimamente já têm uma idéia clara de qual é sua posição dentro da família, não somente agora, mas sempre. Tu, ao contrário, pareces ter tido sempre uma profunda incerteza.

Ao retornar à sala da terapia, o terapeuta, com o apoio da reflexão de seus colegas, introduz outras duas hipóteses em forma de metáfora: a primeira, o medo a arriscar-se na vida; a segunda, que será desenvolvida em breve, a rivalidade com seus irmãos. A família parece bastante mexida por estas metáforas. Elas implicam a idéia de que Antonella se deteve no tempo, enquanto seus irmãos evoluíram, porque estão seguros de sua própria situação relacional dentro da família.[3]

Terapeuta: Está claro? Tu és como alguém que tem uma margarida na mão e diz: "Bem me quer, mal-me-quer. Minha mãe me quer ou não me quer? Me aceitam ou não me aceitam?" Como tu és filósofa conheces bem este tipo de dilema, não é? De certa forma as respostas que recebeste a estas perguntas não resolveram tuas dúvidas existenciais, mas as perpetuaram.

Normalmente, quando se recebem respostas a estas perguntas desaparecem as dúvidas sobre as variações de temperatura. Um colega pediu que te perguntasse se esta visão tinha algum sentido para ti.

Antonella (*com expressão de perplexidade*): Talvez sim, porque eu não sinto... não me sinto... nada.

Terapeuta (*dirigindo-se à mãe*): Para a senhora tem algum sentido o que dizem meus colegas?

Mãe (*com tom firme e seguro*): Para mim sim, sem dúvida. Sem dúvida que tem sentido para mim.

Pai: Também concordo.

Terapeuta: Suponhamos que isto tenha um sentido. Como vocês explicam, então, que Antonella tenha este dilema e seus irmãos não?

Gustavo e Giovanni (*sorriem nervosamente*).

Nesta sessão o terapeuta introduziu primeiro um tema que evidencia a *possibilidade* de mudança; a metáfora da busca implica um fim e uma possível conclusão: se encontrarem a "constante térmica" Antonella poderá ser desbloqueada. Mas imediatamente depois o terapeuta evidencia que o tempo parou, coisa que Antonella havia evocado no princípio da seqüência. A metáfora da margarida implica uma oscilação teoricamente interminável entre os termos: "sou aceita", "não sou aceita". Se a metáfora da investigação remete ao tempo linear, à flecha do tempo, a metáfora da margarida remete ao tempo circular, aos ciclos das oscilações sem fim. Por último, o terapeuta relaciona a oscilação com o sistema familiar: poderia ser que Antonella não concluísse nunca sua busca, porque ninguém da sua família parece dar-lhe uma resposta.

O sorriso nervoso de Gustavo e Giovanni dá a impressão de ser um intento de retirar-se do diálogo. Eles podem ter sido profundamente mexidos e seu sorriso pode esconder um sentimento de culpa por haver conseguido manipular seus pais e, particularmente, por haver seduzido a mãe a expensas de sua irmã, que está totalmente isolada, confusa. Neste momento a família parece encontrar-se próxima a uma reviravolta. Os pais concordam sobre o sentido da metáfora: Antonella não pode concluir sua busca porque em sua família não recebe as respostas adequadas. O riso embaraçado de seus irmãos, em contraste com a seriedade e empatia dos pais, lança uma nova luz sobre as relações familiares e indica uma possível reorganização do sistema familiar, a co-criação de uma nova história.

No segmento emerge o sofrimento de Antonella por sua gordura, bem como o sofrimento passado por haver-se envolvido — ou ter sido envolvida — no conflito entre seus pais e a família de origem do pai.

Antonella: Não conseguia aceitar-me como era. Tinha nojo de mim mesma, tanto fisicamente como pelo fato de não ir bem na escola, de precisar esforçar-me tanto...

Terapeuta: Esta idéia de que tens nojo de ti, de onde achas que vem?

Antonella: Mmm, a idéia de ser gorda... tinha trinta quilos a mais quando comecei a sentir-me mal.

Terapeuta: Mas a idéia de sentires nojo também vinha dos outros? Atribuías aos outros a idéia de que lhes davas nojo?

Antonella: Às vezes...

Terapeuta: Por exemplo, para ti, agora eu tenho nojo de ti?

Antonella: Não, agora não.

Terapeuta: Pode ocorrer que aches que me dás nojo?

Antonella: Não sei...

Mãe: Porque não é gorda. Não está obesa, já não pode dar nojo.

Antonella: Agora não estou gorda, agora já não dou nojo.

Terapeuta: É a mãe quem dá nojo então? (*sorri*)

Antonella: Não, não.

Terapeuta: Eu também dou nojo?

Mãe: Não, não. Mas para ela, Antonella, é assim. Eu não. Talvez eu não lhe dê nojo.

O objetivo destas perguntas era correlacionar uma característica pessoal (a gordura) com algumas idéias surgidas na família no passado e no "aqui e agora", com a gordura da mãe e do próprio terapeuta. Fica implícita a mensagem de que as idéias sobre uma determinada característica pessoal podem ser diferentes e mudar. É importante observar, neste breve intercâmbio, a tendência da mãe de interpretar as idéias de Antonella e a responder por ela. Mais adiante, na terceira sessão, comprovar-se-á o desgosto da mãe pelo ganho de peso de Antonella, em contraste com a atitude dos demais membros da família.

Terapeuta: Teu pai dizia em certo momento que, no passado, teus irmãos se dedicavam a viver suas vidas, enquanto tu sempre estavas presente e atenta ao que ocorria em casa.

Antonella: Sim, sim.

Terapeuta: Isto te fazia sofrer?

Antonella: Sim.

Terapeuta: O que te fazia sofrer mais?

Antonella: As brigas.

Terapeuta: Entre quem e quem?

Antonella: Entre mamãe e papai, pela família do papai. Houve períodos nos quais as discussões duravam dia e noite, sem trégua... estávamos cansados... todos.

Terapeuta: O que te fazia sofrer mais, o sofrimento do papai ou o da mamãe?

Antonella: O da mamãe.

Terapeuta: O da mamãe. E o do papai?

Antonella: Percebi que ele era conformista... parecia-me estranho que reagisse desta maneira. Não é próprio de um pai reagir desta forma.

Terapeuta: Participaste em todas as discussões dos teus pais?

Antonella: Sim, sim, em todas. Lembro-me delas como se fosse hoje.

Terapeuta: Os rapazes, pelo contrário, se dedicavam às suas coisas, não é?

Antonella: Meus irmãos, sim, eram menos presentes. Lembro-me de que saíam de casa com mais freqüência. Lembro-me até das noites em que saíamos da cama. Em uma delas eu tentava dormir porque tinha um exame de latim no dia seguinte... e eles não paravam de berrar...

A análise deste fragmento remete à teoria dos jogos psicóticos na família de Selvini Palazzoli, *et alii* (1988), que concebe a psicose como a saída final de um jogo de seis fases, no qual o filho ou a filha que manifestará a psicose é o envolvido no "*impasse* do casal" dos pais. Se seguíssemos este modelo, teríamos de sair em busca da coalizão negada pai-filha, da "tramóia" do pai, dos "jogos sujos" e assim por diante, até chegar à explicação dos comportamentos de Antonella como sua lógica seqüência. Nós, sem embargo, consideramos redutiva a concepção segundo a qual uma única tipologia familiar poderia ser o ponto de partida do desenvolvimento da psicose.

Mais adiante, o terapeuta continua com suas perguntas sobre a relação entre a família nuclear e a família extensa. A posição do pai nesta relação parece ser o elemento mais significativo. Giovanni, que com freqüência assume o papel de porta-voz, diz que o pai "passou maus bocados" tanto provocados por sua família de origem como por sua mulher e seus filhos. Em conclusão agrega: "Mas o merecia, porque o havia buscado". As expressões "maus bocados", "pesquisa" e "constante", usadas previamente, foram definidas em outro lugar (Boscolo, *et alii*, 1991) como *palavras-chave.*[4]

Terapeuta (*dirigindo-se ao pai*): Quem teria o açúcar para adoçar todos os maus bocados engolidos?

Pai: Minha mulher.

Terapeuta: Mas o senhor já se resignou diante do fato de que nunca lhe dará o açúcar; em definitivo, está acostumado com o café amargo?

Pai: Estou convencido de que, na situação atual... porque é preciso dizer que as coisas que foram ditas, foram ditas por Antonella... é com ela que ocorre tudo isto... porque se tenta resistir, depois chega um momento em que a gente já não agüenta mais. Eles (*dirigindo-se aos filhos homens*) vão embora, mas nós, os pais, não podemos ir embora. Então, fica-se ali e naturalmente aparece o que aparece.

O pai evita responder à pergunta e desvia a conversa para Antonella. É um comportamento repetido no curso da sessão, que pode indicar, no meio de todas desqualificações recebidas, uma tentativa de recuperar uma posição imune às críticas: a de um pai que se ocupa de uma filha doente. A incoerência de muitas de suas respostas (esta última, por exemplo) poderia ser vista como um caso de *communication deviance* (Wynne e Singer, 1958).

Terapeuta (*à mãe*): Quem lhe dá açúcar em casa?
Mãe (*olhando para os filhos homens*): Os rapazes, sem dúvida.
Terapeuta: Digamos que dão um sentido à sua vida. Mas parece, como dizia também Giovanni, que seu marido se fechou em uma situação imutável: passar os maus bocados, esperando que venham e desçam.
Mãe: Sim, resignou-se, é um conformista.
Terapeuta: Resignou-se a sofrer. Mas, parece-me, existe também uma resignação em Antonella, em relação à sua vida, ao seu futuro. Meus colegas ficaram muito impressionados com o fato de Antonella ter colocado na cabeça a idéia de inspirar nojo.
Mãe: Quando engordou, sem dúvida.
Terapeuta: Não se sabe de onde vem esta idéia. Depois de desenvolver uma idéia nascem outras: como enoja não pode ser aceita pelos outros. Pode-se perguntar: "Quem pode me querer? Haverá um homem que possa me querer realmente?"

Sublinhemos que o intento do terapeuta de fazer surgir uma "ecologia das idéias" é típico da visão sistêmica.

Mãe: Sim, sim é um hábito.
Terapeuta: Pode pensar: "Ainda que me queira, quando se der conta de que dou nojo me deixará." Ou então: "Se tiver um filho repulsivo, eu sou repulsiva, quem sabe quanta repulsa causaremos!"
Mãe: Sim, precisamente, já disse: se eu não fosse gorda, ela não seria gorda.

Enquanto os irmãos tendem a criticar o pai e a manifestar uma benévola atenção pela irmã, a mãe tende a minar sutilmente a imagem que a filha tem de si mesma. Esta talvez seja uma das razões principais da insegurança existencial e do ódio que Antonella sente por si mesma O pai poderia apoiar a filha e inclusive estabelecer com ela uma aliança semelhante àquela da mãe com os filhos homens, mas não o faz, pois está totalmente absorvido pela resignação fatalista.

Terapeuta: Então, quando se chega a este ponto, é melhor decidir cair fora, decidir que não se é idônea, atribuir-se uma etiqueta, dependurar-se uma lista de defeitos. Isto é (*dirigindo-se à mãe*), me parece que sua filha tem uma lista de defeitos pendurada em seu pescoço desde pequena...
Pai: Veja bem, ela não se aceitou sensualmente a si mesma. Porque ela, não sei..., na idade do desenvolvimento começaram a surgir problemas. "Devo usar estas coisas, tenho de fazer sempre estas coisas, porque preciso fazê-las, são coisas que...?"
Terapeuta: Isto me lembra o que diziam meus colegas. Eles acreditam que a temperatura é a metáfora da busca de algo. Este algo pode ser: "Sou uma menina ou um menino? Quero ser fêmea ou macho?" Talvez, profundamente, tenha pensado que gostaria de ter sido homem ao observar que, nesta família, a mãe gosta mais dos filhos homens. É possível que ela, nascida depois de Giovanni e antes de Gustavo, ao notar que eles faziam feliz a mãe, tivesse pensado: "E se eu fosse homem..." A mãe o acaba de dizer: "Eles me dão o açúcar."
Mãe (*algo embaraçada*): Não são somente eles dois, os três!

Esta resposta-desqualificação da mãe, que contradiz abertamente suas afirmações precedentes, é freqüente nas famílias com problemas graves e, evidentemente, contribui para o desenvolvimento de um dilema relacional: "Gostam de mim ou não? Querem que eu seja um homem ou uma mulher?"

Terapeuta (*dirigindo-se a Antonella*): Talvez tenhas começado a pensar: "Dou nojo como mulher; se tivesse nascido homem tudo teria saído bem." Ser mulher e gorda é muito pior, não é?
Antonella (*com expressão de nojo*): Minha mãe!
Terapeuta: Como para colocar-se na privada do banheiro e dar descarga.
Pai: Não, porque agora, agora — digamos assim — tem de normalizar-se a situação hormonal... tem de aceitar-se como pessoa.
Mãe: Como mulher!
Terapeuta (*dirigindo-se a Antonella*): Imagino que não tens desejos.
Antonella: Não.
Terapeuta: Não tens desejos sexuais?
Antonella: Não.
Terapeuta: Incomoda-te?
Antonella: Como?
Terapeuta: Gostarias de tê-los ou não? Imagino que não. Gostarias de ter alguma idéia ou pensamento erótico? Não tens pensamentos eróticos?
Antonella: Não.
Terapeuta: Está contente assim?
Antonella: Não sei, não sei.

Nesta parte central da sessão aparece uma série de hipóteses que enriquecem a visão do passado e do presente e introduzem possibilidades futuras. Poderíamos dizer, com outra linguagem, que o terapeuta favorece o surgimento de histórias alternativas do passado e do presente que podem abrir mundos possíveis no futuro. Mais adiante, de fato, o terapeuta se deslocará no horizonte temporal em direção ao futuro.

Terapeuta: Gostaria de fazer-lhes outra pergunta antes de ir falar com meus colegas. A pergunta que quero fazer é: quando teus irmãos se casarem e tiverem suas famílias, com qual família gostarias de viver, se decidisses efetivamente viver com uma família: na casa de Giovanni, na casa de teus pais ou na de Gustavo? Qual escolherias?
Antonella: Talvez a casa deles dois.
Terapeuta: De quem?
Antonella: De meus irmãos, ainda, não sei...
Terapeuta: De que irmão? Que casa?
Antonella: Não faz diferença.
Terapeuta: Não faz diferença. Às vezes pensas nestas coisas? Pensas com agrado em ser uma destas tias solteironas de antão, que não se casavam...?
Antonella: Sim, de fato.
Terapeuta: E cuidavam dos sobrinhos... às vezes pensas nisto?
Antonella: Não. Não tenho tido este tipo de pensamento. Isto é, para mim existe o hoje.

Uma vez mais Antonella afirma a limitação de seu horizonte temporal:

1. Antonella parece buscar o lugar da garotinha e rejeita o de adulto (regressão oral na perspectiva freudiana).

2. Para ela "existe o hoje", mas se trata de um hoje que dá voltas continuamente sobre si mesmo, sem que a história se desenvolva nunca.

Suas premissas se vêem confirmadas evidentemente pelas retroações que recebe, que a levam continuamente ao ponto de partida, em uma série infinita de círculos. O terapeuta desafia agora abertamente a premissa da imobilidade no tempo. Começa a formular uma série de perguntas sobre o futuro, a propor novas hipóteses, não sobre o que teria podido ser, mas sobre o que *poderá* ocorrer. Responder a estas perguntas conduz necessariamente à abertura do horizonte temporal de Antonella (e de sua família) para o futuro.

Terapeuta: Então pensas: "Talvez eu vá com eles", com quem irias com mais gosto se pudesse escolher?
Antonella: Não sei, não sei.

Terapeuta: Se fossem eles que escolhessem, qual das três famílias te escolheria?

Antonella (*dirigindo-se a seus irmãos*): Ah, penso que não seriam as deles, porque sou insuportável.

Terapeuta: Então a de teus pais?

Antonella: Sim, a de meus pais, eles me escolheriam.

Terapeuta: Brigariam para atrair-te?

Antonella: Oh, não, não.

Terapeuta: Ah, não brigariam?

Pai: Sim, sim.

Antonella: Não, decididamente não.

Mãe: Não tanto.

Antonella: Não. Mais que nada seria um peso.

Gustavo: Bom, se estivesses na mesma situação que agora, serias...

Antonella: Pois eu não me vejo de outra maneira, só como agora.

Mãe, Giovanni (*sorriem*).

Antonella: Não me vejo em outra situação, só na atual.

Terapeuta: Poderias tentar outro caminho: pergunta a teus irmãos e a teus pais com queriam que fosses para eles te aceitarem.

Antonella: Talvez como era antes. Talvez somente como era o ano passado.

Giovanni: Não.

Antonella: Como era há quatro anos.

Terapeuta: Bem. Suponhamos por um momento que dentro de uns anos teus irmãos tenham suas famílias e que continues com a idéia que tens agora de ti mesma... porque pode ser que mudes esta idéia, pode ser que, em um dado momento, penses que és uma garota como as demais, uma garota que se quiser pode ter sua família ou, se não quiser não; pode ter uma vida social, uma carreira, não sei, em definitivo, ter uma vida como a das pessoas comuns, pensar que é uma pessoa comum, como os demais, como os que estamos aqui, somos gente comum, não é?

As perguntas do terapeuta sobre o futuro introduzem futuros possíveis para toda a família. Apresentam um cenário futuro onde os irmãos terão deixado a família de origem para formar outras e deixado o casal parental junto e Antonella em uma espécie de terra de ninguém. Antonella é incapaz de prever, no desenvolvimento deste cenário futuro, uma possível saída ou sua autonomia, mas unicamente paralisia e dependência. A afirmação: "pois eu só me vejo como agora", evidencia a grave limitação de seu horizonte temporal. A alternativa tem duas possíveis pontuações: a limitação do horizonte temporal é provocada pela situação existencial de angústia e desespero de Antonella; ou então, a angústia e os sintomas são provocados pela estreiteza do horizonte temporal.

Em nossa opinião os vínculos de linguagem nos obrigam a esta dicotomia, enquanto seria mais sistêmico pensar em um anel auto-reflexivo.

A última intervenção do terapeuta introduz todas as possíveis opções entre as que Antonella pode escolher: continuar com está, mudar, casar-se, não se casar, ter uma carreira, ter uma vida "comum". Quer enriquecer as possibilidades de escolha de Antonella, evitar a possibilidade de perder a neutralidade e de impor uma solução normativa.

Terapeuta: Mas suponhamos que continuas com a mesma idéia...
Antonella: Que não sou normal...
Terapeuta: Que não és como o comum dos mortais, mas que dás nojo, como para te jogar em uma lata de lixo. Suponhamos que teus irmãos se casem e que tu vais viver com um deles. Como verias, daqui a alguns anos, teus pais sozinhos?
Antonella: Como estariam os dois?
Terapeuta: Sem filhos.
Antonella: Sem filhos? Oh, brigariam o tempo todo.
Pai, Mãe, Giovanni (*sorriem*).
Terapeuta: Brigariam o tempo todo?
Antonella: Sim.
Pai: Gostarias...
Terapeuta: Seria possível, ao contrário, que tua mãe começasse a dar um pouco de açúcar ao teu pai, não sei...
Antonella: Talvez...
Terapeuta: Sem os filhos por perto, pode ser que isto ocorra, não é?
Antonella: Talvez, pode ocorrer.
Terapeuta: Talvez o pai não queira tanto o açúcar, poderia bastar-lhe um sinal de acolhida.
Antonella: Não sei.
Gustavo: Ao papai lhe basta sofrer.

No futuro apresentado pelo terapeuta, a separação dos filhos dos pais pode conduzi-los a abandonar sua relação conflitiva e a encontrar uma nova maneira de entender-se. Antonella parece aceitar esta perspectiva, mas para Gustavo ela é inaceitável. O diálogo oferece a possibilidade de "descobrir" que os comportamentos de cada um estão ligados ao contexto mais que a uma série de características pessoais imutáveis.

Ao final da sessão, o terapeuta sai para consultar a equipe. Ao voltar oferece esta conclusão:

Terapeuta: Eu e os colegas discutimos e chegamos, por enquanto, à seguinte conclusão. Não estamos preocupados pelo senhor Viola, porque toda sua vida foi acostumado a passar por maus bocados. Tampouco estamos muito preocupados por Antonella, porque ela sabe perfeitamente que será ela quem decidirá, no futuro, se continuará com a idéia de que não vale nada, de fechar-se em casa, ou se, pelo contrário, decidirá ter uma idéia diferente, a de que vale igual que todas as demais pessoas. Será uma decisão sua e, portanto, não nos preocupa. Na realidade estamos preocupados pela mãe. Como disseram os colegas, e eu estou de acordo com eles, nesta família a mãe está acostumada a ter o açúcar. Ao habituar-se, torna-se dependente. Por isto, em um futuro imediato, quando os filhos se casarem, tenham suas próprias mulheres, mulheres que desejarão açúcar para elas, de modo que o açúcar da mãe poderá ser reduzido de repente. De certa maneira, pensamos que (*dirigindo-se à mãe*) não teve no passado as experiências de seu marido, ainda não está imunizada. Está claro o que estou dizendo?

Mãe: Sim.

Terapeuta: Não está ainda habituada. Por isto achamos que *a senhora* está em uma posição vulnerável. Todo este açúcar que está tomando — agora estou falando metaforicamente — pode provocar-lhe uma diabetes relacional.

Mãe (*aceitando*): Perigoso.

Terapeuta: Por isto pensamos que *a senhora* está em uma posição de vulnerabilidade, muito mais que seu marido. Seria oportuno que a família refletisse sobre isto. Vemos que agora Antonella, de algum modo, está tratando de que a senhora se habitue a passar por algum mau bocado. De fato, por mais que a senhora faça, não consegue convencer Antonella de que mude e, neste sentido, tem de passar algum mau bocado, pelo menos por agora.[5] Estes maus bocados são positivos para a senhora, para fortificá-la, para imunizá-la como seu marido. A imunidade na vida procede também dos sofrimentos. Pensamos que seria também oportuno que seus filhos homens a ajudassem a que se habituasse a viver com menos açúcar.

Giovanni (*agitado, com voz alterada*): Não acho isso não, não, não. Vejo ele (*apontando para o pai*) fechado, incapaz de fazer amigos, enquanto ela (*voltando-se para sua mãe*) não tem problemas...

Terapeuta (*dirigindo-se ao pai*): O que posso dizer-lhe, senhor Viola, é que Giovanni está dando agora outro torrão de açúcar a sua mulher.

Mãe (*assente vigorosamente*).

Terapeuta: Compreendeu agora? A senhora também compreendeu?

Mãe: Sim, compreendi, compreendi. Também Giovanni compreendeu, mas...

Terapeuta: Neste momento vemos os torrões de açúcar. O dito pelo seu filho, não entro agora no mérito do certo ou do errado, confirma que queria dar-lhe um torrão de açúcar e um mau bocado ao pai. Queríamos que neste período, até o próximo encontro, também seus filhos homens a ajudassem e tentassem dar-lhe menos açúcar.

Levantamo-nos, o pai e a mãe demonstram concordar com o terapeuta, Giovanni parece um pouco menos chateado, mas está bastante embaraçado, Gustavo indiferente e Antonella aliviada.

A propósito desta intervenção são possíveis várias considerações:

1) A família veio para a terapia com um diagnóstico: Antonella padece de "anorexia e psicose". O terapeuta reformula o problema e o atribui a uma situação existencial (e não clínica).

2) Desloca-se a preocupação com Antonella, que tem a possibilidade de escolher entre várias opções positivas no futuro, para a mãe, que corre o risco de contrair "uma diabetes relacional".

3) A equipe criou a metáfora da "diabetes relacional" a partir da intervenção de Giovanni, que afirmou que o pai "passou sempre por maus bocados", e acrescentou depois sarcasticamente que "o merecia". A metáfora também teve a função de fazer refletir a família sobre as possíveis perigosas conseqüências da coalizão mãe-Giovanni contra o pai.

4) Os comportamentos de Antonella adquiriram, ao mesmo tempo, uma conotação positiva, pelos efeitos positivos que podem ter sobre a mãe os maus bocados que a fez passar a filha.

5) Finalmente, depois da última tentativa de Giovanni de propor-se como líder do grupo, através da sua dura crítica à intervenção, o terapeuta se dirige ao pai, desaprovando assim os esforços do filho mais velho de coligar-se à mãe contra ele.

Examinando brevemente esta segunda sessão em seu conjunto, vemos a necessidade de evidenciar o aspecto temporal. A conversa começou com uma análise da situação de Antonella no presente, de sua posição existencial de bloqueio, tudo isto unido às relações intra-familiares e à precariedade das extra-familiares. O uso freqüente de metáforas nesta sessão, além de atribuir diversos significados aos acontecimentos, facilita a conexão dos diferentes tempos individuais e familiares. A metáfora sobre a "pesquisa" de Antonella foi, depois de alguma incerteza, aceita por toda a família. Antonella pôde *sentir-se aceita*, no "aqui e agora", no papel de pesquisadora.

Depois, a história de Antonella foi entrelaçada na trama da história familiar e relacionada com as histórias das famílias de origem dos pais. As perguntas hipotéticas no passado ofereceram a possibilidade de imaginar mundos possíveis, livres dos condicionamentos deterministas exercidos pelo passado sobre o presente e, assim, ampliaram o horizonte temporal. Se no início Antonella parecia submetida à oscilação sem fim de um tempo circular e estático, depois foram-se abrindo as portas do transcorrer do tempo, como se o rio, que se havia convertido em pântano, tivesse recuperado seu curso.

Terceira sessão. A terceira sessão foi realizada em setembro, depois de uma longa pausa de verão. Antonella, apesar de haver engordado excessivamente, mostra-se. Se antes rejeitava a comida, agora come sem parar. A primeira pergunta do terapeuta, sobre como havia sido o verão, foi respondida pela mãe: "Para ela (Antonella) não foi bom."

Giovanni, pelo contrário, começa apontando a notável melhoria de sua irmã, fala de uma cada vez maior alegria de viver que antes estava completamente ausente. Durante o verão, Antonella não somente voltou a sair de casa, mas foi sozinha à praia e voltou a freqüentar os seus amigos. A fobia das mudanças de temperatura desapareceu e, claro, Antonella já não veste as blusas de frio. Recuperou o senso de humor e a alegria de antes. O único traço anormal que permanece é sua quase bulímica voracidade. Mas é preciso sublinhar que se todos os membros da família concordam com esta melhoria, a mãe está perplexa e insiste no grave problema da gordura. Parece desgostosa quando olha para filha!

A intervenção final se baseia na hipótese de que quando Antonella conseguir redefinir a relação com a mãe, quando tiver a experiência de sentir-se aceita por ela, poderá sair de sua situação. Toma-se a decisão de propor o seguinte ritual:

> Terapeuta: Sentimos que, apesar das mútuas desilusões dos últimos anos, há um forte vínculo entre Antonella e sua mãe. Pedimo-lhes, às duas, que dediquem um dia da semana, a quarta-feira, a tentar compreenderem-se. Neste dia os demais membros da família deverão evitar intervir. As duas terão de manter o segredo de como passaram o dia.

Fica clara a tentativa de fazer emergir, através do ritual, a possibilidade de uma nova relação mãe-filha. A seqüência temporal que separa a dupla mãe-filha dos demais membros da família, favorecida pela prescrição do segredo, parece adequada ao objetivo.

Quarta-quinta-sexta sessões. Antonella melhorou progressivamente. Animada pela volta aos estudos, submeteu-se a uma dieta rigorosa que lhe fez perder grande parte do peso acumulado, mas não lhe fez perder o *bom humor* e a alegria. A volta à Universidade, depois de dois anos, significou uma grande conquista que, posteriormente, aumentou sua auto-estima. É significativo que nos últimos encontros Antonella tenha se sentado entre os irmãos, que já não a tratavam como uma pobre doente. Com freqüência consultavam-se mutuamente e, em mais de uma ocasião, disseram a seus pais que "já é hora de deixar de discutir" e de entrar em acordo sobre como viver juntos no futuro.

Catamnesis. Em janeiro de 1991 — pouco depois do segundo aniversário do final da terapia —, o terapeuta telefonou à família para obter informações catamnésicas. A mãe respondeu dizendo que a mudança havia continuado. É interessante que Antonella tenha decidido, o ano anterior, recomeçar as conversas semanais com sua terapeuta para "falar de problemas pessoais".[6]

A atmosfera familiar havia melhorado nitidamente: os filhos se interessam cada vez mais pelos estudos e pelo mundo exterior e a relação entre os cônjuges estava muito melhor. À solicitude de uma opinião sobre a terapia de família, a mãe respondeu que todos reconheceram explicitamente sua grande utilidade.

Aldo: "O tempo parou!"

Exporemos agora conteúdos de uma consultoria realizada em 1989, a pedido de um jovem psiquiatra. Ele atendia Aldo, um jovem de vinte seis anos que havia cinco anos tinha sido diagnosticado como esquizofrênico. Os sintomas apareceram durante uma viagem do paciente ao Tibete: havia desenvolvido um delírio sistematizado, segundo o qual o espírito do Dalai Lama regulava sua vida e a das pessoas com quem entrava em contato. Havia sido internado durante algum tempo em um hospital psiquiátrico, recebera alta, mas, como não havia melhorado, fora internado novamente. Havia retornado à casa da família uns meses antes, mas havia causado tantos transtornos que seu pai e seu irmão manifestaram o desejo de afastá-lo ou de que o internassem de novo.

Compareceram à consulta Aldo, seus pais e o psiquiatra responsável por ele. Seu irmão Giulio, de vinte anos, que trabalhava como aprendiz em uma empresa têxtil, não pôde estar presente porque estava no serviço militar.

Devemos dizer que, no primeiro encontro com uma família que tem um membro psicótico, o consultor sói dirigir a sessão de uma forma distinta da habitual. Dedica-se muito mais tempo ao diálogo entre consultor e o cliente psicótico que ao diálogo com os demais membros da família. A razão principal desta atitude é que, normalmente, as famílias falam com o profissional *a respeito* do psicótico, considerado incapaz de raciocinar "normalmente" e, portanto, de manter um diálogo "sensato". Ele, por sua vez, com seu freqüente antagonismo ou negativismo, ou com suas extravagâncias, confirma esta convicção, de modo que o diálogo tende a restringir-se e a polarizar-se entre os familiares "sadios" e o profissional. Desta maneira, o consultor aceita implicitamente o "diagnóstico" da incapacidade de compreensão, volição e de raciocínio do paciente e contribui para sua marginalização.

Ao tentar iniciar um diálogo com o psicótico, o consultor, ao contrário, permite que ele saia da posição de "diferente", de "louco", e comunica aos demais que pode falar normalmente quando desejar. Todas as respostas incompreensíveis do paciente recebem, por parte do consultor ou o terapeuta, a seguinte réplica: "Eu te fiz uma pergunta, mas não compreendi tua resposta. Terás boas razões para responder de forma que eu não compreenda. Continuarei com minhas perguntas, mas tu tens de decidir se e quando queres fazer-te compreender."

Este é o primeiro passo que pode favorecer um possível engajamento do cliente psicótico. A condição para que isto ocorra é que o conselheiro ou o terapeuta aceite a "realidade" e a lógica do psicótico, assim como a "realidade" e a lógica dos sadios, confirmando assim implicitamente a legitimidade de ambos e mantendo uma posição meta. A aceitação da lógica e do mundo do psicótico permitirá que ele, por sua vez, comece a aceitar o mundo e a lógica do consultor. Assim este poderá representar uma ponte entre o mundo da "loucura" e o mundo da "normalidade".

Diante da primeira pergunta do consultor: "Qual é a situação atual?", Aldo responde falando *do passado*, de sua viagem ao Tibete cinco anos antes, de como os espíritos dos lamas tibetanos começaram a iluminá-lo e a comunicar-lhe "uma idéia e um sistema de idéias", para conduzir-lo à visão correta do mundo das relações humanas. Aldo tenta mudar sua família e particularmente sua mãe, descrita como agressiva e autoritária. O consultor manifesta imediatamente curiosidade e interesse pela extraordinária história relatada por Aldo e entra sutilmente nas suas argumentações. Aos poucos Aldo dá a entender que reconhece o consultor como um profissional importante e lhe oferece a chave para entrar em seu mundo: passou a ser, para ele, "alguém que o compreende", que sabe o que lhe ocorre e compreende suas idéias. A partir desse momento o consultor pode começar a desafiar a visão de mundo de Aldo com a sua própria, com muito cuidado em reconhecer os menores sinais emocionais que indiquem os limites que Aldo não deseja ver ultrapassados. Com freqüência o engajamento inicial representa um crédito utilizável pelo terapeuta no transcurso da sessão. Se perceber o perigo da extinção do crédito, o consultor precisará dar marcha ré.

Com a sessão bem encaminhada, e depois de ter atingido um bom grau de sintonia com Aldo, o consultor decide colocá-lo diante da realidade atual.

Terapeuta: Como é possível, Aldo, que esta idéia dos espíritos dos lamas tibetanos, tão poderosos, mais poderosos que todas as pessoas que te rodeiam, como já disseste, tenha te levado a viver como louco, a estar internado em um hospital psiquiátrico? O colega aqui, é um psiquiatra, não é assim? Tu não vieste aqui para uma visita de cortesia, estás sob tratamento, tomas remédios. Como é possível que esta idéia te leve a viver como...?

Aldo: Ah! Como um louco...

Terapeuta: Sim, exatamente.

Aldo: Agora *eu* lhe faço uma pergunta: v vemos no presente, no futuro ou no passado?

Terapeuta: O que pensas tu?

Aldo: Para mim o tempo não existe. Este é o problema.

Terapeuta: De todas as formas terás tuas boas razões...

Aldo: Já não consigo compreender se me encontro no passado, no presente ou no futuro. Por isto fico louco. Porque não quero viver aqui para sempre. Este é outro problema.

Aldo, ao se colocado diante da sua situação existencial presente, foge e se refugia no tempo, em um tempo que não existe e, ao mesmo tempo, pede ao consultor uma informação sobre o tempo que ele está vivendo. A misteriosa frase: "por isto fico louco, porque não quero viver aqui para sempre", parece aludir à fuga para a loucura como defesa contra a intolerabilidade de sua situação pessoal, vivida tragicamente em um tempo parado, imutável, percebido como eternidade. Esta é uma interpretação que evidencia a prisão temporal na qual Aldo parece viver e na qual, por ser eterna, não existem e não podem ser distingüidos nem passado, nem presente, nem futuro. Se Aldo descompensasse e entrasse em uma fase aguda, com toda probabilidade viveria em um caos, em uma fragmentação temporal, onde passado, presente e futuro se entrelaçariam de modos grotescos, onde o sentido da duração e do ritmo sofreriam enormes alterações.

O terapeuta prossegue a análise e o desafio da visão de mundo de Aldo, fruto de sua crise psicótica, e suas conseqüências.

Terapeuta: Também eu agora quero te fazer uma pergunta: suponhamos que esta idéia, que tem te possuído, e que te leva a viver como ela manda... Suponhamos que esta idéia desaparecesse e que em conseqüência te sentisses livre, que farias, como seria tua vida?

Aldo: Seria uma vida... sem dúvida mais feliz.

Enquanto no princípio Aldo tinha ar de superioridade, de grandiosidade, e parecia estar satisfeito de "estar possuído" pelo espírito dos Lamas tibetanos, agora, pela primeira vez, parece ter sérias dúvidas e imagina uma vida mais feliz. Seu tom é sóbrio, quase deprimido. As perguntas parecem tê-lo tirado de um eterno presente, no qual nada muda, e reintroduzido no fluir temporal no qual aparece o futuro com seus cenários sombrios.

Terapeuta: Seria, sem dúvida alguma, uma vida mais feliz, como dizes. E que farias se isto ocorresse? Por exemplo, se encontrasses um trabalho, e que trabalho gostarias de encontrar?

Aldo: O problema é que não sou burro. Eu queria ser burro.

Terapeuta: Não, desculpa, poderias responder a minha pergunta?

Aldo: Qual pergunta era?

Terapeuta: Suponhamos que esta idéia, assim como veio se fosse...

Aldo: Seria um estúpido!

Este diálogo recorda a descrição feita por Haley, no clássico artigo "The Family of the Schizophrenic: a Model System" (1959), das formas com as quais o esquizofrênico nega os diversos elementos da comunicação, como o emissor, o receptor, a mensagem, o contexto. Haley diria que Aldo tenta não definir sua própria relação com os demais e, ao mesmo tempo, impedir que os demais definam sua relação com eles.

Muitas das respostas de Aldo referentes às possíveis escolhas indicam uma impossibilidade de definição; uma ambivalência característica dos estados psicóticos. É significativo que Aldo tenha adotado a palavra "burrice" imediatamente depois do que aparecia como um novo *insight*: "Então seria uma vida..., sem dúvida, mais feliz". A "burrice" parece estar relacionada não tanto com o fato de não querer trabalhar, mas com a defesa da introspecção, isto é, a ver sua real situação existencial. Aldo entrevê a possibilidade de uma vida diferente, que provavelmente tem medo de não ser capaz de enfrentar, mas refugia-se na retirada ou, como ele diz, na burrice. Neste momento se torna compreensível como fazer parte do espírito dos Lamas tibetanos é uma fachada delirante de uma temida fraqueza ou impotência, ou — como poderia dizer-se em termos psicodinâmicos — a escotomização de uma ferida narcisista.

Pode-se supor que na situação pré-psicótica Aldo tenha vivido em um estado de desorientação, de insegurança, de angústia diante do futuro. Seu pai e seu irmão, que formavam uma dupla muito afinada, expressavam ressentimento e hostilidade perante ele e reprimiam todas suas tentativas de ser aceito. Por outra parte, a relação com sua mãe se havia deteriorado: era sobretudo ela quem sofria as conseqüências de seus delírios, ele a desobedecia e ofendia continuamente. A situação de Aldo parecia de isolamento e loucura.

Terapeuta: Um momento. Parece que, em certo sentido, ao obedeceres a esta idéia cometes uma burrice. Esta idéia, de fato, consegue que faças tudo o que ela quer. Tu não és livre. Pareces viver como um bobo...

Aldo: Não, vivo como um louco. Há de se distinguir bem as palavras. Porque bobo não é o mesmo que louco.

Terapeuta: Mas esta idéia surgiu em ti, não em teu irmão nem na tua mãe. Surgiu em ti: poderíamos formular esta pergunta: como é que esta idéia chegou a ti e não a teu irmão, por exemplo? Já te fizeste esta pergunta, a formulaste alguma vez?

Aldo: Porque eu entrei no mundo espiritual e meu irmão não, ainda que tenha todos os méritos desta terra.

Esta afirmação evidencia, obviamente, a grande rivalidade com o irmão; se seu irmão é apreciado "nesta terra" Aldo é apreciado no mundo espiritual — e portanto superior — do Dalai Lama. É provável que, antes do surgimento dos sintomas, a mãe tenha começado a preferir, de forma encoberta, o irmão em detrimento de Aldo.

Nesta última parte do diálogo pode-se observar que o consultor aumenta o valor de seus lances. Sobretudo, leva Aldo ao tempo dos "sadios" formulando uma pergunta hipotética: "Se nunca tivesse tido esta idéia (delirante), como viverias agora?" Aldo aceita aparentemente o discurso hipotético, que o situa perante dois mundos possíveis, o da burrice e o da loucura, ambos sem tempo, entre os quais atualmente parece oscilar, desprovido da possibilidade de entrar no mundo da realidade, isto é, da evolutividade.

O consultor o pressiona e aumenta o desafio: é justamente graças ao fato de ter essa idéia que Aldo pode passar por bobo. O consultor, além do mais, insiste mais na burrice que na loucura, porque a burrice é menos grave e, ao mesmo tempo, mais provocativa. Desta forma, continua entrando e saindo do mundo (psicótico) de Aldo: dentro e fora, fora e dentro, continuamente. Trata de estabelecer contato com ele e de desafiá-lo, aceitando seu mundo e sua lógica e oferecendo-lhe a possibilidade de entrar no mundo e na lógica do sentido comum. Aldo tem a possibilidade de mergulhar em um discurso que o conduz a reconhecer a existência de várias realidades, de diversos mundos possíveis, e a experiência do Outro como seu semelhante.

Terapeuta: Neste momento quer a voltar a perguntar-te: se não tivesses esta idéia, que pode te fazer viver como bobo, ou como louco, como dizes, no sentido de que não podes libertar-te dela, no sentido de que és seu escravo... Bem, se neste momento te livrasses desta idéia, o que pensas que farias?

Aldo: Estaria trabalhando.

Terapeuta: Em que tipo de trabalho?

Aldo: Ah! Seguiria trabalhando como desenhista industrial.

Terapeuta: Trabalharias como desenhista industrial. Terias uma namorada... Estarias casado?

Aldo: Sim.

Terapeuta: Quando terias te casado?

Aldo: Aos vinte e dois anos.

Terapeuta: Como é teu casamento?

Aldo: Com uma mulher muito esperta e com duas crianças lindas.

Terapeuta: Mais esperta que tua mãe?

Aldo: Uma mulher tranqüila, que não grita.

Terapeuta: Esta mulher se parece com sua mãe?

Aldo: Não.

Terapeuta: Seria muito diferente de tua mãe?

Aldo: Sim, sim. Completamente diferente.

Terapeuta: Bom... uma mulher tranqüila. Tua mãe, ao contrário, não é tranqüila?

Aldo: Não.

Terapeuta: Tua mãe não é tranqüila, no sentido de que quer impor-se, de querer ser obedecida por ti?

Aldo: Sim, exatamente.

Terapeuta: Às vezes te encontras perante este dilema: preciso obedecer à idéia, isto é, aos Lamas tibetanos, ou devo obedecer à minha mãe? Porque tua mãe também disse tenta fazer-se obedecer. Às vezes te encontras em um dilema, quando tua mãe quer ser mais forte que esta idéia? Entendeste minha pergunta?

Aldo: Minha mãe nunca é mais forte.

Terapeuta: Mas tenta?

Aldo: Minha mãe tenta ser mais forte que minhas idéias, que minha idéia, mas minha idéia é mais forte que minha mãe.

Neste momento, em que Aldo parece aceitar a possibilidade de um retorno ao sentido comum, a função das perguntas hipotéticas é a criação, no "aqui e agora", de uma realidade diversa, que ninguém (*in primis* Aldo, seus pais e eventualmente o psiquiatra presente) acha possível, a não ser em um futuro longínqüo, ou até nunca. O consultor e Aldo participam agora da criação de um cenário no qual Aldo trabalha, contrai matrimônio e tem filhos; é uma pessoa que pode arrumar-se na vida. A passagem do condicional ao indicativo confere maior "realidade" a esta eventualidade. Algumas vezes nós já constatamos, particularmente nos casos ainda não cronificados, extraordinárias mudanças contínuas, nas quais desapareceu a sintomatologia psicótica. Nos casos em que a mudança é mais lenta, a passagem à "normalidade" ocorre depois de uma fase depressiva. Em alguns momentos desta sessão pode-se perceber também certo tom depressivo. O mais importante nestes casos é que o profissional tenha uma visão otimista.

Aldo evidencia seu acesso ao mundo possível da hipótese através das suas respostas adequadas, da mudança no seu tom de voz, menos lânguido e afetado, e dá a impressão de estar prestes a atravessar a ponte. O consultor, por sua vez, encontra-se — por assim dizer — na ponte que relaciona o mundo do delírio com o da realidade, à sua espera.

A linguagem do consultor poderia, em certos momentos, dar ao leitor a impressão de certa violência com o cliente (por exemplo, as alusões ao fato de parecer "estúpido" ou "louco"). Em realidade, os significados das palavras usadas devem ser lidos no contexto de toda a relação: já se sabe que em uma relação "negativa", a de dois cônjuges briguentos, por exemplo, a expressão "te amo" tem um significado muito diferente ao que normalmente se associa ao significante verbal; o mesmo pode-se dizer da expressão "te odeio" entre dois namorados.[7]

Nesta última parte do diálogo — perto da metade da sessão — o consultor estabelece uma comparação entre a mulher virtual de Aldo e sua mãe. Assim é possível explorar mais detalhadamente as interações da família e envolver os pais na conversação. O pai e a mãe tinham escutado com muita atenção o diálogo mantido pelo consultor e Aldo, assombrados ao ver seu filho e o profissional envolvidos em uma longa, e amiúde significativa, conversa. Isto sói constituir um descobrimento para os familiares dos psicóticos. Normalmente, as conversas dos familiares e das demais pessoas com o psicótico acabam ao começar ou se mantêm de forma repetitiva e estéril devido à impossibilidade de concordar sobre os significados.

Terapeuta: Teu pai também tenta ser mais forte que tuas idéias?

Aldo: Meu pai nunca fala.

Terapeuta: Ah, nunca fala... Quando dizes que te casarias com uma mulher diferente de tua mãe, isto é, uma mulher mais tranqüila, uma mulher que não te diga o que fazer, que não te dê ordens...

Aldo: Digamos que se pode receber ordens das pessoas que merecem dar ordens.

Terapeuta: Compreendi, então sua mãe...

Aldo: Eu e os Lamas tibetanos...

Terapeuta: Entendo... Mas, por enquanto, deixa de lado os Lamas tibetanos. Dizias querer uma mulher completamente diferente de tua mãe...

Aldo: É estranho, não é? Porque muitos querem encontrar a mãe em uma mulher. É o que não compreendo.

Terapeuta: Tu, ao contrário, queres mudar. Depois veremos por quê; parece algo importante. De qualquer forma tu dizes: "Minha mãe tende a ser comandante, meu irmão e meu pai obedecem." Se não obedecerem, tua mãe levanta a voz e consegue ser obedecida. Mas contigo, não; não consegue, porque tu, Aldo, tens uma força à qual obedeceres. Não obedeces a tua mãe, mas obedeces a uma força, a um sistema, que te manda fazer tudo o que tua mãe não gosta. Imagino que tua mãe tentará.... posso perguntar a teu pai?

Aldo: Sim.

Terapeuta: Sua mulher tenta fazer-se obedecer? Ela consegue?

Pai: Em parte. Talvez em forma de imposição, bom, não como imposição, mas como chantagem. Ela diz: "Olha, se não fizeres isto...", então Aldo o faz, mas considera-o uma chantagem.

Terapeuta: E depois?

Pai: Depois tudo volta a ser como antes, repete-se a mesma história. Ele faz sempre as coisas à força.

Terapeuta: Então, sói haver faíscas entre eles?

Pai: Sim, às vezes sim; por isto aconselhei-o a ficar só, para evitar todas estas faíscas. Incomoda-me, mas eu não tenho tanto a perder. Será difícil, mas se o conseguir, será melhor para ele... e para nós.

Terapeuta: Posso fazer uma pergunta para a senhora? Como reage seu marido durante esses encontrões entre Aldo e a senhora, quando soltam essas faíscas?

Mãe: Ele se opõe, diz que já não agüenta mais, diz que não quer ouvir mais discussões...

Aldo: Não quer ouvir mais gritos...

Mãe: Sim, gritos, porque eu fico tranqüila durante algum tempo, tento não gritar, mas quando vejo que as coisas não funcionam, desanimo... e grito.

Terapeuta: Eleva a voz?

Mãe: Sim, porque às vezes tenho vontade de gritar, não é?

Terapeuta: E ele (*dirigindo-se a Aldo*), responde em voz alta?

Aldo: Não!

Terapeuta (*dirigindo-se ao pai*): Quando sua mulher levanta a voz...

Pai: Ele é tranqüilo.

Terapeuta: Ah, ele é tranqüilo. Aprendeu o estilo na Índia.

Mãe: Não escuta. É como se lhe entrasse por um ouvido e saísse pelo outro.

Pai: Assim ela, chega um momento, começa a excitar-se.

Terapeuta: E o que faz seu marido? Tenta detê-la?

Mãe: Tenta deter-me porque diz que tudo isto não serve para nada. E, de fato...

Terapeuta (*a Aldo*): Teu pai consegue deter tua mãe?

Mãe: Eu às vezes tento, tento controlar-me, mas gritar é meu ponto fraco.

Terapeuta (*a Aldo*): Já fizeste algo para dar uma mão para teu pai? Por exemplo, quando vês que teu pai está mal, sofre, porque tua mãe levantou muito a voz...

Aldo: Sim.

Terapeuta: Ah, de que modo às vezes dás uma mão ao teu pai, quando o vês sofrer? Não poderias, por exemplo, dar-lhe obedecendo tua mãe?

Aldo: Em que sentido posso dar-lhe uma mão?

Terapeuta: Por exemplo, se obedeceres tua mãe se cala; e se tua mãe se calar, teu pai estará melhor, não é assim?

Aqui o consultor, com uma série de perguntas circulares triádicas, cujo tema é o grau de consenso entre os diversos membros da família, chega à conclusão de que há um grau muito alto de desobediência, de desacordo. Em outro momento da sessão o pai expressou seu temor de que o filho caçula, Giulio, torne realidade seu propósito de sair de casa. Aparentemente, ele tem ameaçado seus pais com um ultimato peremptório: "Ou Aldo ou eu", porque para ele a vida familiar se tornou insustentável. Está injunção também pode ser vista como: "Ou me obedecem ou obedecem a Aldo." É interessante, como veremos a seguir, que o pai, aliado com Giulio, deseje livrar-se de Aldo, mas, como era de esperar-se, a mãe não concorda. Aldo, por sua vez, por um lado desejaria estar em casa, por outro não. O psiquiatra, interpelado, não sabe se deve obedecer às instâncias do pai, da mãe, ou dos filhos, não tem claro seu juízo clínico (coisa que sói ocorrer a quem trabalha com este tipo de família) e espera que o "abacaxi" caia nas mãos do consultor. Ao final da sessão veremos qual foi a resposta do consultor.

Terapeuta (*à mãe*): Seu marido disse que seria melhor se Aldo morasse fora de casa. Concorda com ele ou não?

Mãe: Veja, eu não concordo que seja melhor que Aldo more fora de casa. Não é verdade o que ele diz, que não lhe quero. Sempre preferirei ter meu filho em casa. Mas faz coisas erradas, recusa-se a trabalhar, só quer ficar assim sem fazer nada; nunca escutei dele que gostaria de fazer isto ou que desejaria fazer aquilo ou mais aquilo...

Terapeuta: Concorda com seu marido que seja melhor que Aldo morasse fora de casa?

Mãe (*ansiosa, preocupada*): Não sei, não gosto... Gostaria que estivesse em casa... Não é que deseje expulsá-lo de casa, mas gostaria que me obedecesse, pelo menos naquelas pequenas coisas que peço...

Terapeuta: Mas a senhora já tentou. Seu marido lhe diz: "Já tentou tantas vezes e ainda..." Por que não concorda com seu marido?

Mãe: Não posso compreender. Às vezes tento não falar nada para não o irritar, mas...

Terapeuta: Mas quando seu marido lhe diz: "Já tentaste tanto, por que continuar a te iludires?" Por que não obedece a seu marido?

Mãe: Então teria de deixá-lo fazer e não lhe dizer mais nada, sei que ele desejaria ficar em casa e fazer tudo que quiser.

Terapeuta (*a Aldo*): Compreendes a postura de teu pai? Para o bem-estar familiar seria bom que saísses de casa.

Aldo: Já saí de casa.

Mãe: Sim, há dois dias!

Terapeuta: Há dois dias. Mas, em relação ao futuro imediato, estás de acordo com a idéia de teu pai de morares fora de casa, ou estás melhor em casa?

Mãe (*parece alarmada com a possibilidade de que se chegue à decisão de afastá-lo de casa*): Ele não...

Terapeuta: Um momento, senhora!

Aldo: E como você sabe?

Terapeuta: Tu preferes estar em casa com eles ou preferirias morar fora?

Aldo: Digamos que preferiria ficar em casa, mas, como já não suporto mais o ambiente familiar, tudo bem sair de casa.

Terapeuta: Então, que conselho darias ao teu pai? Teu conselho seria para continuar insistindo sobre este ponto ou para que te mantivessem dentro de casa?

Aldo: Não.

Terapeuta: Escuta, estás trabalhando atualmente?

Aldo: Não, trabalhei durante dez meses como jardineiro.

Terapeuta: E acabas de deixar o trabalho?

Aldo: Deixei-o há uns dois meses.

Terapeuta: E porque o deixaste?

Aldo: Porque estou ficando sério.

Terapeuta: O que queres dizer?

Aldo: Não posso explicar, não posso dizer...

Terapeuta: Foi teu sistema de idéias que te mandou deixar o trabalho?

Aldo: Fui eu quem decidiu deixá-lo. Porque não aceito que o tempo não se mova.

Arrisquemos uma tentativa de explicação das obscuras e estranhas respostas de Aldo nesta última parte da conversa. À pergunta sobre porque havia deixado o trabalho de jardineiro responde: "Porque estou ficando sério", e se recusa a esclarecer. Pode-se supor que este trabalho esteja longe das suas aspirações e, portanto, "estou ficando sério" pode significar que precisa procurar algo diferente. A recusa em esclarecer pode indicar seu desconforto se revelasse suas ambições frustradas. Por outro lado, quando diz que decidiu deixá-lo porque não aceita que o tempo não se mova, pode ser uma expressão metafórica do tédio de um trabalho que para ele não tem sentido. Este tédio tem relação com o vazio esquizofrênico que pode paralisar um sujeito em todas as esferas de atividade. Poder-se-ia formular a hipótese de uma equação entre vazio (*emptiness*) e atemporalidade (*timelessness*).

Terapeuta: Que o tempo não se move? Achas que o tempo não transcorre?

Aldo: Não, não transcorre.

Terapeuta: Compreendi. Parece-me completamente lógico. Não transcorre porque o sistema está parado. Os sistemas estão parados, estão realmente paralisados, imóveis em tua vida. Tomemos o exemplo de uma criança. Ao crescer, o tempo transcorre, quando se torna adolescente, entra na fase em que normalmente se deixa o sistema familiar para entrar a um sistema externo, que pode ser uma nova família, uma profissão, uma empresa, o exército... compreendes? Então, o tempo transcorre. Mas para ti, compreendo, o tempo está parado, porque ainda estás dentro deste sistema (*aponta aos pais*). Totalmente. Creio que o sistema de idéias que trouxeste do Tibet te obriga a permanecer aqui, neste sistema, isto é, nesta família...

Podemos observar neste fragmento que Aldo tende a falar com mais freqüência "esquizofrenês". O consultor tenta introduzir no discurso uma possível história com lógica própria, para o qual utiliza também as sugestões oferecidas pelo cliente. Esta história, que pretende tirar Aldo do Tibet e trazê-lo para as planícies do Pó, provoca uma fuga pela tangente e nas elocuções esquizofrênicas. Um dado interessante é como transparece claramente a fragmentação do tempo, característica destas pessoas. A tentativa do consultor de entrelaçar as observações do cliente com as suas próprias em um marco — uma história — com significado e coerência internas, que facilite a possível recuperação de uma seqüencialidade temporal, contrapõe-se à fragmentação temporal vivida pelo cliente.

Aldo: Desde que voltei da Índia o tempo está parado.

Terapeuta: Exatamente. Ficarás parado enquanto obedeceres totalmente a estas idéias que elaboraste, este sistema de idéias que tens em mente e, neste sentido, tu obedeces às idéias, mas não obedeces a teus pais.

Aldo: Mas todo meu conflito com os opostos...

Terapeuta: Sim, compreendo; no fundo terias as características, digamos, de uma pessoa que gosta de estar de acordo com seu pai e com sua mãe, gostaria de afeto e sofre porque não consegue ter estas coisas. Imagino que às vezes pensarás inclusive em morrer e que estas idéias te dirão: "Porque não foges, porque não te suicidas?" Eu diria que poderia ser...

Aldo: Uma solução.

Um dos autores, o consultor deste caso, ao ler esta parte da transcrição da sessão ficou muito surpreendido pela passagem da descrição das características positivas percebidas, isto é, estar de acordo e ter o afeto dos familiares, à introdução imprevista do tema suicídio/morte. A hipótese é que nesse momento o consultor tenha experimentado uma profunda identificação com a dramática situação existencial de Aldo, percebida como um beco sem saída. Muitos podem pensar que isto pode resultar perigoso, servir de detonador para as emoções do cliente e empurrá-lo realmente para o suicídio. Nossa experiência indica que falar de suicídio, como já sugerimos em outro momento, tem um efeito "exorcizante", no sentido de que o cliente (e, em ocasiões, também os membros da família) se sente compreendido e pode sair do desespero.

Terapeuta: Exatamente. Uma solução porque o tempo parou, esteve parado desde tua volta do Tibet. Por natureza, tu serias uma pessoa que poderia ser obediente, ter afeto, por exemplo, como teu irmão. Também teu irmão, imagino, às vezes desejaria dizer a sua mãe: "Que chatice!", mas se contém... compreendes? É mais maleável, sabe adaptar-se, algo assim... De qualquer maneira tu, agora, estás possuído pela idéia, pela missão de organizá-los (*aponta para os pais*). Quando disseste antes "os opostos": desejarias que ele (*aponta para o pai*) falasse mais, porque tua mãe não gosta que não fale, que fique silencioso, e também desejarias que tua mãe se calasse. Tentas fazer teu pai falar mais e calar tua mãe. Por isto, há alguns anos, teu tempo parou, evitaste a possibilidade de encontrar um trabalho, de fazer amigos, eventualmente de encontrar uma mulher e ter filhos... em uma palavra, estás parado no tempo. Compreendo: o tempo está parado porque continuas vivendo neste sistema (*indicando aos pais*). Ou então (*voltando-se para o psiquiatra*) neste outro sistema, onde se ocupam de ti, preparam tua comida.

Aldo: Não é bem assim.

Terapeuta: Dizes que não é bem assim, mas o tempo parou. Inclusive se eles saíssem de casa, ou se fosses tu quem saísse, não mudaria nada. Ainda que te afastasses mais de mil quilômetros, neste momento não poderias deixar de pensar na forma de mudá-los. É como uma missão para ti, que te possui, que não te permite seguir a missão fisiológica dos jovens e dos adolescentes: deixar o sistema famíliar e orientar-se para os sistemas externos. A família é como é, os pais são como são, sejam como sejam. Se olhares para fora e dirigires a atenção para o exterior, como dizias antes, o tempo voltará a correr e sairás da estagnação. Agora estás em um estado de total estagnação, totalmente paralisado. Não podes não ter uma grande angústia. Está claro o que estou dizendo?

Aldo: Sim.

Terapeuta: De todas as formas, quero parar um momento. Podem voltar dentro de uns vinte minutos?

O consultor usa termos e metáforas surgidos ao longo da conversa e privilegia, como já dissemos, o diálogo com o paciente designado. Aceita uma parte de sua visão da realidade e, ao mesmo tempo, coloca-a em dúvida. Em um contexto não terapêutico isto podia provocar confusão e ter efeitos patogênicos, enquanto no contexto da conversação terapêutica a confusão pode tornar-se criativa.

Observe-se como a estrutura retórica do discurso, que é "circular" e volta sobre os temas já abordados, favorece as conexões (também temporais) que podem permitir o surgimento de uma história diferente e libertadora. A intervenção final retoma os temas levantados na sessão, principalmente os suscitados pelas perguntas sobre o futuro e as hipotéticas. Isto relega para o segundo plano a razão pela qual o psiquiatra e a família haviam solicitado a consultoria, ou seja, tudo o relativo às sistematizações de Aldo, à casa, só ou fora de casa ou hospitalizado, e se focaliza na *parada do tempo*, que é reformulada como parada da evolução de Aldo e, implicitamente, do micro-sistema que o rodeia.

O terapeuta presentifica o futuro mediante a formulação hipotética de mundos possíveis: prevê um mundo determinista e linear, que perpetua a situação atual, em paralelo a outros mundos possíveis, nos quais o tempo volta a correr e a vida evolui.

Terapeuta: Conversei com meus colegas e concordamos com que tu, Aldo, decidiste, uns anos atrás, dedicar-te por completo a mudar tua família, particularmente teus pais. Por isto o tempo parou para ti. Tomas-te uma nova "mente", ou uma nova "mente" tomou conta de ti, a do Dalai Lama, para tentar transformar teus pais, para mudá-los, para que teu pai, que fala tão pouco, fale, para que tua mãe, que fala tanto, se cale. Neste sentido o tempo parou para ti porque, como dizíamos antes, na adolescência e na idade adulta o tempo corre quando se sai do sistema familiar rumo a outros sistemas: novos interesses, novos trabalhos, amizades, matrimônios, filhos, por exemplo. Tu, ao contrário, estás paralisado há cinco anos, decidiste parar no tempo para reformar tua família, para mudá-la. Atualmente tu atuas dentro de dois sistemas: o sistema familiar e o sistema psiquiátrico. Eu falo agora como representante do sistema psiquiátrico, isto é, dos psiquiatras, psicólogos, enfermeiros e psicoterapeutas, que têm a missão de ocupar-se de pessoas em dificuldades enquanto elas não recuperam seu caminho na vida. Junto com meus colegas pensamos em teus possíveis futuros. Pode ser que a missão assumida de reformar tua família possa durar toda a vida; pode ocorrer que, em um dado momento, te canses de fazê-lo ou penses que já não há razões para fazê-lo. Quando isto ocorrer começarás a pensar em ti, na tua vida, não neles. Virão idéias de encontrar um trabalho, amizades e coisas dessa natureza. Mas somente poderás fazê-lo quando não encontres nenhuma razão para interessar-te tanto por eles. Se me perguntasses: "Doutor, o que pensa sobre eles?, responderia que penso que serão sempre como têm sido e como são. Eles não podem ser diferentes do que são. Teu pai tenderá a ser calado e tua mãe tagarela.

Aldo: Por que não mudam?

Terapeuta: É uma ilusão. É uma ilusão que eles podem mudar. Respondi a tua pergunta?

Aldo: Mais ou menos, sim.

Aqui é como se o terapeuta parasse, na linguagem, o tempo-família e colocasse Aldo diante da possibilidade de escolher entre permanecer paralisado no tempo ou evoluir. Neste momento relaciona a vida de Aldo com a de seu irmão e indica que seu irmão pode ter tido as mesmas dificuldades, mas terminou optando pela evolução.

Terapeuta: É muito provável que um dia teu irmão também tenha tido a mesma idéia de mudar teus pais e depois tenha renunciado, aceitando-os como são. Em suma, para concluir, vemos que tua vida, há já alguns anos, está bloqueada, que o empenho em mudar *esta família*, este sistema, esgota tuas energias, exige todo teu tempo. De momento, esperamos que continues assim.

O consultor, por vários motivos, espelha o cliente, na sua tentativa de desencadear uma mudança. Assim como o cliente empenha-se no intento de mudar seus pais, o consultor, ao propor novos cenários, que vão do *status quo* até uma perspectiva evolutiva, pode ser visto como empenhado na tentativa de mudar o cliente. Mas há algumas diferenças fundamentais: primeiro, o consultor evita a obstinação simétrica em um plano temporal através da comunicação implícita de que sua relação não continuará *ad infinitum*, de que chegado em um dado momento, deixará o campo. Segundo, seu pensamento não se rege pelo princípio "ou, ou", mas pelo princípio "e, e", e oferece mais de uma opção.

Terapeuta (*dirigindo-se à família e ao psiquiatra*): A razão principal pela qual me consultaram, saber qual é o lugar mais adequado para que Aldo viva neste momento, em casa, fora de casa ou no hospital, para mim, apesar de importante, é secundária.

Aldo sabe perfeitamente como comportar-se se quiser ver-se aceito em casa ou se preferir o internamento hospitalar; conhece bem os comportamentos adequados para ambas as soluções, da mesma forma que conhece bem os comportamentos no caso de desejar viver só fora. O fundamental é o que disse há um instante. Não esperem que Aldo, de repente, renuncie à idéia de reformar a família; e acho que, pelo momento, continuará. No caso de que, no futuro, renuncie a esta idéia, então renunciará ou ao sistema familiar ou ao sistema psiquiatria, e não terá necessidade nem sequer de seu sistema de idéias. Então se encontrará em outro sistema.

Dois anos depois o consultor se encontrou com o psiquiatra, que ainda atendia a Aldo, e que lhe falou da situação depois da consulta. Havia certo tempo Aldo morava em um centro de acolhimento, continuava em terapia farmacológica e ainda precisava de assistência psiquiátrica, trabalhava eventualmente e mantinha certo grau de autonomia.

Capítulo 10

Os dois messias

Escolhemos o caso descrito a seguir porque apresenta algumas características interessantes. Sua peculiar evolução clínica, a estrutura narrativa das histórias apresentadas e, finalmente, a presença de alterações significativas do tempo subjetivo em um membro da família, diagnosticado como esquizofrênico. Depois de uma breve descrição do caso, os dois autores analisam e comentam a maior parte da última sessão.

A família Ponzi, residente em Milão, foi referida ao nosso Centro, em junho de 1987, por uma psicóloga que havia insistido em que se tratava de um caso particularmente grave, de um "caso especial". A família mantinha, havia cinco anos, um contato contínuo ou com a equipe psiquiátrica do hospital ou com o centro psicossocial onde trabalhava a referente. Os pais, naturais da região da Puglia, eram bastante modestos, baixos e um tanto velhos. O pai era empregado de uma empresa alimentícia, enquanto a mãe trabalhava como telefonista em uma grande companhia. Os dois estavam perto da aposentadoria. A mãe mancava um pouco devido a uma luxação congênita da cadeira. O filho, de 31 anos, antes da descompensação psicótica, ocorrida em 1982, havia trabalhado como geômetra nos escritórios de uma grande empresa manufatureira em Milão.

Os sintomas começaram inesperadamente, quando descobriu que seu superior imediato ganhava o dobro e trabalhava somente a metade. Sua reação teria sido tão forte ou inapropriada que causou sua imediata demissão. Durante umas duas semanas Fabrizio se fechou em um obstinado mutismo. Enquanto isso os pais tentavam tocar o coração dos dirigentes da empresa para que o readmitissem. Finalmente lhe ofereceram a possibilidade de retornar ao trabalho na mesma empresa, mas em outra cidade, distante uns duzentos quilômetros de sua casa.

Fabrizio não aceitou e começou a manifestar uma sintomatologia paranóica que, em pouco tempo, o conduziu a um internamento psiquiátrico. Ali começou sua carreira de psicótico crônico. Teve seis internações hospitalares forçadas, causadas por suas violentas reações verbais e físicas. Freqüentemente, de fato, abusava verbal e fisicamente de seus pais, continuamente pedia-lhes dinheiro, obrigou-os a comprar-lhe vários automóveis, que depois estragou ou revendeu. Nos intervalos entre as crises buscava e encontrava facilmente trabalho, mas ficava por poucos dias, porque sempre brigava com todo o mundo e se fazia demitir. Em casa se comportava de modo intolerável, como um ditador. Com freqüência gritava e batia nos pais. Às vezes os vizinhos, ou os seus próprios pais, aterrorizados chamavam a polícia que o levava à força ao hospital.

Os apelidos mais freqüentes dirigidos aos genitores eram "caipira", para o pai, pelo seu sotaque sulista, e "manca", para a mãe. Não colaborava com o pessoal da instituição psiquiátrica e, depois de breves tentativas, rejeitava os diversos programas terapêuticos que lhe propunham. Os pais buscavam continuamente a ajuda dos serviços públicos na expectativa de que permanecesse hospitalizado durante um longo período, mas devido à lei 180* as internações eram breves. Assim, Fabrizio havia virado uma espécie de bola de tênis, rebotava da família para as instituições. Seu encaminhamento a um centro privado como o nosso representava — segundo a psicóloga referente — o enésimo intento de mudar uma situação crônica.

À primeira sessão compareceram apenas os pais, pois Fabrizio rejeitava a terapia. Em seguida descreveram seu calvário com o filho e com os serviços públicos, que continuamente os faziam sentir-se abandonados e pelos quais manifestavam grande desilusão e hostilidade. O pai, em particular, expressou sua falta total de confiança na psicologia, na psicoterapia e na possibilidade de que o filho mudasse. A mãe parecia confiar na possibilidade da mudança, "a esperança é a última que morre", dizia. O pai mostrava hostilidade não somente pelas instituições, mas também por seu filho. A mãe, pelo contrário, estava angustiada pelos sofrimentos de seu filho e preocupada por seu futuro.

Já na primeira sessão apareceu uma interessante história relativa à família da mãe. Quando tinha quinze anos, ela e seu irmão Aldo, de oito, ficaram órfãos. A partir daquele dia sua missão foi ocupar-se do irmão. Ele foi levado como dote e imposto ao marido. Estudou até conseguir o diploma e permaneceu com eles até depois de cumprir o serviço militar, quando seu cunhado o expulsou de casa, porque "se havia aproveitado muito de nossa hospitalidade". Nessa época Fabrizio tinha seis anos e, segundo informaram, tinha uma boa relação com o tio, cujo comportamento com ele havia sido "o de um irmão". A relação com Aldo, nunca interrompida pela mãe, foi reatada à raiz da doença de Fabrizio, quando seus pais solicitaram sua ajuda. A intervenção de Aldo parece não ter agradado Fabrizio e, ao contrário, contribuído para uma piora da situação. Dois anos depois, a relação entre a família Ponzi e a de Aldo havia esfriado de novo.

---

* NDT. Os autores fazem aqui referência à lei anti-manicomial.

No relatório da primeira sessão consta que, provavelmente antes da descompensação psicótica de Fabrizio, a mãe, apaixonada pelos "dois filhos", havia-se dedicado a eles e praticamente esquecido do marido. Como conseqüência, Fabrizio teria crescido em meio da confusão em relação a seu próprio papel dentro da família. Já nas primeiras sessões tentou-se inutilmente envolvê-lo na terapia. Os pais, apesar dos notáveis sacrifícios econômicos que isto implicava, participavam de bom grado nas sessões. Depois de oito sessões, no entanto, o único resultado obtido parecia consistir em uma aproximação dos dois cônjuges, que haviam começado a viver mais como casal.

De modo que, na oitava sessão, depois de nove meses de terapia, parecia-nos que na ausência do filho não se poderia conseguir mais nada. O terapeuta comunicou a decisão aos pais e sugeriu que retomassem o contato com o serviço público, inclusive "para que não gastassem seu dinheiro inutilmente".

Um dia de setembro de 1990, mais de dois anos depois do final dos encontros com o casal Ponzi, a secretaria do Centro entregou ao terapeuta uma história clínica e disse: "O caso Ponzi está na sala de terapia." O terapeuta, ao começar a discutir a história clínica com o grupo de formação, lembrou-se do caso e foi assaltado pelo temor de que algo irreparável tivesse ocorrido. De repente correu para a cortina que cobria o espelho falso e — estupefato — viu três pessoas: os pais com seu filho no meio

O terapeuta entrou na sala com uma enorme curiosidade, queria saber o que havia acontecido desde o último encontro com o casal. Os pais o acolheram com grandes sorrisos e expressaram uma inesperada gratidão. Disseram que os havia ajudado muito e encorajado. A mãe sublinhou que no transcurso das sessões precedentes havia começado a ver seu marido de forma diferente e a aproximar-se dele. Rindo, diz: "Para mim passou da série B para a série A." [Da segunda pra a primeira divisão.] Acrescentaram que o filho, ao ver sua mudança, havia-se decidido a vir.

Fabrizio com um leve sorriso, mas uma expressão triste, confirmou que havia vindo porque quando seus pais estavam mais unidos, mais contentes, sentia-se mais só e desejava também poder beneficiar-se do contato com o terapeuta. No decorrer da sessão se explorou, sobretudo, a vida passada, o qual fez aparecer a importância do tio Aldo e as dramáticas experiências de Fabrizio e de seus pais depois da primeira descompensação psicótica. É interessante notar que as recordações de Fabrizio pareciam desconectadas entre si, como se tivesse dificuldade de relacionar coerentemente os acontecimentos de sua própria história.

Transcreveremos e comentaremos a seguir a maior parte da sessão seguinte.

Terapeuta: Que nos contam hoje?

Mãe: Digamos que há... há uma melhora, digamos que, de fato, está bastante tranqüilo.

Fabrizio: A situação está um pouco mais chata.*

Terapeuta: Mais chata?

Mãe: Sim, mais chata, exato.

Terapeuta: Pode explicar-me que significa mais chata?

Fabrizio: Isto é, sem altos nem baixos, uma situação estável.

Terapeuta: Porque você está habituado a ter emoções fortes em sua vida, não é?

Fabrizio: Sim.

(*Boscolo*) É interessante analisar este começo de sessão focalizando a linguagem, como indicam as orientações enfatizadas pela narrativa e a hermenêutica. A mãe começou com um sorriso, dizendo que havia havido uma melhora. Fabrizio, por outro lado, com um ligeiro sorriso de consenso, dá outra descrição, a situação está mais chata. Encontramo-nos, pois, diante de duas descrições da mesma experiência. O terapeuta introduz uma terceira descrição: para que a situação melhorasse seria necessário que aparecessem as fortes emoções do passado (quando estava gravemente doente). Como no artigo que escrevemos sobre as palavras-chave, isto é, sobre as palavras "ponte" que se referem a vários significados, aqui se usa uma descrição completa que entra em conflito com outras descrições. Tal conflito pode mudar a forma de ver e fazer surgir novos significados, novas histórias alternativas.

(*Bertrando*) Não somente isto. Lembro que na sessão anterior surgiram muitos fragmentos de sua história desconexos, não ligados em uma seqüência cronológica. Tenho curiosidade por saber se nesta sessão os fragmentos se unirão uns aos outros para chegar a uma história coerente. No início Fabrizio parecia ter somente idéias que flutuavam no vazio.

Terapeuta: Você vê o passado chato ou o futuro chato?

Fabrizio: O futuro.

Terapeuta: Seu passado, você o vê achatado ou não?

Fabrizio: Quem sabe começo a ver achatado também o passado, sim, começo a ver achatado também o passado.

(*Boscolo*) É interessante destacar que o terapeuta introduz primeiro o presente e o futuro, depois o terceiro elemento da perspectiva temporal, o passado, para

---

* NDT A palavra italiana *appiatita* poderia ser traduzida como "plana", "chata" ou, metaforicamente, como "estável, sem altos e baixos". Escolho "chata" porque, além de ter o sentido de plana, serve para transmitir todos os jogos de palavras feitos pelo terapeuta a partir dela.

indagar sobre as possíveis diferenças. Fabrizio começa a ver o passado como algo achatado, plano, com o qual evidencia o estreitamento do seu horizonte temporal. Neste sentido parece que se estão estabelecendo vínculos deterministas entre passado, presente e futuro, que confirmam que um passado achatado, desastroso, só poderá produzir um presente e um futuro desastrosos. Será interessante ver como o terapeuta tratará a seguir de enfraquecer tais vínculos. Uma possibilidade seria começar a introduzir diferenças, por exemplo, com perguntas hipotéticas sobre passado, presente ou futuro.

(*Bertrando*) Poder-se-ia começar a indagar como é possível que, precisamente agora, tenha começado a ver o passado também como algo achatado, e perguntar-lhe que ocorreria em sua vida se as idéias negativas que tem dentro de si mudaram, de forma a ver diferentemente seu passado e seu presente.

(*Boscolo*) Acho uma boa idéia. O vínculo entre presente, passado e futuro, neste caso, evoca a história de Jim, o australiano, cuja mãe se havia casado novamente depois da morte de seu pai, quando ele tinha apenas quatro anos. Durante a consultoria Jim contou uma história passada com a qual sua mãe não concordava. Afirmava ter-se tornado esquizofrênico aos cinco anos, sem que ninguém percebesse, enquanto a mãe dizia que havia sido normal até um ano antes, quando havia descompensado. Só nesse momento havia percebido alguma mudança, mas antes não. Este jovem, aparentemente depois da descompensação psicótica, saiu de seu estado de confusão com uma visão lúcida de seu passado, que não era a conhecida pelos demais, incluídos parentes e professores. Era como se tivesse tido um *insight*, uma tomada de consciência psicótica que havia feito desaparecer a ansiedade, uma visão como a de São Paulo no caminho de Damasco. Havia encontrado um novo sentido na idéia de que em sua vida passada havia sido tratado injustamente e projetava sobre os outros, sobre sua mãe em particular, a causa de seu sofrimento. Havia reconstruído assim seu passado para dar um sentido a seu presente. Muito provavelmente, quando estava a ponto de sair de casa (tinha vinte e dois anos) para enfrentar os desafios da vida externa, não tenha tido coragem e, pelo contrário, sentido um grande medo e angústia, com a conseqüente descompensação psicótica e construção de uma nova história que justificasse a presença da “doença”, do hospital, dos psiquiatras e da perda de sua autonomia. Seu presente se viu, assim, vinculado a uma história do passado que justifica seu sentimento de solidão, impotência e loucura. A doença psiquiátrica, vivida como doença orgânica, e alguns acontecimentos externos como a morte do pai e o segundo matrimônio da mãe, que aparentemente, segundo Jim, provocaram a doença, retiraram-lhe qualquer responsabilidade pelo seu presente e seu futuro.

(*Bertrando*) Lembro que, de fato, Jim esperava um futuro triste e solitário junto a suas cerâmicas. Neste caso, pelo contrário, Fabrizio diz que o presente e o futuro estão achatados e que começa a ver assim também seu passado. Em certo sentido nos está dizendo que temos razão quando dizemos que existe um circuito (*loop*) reflexivo que liga o presente com o passado e o futuro. No fundo nos está dizendo que agora, estando seu presente tão chato, desastroso, tem de ter o mesmo efeito também sobre seu passado e seu futuro. Ele próprio afirma que há um *loop*, um circuito, que liga os três momentos da perspectiva temporal.

Fabrizio: Estou tentando reconstruir meu passado.

Terapeuta: Está agindo como historiador de si mesmo. Sabe que qualquer historiador tenta descrever sua própria experiência? A história inclui seu passado...

Fabrizio: Gosto mais do passado que do presente e do futuro.

Terapeuta: Seu passado, mas quando diz: "Vejo-o como chato", em que sentido o diz?

Fabrizio: Os dias...

Terapeuta: Parece-me que quando falava de seus pais, da outra vez, via também sua vida como chata e a eles mesmos como pessoas chatas. Em que sentido diz agora que vê o seu passado como chato? No sentido de que tinha desejos e ambições que não conseguiu realizar? Explique-me.

Fabrizio: Não vejo um futuro muito... Não vejo um futuro muito cor de rosa, isto é... não sei explicar-me.

Terapeuta: Como?

Fabrizio: Ah, sim, tinha ambições que não consigo realizar.

Terapeuta: Você se sente agitado?

Fabrizio: Impaciente, mais que agitado, impaciente.

Terapeuta: Impaciente, por quê?

Fabrizio: Um pouco por tudo. Sinto-me impaciente.

Terapeuta: Parece que você se cansa ao tentar concatenar os pensamentos? Consegue ler o jornal?

Fabrizio: Consigo ler as coisas principais.

Terapeuta: Mas lhe cansa ler um artigo completo?

Fabrizio: Sim.

Terapeuta: Há quanto tempo?

Fabrizio: Quase desde sempre. A concentração sempre tem sido o meu defeito.

Terapeuta: Você me pareceu mais atento da outra vez.

Fabrizio: Talvez, não sei.

Mãe: Pode ser porque ontem lhe aplicaram uma injeção de Moditen e ainda está sob seu efeito. Os primeiros dois ou três dias fica um pouco atordoado. Ele toma uma injeção a cada quinze dias e, pela manhã, toma também um Valium...

Terapeuta: Ainda está um pouco atordoado?

Fabrizio: Sim.

Terapeuta (*para o pai*): Como você vê a situação?

Pai: Eu a vejo bastante tranqüila. Houve momentos, depois de vir aqui, em que ele dizia: "Colocaram-me na berlinda, eu sou sempre..."

Mãe: O centro da atenção.

Pai: O centro da atenção. Sim, porque se sentiu um pouco na berlinda a primeira vez que viemos aqui.

Terapeuta: Pode-me dizer, Fabrizio, como se sentiu durante a conversação que tivemos um mês atrás?

Fabrizio: Sentia que escavavam dentro de mim.

Terapeuta: Mas lhe fez bem ou mal que escavassem dentro de você?

Fabrizio: Quem sabe agora, depois de haver meditado um pouco, entre a primeira e a segunda entrevista, não sei se é bom escavar tanto, porque certas coisas se esquecem.

Pai: Ele culpa isto: ir à terapia poder ser também algo mau. Pensa assim porque diz: "Escavando demasiado vai se provocar ódio entre nós." Ele pensa assim. Esta é minha impressão.

Mãe: Também falou à doutora Bianch, sua psiquiatra. Disse-lhe que teme recordar tudo isto e voltar ao passado.

Terapeuta: Sim, é o mesmo que ele está dizendo agora.

(*Boscolo*) Em determinado momento Fabrizio diz: "Não sei se é bom escavar tanto, porque certas coisas se esquecem." Parece concordar com as recomendações de prudência dirigidas aos terapeutas jovens que se ocupam de casos de psicose na terapia individual de orientação psicodinâmica. De acordo com tais recomendações, deveria evitar-se fazer incursões e interpretações sobre o material inconsciente, dada a debilidade das defesas. Estas deveriam ser reforçadas antes e a atenção do cliente deveria ser continuamente atraída para temas pertinentes ao eu e à "realidade". É como se Fabrizio dissesse: "Preciso esquecer e não recordar." Na terapia familiar tais temores, sobre as indagações a respeito do íntimo dos membros da família, são mitigados pelo contexto de realidade que se cria no diálogo entre o terapeuta e os diversos membros da família. Tal contexto de realidade permite que o terapeuta "escave dentro", busque os nexos perdidos, interfira nos segredos, rastreie as experiências positivas sepultadas por sucessivas experiências negativas invalidantes e, assim, favoreça a construção de um novo passado, de uma história alternativa que possa iluminar o presente e o futuro.

(*Bertrando*) Impressiona-me o pai quando diz que Fabrizio tem medo de provocar o ódio entre eles. O pai deve pensar que, escavando, Fabrizio poderia descontrolar-se e destruir tudo. Eu, ao contrário, creio que Fabrizio tem medo de que ser escavado internamente possa levá-lo a descobrir que não existe, a descobrir o nada, o horror do nada. Como diria Binswanger, tem medo de descobrir que não tem nenhum projeto de vida e, portanto, é como se não existisse, como se "não estivesse no mundo". É um dos terrores mais freqüentes nos psicóticos: o terror do nada.

Terapeuta: Lembrar pode trazer à tona tudo o que há de negativo; mas, ao recordar, vou em busca do que há, e do que houve, de positivo em você. Compreendeu o que digo? Você teme encontrar o negativo, mas eu lhe digo que sou mais otimista que você, muito mais otimista, no sentido de encontrar o positivo, não somente em relação a você mesmo, mas também a propósito de sua família. Parece-me, pelo que disse da outra vez, que no passado, por certa razão, teve a idéia de rejeitar a família, de repudiar seus pais. Neste sentido a escavação da outra vez tinha a finalidade de explorar seus sentimentos do passado, sentimentos negativos e — acrescento eu — positivos, que um filho não pode não ter tido por quem o criou. Você não pode não ter tido, por estas duas pessoas que lhe criaram, seus pais, também sentimentos positivos, ainda que tenha terminado por viver negativamente a relação com eles.

Fabrizio: Talvez se trate de pontos de vista.

Terapeuta: Talvez. Da outra vez você lembrou a desilusão que, durante anos, havia tido por causa de seus pais. Neste sentido, você diz que é melhor não falar disto, é melhor não escavar. Eu, ao contrário, penso que escavar pode oferecer-lhe uma possibilidade de descobrir, de entrar em contato com os sentimentos positivos que não pode não ter tido, talvez quando criança, para quem o criou.

(*Boscolo*) Agora lanço um benévolo desafio às premissas de Fabrizio, premissas imersas em um mar de negatividade. Digo que para mim o objetivo de escavar não é somente procurar por coisas negativas, mas também idéias, experiências positivas que não pode não ter tido em sua vida. Aqui a confiança que o terapeuta conseguiu suscitar em relação a si mesmo torna-se valiosa, para que o cliente possa escutar primeiro e, depois, aceitar a possibilidade de um novo modo de "ver" as experiências de sua vida. Começo introduzindo com convicção a idéia de que não é possível que não haja havido experiências positivas em seu passado. Valho-me aqui também de minhas experiências pessoais e de algumas leituras, sobretudo dos ensaios de Harold Searles sobre a terapia da esquizofrenia. Lembro que em um de seus ensaios Searles sustentava que o esquizofrênico tende a provocar no analista a convicção de que sua mãe é um monstro, um concentrado de negatividade. Se o terapeuta — diz Searles — acredita, a terapia fica irremediavelmente comprometida. O analista, com firmeza, parte em busca emoções positivas da mãe e de momentos positivos da relação mãe-criança, que foram suprimidos. É o que faço aqui com a família Ponzi. Pouco a pouco preparo o cenário para uma reconstrução do passado que inclua todo o sistema familiar, onde possam surgir não somente conflitos, mas também momentos de afeto e solidariedade. Tais momentos positivos soem ser excluídos da consciência devido ao temor da possível rejeição ou do controle por parte do outro.

(*Bertrando*) Ao dizer-lhe: "Não pode não ter tido um sentimento positivo, em algum momento, por aqueles que lhe criaram", restituis-lhe raízes mais sólidas, mais positivas (é comum que uma pessoa não possa deixar a família antes de receber alguma confirmação clara). O fato de ter abusado de seus pais durante alguns anos, de ter batido neles e insultando com apelidos como "decadentes", ou ainda "caipira", "manca", revela uma rejeição às suas próprias raízes. Em certo sentido se manifesta o narcisismo do psicótico que, ao projetar toda sua negatividade nas figuras de seus pais, "puxa o tapete de baixo de seus pés", porque foram eles que o criaram. Recordarás que em determinado momento da sessão anterior lhe perguntaste de chofre: "Como explica, Fabrizio, que dois pais tão decadentes, insignificantes, tenham feito um filho tão inteligente?" A pergunta parecia tê-lo deslumbrado, tanto que com um sorriso embaraçado te disse: "Nossa, esta sim que é uma pergunta inteligente!" Acrescentemos que a construção de um passado mais positivo pode influir no presente, permitir que sua situação existencial seja aceitável, como a de uma pessoa qualquer, e livrá-lo da necessidade de construir castelos de areia.

(*Boscolo*) Pelo dito se pode compreender melhor como, amiúde, a depressão é a ponte obrigatória para passar da psicose à "normalidade". Lembro de uma cliente com um diagnóstico de esquizofrenia crônica que me disse: "Tenho medo de voltar a ser normal, porque normalidade para mim significa imobilidade, aborrecimento."

Fabrizio: Já não me lembro.

Mãe: De fato, doutor, esqueceu todas as coisas positivas. Quantas vezes lhe lembro episódios que foram para ele motivo de alegria...

Fabrizio: Sim, mas os esqueci porque há sempre outros no meio: em qualquer recordação há sempre no meio uma relação com outras pessoas, que se intrometeram, que depois estabeleceram relações, e isto me... me deixa impaciente.

(*Boscolo*) Aqui Fabrizio alude à intervenção de um terceiro na relação diádica, que pode desencadear poderosas emoções de rivalidade, inveja, ciúme e ódio, como nos recordam Freud na análise do complexo de Édipo, Melanie Klein e Haley na análise do triângulo perverso... Somente depois da dissolução do complexo de Édipo ou do triângulo perverso podem aparecer os sentimentos positivos, de gratidão, de amor e de aceitação do terceiro. Em *Teorema* Pasolini oferece uma ilustração memorável da intervenção de um terceiro. O filme começa, se não estou mal lembrado, com a entrada de um jovem viajante, belíssimo, de sexualidade incerta, em uma mansão habitada por uma família burguesa. Aos poucos, todos se apaixonam por ele, inclusive os empregados. Cada um tenta tirá-lo do outro. O hóspede é muito condescendente, vai para a cama com todos com a mesma expressão de calma olímpica, enquanto entre os anfitriões se desencadeiam ódios mortais, ao ponto de que — se me lembro bem — alguém põe fogo na mansão. Em um clima de destruição e morte alguns familiares morrem, outros enlouquecem. O viajante, lentamente, com a mesma calma olímpica, sai da mansão e retoma seu caminho até que, ao longe, descobre outra mansão para a qual se dirige. Neste momento termina o filme.

Terapeuta: Falemos um pouco do que dizia antes sua mãe, neste período tem dormido umas oito horas?
Fabrizio: Sim.
Terapeuta: Consegue dormir à noite?
Fabrizio: Sim, bastante, não sempre.
Terapeuta: Sonha à noite, acorda com sonhos, pesadelos?
Fabrizio: Sonhos.
Terapeuta: Costumam ser sonhos bons ou ruins?
Fabrizio: Normalmente bons.
Terapeuta: Normalmente são bons.
Fabrizio: Sim... Depois acordo e vejo que a realidade, ao contrário, é feia.
Terapeuta: Algum sonho feito recentemente?
Fabrizio: Não. Depende também dos dias, de como os passo: se é um dia no qual tive um encontro agradável, depois, de noite, sonho com tudo o que podia ter ocorrido; se pelo contrário, foram encontros negativos...
Terapeuta: Pode contar-me um sonho positivo? Qual pode ser um sonho positivo para você?
Fabrizio: Uma bela mulher.
Terapeuta: Uma bela mulher e, depois? Uma noite com uma bela mulher, ou uma vida com uma bela mulher?
Fabrizio: Uma vida.
Terapeuta: Uma vida, isto é positivo?
Fabrizio: Sim, é positivo, se pudesse acontecer.

(*Boscolo*) Já que a família havia expressado certa preocupação enquanto ao escavar no passado, o terapeuta, atento ao *timing*, deixa o tema "quente" e dirige a atenção aos sonhos. De fato nós raramente pedimos aos clientes que contem um sonho, mas o fazemos sempre que a situação o requer. Os conteúdos do sonho são relacionados, depois, com a realidade atual.

Mãe: Há ainda alguma outra coisa que queira dizer?
Fabrizio: Gostaria de fazer um curso de inglês para aperfeiçoar a língua...

(*Bertrando*) A mãe diz imediatamente algo para desviar a atenção da bela mulher e lança a injunção para que se fale de outra coisa, provavelmente de trabalho. É possível que a mãe tenha ciúme das outras mulheres que poderiam levar seu filho embora. Nos casos de psicose muitas vezes encontramos relações simbiônticas mãe-filho. A este respeito, parece-me que com certa freqüência o filho obedece às injunções da mãe.

(*Boscolo*) A mãe lhe diz: "fale de outra coisa". Esta também é uma mensagem para que o terapeuta fale de outra coisa, possivelmente de trabalho. O terapeuta, de momento, obedece, inclusive para evitar uma relação simétrica.

Fabrizio: Queria aprender bem inglês porque isso pode abrir para mim novas perspectivas.

Terapeuta: Perspectivas de trabalho?

Fabrizio: Sim.

Terapeuta: Há sonhos positivos, como dizia antes a propósito da bela mulher, também em relação a trabalho?

Fabrizio: Ah, sim, acordo muitas vezes pensando em começar um trabalho novo em um ambiente ideal, isto é, onde não haja muita dessa gente "pé no saco", para dizê-lo em poucas palavras, e sonho que isto se realiza. Mas depois não se realiza...

Terapeuta: Um grande sonho talvez pudesse ser encontrar uma belíssima mulher e ser diretor de uma empresa...

Fabrizio: Não, isto não.

Terapeuta: Um grande artista?

Fabrizio: Um grande artista sim, imagino-o há muito tempo. Quando evitava as amizades, não tinha mais ninguém e estava completamente só, trancava-me em casa, pintava e esperava ter sucesso com a pintura. Depois, porém, percebi que não estava à altura.

Terapeuta: Quando fala de uma perspectiva de trabalho, a que se refere? O que pode satisfazê-lo?

Fabrizio: Agora nem sequer me sinto... muito... isto é, preferiria um trabalho, não sei, como em um escritório de arquitetura... como sou geômetra, relacionado com meus estudos, mas me sinto mais... neste período não me sinto muito lúcido e, em suma, preferiria um trabalho manual, ainda que não me realize, mas que comprometa de alguma forma.

Terapeuta: Se lembro bem, já realizou alguns desses trabalhos, não é?

Fabrizio: Sim, já fiz vários.

Terapeuta: Não é difícil para você conseguir um trabalho.

Mãe: Não tem sido.

Fabrizio: Nunca foi.

Terapeuta: Mas tem sido difícil manter o trabalho.

Fabrizio: Mantê-lo sim.

Terapeuta: Quais podem ter sido as razões principais, de seu ponto de vista, para não ter conseguido manter um trabalho?

Fabrizio: Porque sou muito caprichoso, isto é, por um lado, entrego-me todo, respondo por tudo; por outro, busco sempre a justiça em sua essência, busco sempre as relações perfeitas, busco sempre a perfeição e isto, nas relações com os outros, especialmente hoje, não existe, porque cada um puxa a brasa para sua sardinha...

Terapeuta: Tem dificuldade para decidir?

Fabrizio: Sim, tenho dificuldades nas relações com os demais, porque todos tentam sempre ser astutos ou, pior ainda, mesquinhos ou hipócritas.

Terapeuta: E então?

Fabrizio: Desanimo e me afasto; talvez seja esta a razão de eu ser só, porque não encontro uma pessoa com a qual me abrir.

Terapeuta: Quer dizer que tem um intenso sentido de justiça?

Fabrizio: Um intenso sentido de justiça, sim.

Terapeuta: Teve sempre este intenso sentido de justiça?

Fabrizio: Desde que servi no exército.

(*Boscolo*) A obsessão de Fabrizio pela justiça, bem como sua intolerância da ambigüidade, lembram-me as teorias que atribuem a origem dos sintomas psicóticos a situações onde as relações se baseiam na falta de consenso e nas ambigüidades do contexto. Poderia citar, nesse sentido, a teoria do duplo vínculo, a dos jogos psicóticos familiares, mas a situação de Fabrizio, que sublinha a questão da justiça e da perfeição, lembra-me a teoria de Ciompi. Este atribui a patogênese da esquizofrenia a uma dificuldade de base orgânica para discriminar, ordenar e catalogar as informações e os estímulos internos e externos. Os sujeitos predispostos teriam um pequeno umbral de tolerância aos estímulos ambíguos, que podem determinar as condições de uma descompensação psicótica. É interessante notar que esta visão, à diferença de outras teorias, isentaria os pais — dentro de certos limites — da responsabilidade de ser a causa da psicose. A psiquiatria tem dado diversas pontuações da "enfermidade esquizofrênica": a psiquiatria tradicional a vê como expressão de alterações genéticas, bioquímicas ou anatômicas do sistema nervoso central; a psiquiatria dinâmica a atribui em grande parte a conflitos intra-psíquicos; a psiquiatria social às relações; a anti-psiquiatria às instituições totais.

(*Bertrando*) Poder-se-ia dizer que cada uma das hipóteses é parcial, capta um aspecto do problema: não existe uma hipótese que dê conta de todas as manifestações possíveis da psicose. Assim como no princípio parecia adequada a hipótese do tempo, agora parece pertinente a hipótese de Ciompi sobre o fator ambigüidade, mais adiante poderão aparecer outras hipóteses.

(*Boscolo*) É verdade, poderia acrescentar a hipótese de Searles da qual falamos antes, enquanto mais adiante poderá ser adequado algum aspecto da hipótese de Selvini Palazzoli sobre os jogos psicóticos. O importante é que as idéias, as hipóteses, sejam utilizadas na sessão de um modo improvisado, que se evite a armadilha da hipótese verdadeira. O cliente será, pois, quem dá os significados que contam. O cliente pode comprovar certa sintonia entre o pensamento do terapeuta e o seu próprio. O terapeuta pode dizer coisas que o cliente sempre teve presentes, mas que não pôde organizar em uma descrição, em uma forma lingüística definida, ou pode dizer coisas que já está intuindo ou pensando vagamente, que já estão no ar. Desta maneira é como se o terapeuta, com a colaboração do cliente, fizesse descobertas sobre ele, que passam a serem descobertas suas...

(*Bertrando*) Um momento! Aqui parece naufragar teu esforço para explicar a circularidade existente na conversa terapêutica. Tem-se a impressão, ao ouvir-te dizer estas coisas, de que pões o terapeuta em um plano distinto, mais elevado que o do cliente, que tendes a pontuar a relação atribuindo ao terapeuta o "conhecimento" daquilo que convém ao cliente. Em uma palavra, tua neutralidade é discutível. Já posso ouvir os comentários dos colegas que se inspiram nas teorias da conversação terapêutica, da narrativa, da hermenêutica...

(*Boscolo*) Não é fácil responder-te... Posso dizer que a impressão que tens — ou que eu dei — é, em parte, fruto da tirania lingüística (como se sabe, é difícil sair da linearidade da linguagem) e, em parte, fruto dos preconceitos e das diversas hipóteses que adotei. Considero que um turbilhão de perguntas circulares, ou de hipóteses investigadas, leve o interlocutor a não ter condições de decidir qual é o pensamento do terapeuta sobre o que seria bom para ele e, em conseqüência, a tomar sua própria decisão. Neste sentido a neutralidade deve ser vista em uma perspectiva diacrônica, porque em uma perspectiva sincrônica não é possível ser neutro. Já se disse também que o contexto da terapia ou da consultoria supõe um conhecimento específico por parte do profissional, como especialista: suas hipóteses, provenientes das experiências pessoais e das distintas teorias relativas ao comportamento humano — incluída naturalmente a importante teoria do sentido comum — são essenciais no desenvolvimento de seu trabalho. Devo repetir, não obstante, *ad nauseam*, que as hipóteses precisam ser simples instrumentos e não converter-se em verdades. Cada cliente obterá delas, e de todos os demais aspectos da relação terapêutica, o que puder e desejar obter.

Terapeuta: Foi o serviço militar que lhe provocou isto?

Fabrizio: O serviço militar, eu, o vi um pouco como um castigo.

Mãe: Porque o mandaram a Messina, isto é, longe de casa.

Terapeuta: Muito longe de casa? Sentiu falta de sua família quando estava em Messina?

Fabrizio: Não, não, tinha amigos, porque, por coincidência, éramos todos do Norte e em meu quarto havia gente de Milão. Fiz amigos e me adaptei bastante bem.

Mãe: Além do mais, se ele não nos ligasse, eu lhe telefonava até no quartel.

Terapeuta: Quer dizer que vocês sentiram muito sua falta?

Mãe: Claro.

Terapeuta: Sentiram muito sua falta?

Fabrizio (*com expressão de curiosidade*): Sentiram-na muito?

Mãe: Claro! Nós nos abalamos para lá assim que pudemos, lembras?

Fabrizio: Não me dava conta. Bom, tinha dezoito anos na época...

Terapeuta: Disse-me que tinha um intenso sentido de justiça: isto lhe complica um pouco a vida? Pode complicar-lhe a vida?

Fabrizio: Pode, pode.

Terapeuta: A gente pode decidir, para evitar as situações de injustiça, trancar-se em casa e evitar este tipo de situações; mas, inevitavelmente, quer queira quer não, ao entrar em contato com o mundo exterior há sempre situações de injustiça, inclusive quando se tenta evitá-las. Pergunto-me se antes de cumprir o serviço militar, na sua vida passada, teve às vezes a sensação de encontrar-se em uma situação de injustiça.

Fabrizio: Havia outra pessoa... parecia que me tirava os privilégios de ser filho único: sentia-me um pouco defraudado por esta pessoa.

Terapeuta: Quem era?

Fabrizio: O irmão de minha mãe; vivia em casa com a gente, viveu lá até uns anos atrás e eu sentia que ele era capaz... era capaz de obter dos meus pais o que eu não conseguia, tirava-me o melhor de sua juventude.

(*Boscolo*) É interessante o que ocorreu quando começou a falar deste tio: olhou para a direita e a esquerda, como para controlar a reação de seus pais. O pai mostrou certa agitação. As comunicações analógicas indicavam a importância do tema. Quem sabe se tratava de um segredo.

(*Bertrando*) De todas as formas, há uma relação lógica; passou-se do problema da justiça ao do tio, porque tu perguntaste: "Ocorreu alguma coisa durante o serviço militar...?" E ele respondeu: "havia uma pessoa..."

(*Boscolo*) Exato, porque antes ele falava de seu serviço militar em Messina.

(*Bertrando*) Neste sentido dizia eu que ele não tem uma história, mas, como dizia Bruner, tem um tema: isto é, tem um tema, mas não tem o *conto*.* Há, em realidade, o tema atemporal "justiça/injustiça" que conjuga de forma atemporal; o que tem em mente é que se cometeu uma injustiça contra ele.

---

* NDT. No texto italiano diz não tem a fábula, mas *fabula* tem em português as duas acepções: conto e fábula.

(*Boscolo*) Vagamente, diria eu.

(*Bertrando*) Sim, mas conduz a uma abstração diacrônica: "Uma vez fui injustiçado e por isto agora vejo toda a injustiça que existe." Ele se refere ao tema atemporal "justiça / injustiça" e, cada vez que se encontra frente a um acontecimento, enquadra-o neste tema e o refere ao presente, porque o tema não tem tempo. Lembro-me da afirmação de Prigogine, a propósito da dicotomia entre "lei" (natural) e "evento" (contingente). Se raciocinarmos em termos de lei natural nos situamos fora do tempo; se raciocinarmos em termos de eventos, torna-se necessário introduzir imprevisibilidade, arbitrariedade e, sobretudo, evolução irreversível.

(*Boscolo*) Isto é: Fabrizio descontextualiza. O mesmo ocorre quando se vê a realidade através da perspectiva de um mito ou de uma forte crença religiosa.

(*Bertrando*) Exato. Seria como dizer: "Eu sou uma pessoa justa, devem-me justiça." Por isto, quando sofreu injustiça de seu chefe, reativou o tema sem situá-lo em seu contexto. É como o que sucede na transferência psicanalítica.

(*Boscolo*) É interessante que não relacione esta injustiça com sua própria rejeição dos seus pais.

(*Bertrando*) Em realidade, aqui se passou do serviço militar a esta injustiça remota porque tu fizeste a conexão.

(*Boscolo*) Isto podia ser um exemplo do "tempo fragmentado" do esquizofrênico: os episódios estão desconectados.

(*Bertrando*) Se Minkowski dizia que o esquizofrênico vive uma parada no tempo, nós poderíamos dizer que as experiências de Fabrizio estão dispersas no tempo, estão separadas umas das outras, sem continuidade: ele não parece ser capaz de criar sua própria diacronia.

(*Boscolo*) No caso de Jim, o australiano, no entanto, parece que depois de seu episódio psicótico, recriou uma história, desde a morte do pai até o momento presente, com uma rígida continuidade temporal e causal.

(*Bertrando*) Podemos dizer que aquela era uma diacronia às avessas, isto é, Jim projetou para trás o que, sincronicamente, está vivendo agora, ou seja, a loucura. Como se tivesse tomado sua loucura atual e tivesse colocado seu início aos seis anos de idade. É possível que os esquizofrênicos experimentem diversos tipos de distorções do tempo. O australiano padece de uma delas; Aldo, o suíço, padece de outra. O suíço estava parado, esperava a resolução do dilema dos genitores para reiniciar seu movimento. É provável que haja, no processo psicótico, uma alternância de fases de relaxamento e de reforço das conexões temporais. Na fase aguda haveria uma grande desagregação, nos intervalos entre os episódios psicóticos estas conexões temporais se reconstituiriam parcialmente.

(*Boscolo*) Um mês atrás fiz a consultoria do caso dos pais de uma criança mútica de dez anos, uma longuíssima história de mutismo eletivo. Só falava com a mãe e pouquíssimo com o pai. Na escola falava só com o professor e com mais ninguém. Na primeira sessão nem me olhava nem falava comigo. De acordo com seu relato os pais estavam ainda ligados às famílias de origem. Quando a sessão estava prestes a terminar eu lhes disse que não falava porque queria indicar que seus pais ainda não estavam casados, porque lhes custava casar-se; que não falava com os avós porque estava esperando que seus pais se casassem. Nesse momento agreguei que continuaria sem falar até que seus pais decidissem contrair um "verdadeiro" casamento, muito além do legal. Pouco depois desta afirmação, para espanto dos pais, começou a falar comigo um pouco. Hoje encontrei sua terapeuta em um grupo de supervisão. Muito excitada me contou que, ao sair da consulta e para surpresa geral, a criança havia-se tornado verborrágica e começado a falar com todos. No seu encontro com os pais a terapeuta percebeu algo significativo: em três ocasiões eles utilizaram a expressão "desde que nos casamos". Era como se, de certa maneira, o pensamento do consultor se tivesse convertido em sua realidade. Agora existe realmente uma família: os pais se casaram, o filho fala.

(*Bertrando*) Isto pode ser considerado um rito de passagem. Podemos dizer que, em realidade, casaram-se para valer durante a consulta, ou melhor, quando no curso da consulta perceberam que ainda não estavam casados. A consulta funcionou como rito. Quando a criança percebeu esta descontinuidade no tempo, seu tempo voltou a fluir e, portanto, começou a falar.

(*Boscolo*) É interessante porque eles entraram efetivamente em uma nova dimensão temporal: aceitaram assim minha metáfora (porque isto de que não estavam casados era somente uma metáfora) e esta metáfora se transformou em uma realidade para eles e logo, em certo sentido, seu tempo se deslocou: é como se tivessem regressado ao dia em que se haviam e não se haviam casado.

(*Bertrando*) Aquela consulta pode ser lida, em relação ao tempo, do ponto de vista do ritual e do ponto de vista da narração. O ritual conduziu a uma descontinuidade no tempo, mas da forma em que se contam agora o tempo recuperou sua continuidade.

Terapeuta: De quem conseguia mais seu tio? Talvez de sua mãe, porque ele era irmão de sua mãe...

Fabrizio: Sim.

Terapeuta: E, lembra-se de ter sofrido um pouco esta espécie de injustiça? Sentia a injustiça?

Fabrizio: Sim, sofri um pouco.

Terapeuta: Sua lembrança dele, lembra se ele, não sei, conseguia atrair a atenção de sua mãe ou era sua mãe que...

Fabrizio: Não, não lembro que...

Terapeuta: Que estava apaixonada por ele?

Fabrizio: Lembro-me do egoísmo, o egoísmo desta pessoa, deste tio, que conseguia, com seu egoísmo, tudo. Eu era pequeno...

(*Boscolo*) É interessante quando diz: "Este tio com seu egoísmo conseguia tudo". Ele, a partir do momento em que se tornou psicótico, foi tão violento com seus pais que conseguiu acabar com todas suas economias. Provavelmente, de maneira psicótica, tenta conseguir o que seu tio teve, mas não ele: é uma espécie de reivindicação, que é bastante freqüente, por exemplo, nos adolescentes que consideram não terem tido aquilo que deveriam ter recebido das suas famílias ou da sociedade.

Fabrizio: Isto é, compreendia e não compreendia.
Terapeuta: Mas sofria?
Fabrizio: Sim.
Terapeuta: Pensava que sofria porque, de certa forma, sentia que este tio ficava com seu lugar.
Fabrizio: Sim.
Terapeuta: Ora era tio, ora era filho.
Fabrizio: Também era filho.
Terapeuta: Para ambos os pais ou estava unido sobretudo à mãe?
Fabrizio: Aos dois.
Terapeuta: Por exemplo, tinha a dúvida, não sei: "Minha mãe me ama mais ou ama mais meu tio?" Tinha esta dúvida?
Fabrizio: Não, nunca pensei sobre isso.
Terapeuta: Ou então: "Quem é o melhor, o mais inteligente para minha mãe, eu ou meu tio?"
Fabrizio (*pausa*): Não, considerava que éramos iguais neste sentido.
Terapeuta: Então, o que lhe fazia sentir que seu tio havia usurpado seu lugar?
Fabrizio: Sim, era uma presença estranha, sentia que não tinha nada a ver com a família em que eu havia nascido.
Terapeuta: Você pode ter tido esta idéia: não só você sentia esta presença estranha que havia usurpado seu lugar como filho; mas também haver tido a idéia, por exemplo, de que este tio também tivesse tomado o lugar de seu pai, que também seu pai estivesse um pouco em sua situação?
Fabrizio: Sim.
Terapeuta: Lembra-se de ter tido esta idéia?
Fabrizio: Sim... sim, porque era mais inteligente, era o mais ativo, era mais... sabia falar melhor com as pessoas, era um ambiente mais... vivia em um ambiente de pessoas bastante ricas, isto é, não me faltava quase nada; tinha mais possibilidades econômicas...

Pai: Isto o teve depois, quando saiu de casa, mas enquanto esteve conosco, eu tinha de lhes dar quinhentas, cem liras. Ele criou as possibilidades depois.

(*Boscolo*) Tenho a impressão de que Fabrizio teve sempre a dúvida: "A quem minha mãe ama mais, a mim ou a meu tio?", e a mãe nunca lhe deu uma resposta clara. Se tivesse tido a oportunidade de contar com o pai do seu lado, de ter uma boa relação com ele, teria podido salvar-se da psicose. Para mim o pai é mais obscuro, mais ambíguo que a mãe; pelo menos a mãe é clara, queria bem aos dois. Na mesma medida que o filho, o pai tinha ciúme do cunhado que monopolizava o afeto de sua mulher e, aparentemente, também tinha ciúme de seu filho pela mesma razão. De fato, eu não senti nenhuma empatia por parte do pai em relação ao filho. Assim, Fabrizio pode ter sentido que ninguém se importava com ele.

(*Bertrando*) Haveria outra hipótese: os três machos competiam por mulher, cujas respostas podiam ser confusas. Fabrizio parece ter sido quem se encontrou na pior situação, provavelmente porque o triângulo existia antes de seu nascimento e o irmão de sua mãe havia tido uma importância extraordinária para ela desde antes do casamento. Metaforicamente, a mãe já estava "casada" com o irmão antes de casar-se com o atual marido.

(*Boscolo*) E o pai tratou sempre de assumir o lugar deste cunhado. Lembro que mais adiante dirão que a mãe continua a freqüentar o tio, Fabrizio não o vê há anos, e o pai voltou a falar com ele pelo telefone há uns anos. Isto lembra a teoria dos jogos na família psicótica: outra hipótese seria a coalizão inicial mãe-filho, com a conseqüente "confusão", no sentido de não se compreender de que lado está a mãe em relação ao pai e ao tio, com a ulterior entrada na psicose. Neste sentido, então, os apelidos de "manca" para a mãe e "caipira" para o pai, a ruptura da relação com Aldo, o dinheiro extorquido dos pais e as agressões físicas, podem ser considerados como uma vingança pelos danos sofridos. A rejeição psicótica dos seus pais, presente há muitos anos, parece ser a resposta a um contexto que lhe impedia compreender o significado das coisas.

Mãe: É porque era pequeno, porque meu irmão saiu de nossa casa quando Fabrizio tinha seis anos, isto é o que me assusta, como certas coisas foram exageradas, porque foi exagerada, sua sensação...

Terapeuta: Fabrizio, você tinha seis anos, aonde foi seu tio?

Mãe: Foi viver por conta própria.

Terapeuta: Sim, mas em Milão, onde vocês estavam?

Mãe: Em Milão.

Terapeuta: Então, continuava vendo-o?

Mãe: Sim, algumas vezes.

Terapeuta: Quantos anos tinha quando saiu de casa?

Mãe: Tinha vinte e quatro ou...
Pai: Sim, vinte e quatro.
Mãe: Tinha prestado serviço militar.
Terapeuta: Já tinha prestado o serviço militar?
Mãe: Sim.

(*Bertrando*) A mãe conta que Aldo saiu de casa quando Fabrizio tinha seis anos; uma idade delicada, como se sabe. Também no caso de Jim aconteceu a mesma coisa; tudo começou aos seis anos. Do ponto de vista psicanalítico, poder-se-ia dizer que, quando tinham aquela idade, o dano já havia sido feito.

(*Boscolo*) Mas não é assim. Acontecimentos semelhantes posteriores também têm sua importância. Às vezes, quando um membro de uma família sai de casa definitivamente, para iniciar uma carreira ou casar-se, pode chegar a ser mais importante que antes. Com freqüência se ama mais os que se vão que os que ficam. Muitos romances e filmes baseiam-se nesta idéia. Este tema aparece em todos os filmes de Antonioni. Ocorre como com os mortos, que começam a ser melhores, mais dignos de estima que antes. Parece que Aldo, ao sair de casa, passou a estar ainda mais presente no coração de sua irmã e isto pode haver aumentado notavelmente a insegurança de Fabrizio. Se Aldo tivesse realmente cortado os laços e tivesse saído de sua vida, finalmente Fabrizio teria podido ter a experiência de ser o filho preferido. Pelo que será dito depois sabemos que a história ainda continua e que o tio é ainda mais influente, precisamente porque não está em casa. Trata-se de uma dinâmica comum nas famílias psicóticas.

Terapeuta: Bem, saiu de casa. E onde prestou o serviço militar?
Mãe: Foi em Como.
Terapeuta: Em Como, isto é (*dirigindo-se a Fabrizio*), mais perto que você: talvez tenha sentido um pouco de injustiça. Como é possível que você tenha ido parar em Messina enquanto seu tio ficou em Como, a quatro passos de casa?
Fabrizio: Agora sim, acompanhei o raciocínio, mas eu não sabia que havia prestado o serviço militar em Como.
Pai: Não te lembravas?
Mãe: A gente te levava para visitá-lo.
Pai: Nós fomos visitá-lo.
Mãe: Ah, vejam... há vácuos terríveis, enquanto lembro de episódios de quando era criança...

(*Boscolo*) É um exemplo interessante de como a memória é seletiva. Não lembra porque recordar é muito doloroso, o esquecimento venceu a lembrança de uma experiência dolorosa.

Terapeuta: Você disse que estava um pouco preocupado pelo "escavar": vai fazê-lo lentamente. Tenho a impressão de que a opressão das coisas negativas do passado foram tantas que lhe fizeram esquecer as positivas. Tentarei escavar suavemente para buscá-las. (*dirigindo-se aos pais*): Vocês colocaram Aldo na escola?

Mãe: Sim, fiz muitos sacrifícios por meu irmão, porque ficamos órfãos quando eu tinha quinze anos e ele oito e, dado que minha família estava muito unida, uma família das de antigamente, o pouco que recebi de meus pais, transformei-o em um tesouro, pelo que...

Terapeuta: A senhora só teve este irmão?

Mãe: Sim, considerei sua educação como uma missão. De fato, depois me dediquei a isso, tanto física como economicamente...

Terapeuta: Em certo sentido, também eles tiveram de sacrificar-se um pouco, também tiveram de aceitar a pessoa com quem a senhora tinha este dever.

Mãe: Sim.

Terapeuta: A senhora os colocou um pouco em segundo plano?

Mãe: É verdade, mas não, postos em segundo plano não, em consciência posso dizer que não, porque meu filho, especialmente, sempre foi o primeiro.

(*Bertrando*) É interessante como a mãe primeiro diz sim e, depois, volta atrás. Parece ter uma grande dificuldade em admitir que, exatamente como seu marido, ela também cometeu erros.

(*Boscolo*) Percebi que, enquanto falava de sua missão, a mãe leva a mão ao coração. Fabrizio, ao contrário, neste momento parece mais perplexo, tem a mão no queixo, parece um pouco perdido, menos dinâmico, como se não quisesse escutar, quando a mãe fala de seu irmão e de sua "missão".

(*Bertrando*) Sim, parece alheio, não acompanha o discurso e em certos momentos até cobre os olhos com as mãos, como para não ver...

Mãe (*apontando para o marido*): Ele ficou um pouco abandonado.

Terapeuta: Ficou em um segundo plano?

Mãe: Sim, é verdade.

Terapeuta: Passou para a série B?

Mãe: Sim, ficou um pouco na série B, voltei a valorizá-lo com o passar dos anos, sempre o apreciei. Meu marido tem um caráter muito impulsivo e eu, pelo contrário, sou muito sensível: por isso às vezes me sentia ferida.

Terapeuta: Agora também seria plausível que seu filho passasse da idéia de ser um filho da série B, para a de ser da série A, não é?

Mãe: Sim.

Terapeuta: Quando Aldo saiu de casa, vocês o visitavam ou ele os visitava?

Mãe: Ele saiu de casa bruscamente, porque meu marido... em determinado momento... como estudava na Universidade... como com razão dizia meu filho, era uma pessoa egoísta e se aproveitava um pouco da situação, tenho de reconhecer, pelo qual um bom dia meu marido se cansou e com razão me fez ver: "Temos uma família, temos um filho, agora já tem vinte e quatro anos: já é hora de que se vire só." Ele saiu de casa, encontrou um trabalho e se casou.

Fabrizio (*como para justificar sua difícil situação atual*): Eram outros tempos.

Mãe: Sim, os tempos eram outros.

(*Boscolo*) É interessante o embaraço da senhora ao descrever a saída de Aldo; parece ter dificuldade para ocultar certo sentimento de culpa por não ter sido ela quem tomou a iniciativa de mandá-lo embora. É significativo também que, precisamente neste momento, Fabrizio saia de seu isolamento.

(*Bertrando*) Aqui intervém com muita propriedade, para justificar-se, porque continua com a idéia de que seu tio é melhor que ele.

Terapeuta (*dirigindo-se a Fabrizio*): Estava muito ligado a sua mãe, queria seus recursos econômicos e também emocionais, mas parece que naquele momento seu pai o protegeu.

Pai: Talvez não se lembre deste episódio...

Fabrizio: Não, lembro disso sim.

Mãe: Lembra-se?

Fabrizio: Claro, mas não sei se está relacionado bem ou mal com o que se está dizendo; mas algo tem de ser dito: minha mãe, cuja missão era ocupar-se de seu irmão, depois de casar-se teve um filho, eu. Nasci como um salvador da pátria, como o messias, senti-me o centro das atenções.

Terapeuta: Pergunto-me se, ao contrário, tinha dúvidas sobre a presença de dois messias em casa: você e seu tio...

(*Boscolo*) Aqui tocamos um ponto nuclear, crucial, de toda a história; a psicose te embrutece, no sentido de não seres capaz de discernir entre duas ou mais opções. Porque ele afirma ter sido o messias depois que sua mãe teve a missão de ocupar-se de seu irmão. Podemos dizer que lhe fizeram acreditar que ele era o messias, ou então que ele se iludiu com a idéia de sê-lo. De duas uma, enganaram-no ou se enganou a si mesmo. O terapeuta, com suas perguntas, começa a duvidar da sua condição de verdadeiro messias ou, melhor, de que existam messias.

(*Bertrando*) É nas situações pouco claras, as situações onde nasce este tipo de ambigüidade, que se ofusca a mente: porque se a família simplesmente o rejeitasse e lhe dissesse: "Tu és um acidente, não contas", a coisa seria clara.

"Tu não contas para nada e teu tio é mais importante para nós." A pessoa poderia tornar-se anti-social, colocar fogo na casa de seus pais e assun por diante. Ele, ao contrário, ouviu: "Tu és o mais importante de todos", mas analógica e concretamente todas as atenções econômicas e afetivas da mãe estavam voltadas para seu tio, a mensagem verbal ficava inválida. É possível que quando foi prestar o serviço militar em Messina, enquanto seu tio o havia feito em Como, a quatro passos de casa, tenha começado a ter problemas por ter-se sentido descriminado. Como se sabe, nestes casos, as injunções são para não se ser consciente do que está acontecendo.

(*Boscolo*) Percebe, nestes fragmentos de história, ele diz: "Mas eu era o messias." Aqui já teria de dizer: "Agora compreendo que não era o messias", ou então mostrar uma emoção congruente com esta tomada de consciência.

(*Bertrando*) Essa é a questão: ele retorna àqueles fragmentos de história como se fossem presentes, como se o passado tivesse irrompido no presente, tem dificuldades para colocar as coisas no lugar e no tempo devido. Quando, por exemplo, ao falar do tio que havia encontrado um trabalho disse: "Eram outros tempos", sente a necessidade de justificar-se sempre por coisas que aconteceram, que já passaram.

(*Boscolo*) Neste momento, no entanto, nós podemos dizer que estamos falando, no presente, de sua história, da reconstrução de sua história até este momento. Penso que se aceitasse esta reconstrução começaria a pensar de maneira diferente, por exemplo: "Eu me sentia o messias, agora me dou conta de que provavelmente o messias era meu tio; iludi-me e fui induzido a acreditar que era o messias." Ou então: "Não existem ou não existiram messias, fui eu quem considerou minha mãe como Nossa Senhora e meu pai como São José", segundo as diversas hipóteses. Isto poderia levá-lo a mudar suas descrições, suas explicações, em uma palavra, sua história. Mas aparentemente ainda não está preparado. A mãe acaba de revelar sua missão de ocupar-se do irmão órfão, seus sacrifícios, coroados pelo sucesso, para educá-lo, levá-lo à Universidade e, finalmente, seu sucesso ao encontrar um ótimo trabalho. Poder-se-ia esperar que, depois de ter dito que não tinha tido o prazer de ser filho único (mesmo sendo-o), caísse a ficha e dissesse: "Caramba, compreendi!" Talvez falte alguma sessão, mas começa a perceber-se que o passado que tem dentro começa a trabalhar.

(*Bertrando*) Pareceria, pela sua forma de falar, que a *conditio sine qua non* para a mudança seja o *insight*, a "tomada de consciência" de Fabrizio, como diria um psicanalista. Do ponto de vista sistêmico, porém, a explicação deveria incluir também os outros membros da família, os profissionais...

(*Boscolo*) Certamente. As indagações do terapeuta junto à família, sobre as relações e as emoções significativas do passado de Fabrizio e sobre a influência que o passado pode ter tido no presente, podem levar os membros do sistema terapêutico — equipe inclusa — a entrar em uma nova história. Normalmente isto acontece sem uma consciência específica, sobretudo por parte dos clientes, sem o "caramba" ao que acabo de aludir. Pode haver, sem embargo, outros fatores que obstaculizem a reconstrução de um passado diferente e a possibilidade de ver um novo futuro: a intensidade e a duração das experiências confusas, as dificuldades para voltar a enfrentar os desafios do mundo exterior depois dos anos perdidos por causa da "doença psiquiátrica", o muro de borracha da família que não permite a saída de um dos seus membros...

Fabrizio: Sim (*sorri*), é verdade, assim é, dois messias em casa...

Terapeuta: Sua mãe disse que o primeiro era seu filho, sua mãe parece ter tido duas missões: a de ocupar-se de Aldo e a de ocupar-se de seu filho...

Mãe: Assim é.

Terapeuta: A senhora era a mais velha, isto é, teve dois filhos, em certo sentido...

Fabrizio: De fato.

Terapeuta: Sua mãe teve duas missões. E seu pai? Não foi, ou não se colocou, um pouco de lado? Porque com duas missões sua mãe tinha de estar bastante ocupada, como mãe, não acha?

Fabrizio: Não, bem, completando a conversa anterior, meu nascimento, etc., depois, porém, não recebi o tratamento de homem, de varão, tal como teria desejado. Deveria ter conseguido, em determinado momento, sair de casa, fazer minha vida. Mas isto não aconteceu, não fui capaz de realizar-me, de formar uma família por minha conta. Ele (*o tio*), bem ou mal, foi capaz.

Terapeuta: Mas, eu me pergunto, durante todos estes anos você continuou comparando-se com ele? Como se chama seu tio?

Fabrizio: Aldo.

Terapeuta: Algumas vezes pensava: "O que estará fazendo Aldo agora? Como se sairá com as mulheres? Bem ou mal?"

Fabrizio: Sim.

Terapeuta: Ou então: "Quanto dinheiro tem Aldo?"

Fabrizio: Mas não é que me angustiasse pelo dinheiro...

Terapeuta: Mas para você, por exemplo, como foi...?

(*Bertrando*) Tenho percebido que Fabrizio escorregou quando falou da exclusão do pai. Não sei em que medida isto deve ser atribuído a uma falta de atenção seletiva ou à sua obsessão pela figura de Aldo. Poder-se-ia dizer que o simples fato de não ter escutado o comentário sobre o pai, confirma seus sentimentos de inferioridade, de inadequação. As relações familiares parecem estabelecidas de acordo com uma hierarquia, em cujo vértice encontra-se a mãe, depois vêm Aldo, Fabrizio e, finalmente, o marido. Não teria sido oportuno que o terapeuta tivesse chamado a atenção para a exclusão do pai, para recolocá-lo (se é que alguma vez esteve) na posição, no papel que lhe compete, em lugar de continuar falando da relação entre a mãe, Aldo e Fabrizio? Do contrário correr-se-ia o perigo de, ao tratar de evitá-lo, confirmar a hierarquia familiar.

(*Boscolo*) Sim, é verdade, o terapeuta parece fascinado por sua própria metáfora, a metáfora dos dois messias. A risada de Fabrizio parece indicar que algum alvo foi atingido. Isto mexeu e quase hipnotizou o terapeuta, mesmo que imediatamente depois Fabrizio tenha recuperado sua rigidez e o controle de antes.

(*Bertrando*) Sim, galgou um degrau, subida e descida. Parece ter uma forma muito estranha de estabelecer a seqüência das coisas, por exemplo: "Não recebi o tratamento de homem, de varão, e por isso não fui capaz de sair de casa." Na realidade, a seqüência justa é a contrária: "Tive um tratamento de criança, mimaram-me e, com o passar do tempo, não fui capaz de comportar-me como um varão". Ou então: "De certa maneira não me deram a oportunidade de sair de casa, como um homem." Mistura tudo, tem graves problemas de seqüenciamento.

(*Boscolo*) É interessante, quando riu da frase dos dois messias, se não fosse um psicótico crônico, provavelmente haveria começado a juntar todo o seu passado, para compreender que havia sido um bobo ou um ingênuo construtor de castelos de areia. Poderia ter-se encetado uma mudança significativa, que teria contribuído para uma rápida conclusão da terapia. Na maioria dos casos, de fato, isto teria ocorrido por volta das cinco a dez sessões familiares. Não ocorreu neste que é um caso de esquizofrenia crônica, onde a situação é muito mais complexa.

(*Bertrando*) Neste tipo de família, como escreveram Singer e Wynne, parece que a família está rodeada por um muro de borracha que absorve todas as perturbações. Por exemplo, quando o terapeuta fala dos dois messias, Fabrizio sorri, parece experimentar uma nova tomada de consciência, que ilude momentaneamente o terapeuta, depois volta uma vez mais à mesma expressão perplexa e um pouco confusa de antes.

(*Boscolo*) Nem as intervenções de *reframing*, incluída a prescrição invariável de Selvi Palazzoli e colaboradores, produziram resultados conclusivos em nosso Centro. Minha impressão é que se trata de casos complexos que requerem respostas complexas. A presença da equipe é muito importante para que o terapeuta não seja engolido pelo muro de borracha. Em certos casos, a própria psicoterapia, tanto familiar como individual, não é suficiente e precisa ser apoiada pelas intervenções grupais ou reabilitadoras.

Terapeuta: Seu tio soube virar-se na vida...
Fabrizio: Bom, nem tanto, neste momento passa por algumas dificuldades.
Mãe: Tem graves problemas, problemas econômicos, problemas com sua mulher, problemas com seu filho de quinze anos, que pinta e borda...

(*Boscolo*) Para mim tanto o filho como o irmão se sentiram fascinados por ela. Aldo também deve estar confuso: "É minha mãe, minha irmã ou minha mulher?" Por isto seu casamento nunca esteve bem e agora está a ponto de separar-se. E continua ligando para a irmã! Aqui se poderia identificar um *pattern* transgeracional que se repete: agora o filho Aldo pode encontrar-se em uma situação semelhante àquela em que se encontrou Fabrizio no passado, situação na qual o casal parental estava cindido, e havia uma coalizão entre um dos genitores e um filho.

(*Bertrando*) Aqui voltam a encontrarem-se todos: Fabrizio, Aldo, o pai — como excluído, como macho da série B — e a mãe, que teve de agüentar durante anos um marido que não suportava, Aldo, que não lhe dava problemas, e, sobretudo, Fabrizio, que há anos a martiriza e às vezes inclusive a golpeia. Poder-se-ia perguntar: mas como podem continuar repetindo comportamentos que produzem tanto sofrimento e frustração? Uma explicação poderia ser que todos se tornaram vítimas e protagonistas de um jogo interminável, ou que cada um deles pode manter a ilusão de obter vantagens secundárias.

(*Boscolo*) O pai, porém, deixa-me perplexo, parece trabalhar por baixo dos panos, fazer um jogo sujo, como diria Selvini. A mãe não, ela é a santa, tem uma missão e avança impertérrita, sem se cansar nem descer do pedestal. Poder-se-ia recorrer também à pontuação oposta e considerar a mãe como desafortunada, como vítima de circunstâncias e pessoas que a colocaram em um incômodo pedestal. Seus dois rapazes continuam mantendo a idéia de quão boa e santa é. O marido também, naturalmente, coopera nesta missão.

(*Bertrando*) Sim, é verdade, mas o marido está menos contente; só começa a estar satisfeito agora que vê a crise de Aldo. A crise dos dois messias valorizou suas ações.

(*Boscolo*) Penso que antes também estava algo contente, sentia a felicidade secreta de que algum dia sua mulher reconheceria quão paciente e generoso havia sido. Amiúde vemos como os membros de um casal projetam no futuro a reparação de certos danos sofridos, como no caso de dois cônjuges na terapia, cada um dos quais espera ser reconhecido no futuro com o bom e o justo.

Fabrizio: Eu estava irritado, não nos falamos, fala somente com minha mãe.
Terapeuta: Quanto tempo faz que não fala com ele?
Fabrizio: Mais de três anos.
Terapeuta: Nem você nem seu pai falam com Aldo?
Pai: Antes, quando telefonava e escutava minha voz, desligava; agora, se escuta minha voz, também fala comigo.
Terapeuta (*dirigindo-se ao pai*): Não falava porque tinha raiva do senhor ou porque pensava que o senhor estava com raiva dele?

Pai: Éramos um pouco agressivos porque houve um momento em que...

Fabrizio (*demonstrando um súbito interesse e voltando-se para o pai*): Não, responde com claridade à pergunta. Pensavas que ele tinha raiva de ti ou tu tinhas raiva dele?

Pai: Eu tinha raiva dele.

Fabrizio: Ah, tinhas raiva dele?

Pai: Porque chegou um momento em que cansei e disse: "Se você se intromete em meus assuntos e me faz mais mal do que bem, então é melhor que fique longe, que nos esqueça e que nos deixe em paz!"

Terapeuta: Quais são as dificuldades atuais de Aldo?

Mãe: Tanto econômicas como conjugais. A mulher parece estar na menopausa e ter alguns delírios. Por outro lado, têm um rapazola de quinze ou dezesseis anos, muito inteligente, muito bem sucedido na escola até o ano passado, em que começou a dar trabalho e está destruindo a casa. Meu irmão não sabe como reagir. O outro dia ligou e...

Fabrizio: Por exemplo, agora a rivalidade pode ser também por causa do filho, porque ele conseguiu ter um filho e eu não.

Pai: Ele tem cinqüenta anos e tu trinta.

(*Boscolo*) É estranho. A mãe está dizendo que toda a família de Aldo vive um caos: economicamente estão mal, a mulher está delirando, o filho destrói tudo em casa... e Fabrizio continua travado nos pensamentos sobre o passado. Diz: "Conseguiu ter um filho e eu não", ignorando tudo o que está dizendo a mãe, que parece muito importante. Parece ter um transtorno de pensamento.

(*Bertrando*) Não consegue ler adequadamente o contexto.

(*Boscolo*) Poder-se-ia dizer que sempre pensa em si mesmo, que parou no tempo e que, inclusive vendo a vida correr diante dele, não consegue participar dela.

Terapeuta: Parece-me, Fabrizio, que sua vida tem alguns nós que quando desatados lhe permitirão começar a compreender quem é, porque até agora tenho a impressão de que não está seguro de quem é ou, melhor, não sabe quem é.

Fabrizio: Eu?

Terapeuta: Sim, não encontrou sua identidade, está buscando-a, mas ainda não a encontrou.

Fabrizio: Ainda não, é verdade.

Terapeuta: É como um personagem em busca de um autor, parafraseando Pirandello, sabe quem é Pirandello?

Fabrizio: Sim, um pouco.

Terapeuta: Eles, ao final, encontraram sua identidade, mas você ainda busca...

Fabrizio: Minha identidade precisa.

Terapeuta: Estamos aqui para tentar ver se esta identidade conseguirá finalmente manifestar-se, para que você possa compreender o que almeja ser, que deseja fazer, porque penso que durante estes anos ficou muito confuso.

(*Boscolo*): Aqui o terapeuta diz: "Você está em busca de uma identidade que nem você nem nós conhecemos." Isto significa afirmar: precisamos procurar algo que nunca existiu. Isto tem o poder de romper os determinismos temporais que vinculam suas experiências passadas ao seu precário presente.

(*Bertrando*) Em realidade introduz-se um futuro porque se diz: "Você ainda não encontrou sua identidade", que não é o mesmo que dizer: "Você não tem uma identidade." Isto é, quer dizer que a está buscando e que existe a possibilidade de encontrá-la: isso é o importante, acho. Poderá encontrá-la no futuro, mas até agora ainda não a encontrou.

Terapeuta: Faz três anos que não fala com Aldo?

Pai: Não, eu sim, agora.

Terapeuta: Como, agora fala com ele?

Mãe (*defendendo o marido*): Procurou-nos porque estava desesperado...

Pai: Procurou-nos muitas vezes, até para desabafar, porque agora enfrenta grandes dificuldades. Talvez uma vez tenha sido grande, mas a roda da fortuna girou.

Terapeuta (*dirigindo-se a Fabrizio*): E você, pelo contrário, faz três anos que não fala com ele? Por que não o faz?

Fabrizio: Pela submissão à que meu submeteu.

Terapeuta: Submissão, em que sentido submissão? Você se vê no espelho quando o vê?

Mãe: E pensar que inclusive se parecem ...

Terapeuta: Por que submissão?

Fabrizio: Submissão porque... porque me lembro que sendo criança me tratava mal. Quando me deixavam sob sua responsabilidade... lembro de uma vez que me deu um golpe na cabeça, que me deixou cair.

(*Boscolo*) Tem ainda a má sorte de parecer-se com ele fisicamente! Ouviu falar alguma vez da teoria do duplo? Todos temos um duplo. É interessante, um pouco estranha, a frase do terapeuta: "Você se vê no espelho quando o vê?", como se fossem gêmeos univitelinos.

(*Bertrando*) Sim, e agreguemos que, cada vez que ele tem uma dúvida, ela a reforça pontualmente e com inocência, com sua voz cativante. Eu creio que isto o torna ainda mais confuso: a seqüência das frases pode deixá-lo com a famosa margarida na mão: "Somos irmãos, ou somos tio e sobrinho, ou somos pai e filho?"

(*Boscolo*) Ele deve ter-se perguntado, ou melhor, não se perguntou: "de que família faço parte, quem é meu pai?", enquanto Aldo usufruiu de uma maior consideração do seu pai biológico. Lembro de uma consultoria que realizei na Alemanha há um par de anos. Tratava-se de uma família de quatro pessoas: os pais, de uns trinta anos, e duas crianças pequenas. O pai havia começado a delirar uns meses antes e afirmava que seus filhos eram filhos de seu pai e que sua irmã mais nova era a filha de seu irmão mais velho. Acabava de sair de uma internação psiquiátrica devida a sua agitação aguda. Durante a sessão de consultoria ignorava completamente seus filhos porque, segundo ele, não eram seus e mostrava uma expressão enigmática, perdida. Uma profunda indagação sobre seus vínculos com sua família de origem revelou a existência de um estreito vínculo entre seu delírio e a intensa relação tida com sua mãe, que sempre o havia colocado contra seu pai, e uma inveja secreta por seu irmão mais velho, que havia tido sempre mais êxito que ele. Quando a sessão ia terminar o paciente se mostrou visivelmente comovido quando percebeu que, devido a uma profunda fidelidade por sua mãe, para não a trair, tentava eliminar seu afeto por sua mulher e por seus filhos, ao ponto de desconhecê-los. É interessante que naquele caso a consultoria, limitada a um só encontro, tenha bastado para resolver o caso.

(*Bertrando*) Poderia ser que quando a mãe percebeu as semelhanças entre Fabrizio e Aldo, e excluiu o pai, o filho tenha tido a fantasia de que seu tio fosse seu pai: "Se pareço com meu tio e não com aquele outro, meu pai, meu pai não conta para nada, isto é, pode ser que eu seja o fruto do incesto entre irmãos." Isto seria um prato cheio para um psicanalista.

Fabrizio: Lembro-me destes fatos de minha infância. Lembro que de vez em quando me deixavam sob sua responsabilidade. Tratava-me como se fosse um peso para ele.

Terapeuta: Tinha a impressão de que ele era mais astuto, não mais inteligente, mas mais astuto que você, para ser capaz, por exemplo, de convencer seus pais?

Fabrizio: De fato, na consulta neurológica me disseram que, mais que inválido, sou inábil.

Terapeuta: Ingênuo?

Fabrizio: Ingênuo, sim, mas eles me consideraram inábil, assim me disseram.

(*Boscolo*) Aqui o terapeuta ofereceu imediatamente outra palavra chave, ingênuo em vez de inábil.

Fabrizio: Não sei manejar as situações, não sei...

Terapeuta: É difícil encontrar pessoas que pensem como você, que tenham um sentido tão intenso de justiça; a maioria das pessoas, ao contrário, parte para cima, defende seus interesses e não se importa com os demais.

Fabrizio: Que talvez merecessem mais...

Terapeuta: Como?

Fabrizio: Que talvez merecessem mais.

Terapeuta: Sim, que talvez merecessem mais, certamente, neste sentido o mundo funciona muito bem. Mas neste sentido você se sentia, em relação a Aldo, sentia-se menos astuto, mais ingênuo? Ainda que talvez mais inteligente?

Fabrizio: Sim, mais ingênuo. Como tinha um elevado conceito de mim mesmo, e em determinados momentos aflora de novo este elevado conceito de mim mesmo, sentia-me frustrado, porque, ainda que me sentisse mais inteligente que ele, não era capaz de expressar essa inteligência.

Terapeuta: É esta uma fonte de grande angústia?

Fabrizio: Sim.

Terapeuta: Por exemplo, seu pai, você o vê do lado da astúcia ou da ingenuidade, considera-o uma pessoa ingênua ou astuta?

Fabrizio: Astuta.

Terapeuta: Astuta. E sua mãe?

Fabrizio: Não considero minha mãe uma pessoa astuta, mas sinto-a mais cheia de si, vejo-a mais realizada.

(*Boscolo*) Confirmou a hipótese da astúcia do pai. A frase sobre a mãe é interessante, porque a experiência que te dá uma mãe considerada assim, se seu amor for incondicional, pode infundir-te uma "confiança básica" (*basic trust*). Em caso contrário é um desastre.

(*Bertrando*) É interessante a correlação entre a plenitude da mãe e o vazio de Fabrizio.

Terapeuta: Seu pai, para você, de acordo com suas lembranças, como lidava com o fato de que sua mãe se ocupasse tanto deste irmão e de você? Sentia-se marginalizado?

Fabrizio: Não, porque não é inábil, sempre era capaz de encontrar algo para si mesmo, virava-se, não era uma vítima.

Terapeuta: Sim, mas se virava porque não tinha outra possibilidade...

Fabrizio: Não, porque é astuto por natureza.

(Boscolo) Disse: "Meu pai se vira porque é astuto por natureza." Aqui astuto significaria, de acordo com o que dizíamos sobre a esquizofrenia e a ambigüi-

dade, alguém que aceita a ambigüidade; e, por conseguinte, ser ingênuo quer dizer não ter a capacidade de aceitar a ambigüidade.

(*Bertrando*) É, assim alguém astuto não só aceita a ambigüidade, mas pode criar outra: o astuto joga com a ambigüidade.

Terapeuta (*dirigindo-se a Fabrizio*): Lembro-me de ter dito, na segunda entrevista com seus pais, há mais de um ano, que a sua família parecia a Sagrada Família, na qual sua mãe era a virgem, você, Jesus...

Fabrizio: Cristo.

Terapeuta: Sim, Cristo, o messias, e seu pai como São José.

Fabrizio: Sim, sim (*sorri*), sorrio porque a metáfora é fortíssima, mas se aproxima da realidade.

Terapeuta: Seu pai tinha de fazer-se de São José porque tinha esta missão, porque também o autêntico São José tinha uma função já estabelecida, porque havia ordens do alto. Os profetas disseram que devia vir Jesus, de uma mãe virgem, um Jesus muito ligado a ela, enquanto São José estava ficava um pouco em segundo plano e mantinha a família fazendo cadeiras e mesas. Naquela ocasião seus pais disseram: "Agora, de certa maneira, sentimo-nos mais unidos"; ele subiu de grau, já não é mais São José. Sua mãe e seu pai afirmaram sentirem-se mais um casal. Você, Fabrizio, também o confirmou. Não se lembra que disse: "Vejo meus pais mais unidos que antes?"

Fabrizio: Ah, sim, agora lembro.

Terapeuta: Seu pai subiu de grau.

Fabrizio: Sim, houve uma mudança neles, mas minha pessoa segue estável, isto é, sigo parado, agora me sinto parado...

(*Boscolo*) Isto é interessante: a idéia de que eles mudaram, de que entraram em uma perspectiva evolutiva, na qual o tempo transcorre, enquanto o tempo de Fabrizio permanece parado. Sua concepção temporal estática, na qual as coisas não se movem, já havia sido expressa através da idéia da vida chata. Parece que decidiu vir à terapia depois de ter observado a mudança na relação de seus pais, sua evolução, que o havia tornado aguda e dolorosamente consciente de sua imobilidade no tempo. Lembro-me do caso de Aldo [ver PP 245-59], influenciado pelo espírito do Dalai Lama, que percebia o tempo como algo imóvel, como uma eternidade na qual passado, presente e futuro são indiscerníveis. No pensamento religioso a temporalidade, a eternidade, é projetada em uma figura divina, mas se nos sentimos dentro dela, em nossa vida de simples mortais nos angustiamos. Isto me faz lembrar as observações de Kierkegaard. A vida e o passar e o fluir do tempo constituem um todo. Creio que Fabrizio pede à terapia que seu tempo volte a transcorrer, de tal forma que possa coordená-lo com os tempos dos demais e do mundo que o circunda; pede o retorno à vida.

Terapeuta: Mas a situação de sua família me parece mais complicada: não havia um só Jesus Cristo, mas dois, havia dois messias, uma Sagrada Família com dois messias (*Fabrizio sorri*): na autêntica havia somente um. Parece-me que você, Fabrizio, teve que relacionar-se com outro Jesus Cristo, parece-me que foi difícil tentar compreender quem era o Jesus Cristo verdadeiro e quem era o falso. "Sou eu o verdadeiro Jesus Cristo ou é o outro?"

Fabrizio: Sim, tive esta dúvida.

Terapeuta: E foi uma dúvida muito grande.

Pai: Tu criaste coisas que não devias de ter criado, coisas inúteis.

(*Boscolo*) Olha que bem sabe identificar-se este pai em seu papel! Deixou-me furioso.

(*Bertrando)* Ou se faz de bobo. Parece-me que nunca defendeu nem teve um gesto de compreensão com seu filho.

(*Boscolo*) Ambos os genitores, inclusive do ponto de vista analógico, têm muita dificuldade para compreender as possíveis razões que levaram seu filho à descompensação. Eles manifestam o tipo de reações e emoções mais freqüentemente encontradas na família esquizofrênica, especialmente nos casos crônicos.

(*Bertrando*) É verdade, mas, como sói ocorrer, o paciente oferece mais revelações que seus pais.

(*Boscolo*) Exatamente, ele parece ter mais *insights* que eles. Os pais se mostram mais refratários na hora de admitir a relação entre os acontecimentos do passado da família e o presente. Apesar de estarem em um contexto de terapia familiar, tendem a não "ver" ou a negar possíveis conexões entre seus comportamentos e os problemas do filho, considerados por eles como signos de uma doença de seu sistema nervoso. Esta negação, freqüente por parte dos outros membros da família, de que sua contribuição à psicose, pode ser devida à dificuldade de aceitar seu próprio sentimento de responsabilidade por uma sintomatologia tão grave. Isto explicaria a propensão a aceitar, com mais facilidade, diagnósticos médicos de doença orgânica que diagnósticos centrados nas relações. Os diagnósticos centrados em uma origem orgânica, individual, da psicose são geralmente muito bem aceitos pela família, porque conferem uma aparência científica à enfermidade, mas sobretudo porque livram os outros da grave responsabilidade de serem sua causa.

(*Bertrando*) Neste sentido, eu me pergunto se o fato de os pais já terem participado de seis ou sete sessões não os teria levado a pensar que para eles o trabalho já estava feito, ou que já haviam recebido tudo o que eram capazes de metabolizar.

(*Boscolo*) É uma hipótese muito plausível; pois na primeira sessão o tom era: "Agora trouxemos nosso filho e esperamos que você tenha tanto êxito com ele quanto teve conosco."

(*Bertrando*) Exato, eles parecem satisfeitos. Neste sentido poder-se-ia dizer que eles têm um passado terapêutico, mas ele não. Algo que me impressiona muito é a resposta da família, especialmente de Fabrizio, à metáfora da Sagrada Família. Já a havia utilizado com os pais na segunda das sete sessões anteriores. Ela pode ter contribuído notavelmente à mudança da relação do casal, com a passagem do marido da série B para a série A e com a ruptura da triangulação de Fabrizio, que, ao ver-se só, vem ao Centro para ver se também o ajudamos. Impressionam-me, sobretudo, as reações de Fabrizio quando falas de "Sagrada Família", de messias ou de Jesus Cristo. Ele muda sua expressão normal anafetiva, ilumina-se, e indica que a metáfora atingiu o alvo. A metáfora pode ter um efeito desestruturante, como quando se usam certas palavras-chave na terapia (ver Boscolo *et alii*, 1991). Se aceita como uma representação de sua realidade (Fabrizio disse: "É verdade, é exatamente assim"), pode provocar uma mudança descontínua e, como neste caso, levá-los a uma situação insustentável, absurda, como é a de uma família com dois messias.

(*O terapeuta sai e volta depois de uma longa discussão com a equipe.*)

Terapeuta: Falei com meus colegas, para recapitular a situação, e para eles também em sua família, no passado, Fabrizio se encontrava em uma situação de falta de claridade, sem que ninguém tenha culpa, situação que eu havia definido como semelhante à da "Sagrada Família", uma família muito unida, mas na qual, em certo momento, ao invés de haver um único Jesus Cristo havia dois, dois messias, com o problema de ter de escolher entre o verdadeiro e o não verdadeiro.

Fabrizio (*assentindo*): Qual é meu papel, qual não é o meu papel?

Terapeuta: Sim, qual é o messias mais importante, qual é o menos importante. Meus colegas também consideram esta situação muito importante para explicar sua dificuldade, Fabrizio, para desenvolver uma identidade clara no tempo. Cada um de nós busca sua própria identidade, tenta saber quem é e quem não é, o que quer e o que não quer. Você teve sempre certa confusão, por isso estamos aqui, para ver se essas dúvidas podem desaparecer e você também encontrar sua identidade. Esta é a razão pela qual estamos aqui, está claro ou não?

Fabrizio: Sim.

Terapeuta: Também discutimos muito sobre a relação entre vocês e um personagem importante de sua família: o senhor Aldo. Vimos esta relação no tempo, no passado remoto e nestes últimos três anos. Neste último período você, Fabrizio, não tem falado com ele, enquanto sua mãe sempre manteve a relação com seu irmão. Seu pai (*dirigindo-se ao pai*), ao contrário, voltou a falar com ele faz uns três anos. A propósito, não compreendi quando, diante da minha pergunta: "Seu cunhado, quando escutava sua voz, desligava o telefone porque pensava que você tinha raiva ou porque seu cunhado"... não... cunhado, desculpe... estou confundindo...

Mãe: É sim!

Terapeuta (*rindo um pouco embaraçado*): É difícil orientar-se nesta família! Enquanto falava tive esta dúvida: é cunhado ou não é cunhado? Enquanto o dizia pensava que fosse o irmão... parece-me muito significativo, não é?

Mãe: Sim, claro.

Terapeuta: Estou confuso, estarei ficando esquizofrênico? De qualquer maneira, desligava o telefone porque estava com raiva...

(*Boscolo)* É significativo que nesse momento realmente tenha ficado confuso. Esta confusão pode ser reflexo da confusão de Fabrizio nas relações com seus familiares. A expressão: "Estou confuso, estarei ficando esquizofrênico?", visa atacar implicitamente a etiquetagem.

(*Bertrando*) Esquizofrênico torna-se sinônimo de confuso.

(*Boscolo*) Confuso, mas não doente.

Pai: Como o havia tratado mal, disse-lhe: "Ao menos nos falamos ao telefone."

Terapeuta: De todos os modos, analisamos a situação sem esquecer as últimas novidades referentes às graves dificuldades de Aldo com sua mulher, com seu filho... Ele sempre tem sido uma pessoa muito próxima a vocês, para bem ou para mal, e vocês sempre foram muito próximos dele. Neste momento, consideramos muito importante propor-lhes uma tarefa. Queremos que, naturalmente, a examinem e depois, se a aceitarem, deverão realizá-la rigorosamente. A tarefa é a seguinte: estamos convencidos de que neste momento é muito importante que os três participem dos contatos com Aldo e sua família. Pedimos que escolham um dia da semana, terça, por exemplo, para falar de Aldo, da família e da relação recíproca com vocês. Cada terça-feira, até a próxima sessão, deverão ter, depois do almoço ou do jantar, uma reunião de uma ou duas horas na qual devem trocar as informações, referentes a Aldo e sua família, recebidas no decorrer da semana anterior. Estas informações devem ser discutidas durante a assembléia familiar, durante a qual tomarão aquelas decisões ou prepararão as respostas que considerem oportunas em cada ocasião.

Mãe: Juntos.

Terapeuta: Juntos, um de vocês será o encarregado de dar a resposta decidida na assembléia. Está claro?

Fabrizio: Qualquer um pode ser o encarregado?

Terapeuta: Vocês decidem quem vai ser o encarregado, podem discuti-lo na assembléia e decidir por maioria quem deve ser o encarregado. É importante o que deve ser feito, mas igualmente importante o que não deve ser feito. O que não deve ser feito diz respeito a todos os outros dias da semana: vocês estão proibidos de falar sobre Aldo e sua família. Alguém, naturalmente, pode pensar nisto, mas não pode falar. Se, por ventura, alguém não cumprir, deverá ser lembrado do pacto comum. Os pensamentos referentes a Aldo e sua família deverão ser expressos somente na assembléia de terça-feira. Vocês também, marido e mulher, estão proibidos de falar de Aldo na intimidade. Está claro que só se pode falar dele na assembléia familiar de terça-feira? A assembléia familiar decide o que tem de se fazer: pode decidir cortar e dizer a Aldo que encontre por si mesmo a solução, ou a assembléia pode decidir dar-lhe uma mão, mas deverá ser uma solução coletiva.

Pai: Unânime.

Terapeuta: Unânime, exatamente, plebiscitária.

Fabrizio: E quando ele telefonar...

Terapeuta: Se telefonar, a pessoa que atender deverá transmitir o conteúdo da conversação à assembléia da terça-feira. Se alguém perguntar: "O que disse?" A resposta deverá ser: "Contarei somente na terça-feira." Está claro?

Fabrizio: Compreendi o que deve ser feito, mas não entendi bem o que não deve ser feito.

(*Boscolo*) Tenho de destacar a seguir que Fabrizio considera a tarefa muito interessante. Parece mais desperto, pede explicações e confirmações; talvez seja a primeira vez que tem a possibilidade de gerir e controlar os contatos entre as duas famílias, fontes, no passado, de incertezas e angústias. Ao prescrever um ritual deve-se ser preciso tanto sobre os tempos como sobre as formas, assim se evitam as possíveis desqualificações. Um dos propósitos é o estabelecimento de fronteiras claras entre as duas famílias. Um ritual como este pode interferir profundamente na organização da vida familiar e desencadear uma mudança repentina e duradoura. Não me surpreenderia se, depois desta sessão, Fabrizio rompesse seu bloqueio e iniciasse um percurso de autonomia.

Terapeuta: O que não deve ser feito é falar entre vocês de Aldo e de sua família no transcurso da semana. Em resumo, qualquer comunicação referente a Aldo deverá ser levada à assembléia familiar; isto é fundamental. Nenhuma comunicação entre vocês três, relativa a Aldo e sua família, deve permanecer em segredo; deverá ser comunicada na assembléia. Durante os intervalos entre as assembléias não se deverá discutir aquilo que foi dito na própria assembléia. Da família de Aldo se falará somente nas terças-feiras, pronto. Se alguém tiver muita vontade de falar sobre isto, deverá calar-se, porque isto vai contra a prescrição. Está claro?

Mãe: Pode ocorrer que não haja nenhuma novidade, se meu irmão não ligar.

Terapeuta: Vocês podem dedicar as duas horas da terça-feira para comentar os acontecimentos do passado, do presente, do futuro, que tenham a ver com Aldo e com sua família, podem falar das suas emoções a propósito daqueles eventos, ou então podem refletir sobre como seria se as histórias destas duas famílias tivessem sido diferentes.

(*Boscolo*) Dizer-lhes que dediquem essas duas horas de terça-feira a falar sobre Aldo e sua família, inclusive se não tiverem notícias frescas, é reconhecer e aceitar "a carga do sistema", isto é, que Aldo e sua família têm um lugar central em sua vida. A introdução do ritual muda as regras das relações entre as duas famílias: a de Fabrizio pode falar da família de Aldo somente um dia da semana. Desta forma se introduz uma clara seqüência temporal que delimita os momentos em que se fala de Aldo e aqueles em que não se fala de Aldo. Se antes Fabrizio nunca podia ter a certeza de ser, agora pode começar a ser seis dias na semana.

Notas

1. Metáforas do tempo

[1] Retornaremos a estes conceitos nos capítulos 2 e 4.
[2] "Tempo vivido" é a denominação clássica de Minkowski (1933), mas o mesmo conceito foi formulado também por Marsh (1952), que distingue entre "tempo cronológico" e "tempo realista".
[3] A metafísica de Parmênides se presta ao paradoxo justamente porque nega o devir e a seqüência. Como afirmou Bateson muitos séculos mais tarde, os paradoxos podem existir na atemporalidade da lógica e na matemática, não na vida.
[4] Frase que subentende um significado bastante sutil. Como afirmou Russel (1948), não é somente a água do rio que muda com o tempo, mas também *quem nele se banha* não será o mesmo com o passar do tempo. Para uma visão global dos fragmentos dos pré-socráticos ver Diels e Kranz (1966). (Versão italiana em Giannantoni, 1969.)
[5] Ver a este propósito Curi (1987b) e Sini (1987).
[6] Sobre a modernidade de Santo Agostinho ver Jaques (1982, cap. I). A este propósito, também Toraldo de Francia (1990: 98) admite que penetrar a verdadeira natureza do tempo é uma tarefa desesperadora e que, neste sentido, poucos progressos foram realizados desde a época de Santo Agostinho.
[7] A seguir examinaremos melhor o tempo dos físicos. Mas a idéia newtoniana do tempo é tão importante que não pode deixar de ser mencionada aqui.
[8] Existem muitas obras dedicadas ao tempo, cada uma com sua própria perspectiva. Queremos indicar aqui algumas. Como obras gerais e multidisciplinares ver Fraser (1966), Fraser e Lawrence (1975), *The Study of time* (1978), AA.VV. (1978), Whithrow (1972). Sobre a psicologia do tempo ver Vicario (1973), Giovannelli e Mucciarelli (1979), Reale (1982), Fraser (1989). Sobre o tempo na psicanálise ver Sabbadini (1979).
[9] Para o mazdeísmo o próprio tempo é instrumento de salvação, como *tempo litúrgico*; tanto que todos os meses, os dias, e até mesmo as horas, são personificados e recebem nomes litúrgicos (Corbin, 1957, pp.124 sg.) Mais uma vez é a liturgia que desvincula o tempo da profanidade.

[10] Alusão à afirmação de São Paulo de que Cristo morreu na cruz "de uma vez por todas", e de que a salvação dos que crêem é definitiva.
[11] Rossi (1979), ver também esta obra para os parágrafos subseqüentes.
[12] Os dois eruditos combateram por meio de longos tratados somente para estabelecer se era possível aumentar em 1440 anos a idade comumente aceita para o mundo. A julgar pela rapidez das réplicas e contra-réplicas o tema devia parecer-lhes apaixonante. Em 1659 Voss publicou seu *Dissertatio de vera aetate mundi, qua ostenditus natale mundi tempus annis minimum 1440 vulgarem eram anticipare*. A réplica de Horn, fervoroso defensor da cronologia tradicional, não se fez esperar. Naquele mesmo ano ele publica, para demolir as hipóteses de Voss, uma *Dissertatio de vera aetate mundi qua sententia illorum refellitur qui statuunt natale Mundi tempus annis minimum 1440 vulgarem eram anticipare*. No decorrer do mesmo ano Voss responde com as *Castigationes ad scriptum g. Hornii de aetate mundi*. Horn, por sua vez, com a *Defensio dissertationes de vera aetate mundi conra cstigationes Vossii*. E Voss ainda com a *Auctarium castigationum* (ver Rossi, 1979: 174-81).
[13] Em Roger (1962), p. LXVI (traduzido em italiano em Rossi, 1979: 135).
[14] A discussão que segue deve muito aos livros de Hawking (1988) e de Prigogine e Stengers (1984), recomendados para quem se interesse por um estudo mais detalhado do tema.
[15] Poderemos também dizer que quando duas pessoas se encontram pela primeira vez, e estabelecem uma relação, o passado de uma torna-se o futuro da outra e vice-versa.
[16] Nota-se que algo semelhante ocorre se um dos gêmeos vive em uma montanha enquanto o outro permanece ao nível do mar. Neste caso, porém, a diferença no envelhecimento é tão pequena que resulta imperceptível.
[17] Esta é somente uma esquematização de uma entre tantas outras teorias propostas. Para maiores detalhes ver Hawking (1988).
[18] Análogo às bifurcações de Prigogine é o conceito de "eqüifinalidade" das intervenções terapêuticas sistêmicas propostas por Cronen e Pearce: intervenções cujos efeitos dependem do estado do sistema no momento da intervenção.
[19] Tal onisciência foi proposta por Laplace, ao inicio do século XIX, com a famosa imagem de Demiurgo: "Uma inteligência que, em um dado instante, conhecesse todas as forças que regem a natureza e a respectiva situação dos seres que a compõem, se também fosse suficientemente profunda para submeter estes dados à análise, englobaria na mesma fórmula os movimentos dos maiores corpos do universo e do mais leve átomo: nada seria incerto para ela e o futuro, bem como o passado, seria presente aos seus olhos" (Cit. em Capra, 1975).
[20] Heisenberg é um dos primeiros cientistas a evidenciar o papel do observador, e de seus instrumentos, na inevitável modificação da realidade observada. Isto pode ser relacionado com o afirmado, em um plano mais geral, pela cibernética

de segunda ordem de von Foerster, segundo a qual as descrições de qualquer observador são filtradas pelos preconceitos, as teorias e as experiências (os "instrumentos") do observador.
[21] Esta descrição se presta de forma surpreendente para ilustrar o processo de formação de hipóteses do terapeuta ou da equipe terapêutica: a exploração de uma série de possíveis (virtuais) modalidades organizativas (e lingüísticas) do sistema observado, em relação às modalidades cognitivas do sistema observante, conduz, em fim, à formulação da hipótese sistêmica que, segundo o modelo da cibernética de segunda ordem, representa a "realidade" emergente do "supra-sistema" terapêutico.
[22] O cálculo pode ser feito somente medindo o tempo por meio de quantidades imaginárias: na matemática os números imaginários são aqueles que multiplicados por si mesmos dão por resultado números negativos.
[23] Esta metáfora de Hawking poderia converter-se em uma bela metáfora de nosso trabalho terapêutico: no processo de formulação de hipóteses procuramos recriar todas as histórias possíveis compatíveis com os dados que recebemos. Em nossa concepção, a história de cada pessoa no seu "espaço-tempo" resulta da soma de todas suas possíveis histórias. Para nós, observadores, o "espaço-tempo" pode ser realmente percorrido em todas as direções. O tempo imaginário do observador carece de limites e direções. Em certo sentido, este tempo imaginário torna-se mais fundamental do que o "real", criado por nós para ajudar-nos a descrever o universo como acreditamos que é. A conclusão de Hawking é uma salutar medicina para o narcisismo de um terapeuta ou de uma equipe terapêutica que, condicionados pela linguagem, tendem a acreditar em uma "realidade" sem aspas.

2. Tempo e relações

[1] A tentativa de estabelecer o que é o presente imediato tem suscitado um grande interesse. Reale (1982) lista numerosos estudos sobre a duração do presente que, entretanto, não têm oferecido dados conclusivos. Fraisse (1957) afirma que o presente dura até 4 segundos, Michon (1979) de 250 mseg. a poucos segundos, Stroud (1956) de 60 a 200 mseg., enquanto Miller (1956) determina em 7±2 o número de "elementos" (seqüências aleatórias de cifras e letras) que uma percepção simultânea pode abranger.
[2] A cronobiologia tem estudado extensamente os ritmos internos humanos. Ver Cohen (1967), Orme (1969), Reinberg (1979).
[3] É também possível fornecer uma explicação mais existencial: quanto mais nos aproximamos da última meta, da morte, mais breve nos parece a duração da viagem.

[4] Como adverte Ornstein, e nós estamos plenamente de acordo, falar de "registro" e "armazenamento" é apenas uma *metáfora* e não tem a pretensão de ser a descrição de uma "realidade" mental ou cerebral.

[5] O processo não deve levar em consideração somente o sujeito, mas também "os outros". Não foi dito que os passados e os futuros assim criados coincidem. A idéia pessoal de alguém sobre seu futuro pode mudar se confrontada com a dos outros; o mesmo, mas de modo mais vago, ocorre com o passado, como veremos nos próximos capítulos.

[6] Que é o equivalente cinético das "premissas" do pensamento.

[7] Usaremos aqui como sinônimos os termos "analógico" (Bateson, 1972b) e "não-verbal". O termo "paralingüístico" será reservado aos atos não-verbais que intervêm como modificadores dos atos verbais, o termo "cinético" (Birdwhirstell, 1970) aos atos totalmente não-verbais.

[8] Esta discussão deve muito às elaborações de Berger e Luckmann (1966) e de Reiss (1981), embora suas formulações tenham sido modificadas para adaptá-las ao nosso modelo.

[9] Entende-se que com "cultura" e "cultural" designamos o conjunto da organização cognitiva, afetiva e social de determinada população.

[10] Com isto não pretendemos afirmar que nas diversas culturas a percepção do tempo seja diferente. É possível que assim seja, mas para afirmá-lo seria necessário realizar uma precisa confirmação experimental. Entretanto convém suspender o juízo, inclusive porque a experimentação não tem confirmado as primeiras hipóteses de Whorf (1956). Por exemplo, a teoria segundo a qual a capacidade de perceber as cores variaria segundo a cultura ainda não foi comprovada. Alguns estudos experimentais (ver Gardner, 1985) provaram que a percepção das cores é independente da cultura; é o *uso social* da capacidade perceptiva que está sujeito a uma enorme variabilidade.

[11] Aprofundaremos todos estes aspectos no Capitulo 8, dedicado aos ritos terapêuticos.

[12] Em nossa sociedade também existem casos em que a passagem da infância à idade adulta recebe uma sanção social ritual: é o que ocorre no *bar mitzvah*, pelo menos nas famílias praticantes da religião judaica.

[13] Entende-se que a leitura do tempo não é mais que uma das muitas variáveis culturais sujeitas a este processo.

[14] A idéia das "ilhas de diferença" foi proposta por Ashby (1960). Uma concepção semelhante foi assumida por G. y M.C. Bateson (1987): é necessário que em um sistema complexo existam variáveis, que não estejam comunicadas de um extremo ao outro do sistema, para preservar a possibilidade de que no sistema continuem a existir diferenças significativas.

[15] A regularidade requer repetição. Há uma ironia no fato de que o tempo cíclico e "vazio" dos ritos antigos reviva em nossas mais banais rotinas: a hora do café ou do final do trabalho.

[16] Tanto que também se tentou pesquisar os hipotéticos “ritmos semanais” biologicamente determinados. Naturalmente não se obteve nenhum resultado positivo (Reinberg, 1979).
[17] Veja-se *Vita di San Benedetto e la Regola* (1981).
[18] Veja-se toda a primeira parte da obra de Landes (1983). Para o Islã valia um discurso diferente: os muçulmanos tinham certa necessidade de medir o tempo, mas em seus climas quentes e secos o dever era assumido, com suficiente precisão, pelos relógios de sol, ineficazes na chuvosa Europa Central.
[19] Do *I livri della famiglia*, livro 3, “Economicus”, citado em Brusa (1974).
[20] Sobre este tema ver também: Thompson (1967) a propósito do horário de trabalho Jaques (1982), a propósito dos “períodos de discricionalidade” nas estruturas burocráticas, Merton (1984) a propósito das expectativas sociais de duração.
[21] Os ritos ligados ao Sabbath judaico, aos “limites” que o separam do resto da semana, oferecem-nos um dos exemplos mais nítidos de separação entre tempos. Ver Zerubavel (1981) capítulo 4.
[22] A palavra “normal” fará muitos dos leitores pularem das suas cadeiras. Confessamos que tentamos substituí-la por muitas outras palavras (“funcional”, “satisfatória”, “gratificante”, “aceitável”, “vivível”), mas por fim optamos por mantê-la, conscientes de que muitos pensadores já verteram rios de tinta nas controvérsias sobre ela.
[23] Ver o conceito de *restraint* (“vínculo”) no artigo “Cybernetc Explanation”, em Bateson (1972a).

3. Modelos do tempo interativo: o tempo da família

[1] A complementaridade entre estabilidade e mudança sugere outra: a existente entre estrutura e sistema que, segundo W lden, são duas caras da mesma moeda, e que remetem uma à visão sincrônica, a outra à visão diacrônica.
[2] A idéia não é exclusivamente nossa. Foi formulada há algum tempo por Ruesch e Bateson (1951: 287).
[3] Aquilo que Maturana e Varela (1980) definiram como “acoplamento estrutural”. Cada indivíduo é estimulado pelo ambiente (no qual os sujeitos mais significativos para ele ocupam o primeiro plano) e, por sua vez, provoca mudanças no ambiente.
[4] Mas Bateson (1978b: 221) declarou: “Não há nenhuma passagem que eu lamente tanto na minha vida quanto aquela ‘receita’ do início do trabalho original sobre o duplo vínculo.”
[5] Bateson, formado na lógica das primeiras décadas do século XX, ignorava que lógicas mais modernas haviam incorporado a tradicionalmente descuidada dimensão do tempo. Desde 1950, as lógicas temporais constituem um ramo importante das chamadas “lógicas especiais” (Dalla Chiara Scabia, 1979).

[6] "A solução dada por Bertrand Russell aos seus próprios paradoxos foi a de atribuir a cada enunciado uma quantidade, o chamado "tipo", que servia para distingui-lo daqueles que formalmente parecem ser o mesmo enunciado, segundo se trate de "coisas", no sentido mais simples, de classes de "coisas", de classes de classes de "coisas", etc. O método com o qual resolvemos os paradoxos consiste também na referência de um parâmetro a cada enunciado, e este parâmetro é o tempo em que foi expresso o enunciado. Em ambos os casos introduzimos o que poderíamos chamar de parâmetro de uniformização, para resolver uma ambigüidade devida simplesmente ao fato de tê-lo negligenciado" (Wiener, 1948: 170 seg.)

[7] Cronen, Johnson e Lannamann (1982: 93) abandonam os termos "duplo vínculo" e "paradoxo", substituindo-os pelo "anel auto-reflexivo" (*reflexive loop*): "Quando se trata de dois ou mais níveis em um sistema e não fica claro qual deles pertence a uma ordem mais elevada, forma-se um anel auto-reflexivo." Nesta concepção os anéis auto-reflexivos são de dois tipos. Os primeiros não têm nenhum efeito patogênico, são os "paradoxos" que caracterizam a criatividade e a linguagem e são definidos como *charmed loops*. Os segundos são patogênicos e são definidos como *strange loops*. É justamente a possibilidade de experimentar no tempo e comentar os diversos aspectos de um anel auto-reflexivo que determina a diferença entre os dois tipos de anel: "Há uma dimensão temporal na experiência das relações auto-reflexivas: [...] as pessoas controlam as relações entre significados de ordem inferior e superior no curso temporal da conversação. O monitoramento lhes permite perceber as mudanças de contexto e os problemas de adaptação entre o contexto pressuposto de ordem superior e os significados de ordem inferior" (p.97).

[8] Carl Whitaker, em uma de suas ingeniosas metáforas, descreve a terapia familiar como um acontecimento em que o terapeuta entra em uma família onde o paciente designado é o "cavaleiro negro" e os outros os "cavaleiros brancos". "Sua tarefa" consiste em deixá-los todos cinzas.

[9] Não se deve esquecer, no entanto, que a proximidade emocional e a intimidade da família ocidental evoluída não valem para todas as formas de família. Nos séculos passados (e ainda em outras sociedades, como na Índia tradicional) a família era certamente depositária de paradigmas e regularidades, mas não sempre oferecia intimidade, nem entre cônjuges nem entre pais e filhos.

[10] É curioso como, de forma análoga aos terapeutas de família, Paul Ricoeur (1985) haja detectado a mesma limitação nas teorias filosóficas sobre o tempo. A "aporética da temporalidade", afinal, só pode ser resolvida recorrendo à narração, ao relato, ao pensamento narrativo.

[11] Uma forma diferente de expressar conceitualmente o encontro entre o mito e a história particular de um sujeito, ou de um grupo de sujeitos, é dizer que a história "completa" do mito conflui nela e ali recupera sentido e tempo.

[12] A dicotomia sistema/narração é, sob alguns aspectos, semelhante àquela que, nos anos setenta, contrapunha sistema e estrutura. Minuchin e Haley escolheram a visão estrutural, o grupo de Milão a sistêmica.

4. O observador e o tempo

[1] Para Bateson a informação é uma diferença que produz uma diferença, uma relação. As percepções visuais, auditivas, táteis e proprioceptivas representam diferenças espaciais e/ou temporais que chegam ao sistema nervoso central através de impulsos binários. Estes são elaborados, integrados e associados em sensações, imagens e pensamentos que encontram sua colocação em âmbitos espaciais e temporais.

[2] Para conhecer com maior profundidade a história do modelo sistêmico de Milão, ver Hoffman (1981), Tomm (1984, 985), Campbell e Draper (1985), Boscolo, *et alii* (1987).

[3] Nesta breve descrição do período de Palo Alto usamos termos como "reformulação paradoxal", "comportamentos disfuncionais", "intervenções eficazes", "hipóteses *ad hoc*", "duplo vínculo", próprios daquele período e que depois não voltamos a utilizar.

[4] Tomm, ao analisar as perguntas que o entrevistador tem a sua disposição, levou também em consideração as perguntas que, à diferença das circulares, baseiam-se em uma epistemologia linear, e chamou de *perguntas lineares* às que pretendem colher informações, e *perguntas estratégicas* as que pretendem, de forma linear, provocar mudanças.

[5] Uma forma de ver a terapia que tem certa semelhança com esta, ainda que não haja referência à cibernética, foi descrita por Anderson, Goolishian e Winderman no artigo "Problem Determined Systems" (1986).

[6] Mas sem chegar nunca a construir genogramas e sem adentrar-se demais no curso das gerações. Neste sentido a abordagem era diferente da trans-geracional de Muray Bowen (1978).

[7] Pode-se dizer que, neste contexto, "sincronia" e "diacronia" fazem pensar no "Ser" de Parmênides e no "Devir" de Heráclito.

[8] Por este motivo o "neófito" sói desorientar-se ao observar uma série de sessões dirigidas por terapeutas de Milão: quem não conhece bem o método, não compreende sua lógica.

[9] Quando nos situamos em uma perspectiva *"a posteriori"* e descrevemos, ou escrevemos a propósito de um caso clínico, conferimos-lhe uma coerência narrativa que pode fazer pensar na existência de uma concatenação determinista dos acontecimentos.

[10] Freud, em sua teoria sobre a neurose, colocou a "compulsão à repetição" no centro do surgimento e da manutenção dos sintomas, com a conseguinte "perda de liberdade" do sujeito.

[11] Ao começo da atividade do grupo de Milão se tentou estabelecer um sistema de "rotação" dos terapeutas. Mas este método foi abandonado por seus efeitos negativos, devidos provavelmente à dificuldade para estabelecer uma continuidade na relação.
[12] Segundo Goodman, os "mundos" são produtos da atividade mental, que pode criar uma infinidade de mundos possíveis, cada um dotado de sua própria coerência. Ao interior da coerência com as próprias premissas, cada mundo é tão real como qualquer outro (ainda que Goodman, longe do relativismo total, tenha dedicado depois grande parte de sua reflexão a estabelecer quais são os critérios que tornam um mundo mais verossímil que outro).

5. O tempo na relação de consultoria e de terapia

[1] Com freqüência atraem nossa atenção casos parecidos, que indicam uma dificuldade de adaptação aos novos modelos de vida de casal oferecidos pela cultura. Muitos homens ainda não parecem dispostos a aceitar a mudança da relação entre os sexos, isto é, a emancipação feminina.
[2] Emoções como a do senhor Amendola podem, incidentalmente, desencadear na família um processo potencialmente perigoso, de afastamento entre os membros do casal e de triangulação dos filhos.
[3] A última estação do percurso de um casal em crise pode ser o advogado, por quem se procura quando se deseja um acordo para uma separação. Ou o psicoterapeuta, que se busca para tentar reiniciar a viagem juntos, "no mesmo vagão".
[4] Contamos dois casos em que o marido não aceita a mudança de sua mulher. Naturalmente, nossa casuística inclui outros tantos em que são as mulheres que não aceitam seu marido como é e continuamente comparam-no com o marido que deveria ser.
[5] Daqui em diante chamaremos "terapeuta" o profissional que se encontra na sala de terapia, ainda que todos os membros da equipe, e não somente os que interagem diretamente com os pacientes, sejam terapeutas.
[6] Ver *Paradosso e controparadosso* (Selvini Palazzoli, *et alii*, 1975): 21 seg.
[7] Isto é comparável à análise do *transfert* e do *contra-transfert* na psicanálise; mas o psicanalista, cujo papel é mais passivo, tem esta tarefa facilitada.
[8] Não faz parte de nossos objetivos atuais tratar da "centrifugalidade" no espaço. Basta dizer que, normalmente, começamos com perguntas referidas ao sistema limitado (o paciente identificado e a família nuclear) que temos diante de nós, para chegar depois ao resto da família e às diversas organizações sociais com as quais a família e seus componentes interagem. O mesmo vale para os pacientes em terapia individual.

6. Presentificar o passado

[1] É interessante que uma memória tão "total" procedesse, exatamente como no imaginário Funes criado por Borges, de forma espacial. Todos os artifícios utilizados por Shereshevky para lembrar eram visuais e situavam todas as sucessões, inclusive as numéricas, no espaço. É como se o excesso de memória tivesse de se expressar, necessariamente, mais no espaço que no tempo.
[2] Para os antigos com freqüência o destino dependia de uma predição. Pense-se no caso de Édipo, que Watzlawick (1984) poderia perfeitamente incluir entre seus *self-fulfilling prophecies*.
[3] O paciente expressou com esta idéia com uma linda e inconsciente metáfora: "Nossa casa dava para a rua principal da cidade; mas seu pátio traseiro dava para umas das zonas mais sórdidas e mal-afamadas do lugar."
[4] O experimento se baseia na teoria de Rumelhart (1975), da *gramática narrativa*, que cria expectativas: espera-se que uma história tenha certo tempo de desenvolvimento, siga certos caminhos e assim por diante. Quando as pessoas deparam com uma história que não tem estas características, lembram-na de maneira *distinta*, mais de acordo com as expectativas.
[5] Compreendida na acepção de "sistema das premissas".
[6] A máquina trivial "*determinável analiticamente* porque se pode analisar a máquina [...] *é independente da história*, porque qualquer que seja o *input* dado à máquina ela não o recordará, e a próxima vez seguirá as mesmas leis da vez anterior [...] é finalmente *previsível*: sempre se sabe o que fará a máquina quando se dá um determinado *input*" (Foerster, 1985: 128).
[7] Os tratamentos individuais e familiares, aplicados geralmente à esquizofrenia e aos distúrbios bipolares maníaco-depressivos, nos quais os terapeutas instruem aos pacientes e a seus familiares sobre como enfrentar as enfermidades, ensinam-lhes técnicas para solucionar vários problemas, são consideradas mais idôneas e funcionais que as aplicadas espontaneamente.
[8] Na terapia de casal ocorre com freqüência que as melhoras significativas da relação — que induzem o terapeuta a pensar na iminência do final da terapia— sejão seguidas por um recrudescimento dos velhos problemas ou pelo surgimento de outros novos e inesperados que afastam a possibilidade do fim da terapia. Nestes casos o problema parece ser a desorientação do terapeuta, que é mantido no campo através dos novos problemas. Se o terapeuta não se der conta deste fenômeno, podem criar-se condições para uma terapia de longa duração ou até interminável.
[9] Outro modo de descrever a situação de injunção no passado aqui apresentada, que provavelmente nós mesmos adotamos, ha alguns anos, seria lê-la como um duplo vínculo que, ao menos aparentemente, não encaixa na "receita" batesoniana do duplo vínculo clássico. Seria um duplo vínculo em que está presente uma única injunção negativa. Mas o paradoxo se cria mediante uma inversão,

mais que com uma negação, do tempo: uma injunção dirigida ao passado torna-se um anel recursivo paradoxal.

[10] Talvez somente os rituais consigam conjugar memória e esquecimento dos mesmos acontecimentos. O rito social do dia dos mortos, por exemplo, ritualiza a lembrança dos mortos, mas, ao mesmo tempo, confina-os dentro do tempo ritual, assim torna possível seu esquecimento no decorrer da vida quotidiana.

[11] A utilização de perguntas hipotéticas favorece o esquecimento; mas o esquecimento (pelo menos dentro de certos limites) é necessário para a emergência de hipóteses. O excesso de memória obstaculiza as histórias alternativas.

7. Presentificar o futuro

[1] Esta intervenção constitui uma tentativa de solucionar os problemas ocasionados pela violência através da palavra ao invés do controle social. A violência, evidentemente, não pode ser subestimada nem tratada como um simples problema conjugal. Ela pode exigir medidas mais drásticas como a utilização de centros de acolhimento para mulheres maltratadas, a decisão de uma separação provisional e até, o remédio extremo, o cárcere. Mas isso não resolve o problema, sublinhado por Lane e Russell, dos casais nos quais a mulher, ainda que seja vítima de violência, recusa a separação e até a denunciar seu companheiro.

[2] Esta reformulação temporal introduz incerteza e possibilidades de evolução. Esta intervenção tem de ser inscrita no contexto de uma interação complexa e com um alto grau de imprevisibilidade: ninguém pode, nem o cliente nem o terapeuta, predizer a conseqüência de tal afirmação que não pretende ser nem reconfortante nem diretiva.

[3] Situações semelhantes, mas de menor intensidade emotiva, ocorrem geralmente nas famílias com filhos adolescentes, nos casos em que as opiniões dos pais divergem rigidamente quanto à idade em que os filhos passam da infância à idade adulta.

[4] O desaparecimento de uma sintomatologia, associada à saída de casa de um filho psicótico, sói não provocar o esperado alívio dos pais, mas sim uma crise de desorientação do casal que, normalmente, resolve-se em um mais ou menos curto período de tempo.

[5] A função da conotação positiva é não dar um juízo negativo sobre o desacordo do casal: assim o casal pode finalmente existir como tal. Antes não eram mais que os dois enfermeiros de seu filho.

[6] O uso de perguntas circulares ao invés de afirmações, ou de metáforas ao invés de discursos literários, por exemplo, produz um efeito análogo de aumento da indeterminação.

8. Tempo e rituais

[1] Por isto a memória popular não é histórica, mas arquetípica. Nas legendas populares baseadas nas figuras históricas os acontecimentos "reais" e biográficos se carregam com elementos exemplares e arquetípicos que, ao final, prevalecem: mas para quem as conta, as histórias exemplares são mais verdadeiras do que as reais.

[2] Utilizaremos aqui "rito" e "ritual" como sinônimos.

[3] As crianças são particularmente sensíveis às seqüências rituais. Se uma criança é levada para a cama pela mãe enquanto o pai lhe lê um conto, reagirá negativamente diante de qualquer variação da seqüência.

[4] Segundo Lévi-Strauss (1962), o mito tem sempre uma forma metafórica. Pode ser, pois, concebido como a metáfora de determinados constructos cognitivos particularmente importantes do ponto de vista emotivo.

[5] Definimos o mito como uma história particular com características de aparente rigidez e incorrigibilidade que, junto a uma grande intensidade emotiva, davam forma à mitologia antiga. Todas as histórias que contamos de nós mesmos, incluída aí a História, conservam alguns elementos míticos. Assim, por diversos motivos, os termos "mito" e "história" se sobrepõem e expressam diferentes matizes do mesmo conceito básico, o de um sistema de significados expresso através das formas, estilos e desenvolvimento diacrônico próprio da narrativa.

[6] Bateson, *in Naven* (1936), observou que os rituais como o naven assumem mais importância quando não existe nenhuma sanção "legal", como ocorria com os iatmul que não tinham leis no sentido europeu do termo. Por isso os rituais são importantes em áreas sociais nas que as interações são definidas livremente, como a família, e menos em áreas rigidamente reguladas, como os lugares de trabalho, mesmo que nem neles a situação seja tão simples.

[7] Diferente parece ser a opinião de Imber-Black, Roberts e Whiting (1988), que dedicam muitas páginas à descrição do tema dos rituais e à forma de fazê-los emergir das interações com a família.

9. Três casos clínicos

[1] Do ponto de vista psicanalítico isto poderia ser considerado como uma regressão ao estádio intra-uterino.

[2] O terapeuta no transcurso da sessão, é obvio, faz escolhas determinadas pela retroação dos clientes e pela circularidade das relações. No momento em que atendia não era consciente de todas estas implicações, elas emergem somente em um segundo momento e em um novo contexto.

[3] A apropriação do grupo familiar da hipótese do terapeuta poderia induzi-lo a acreditar que descobriu a "verdade", isto é, que se aproxima à descoberta de uma tipologia característica do distúrbio psíquico apresentado. De acordo com

nossa experiência, o terapeuta deve evitar cair nesta ilusão e pensar simplesmente na co-criação de uma nova história, naturalmente condicionada — não determinada — pelos vínculos do passado familiar.

[4] No artigo citado se apresenta também uma análise lingüística deste fragmento de sessão.

[5] Este comportamento de Antonella poderia ser descrito, segundo o modelo proposto por Selvini Palazzoli e Viaro (1980), como o de *una anorética "do grupo B"*, no qual a filha anorética é a preferida do pai, "admira-o, considera-o bastante superior à mãe e acha injustificáveis certos tratamentos aos quais ela o submete" (pág 8). Quando surge o sintoma anorético ("quarto estádio"), "a dieta é decidida como um desafio à mãe [...] decisão que amiúde foi precedida por comportamentos da mãe que atingiram o pai ou a filha. Inicia-se a redução alimentar, mas rapidamente evolui para um protesto e uma negação da mãe" (pág. 9).

[6] Como ocorre em alguns casos nas famílias com pacientes adolescentes ou jovens adultos, depois da terapia familiar inicia-se ou retoma-se uma terapia individual. Uma hipótese poderia ser que a terapia familiar, através da solução dos problemas familiares, favoreceria o processo de separação-individuação de seus membros. Alguns deles recebem um impulso ulterior rumo à autonomia graças a uma relação terapêutica individual.

[7] Por volta da metade dos anos 70, a equipe originária de Milão (Selvini Palazzoli, Boscolo, Cecchin e Prata) enviou uma carta a Gregory Bateson na qual descrevia algumas intervenções de *reframing* da equipe — algumas delas paradoxais — realizadas no transcurso das sessões terapêuticas. A seguir solicitava o parecer do especialista. Passado certo tempo, Bateson respondeu com uma breve carta na qual manifestava seu interesse pelas brilhantes intervenções, mas se abstinha de avaliar o efeito que podiam ter sobre os clientes, porque — escreveu — "não conheço o *tom* com o qual vocês passam sua mensagem e, portanto, não posso expressar nenhum juízo sobre seu efeito".

Referências

As datas de publicação de alguns dos textos citados, mesmo quando se trata de uma tradução, correspondem às da edição original. Já as às páginas citadas remetem à edição italiana apresentada nesta bibliografia. [NDT: Para a edição brasileira agregamos, sempre que possível, as referências em português.]

AA.VV., *The Study of Time*, vol. 3, Springer, Berlin 1978.

AA.VV., *Du temps biologique au temps psychologique*, Pressses Universitaires de France, Paris 1979.

AA.VV., *Radical Constructivism, Autopoiesis and Psychotherapy*, Ir. J. Psychol., vol. 9, N. 1, 110-29 (1988).

Agostinho, *Le confessioni*, Ed. Paoline, Roma 1979. [Trad. Port. *Confissões.* Nova Cultural, São Paulo, 1999. NDT Os excertos das *Confissões* foram tirados da edição em português aqui citada.]

Allwood, J., Anderson L.G. e Dahl O., *Logic for Linguistics*, Cambridge University Press, Cambridge, UK 1977 [trad. It. *Logica e linguistica*, Il Mulino, Bologna 1981].

Anderson, H. e Goolishian H., *Human Systems as Linguistics Systems. Preliminary and Evolving Ideas about the Implications for Clinical Theory*, Fam. Proc.,vol. 27, 371-93 (1988).

__________ e Winderman L., *Problem Determined Systems: toward Transformation in Family Therapy*, J. strat. Syst. Ther., vol. 5, 1-14 (1986).

Anderson, T., *The Reflecting Team: Dialogue and Meta-Dialogue in Clinical Work*, Fam. Proc., vol. 24, 259-71 (1987).

Andolfi, M. e Angelo C., *Tempo e mito nella psicoterapia familiare*, Boringhieri, Torino 1987. [Trad. Port. *Tempo e mito na psicoterapia familiar.* Artes Médicas, Porto Alegre, 1989]

__________ e Zwerling I. (a cura di), *Dimensions of Family Therapy*, Guilford, New York 1980.

Artistóteles, *Fisica*, Laterza, Bari 1968. Ashby, W.H., *Design for a Brain*, 2ª ed. Riv., New York 1960.

Assmann, A., *Cultural and Individual Construction of time*, relazione presentata a Heidelberg (1991).

Ausloos, G., *The March of time: Rigid or Chaotic Transactions: Two Different Ways of Living Time*, Fam. Proc., vol. 25,549-57 (1986).

Bagarozzi, D. A., e Anderson S.A., *Personal, Marital and Family Myths*, Norton, New York 1989.

Balbo L., *Tempi di vita. Studi e proposte per cambiarli*, Feltrinelli, Milano 1991.

Bandler, R. e Grinder, J., *The Structure of Magic*, Science and Behavior Books, Palo Alto 1975 [trad. It. *La strutura della magia*, Astrolabio, Roma 1981]. [Trad. Port. *A estrutura da magia, un livro sobre linguagem e terapia*, Zahar, Rio de Janeiro, 1977.]

Bateson G., *Naven* (1936), 2ª ed., Stanford University Press, Stanford 1958 [trad. It. *Naven. Un ritual di travestimento in Nuova Guinea*, Einaudi, Torino 1988].

__________ Bali. *The Value System of a Steady State* (1949), in Bateson (1972a).

__________ *Cybernetic Explanation* (1967), in Bateson (1972a).

__________ *Steps to an Ecology of Mind*, Chandler Publishing Co., San Francisco 1972a [trad. It. *Verso un'ecologia della mente*, Adelphi, Milano 1988].

__________ *The Cybernetics of <<Self>>: a Theory of Alcoholism* (1972b), in Bateson (1972a).

__________ *Bateson's Workshop* (1978a), in Berger (1978).

__________ *The Birth of a Matrix or Double Bind and Epistemology* (1978b), in Berger (1978).

__________ *Mind an Nature: a Necessary Unit*, Dutton, New York 1979 [trad. It., *Mente e* natura, Adelphi, Milano 1989].

__________ e Bateson, M.C., *Angels Fear. Towards an Epistemology of the Sacred* (1987) [trad. It. *Dave gli angeli esitano*, Adelphi, Milano 1989].

__________ Jackson, D.D., Haley J. e Weakland J.H., *Toward a Theory of Schizophrenia*, Behav. Sci., vol. 1, 251-64 (1956) [trad. It. *Verso una teoria della schizophrenia*, in Cancrini (1977)].

Bateson M.C., *With a Daughter's Eye. A Memoir of Margaret Mead and Gregory Bateson*, Morrow & Co., New York 1984 [trad. It. *Con occhi di figlia. Ritratto di Margaret Mead e Gregory Bateson*, Feltrinelli, Milano 1985].

Benedict, R., *Patterns of Culture*, Houghton Mifflin, Boston 1934.

Berger, M.M. (a cura di), *Beyound the Double Bind*, Brunner/Mazel, New York 1978.

Berger, P. e Luckmann T., *The Social Construction of Reality*, New York 1966 [trad. It. *La realtà come costruzione sociale*, Il Mulino, Bologna 1974].

Bergson H., *Essay su les domnées immediate de la conscience*, Paris 1889.

__________ *Matière et mémoire*, Paris 1896.

__________ *Durée et simultanéité, à propos de la théorie d'Einstein*, Paris 1922.

Bertalanffy, L. von, *General Systems Theory. Foundation, Development, Applications*, Brasiller, New York 1968.

Birdwhirstell ,R.L., *Kinesics and Context*, University of Pennsylvania Press, Philadelphia 1970.

Bobrow, D.G. e Collins, A.M. (a cura di), *Representation and Understanding*, Academic Press, New York 1975.

Bocchi, G. e Ceruti, M., *La sfida della complessità*, Feltrinelli, Milano 1985.

Boorstin, D.J., *The Discoveres*, Bantam Books, New York 1985 [trad. It. *L'avventura della scoperta*, Mondadori, Milano 1985].

Borges, J.L., *Storia dell'eternità* (1936), in *Tutte le opera*, Mondadori, Milano 1984.

__________ *Funes o della memoria* (1941), *ibid.*

__________ *Nova confutazione del tempo* (1947), *ibid.*

Borwick B., *Circular <<Questioning>> in Organizations: Discovering the Patterns that Connect*, inedito (1990).

Boscolo, L., Bertrando, P., Fiocco P.M., Palvarin,i R.M. e Pereira, J., *Linguaggio e cambiamento. L'uso di parole chiave in terapia*, Ter. Fam., vol. 37, 41-53 (1991).

Boscolo, L., Cecchin, G., Hoffman, L. e Penn, P., *Milan Systemic Family Therapy. Conversations in Theory and Practice*, Basic Books, New York 1987. [Trad. Port. *A terapia sistêmica de Milão*. Artes Médicas, Porto Alegre, 1993.]

Bossard ,J.H.S. e Boll, E.E., *Ritual in Family Living*, University of Pennsylvania Press, Philadelfia 1950.

Bowen, M., *Family Therapy in Clinical Practice*, Aronson, New York 1978.

Bowlby ,J., *Attachment and Loss*, vol. 1, *Attachment*, 2ª ed., Hogarth Press, London 1982 [trad. It. *Attacamento e perdita*, vol. 1, *L'attaccamento alla madre*, Bollati Boringhieri, Torino 1987].

Brown, G.S., *Laws of Form*, Bantam Books, New York 1972.

Bruner, J., *Actual Minds, Possible Worlds*, Harvard University Press, Cambridge, Mass. 1986 [trad. It. *La mente a più dimensioni*, Laterza, Bari 1988].

Brusa, G., *Gli orologi*, Cataloghi del Museo Poldi, N. 1, Milano 1974.

Buckley, W. (a cura di), *Modern Systems Research for the Behavioral Scientist*, Aldine, Chicago 1968 [trad. It. *Sociologia e teoria dei sistemi*, Rosenberg & Sellier, Torino 1976].

Campbell,D. e Draper R. (a cura di), *Application of Systemic Family Therapy: the Milan Approach*, Grune & Stratton, London 1985.

Campbell , J. (a cura di), *Man and Time*, Princenton University Press, Princenton 1957.

Cancrini, L. (a cura di), *verso una teoria della schizophrenia*, Boringhieri, Torino 1977.

Cannon, W.B., *The Wisdom of the Body*, Norton, New York 1932.

Capra, F., *The Tao of Physics* (1975) [trad. It. *Il Tao della fisica*, Adelphi, Milano 1982]. [Trad. Port. *O tao da física*. Cultrix, São Paulo, 1999.]

Cecchin, G., *Hypothesizing-Circularity-Neutrality Revisited: an Invitation to Curiosity*, Fam. Proc., vol. 26, 405-13 (1987).

Ceruti, M., *La hybris dell'onniscienza e la sfida della complessità*, in bocchi e Ceruti (1985).

Chapple, E.D., *Culture and Biological Man*, Holt, Rinehart & Winston, New York 1970.

Ciomp,i L., *Ho to Improve the Treatment of Schizophrenics: a Multicausal Illnes Concept Its Therapeutic Consequences*, In Stierlin, Wynne e Wirsching (1983).

Cohen, J., *The Time in Health and Disease*, Thomas, Springfield 1967.

Corbin, H., *Cyclical Time in Masdaism and Ismailism*, in Campbell (1957).

Coser, L.A. e Coser R.L., *Time Perspective and Social Structure*, In Gouldner e Gouldner (1963).

Cronen, V.E., Johnson K.M. e Lannamann J.W., *Paradoxes, Double Binds and Reflexive Loops: an Alternative Theoretical Perspective*, Fam. Proc., vol. 21, 91-112 (1982).

___________ e Pearce, W.B., *Towards an Explanation of bow the <<Milan Method>> Works: an Invitation to Systemic Epistemology and Evolution of Family Systems*, in Campbell e Draper (1985).

Curi, U. (a cura di), *Dimensioni del tempo*. Angeli, Milano 1987a.

___________ Introduzione (1987b), in Curi (1987a).

Dalla Chiara Scabia, L., *Logica*, Mondadori, Milano 1979.

Davis, A. e altri, *Deep South*, University of Chicago Press, Chicago 1941.

Deissler, K.G., *Recursive Creation of Information. Circular Questioning as Information Producion*, pt. 1, inedito (1986).

Dell ,P., *Some Irriverent Thoughts on Paradox*, Fam. Proc., vol. 20, 37-42 (1981).

__________*Beyond Homeostasis: toward a Concept of Coherence*, Fam. Proc., vol. 21, 21-41 (1982).

Dennes, E.R., *The Problem of Time, University of California Publications in Philosophy, N. 18 (1935).*

De Shazer S., Clues. Investigating Solutions in Brief Therapy, *Norton, New York 1981 [trad. It.* Chiavi per la soluzione in terapia breve, Astrolabio, Roma 1986]. Dossey, L., *Space, Time and Medicine*, Shambala, Boulder- London 1982 [trad. It. *Spazio, tempo e medicina*, Ed. Mediterrance, Roma 1983].

Douglas, M., *Natural Symbols*, Barrie & Jenkins, London 1973 [trad. It. *Simboli naturali. Sistema cosmologico e strutura sociale. Esplorazioni in cosmologia*. Einaudi, Torino 1979].

Eco, U., *Trattato di semiotica generale*, Bompiani, Milano 1975. [Trad. Port. *Tratado geral de semiótica.* Perspectiva, São Paulo, 2000.]

Edlund, M., *Psychological Time and Mental Illnes*, Gardner Press, New York 1987.

Einstein, A., *Über die Spezielle und Allgemeine Relativitätstheorie (Gemeinverstandlich)* (1916) [trad. It. *Relatività: esposizione divulgativa*, Boringhieri, Torino 1967].

Eliade, M., *Traité d'histoire des religions*, Payot, Paris 1948 [trad. It. *Trattato di storia delle religioni*, Einaudi, torino 1957]. [Trad. Port. *Tratado de história das religiões*, São Paulo, Martins Fontes, 1998.]

__________ *Le mythe de l'èternel retour*, Gallimard, Paris 1949 [trad. It. *Il mito dell'eterno ritorno*, Borla, Roma 1968]. [Trad. Port. *O mito do eterno retorno*, Mercuryo, São Paulo, 1979.]

__________ *Time and Eternity in Indian Thought*, in Campbell (1957).

Elias N.,*Über die Zeit. Arbeiten zur Wissensoziologie*, pt. 2, Suhrkamp, Frankfurt a.M. 1984 [trad. It. *Saggio sul tempo*, Il Mulino, Bolonga 1986]. [Trad. Port. *Sobre o tempo.* Zahar, Rio de Janeiro, 1998.]

Elkaïm, M., *From General Laws to Singularities*, Fam. Proc., vol. 24, N. 2, 151-64 (1985).

Elkana, Y., *Relativismo e filosofia della scienza dal baconianesimo vittoriano al giorno d'oggi* (1984), in Piattelli Palmarini (1984a).

Erickson, M., *Pseudo-Orientation in Time as a Hypnotic Procedure*, J. clin. Exper. Hypnosis, vol. 2, 261-83 (1954).

__________ *Collected Papers*, Irvington, New York 1980 [trad. It. *Opere*, 4 voll., Astrolabio, Roma 1987].

Erikson, E.H., *Identity and the Life Cycle*, International Universities Press, New York 1959.

Ferreira, A.J., *Family Myths and Homeostasis*, Archs gen. Psychiat., vol. 9, 457-63 (1963).

Firth, R., *Verbal and Bodily Rituals of Greeting and Parting*, in la Fontaine (1972).

Fleuridas, C., Nelson T.S. e Rosenthal D. M., *The Evolution of Circular Questions: Training Family Therapists*, J. mar. Fam. Ther., vol. 12, N. 2, 113-21 (1986).

Flood, R. e Lockwood M., *The Nature of Time*, Blackwell, Oxford 1986.

Foerster, H. von, *Observing Systems*, Intersystems Publications, Seaside 1981 [trad. It. *Sistemi che osservano*, Astrolabio, Roma 1987].

__________*Cibernetica ed epistmologia: storia e prospettive*, in Bocchi e Ceruti (1985).

Foulcault, M., *Les mots et les choses*, Gallimard Paris 1966 [trad. It. *Le parole e le cose*, Rizzoli, Milano 1978]. [Trad. Port. *As palavras e as coisas,* Martins, Fontes, São Paulo, 1995.]

__________ *Surveiller et punir. Naissance de la prison*, Gallimard, Paris 1975 [trad. It. *Sorvegliare e punire. Nascita della prigione*, Einaudi, Torino 1976]. [Trad. Port. *Vigiar e punir. História da violência nas prisões,* Petrópolis, Vozes, 2005.]

Fraisse, P., *La psychologic de temps*, Presses Universitaires de France, Paris 1957.

__________ *Psychologic du rythme*, Presses Universitaires de France, Paris 1974 [trad. It. *La psicologia del ritmo*, Armando, Roma 1979].

Fraser, J.T., *The Voices of Time* (1966), University of Massachusetts Press, Amherst 1981.

__________*Toward an Integrated Understanding of Time. Introduction to the Second Edition*, in Fraser (1981).

__________ *Time and Mind*, International Universities Press, New York 1989.

__________ e Lawrence N. (a cura di), *The Study of Time*, vol. 2, Springer, Berlin 1975.

Gardner, H., *The Mind's New Science. A History of Cognitive Revolution*, Basic Books, New York 1985 [trad. It. *La nuova scienza della mente. Storia della rivoluzione cognitive*, Feltrinelli Milano 1988].

Geertz, C., *The Interpretation of Cultures*, Basic Books, New York 1973a [trad. It. *Interpratazione di culture*, Il Mulino, Bologna 1987].

__________*Person, Time and Conduct in Bali* (1973b), in Geertz (1973a)

Gergen, K., *The Saturated Self*, Basic Books, New York 1991.

Giannantoni, G., *I presocratici. Testimonianze e frammenti*, Laterza, Bari 1969.

Giorello, G., *Ma Platone preferiva il Leste*, Corriere della Sera (II novembre 1990).

Giovannelli ,G. e Mucciarelli, G., *Lo studio psicologico del tempo*, Cappelli, Firenze 1979.

Glasersfeld, E. von, *The Construction of Knowledge*, Intersystems Publications, Seaside 1987.

Gluckman, M. (a cura di), *Essays on the Ritual of Social Relations*, Manchester University Press, Manchester, 1962a.

__________*Les rites de passage* (1962b), in Gluckman (1962a).

Goffman, E., *Asylums*, Doubleday, New York 1961 [trad. It. *Asylums. Le istituzioni totali*, Einaudi, Torino 1972].

Goodman, N., *Ways of Worldmaking*, Harvester Press, Hassocks 1978 [trad. It. *Verdere e costruir il mondo*, Laterza, Bari 1988].

Gould, S.J., *Time's Arrow, Time's Cycle*, Pelican Books, London 1988 [trad. It. *La freccia del tempo, il ciclo del tempo*, Feltrinelli, Milano 1989].

Gouldner, A.W. e Gouldner M.P., (a cura di), *Modern Sociology*, Harcourt, Brace & World, New York 1963.

Groupe Mu, *Rhétorique de la poésie*, Complexe, Bruxelles 1977.

Gurvitch, G., *La vocation actuelle de la sociologie*, Presses Universitaires de France, Paris 1963.

Halberg, F., *Les rythmes biologiques et leurs mécanismes: base du développement de la chronopsychologic et de la chronoéthologie*, in AA.VV. (1979).

Haley, J., *The Family of the Schizophrenic: a Model System*, J. nerv. Ment Dis., vol. 129, 357-67 (1959).

__________ *Strategies of Psychotherapy*, Grune & Stratton, New York 1963 [trad. It. *Le strategie della psicoterapia*, Sansoni, Firenze 1974].

__________ (a cura di), *Advanced Techniques of Hypnosis and Therapy: the Selected Writings of Milton H. Erickson*, MD, Gruner & Stratton, New York 1967.

__________ (a cura di), *Changing Families. A Family Therapy Reader*, Grune & Stratton, New York 1971.

Hampshire, S., *Thought and Action*, Chatto & Windus, London 1965.

Hawking, S.W., *A Brief History of Time. From the Big Bag to Black Holes*, Bantam Books, New York 1988 [trad. It. *Dad big bang ai buchi neri*, Rizzoli, Milano 1990]. [Trad. Port. *Uma breve história do tempo. Do Big Bang aos buracos negros*, Rocco, Rio de Janeiro. 1988.]

Heidegger, M., *Sein und Zeit*, Niemeyer, Hale 1927 [trad. It. *Essere e tempo*, Utet, Torino 1969]

Heinemann, G., *L'ordine del tempo. Nota in margine ad Anassimandro* (1987), in Curi (1987a).

Heisenberg, W., *Physics and Philosophy*, Harper & Row, New York 1962 [trad. It. *Fisica e filosofia*, Il Saggiatore, Milano 1982].

Hitchens, C., *Deus não é grande. Como a religião envenena tudo*. Ediouro. Rio de Janeiro 2007

Hoffman, L., *Deviation-Ampifying Processes in Natural Groups*, in Haley (1971).

__________ *Foundations of Family Therapy*, Basic Books, New York 1981 [trad. It. *Princìpi di terapia della famiglia*, Astrolabio, Roma 1984].

__________ *A Constructivist Position for Family Therapy*, in AA.VV. (1988).

Hume, D., *Trattato sulla natura umana*, Cedam, Padova 1941. [*A treatise of Human Nature*, edition L.A. Selby-Bigge, Oxford, Clarendon Press, 1964.] [Trad. Port. *Investigação acerca do enendimento humano,* Nova Cultural, São Paulo, 1999.]

Husserl, E., *Zur Phänomenologie der inneren Zeibewuntseins* (1893-1917), Nijoff, The Hague 1966 [trad. It. *Per una fenomenologia della coscienza interna del tempo*, Angeli, Milano 1985]. [Trad. Port. *Idéias para uma fenomenologia pura e para uma filosofia fenomenológica*, Idéias e letras, São Paulo, 2006.]

Imber-Black, E., Roberts, J. e Whiting, R., *Rituals in Families and Family Therapy*, Norton, New York 1988.

Jackson, D.D., *The Question of Family Homeostasis*, Psychiat. Q., suppl. vol. 31, 79-90 (1957).

Jaques, E., *The Form of Time*, Crane, Russak & Co., New York 1982 [trad. It. *La forma del tempo*, Centro Scientifico Torinese, Torino 1988].

Jauch, J.m., *Are Quanta Real? A Galilean Dialogue*, Indiana University Press, Bloomington 1973 [trad. It. *Sulla realtà dei quanti*, Adelphi, Milano 1980].

Jaynes, J., *The Origins of Consciousness in the Breakdown of the Bicameral Mind* (1976) [trad. It. *Il crollo della ment bicameral e le origini della coscienza*, Adelphi, Milano 1984].

Jervis, G., *La psicoanalisi come esercizio critic*, Garzanti, Milano 1989.

Kamper, D., *Sacrificio del tempo: dal calendario perpetuo alla quotidianità dell scadenze* (1987), in Curi (1987a).

Kant, I., *Critica della ragion pura*, Laterza, Bari 1963. [Trad. Port. Crítica da razão pura. Fundação Calouste Gulbenkian, Lisboa, 1997.]

Keeney, B.P., *Aesthetics of Change*, Guilford, New York 1983 [trad. It. *L'estetica del cambiamento*, Astrolabio, Roma 1985].

Kermode, F., *The Sense of an Ending*, Oxford University Press, Oxford 1967.
Kluckholn, F., *Dominant and Substitute Profiles of Cultural Orientations*, Soc. Forces, vol. 17, 383 (1949-50).
__________ e Spiegel, J.P., *Integration and Conflict in Family Behavior*, Family Committee, Group for Progress in Psychiatry, Rep. N. 27, Topeka 1954.
__________ e Stodtbeck, F.L., *Variations in Value Orientations*, Row Peterson, Evanston 1965.
Kofka, K., *Principles of Gestalt Psychology*, Harcourt, New York 1935 [trad. It. *Princìpi di psicologia della forma*, Boringhieri, Torino 1970].
Kuhn, T.H., *The Structure of Scientific Revolutions*, University of Chicago Press, Chicago 1962 [trad. It. *La strutura delle rivoluzioni scientifiche*, Einaudi, Torino 1978]. [Trad. Port. *A estrutura das revoluções científicas.* 7ª edição, Perpectiva, São Paulo, 2003.]
La Fontaine, J.S. (a cura di), *The Interpretation of Ritual. Essays in Honour of A.J. Richards*, Tavistock, London 1972.
Lander, H., *L'entreprise polycellulaire*, ESF, Paris 1987 [trad. It. *L'impresa policellulare*, Guerini & Associati, Milano 1988].
Landes, D.S., *Revolution in Time*, Harvard University Press, Cambridge, Mass. 1983 [trad. It. *Storia del tempo*, Mondadori, Milano 1984].
Lane, G. e Russell, T., *Eliciting Change in Couples Violence. A Second Order Systemic Approach*, relazione al 9th Annual Family Therapy Network Symposium, Washington (marzo 1986).
Lefft, J.P. e Vaughn C.E., *Expressed Emotion in Families*, Guilford, New York 1985.
Levi ,P., *Se questo è un uomo*, Einaudi, Torino 1947.
Lévi-Strauss, C., *Anthropologie structural I*, Plon, Paris 1958 [trad. It. *Antropologia strutturale I*, Il Saggiatore, Milano 1990]. [Trad. Port. *Antropologia estrutural I*, Tempo Brasileiro, Rio de Janeiro, 1976.]
__________ *Le totémisme aujourd'hui*, Presses Universitaires de France, Paris 1962 [trad. It. *Il totemismo oggi*, Feltrinelli, Milano 1991]. [Trad. Port. *O totemismo hoje*, Edições 70, 1987]
__________ *Anthropologic structural 2*, Plon, Paris 1973 [trad. It. *Antropologia struturale 2*, Il Saggiatore, Milano 1990]. [Trad. Port. *Antropologia estrutural I*, Tempo Brasileiro, Rio de Janeiro, 1976.]
Lewis, O., *La cultura della povertà e altri saggi di antropologia* (1966), Il Mulino, Bologna 1973.
Loriedo, C. e Vella, G., *Il paradosso e il sistema familiare*, Bollati Boringhieri, Torino 1989.
Luce, G.C., *Biological Rhythms in Human and Animal Physiology*, Dover, New York 1971.
Luhmann, N., *Dié Knappheit der Zeit und die Vordringlichkeit der Befristeten*, Pol. Planung, vol 2, 143-65 (1975).
Lurija, A.R., *The Mind of a Mnemonist* (1968). Harvard University Press, Cambridge, Mass. 1987.
__________*The Man with a Sbattered World* (1972), Harvard University Press, Cambridge, Mass. 1987.

Mammerick, K. e Klein M. (a cura di), *Materialien zur Sociologie der Altags*, Sonderheft 20/1978 der Kolner Zeitschrift für Soziologie und Sozialpsychologic, Opladen 1978.

Marsh, J., *The Fullness of Time*, Nishter & Co., London 1952.

Maruyama, M., *The Second Cybernetics: Deviation-Amplifying Mutual Causal Processes*, in Buckley (1968).

Massignon, L., *Time in Islamic Thought*, in Campbell (1957).

Maturana, H. e Varela, F., *Autopoiesis and Cognition*, Reidel, Boston 1980 [trad. It. *Autopoiesi e cognizione*, Marsilio, Padova 1988].

__________ *The Tree of Knowledge: the Biological Roots of Understanding*, New Science Library, Boston 1987 [trad. It. *L'albero della conoscenza*, Garzanti, Milano 1987]. [Trad. Port. *A árvore do conhecimento*, Palas Athena, São Paulo, 2004.]

McTaggart, J.M.E., *The Nature of Existence*, Cambridge University Press, Cambridge, UK 1927. [*A árvore do conhecimento*, Pallas Atenea, São Paulo, 2001]

Merleau-Ponty, M., *Phénoménologie de la perception*, Gallimard, Paris 1945 [trad. It. *Fenomenologia della percezione*, Il Saggiatore, Milano 1980].

Merton, R.J., *Socially expected Duration: a Case Study of Concept Formation in Sociology*, in Powell e Robins (1984).

Merton, R.K., *social Theory and Social Structure*, Free Press, New York 1957 [trad. It. *Teoria e strutura sociale*, 3 voll., Il Mulino, Bologna 1983].

Michon, J.A., *Le traitement de l'information temporelle*, in AA.VV. (1979).

Miller, G.A., *The Magic Number Seven, plus or minus Two: Some Limits on Our Capacity for Processing Information*, Psychol. Rev., vol. 63, 81-97 (1956).

Minkowski, E., *Le temps vécu*, Paris 1933 [trad. It. *Il tempo vissuto*, Einaudi, Torino 1971].

Minsky, M., *The Society of Mind*, Simon & Schuster, New York 1985 [trad. It. *La società della mente*, Adelphi, Milano 1989].

Minuchin, S., *Families and Family Therapy*, Harvard University Press, Cambridge, Mass. 1974 [trad. It. *Famiglie e terapia della famiglia*, Astrolabio, Roma 1981].

__________ e altri, *Families of the Slums*, Basic Books, New York 1969.

Mitchell, W.J.T. (a cura di), *On Narrative*, University of Chicago Press, Chicago 1981.

Morin, E., *Le vie della complessità*, in Bocchi e Ceruti (1985).

Newton, I., *I princìpi matematici della filosofia natural*, Utet, Torino 1965.

Nilsson, M.P., *Primitive Time Reckoning*, Lund 1920.

Orme, J.E., *Time, Experience and Behavior*, Iliffe Books, London 1969.

Ornstein, R.E., *On the Experience of Time*, Penguin, Harmondsworth 1969.

__________ *The Psychology of Consciousness*, Pelican Books, Harmondsworth 1975 [trad. It. *La psicologia della coscienza*, Angeli, Milano 1978].

Parry, A., *A Universe of Stories*, Fam. Proc., vol. 30, 37-54 (1991).

Pearce, W.B., *Communication and the Human Condition*, Southern Illinois University Press, Carbondale-Edwardsville 1989.

Penn, P., *Circular Questioning*, Fam. Proc., vol. 21, 267-80 (1982).

__________ *Feed-forward. Future Questions, Future Maps*, Fam. Proc., vol. 24, 299-310 (1985).

Piaget, J., *La construction du reel chez l'enfant*, Delachaux & Niestlé, Neuchâtel 1937 [trad. It. *La costruzione del reale nel bambino*, La Nouva Italia, Firenze 1973]. [Trad. Port. *A construção do real na criança*, São Paulo, Ática, 1996.]

__________ *Le développement de la notion de temps chez l'enfant*, Presses Universitaires de France, Paris 1946 [trad. It. *Lo sviluppo della nozione di tempo nel bambino*, La Nouva Italia, Firenze 1979]. [Trad. Port. *A noção do tempo na criança*, Record, Rio de Janeiro, 2002.]

Piattelli Palmarini, M. (a cura di), *Livelli di realtà*, Feltrinelli, Milano 1984a.

__________ *Mappe della realtà e mappe della ragione* (1984b), in Piattelli Palmarini (1984a).

Pièron, H., *Les problems psychophysiologiques de la perception du temps*, Ann. Psycho., vol. 24 (1923).

Pirandello, L, [Trad. Port. *Seis personagens à procura de autor,* São Paulo, Peixoto Neto, 2004.]

Platão, *Timeo*, Laterza, Bari 1967.

Plotino, *Enneadi*, Laterza, Bari 1947-49. [Trad. Port. *Enéada* III. *Sobre a natureza, a contemplação e o Uno*, Hucitec, São Paulo.]

Poincaré, H., *Dernières pensées*, cap. 2 (1913) [trad. It. *Spazio e tempo*, in Einstein (1967)].

Popper, k., *Unenled Quest*, Fontana/Collins, London 1976 [trad. It. *La ricerca non ba fine. Autobiografia intellectual*, Armando, Roma 1986].

Powell, W.W. e Robins R. (a cura di), *Conflict and Consensus: a Festschrift for Lewis A. Coser*, Free Press, New York 1984.

Prigogine, I., *La nescita del tempo*, Theoria, Roma 1988.

__________ e Stengers, I., *La nouvelle alliance. Métamorphose de la science*, Gallimard, Paris 1979 [trad. It. *La nouva alleanza*, Einaudi, Torino 1981].

__________ *Order out of Chaos*, Bantam books, New York 1984.

Puech, H.C., *Gnosis and Time*, in Campbell (1957).

Quastler, H. (a cura di), *Information Theory and Psychology*, Free Press, New York 1956.

Quispel, G., *Time and History in Patristic Christianity*, in Campbell (1957).

Reale, P., *La psicologia del tempo*, Boringhieri, Torino 1982.

Reinberg, A., *Le temps, une dimension biologicale et médicale*, in *L'homme malade a du temps*, Pernond & Stock, Paris 1979.

Reiss D., *The Family Construction of Reality*, Harvard University Press, Cambridge, Mass. 1981.

Ricoeur, P., *Temps et récit*, pt. 3, *Le temps raconté*, Seuil, Paris 1985 [trad. It. *Tempo e racconto*, Jaca Book, Milano 1988].

Roger, J., Introduzione a G.L. Buffon, *Les époques de la nature*, Mémories du Muséum National d'Histoire Naturelle, Série C, Paris 1962.

Rorty, A., *The Identities of Persons*, University of California Press, Berkeley 1976a.

__________ *A Literary Postscript: Characters, Persons, Selves, Individuals* (1976b), in Rorty (1976a).

Rossi, P., *I segni del tempo: storia della terra e storia delle nazioni da Hooke a Vico*, Feltrinelli, Milano 1979.

Ruesch, J. e Bateson G., *Communication. The Social Matrix of Psychiatry*, Norton, New York 1951.

Rumelhart, D.E., *Notes on a Schema for Stories*, in Bobrow e Collins (1975).

Russel, B., *History of Western Philosophy and its Connection with Political and Social Circumstances from the Earliest Times to the Present Day* (1948) [trad. It. *Storia della filosofia occidentale*, Mondadori, Milano 1984]. [Trad. Pot. *História da filosfia ocidental*, Companhia editora nacional, 1957.]

Sabbadini, A., *Il tempo in psicoanalisi*, Feltrinelli, Milano 1979.

Sacks, O., Prefazione a Lurija (1972).

Saussure, F. de, *Cours de linguistique générale*, Payot, Paris 1922 [trad. It. *Corso di linguistic generale*, Laterza, Bari 1986]. [Trad. Port. *Escritos de linguistica geral*, Cultrix, Sâo Paulo.]

Schafer, R., *The Analytic Attitude*, Basic Books, New York 1983 [trad. It. *L'atteggiamento analitico*, Feltrinelli, Milano 1984].

Schein, E.H., *Process Consultation*, vol. 2, *Lessons for Managers and Consultants*, Addison-Wesley, Reading 1987.

Selvini Palazzoli, M., *Why a Long Interval between Sessions?*, in Andolfi e Zwerling (1980).

__________ Boscolo L., Cecchin G. e Prata G., *The Treatment of Children trough Brief Therapy of Their Parents*, Fam. Proc., vol. 13, 429-42 (1974).

__________*Paradosso e contraoparadosso*, Feltrinelli, Milano 1975.

__________*Una prescrizione ritualizzata nella terapia della famiglia: giorni pari e giorni dispari*, Archo Psicol. Neurol. Psichiat., vol. 38, 293-302 (1977).

__________*The Problem of the Referring Person*, J. mar. Fam. Ther., vol. 6, 3-9 (1980a).

__________*Hypothesizing-Circularity-Neutrality*, Fam. Proc., col. 19, 73-85 (1980b).

__________ Cirillo S., Selvini M. e Sorrentino A.M., *Il giochi psicotici nella famiglia*, Cortina, Milano 1988.

__________ e Viaro M., *Il processo anoressico nella famiglia: un modello a sei stadi a guida del trattamento individuale*, Ter. Fam., vol. 30, 5-20 (1989).

Sini, C., *La fine del tempo public e il problema del tempo-immagine* (1987), in Curi (1987a)

Sluzki, C., *La trasformazione terapeutica delle trame narrative*, Ter. Fam., vol. 36, 5-19 (1991).

__________ e Ranson D. (a cura di), *Double Bind: the Foundation of the Communicational. Approach to the Family*, Grune & Stratton, New York 1976 [trad. It. *Il doppio legame: la genesi dell' approccio relacionale allo studio della famiglia*, Astrolabio, Roma 1979].

Smith, M.W., *Different Cultural Concep ot the Past, Present and Future*, Psychiatry, vol. 13, 395-400 (1952).

Sonnemann, V., *Il tempo è uma forma di ascolto. Sulla natura e le conseguenze di un disconoscimento kantiano dell'orecchio* (1987), in Curi (1987a).

Sorokin, P. A., *Sociocultural Causality, Space, Time*, Duke University Press, Durham 1934 [trad. It. *La dinamica sociale e cultural*, Marietti, Genova 1975].

__________ e Merton, R.K., *Social Time: a Methodological and Functional Analysis*, Am. J. Social., vol. 42, 615-19 (1937).

Streiner, G., *Heidegger*, Fontana, London 1978 [trad. It. *Martin Heidegger*, Sansoni, Firenze 1980].

Stierlin, H., Weber G., Schmidt G. e Simon F. B., *Features of Families with Major Affective Disorders*, Fam. Proc., vol. 25, 267-82 (1986).

__________ Wynne L.C. e Wirsching M. (a cura di), *Psychossocial Intervention in Schizophrenia*, Springer, Berlin 1983.

Stroud, J.M., *The Fine Structure of Psychological Time*, in Quastler (1956).

Tabboni, S., *Tempo e società*, Angeli, Milano 1987.

Tanizaki, J., *L'amore di uno sciocco*, in *Opere*, Bompiani, Milano 1988.

Telfener, U., *Heinz von Foerster: costruttivismo e psicoterapia* (1987) in Foerster (1981).

Thom, R., *Stabilité structurelle et morphogenèse*, Paris 1972 [trad. It. *Stabilità strutturale e morfogensi*, Einaudi, Torino 1980].

Tomm, K., *One Perspective on the Milan Systemic Approach*, pt. 2, *Description of Session Format, Interviewing Style and Interventions*, J. mar. Fam. Ther., vol. 10, 253-71 (1984).

__________ *Circular Interviewing. A Multifaceted Clinical Tool*, in Campbell e Draper (1985).

__________ *Interventive Interviewing*, pt. 1, *Strategizing as a Fourth Guideline for the Therapist*, Fam. Proc., vol. 26, 3-13 (1987a).

__________ *Interventive Interviewing*, pt. 2, *Reflexive Questioning as a Means to Enable Self-Healing*, Fam. Proc., vol. 26, 167-83 (1987b).

__________ *Interventive Interviewing*, Pt. 3, *Intending to Ask Circular, Strategic or Reflexive Questions?*, Fam. Proc., vol. 27, 1-15 (1988).

Thompson, E.P., *Time, Work, Discipline and Industrial Capitalism*, Past and Present, vol. 38, 56-97 (1967).

Toraldo di Francia, G., Presentazione (1981) a Prigogine e Stengers (1979).

__________ *Un universe troppo semplice*, Feltrinelli, Milano 1990.

Van der Hart O., *Rituals and Psychotherapy. Transition and Continuity*, Irvington, New York 1983.

Van der Leeuw, J., *Primordial Time and Final Time*, in Campbell (1957).

Van Gennep A., *Les rites de passage*, Nourry, Paris 1909 [trad. It. *I riti di passaggio*, Boringhieri, Torino 1981].

Vicario, G., *Tempo psicologico ed eventi*, Guinti Barbera, Firenze 1973.

Vita di san Benedetto e la Regola, ed. Di Comunità, Milano 1981.

Watzlawick, P. (a cura di), *The Invented Reality*, Norton, New York 1984 [trad. It. *La realtà inventata*, Feltrinelli, Milano 1989]. [Trad. Port. *A realidade inventada*, Editorial Psy, Campinas, 1994.]

__________ Beavin J. e Jackson D.D., *Pragmatics of Human Communication*, Norton, New York 1967 [trad. It. *Pragmatica della comunicazione umana*, Astrolabio, Roma 1971]. [Trad. Port. *Pragmática da comunicação humana*. Cultrix, São Paulo, 1967.]

__________ Weakland, J.H. e Fisch R., *Change. The Principles of Problem Formation and Problem Resolution*, Norton, New York 1974 [trad. It. *Change*, Astrolabio, Roma 1974].

White, H., *The Value of Narrativity in the Representation of Reality*, in Michell (1981).

White, M., *Pseudo-Encopresis: from Avalanche to Victory, from Vicious to Virtuous Cycles*, Fam. Syst. Med., vol. 2, 2 (1984).

__________ e Epston D., *Literate Mens to Therapeutic Ends*, Dulwich Centre Publications, Adelaide 1989.

Whitehead, A.N., *The Concept of Nature*, Cambridge University Press, London 1920 [trad. It. *Il concerto della natura*, Einaudi, Torino 1975].

Whithrow, G.I., *The Nature of Time*, London 1972.

Whorf, B.L., *Language, Thought and Reality*, MIT Press, Cambridge, Mass. 1956 [trad. It. *Linguaggio, pensiero e realtà*, Boringhieri, Torino 1970].

Wiener, N., *Cybernetics, or Control and Communication in the Animal and the Machine* (1948), MIT Press, Cambridge, Mass. 1965 [trad. It. *La cibernetica. Controllo e comunicazione nell'animale e nella macchina*, Il Saggiatore, Milano 1982].

Williams, D.C., *The Fight for tomorrow* (1951), in *Principles of Empirical Realism*, Thomas, Springfield 1966.

Wittgenstein, L., *The Blue and Brown Books*, Blackwell, Oxford 1958-64 [trad. It. *Libro blu e libro marrone*, Einaudi, Torino 1983].

Wynne, L.C., McDaniel S.H. e Weber T.T., *Systems Consultation. A New Perspective for Family Therapy*, Guilford, New York 1986.

__________ Singer M.T., *Thought Disorder and Family Relations of Schizophrenics*, pt. 1, *Research Strategy*, Archs gen. Psychiat., vol. 9, 191-98 (1958).

Zerubavel, E., *Hidden Rhythms. Schedules and Calendars in Social Life*, University of Chicago Press, Chicago 1981 [trad. It. *Ritmi nascosti. Orari e calendar nella vita sociale*, Il Mulino, Bologna 1985].

Zohar, D., *Through the Time Barrier*, Heinemann, London 1982 [trad. It. *Oltre la barrier del tempo*, Astrolabio, Roma 1984].

Índice de autores

Índice analítico

R

V

Este livro foi composto em Calibri 11
e impresso em offset pela Lastro Editora
Foram produzidos 1000 exemplares
para a Editora ArteSã em maio de 2009.

Chaves para uma terapoética da família
Uma carta, metafórica, escrita na primeira pessoa, e dirigida para cada uma das pessoas que se decidam a lê-la. De que trata? Da família, de seus problemas e de como ela pode encontrar soluções adequadas para si mesma. Escrito com a ajuda de muitas vozes — todos os exemplos que ilustram as idéias expostas são extraídos de contos e romances brasileiros — este livro constitui, como diz Haim Omer no seu prefácio, um *mapa diferente*, que faz jorrar uma nova luz sobre as velhas questões da família e da terapia. Um livro para ler e reler.
[482 páginas, R$ 40.00]

Casal... que bicho é esse?
Um livro sobre a vida do casal que, com muito humor, fala das suas aventuras, venturas e desventuras.
Através da sua leitura o homem poderá, finalmente, descobrir, como é que a mulher, uma belíssima golfinha, transforma-se em tartaruga e, horror, vira uma arara. A mulher conseguirá desvendar o mistério da transformação do homem: magnífico chimpanzé que, depois de virar lobo, acaba, ô desgraça, transformado em tatu...
Se a vaca ainda não tiver ido pro brejo... é hora de ler este livro. (Se já foi... também!)
[82 páginas, R$ 25.00]

Histórias, contadas com amor, para mudar e crescer.
Narrativas terapêuticas I
O que é a narrativa terapêutica? A arte de transformar os dramas da vida quotidiana, com sua carga de dor e sofrimento, em histórias que nos ajudem a ver o mundo com outros olhos. Neste singelo livro, uma série de objetos antigos — um relógio de bolso, uma balança, uma lâmpada de azeite, uma bússola — conduzem-nos a um mundo em que os problemas vivenciados aparecem como a oportunidade de uma nova aprendizagem e recontam as histórias de diversas pessoas. Ao final, são publicadas as cartas recebidas pelos clientes que receberam os contos, bem como aquelas em que eles respondem falando da emoção sentida ao recebê-las.
[158 páginas, R$ 30,00]